이와 같이如是
금강혜심론金剛慧心論 증보增補
벽암록碧巖錄 본칙本則 설해說解

이와 같이如是
금강혜심론 증보金剛慧心論 增補
벽암록 본칙 설해碧巖錄 本則 說解

발행일	2023년 7월 26일

지은이	이건표		
펴낸이	손형국		
펴낸곳	(주)북랩		
편집인	선일영	편집	정두철, 윤용민, 배진용, 김다빈, 김부경
디자인	이현수, 김민하, 김영주, 안유경, 최성경	제작	박기성, 구성우, 변성주, 배상진
마케팅	김회란, 박진관		
출판등록	2004. 12. 1(제2012-000051호)		
주소	서울특별시 금천구 가산디지털 1로 168, 우림라이온스밸리 B동 B113~114호, C동 B101호		
홈페이지	www.book.co.kr		
전화번호	(02)2026-5777	팩스	(02)3159-9637

ISBN	979-11-6836-992-4 03220 (종이책)	979-11-6836-993-1 05220 (전자책)

(주)북랩 성공출판의 파트너

북랩 홈페이지와 패밀리 사이트에서 다양한 출판 솔루션을 만나 보세요!

홈페이지 book.co.kr • **블로그** blog.naver.com/essaybook • **출판문의** book@book.co.kr

---

작가 연락처 문의 ▶ ask.book.co.kr

작가 연락처는 개인정보이므로 북랩에서 알려드릴 수 없습니다.

이와 같이 如是

금강혜심론金剛慧心論 증보增補
벽암록碧巖錄 본칙本則 설해說解

이건표 지음

북랩

공부를 이루어 가는 길에 있어서 제일 먼저 서둘러야 할 일은 문자를 세우지 아니한 스스로의 성품을 보고不立文字見性 깨달음을 얻기 위한 모든 방편을 반드시 얻어야 할 것이라네不離文字成仏. 깨달음을 얻기 위한 모든 방편이란 이와 같음如是을 본질로 삼고 25문二十五門, 57과五十七果, 일천칠백공안一千七百公案, 팔만사천법문八万四千法文 등 일체 모든 법法과 일체 모든 불보살仏菩薩이 방편이라는 것을 얻어야 한다네. 이 모든 방편을 바탕으로 막힘이나 걸림이 없이 수행修行할 수 있는 문자를 세우지 아니한 스스로의 성품에 대하여 두루 원만한 믿음과 이해를 갖출 수가 있을 것이라네. 그리고 문자를 세우지 아니한 스스로의 성품에 대한 믿음과 이해를 바탕으로 오온을五蘊 세우지 아니한 깨우침의 본질本質.不立五蘊을 깨달아 증득証得한 깨우침의 궁극적窮極的 본질本質.不離証得을 있는 그대로 얻어야 하는 것이니, 곧 나를 세우지 아니한 깨우침의 본질을 깨달아 증득한 깨우침의 궁극적窮極的 본질인 오온청정五蘊清浄한 묘각妙覚.究境覚의 자리를 얻어야 할 것이라네. 이 묘각으로妙覚.究境覚서 삼천대천세계 과거 현재 미래에 상구보리하화중생上求菩提下化衆生하는 일에 막힘이나 걸림이 없이 두루 원만하게 응할 수가 있는 것이니, 내가 없음을 깨달아 증득했다는 깨우침의 궁극적窮極的 본질마저 항복 받을 수가 있을 것이라네. 이 일은 응할 바 마땅히 머무는 바 없는 그 마음을 내는 그 마음마저 항복 받는 일을 이르는 것이니, 이와 같이 항복 받는 일이 곧 언어를

語나 문자文字, 모양이나 상태로서는 전혀 드러낼 수 없는 본래면목本来面目으로서 '이것'을 이른다네. '이것', 즉 '이것이 무엇인고是甚麼'의 '이것'이라네.

이와 같이 나는 보았고如是我見 이와 같이 나는 들었으며如是我聞 이와 같이 나는 터득했고如是我覚 이와 같이 나는 알았다네如是我知. 더불어 이와 같음을 바탕으로 이와 같이 나는 말하고如是我言 이와 같이 나는 문자를 세웠으며如是我立文字 이와 같이 나는 모양이나 상태를 세우고如是我立相 이와 같이 나는 오가면서如是我往来 이와 같이 나는 전하는 것如是我伝이라네.

불기仏紀 2567년二千五百六十七年 4월四月 14일十四日
이른 아침, 시발산방始発山房에서
일지一智 올림.

목차

금강혜심론金剛慧心論 증보增補

설해說解 벽암록碧巖錄

여여如如함으로…

    깨우침의 본질인 반야바라밀般若波羅密을 믿고 이해하는 일이 곧 나를 세우지 아니한 깨우침의 본질을 가리키는 것이지요. 오온五蘊 즉 색수상행식色受想行識을 세우지 아니한 깨우침을 깨달아 증득하는 일不立五蘊이 공부하는 일에 있어서 제일이며, 이를 떠나서는 달리 방법이 없음을 밝게 알아야 하는 일이고 일체 모든 법 하나하나, 일체 모든 불보살 한 분 한 분을 제대로 살피고 지킬 수 있는 일이겠지요. 이렇듯 더할 나위 없이 위없는 깨우침의 이 마음자리를 중중묘원中中妙圓이라 이를 수 있으니, 불립오온중불리증득중不立五蘊中不離証得中을 가리키는 것이랍니다. 이를 바탕으로 이와 같이 나는 달을 가리키며如是我月指 이와 같이 나는 들었고如是我聞 이와 같이 나는 말하고 행하면서如是我言行 이와 같이 나는 염불합니다如是我念仏.

              바라밀波羅密 한주아 합장배례合掌拜礼.

수행修行 정진精進하시는 분들…

바라밀波羅密 한주아

선남자善男子
- 일규 김홍규, 정각 김남영, 지안 박철근, 일유 최길인, 장종원, 김진수, 한광현, 조규대, 일야 이규남.

선여인善女人
- 묘행 홍묘선, 김은희, 김순묵, 김리현, 송기정, 김은주, 이현민, 김미희, 법성화 김정민, 심자재 강선숙, 조연수.

늘 수행 정진에 힘쓰는 도반 윤성潤性 스님.

합장 배례합니다.
일지一智 이건표 올림.

금강혜심론金剛慧心論
증보增補

제1장

신해수증료의信解修証了義

삼문三門.教.律.禅 공부에 미리 앞서서 본질적本質的으로 무엇을 어떻게 믿고信 또 무엇을 어떻게 이해理解를 해야 하는 것인가? 그리고 믿음信과 이해理解가 이루어지고 난 후 그 어떠한 바탕을 근거根拠로 무엇을 어떻게 수행修行해야 하는 것이며, 또 올바르게 이루어진 수행修行을 근거根拠로 거짓 없이 바르고 참된 바탕은 망령되거나 허망됨이 없음을 체득하고真実無妄 깨우침의 길을 확실하게 증명하고 마쳐야만 하는了義 것인가.

이와 같이 나는 믿었고如是我信 이와 같이 나는 이해했으며如是我解, 이와 같이 나는 수행해서如是我修 이와 같이 나는 진실이란 망령됨이 없음真実無妄을 체득하고如是我証 이와 같이 나는 마쳤다네如是我了義. 이것이 선신해후수증료의先信解後修証了義라네.

'이와 같이 나는 믿고 이해하면서 수행하고 진실真実은 망령됨이 없음真実無妄을 체득体得했으며, 깨우침의 길을 마쳤다네如是我信解修証了義.'라고 하였으니, 이와 같이如是 마주 대하여 드러난 언어言語나 문자文字, 모양이나 상태에 대한 믿음만이 있고 이해理解를 하지 못한다면 독선적独善的이며 이기적利己的이면서 맹목적盲目的인 길로 들어섬을 면하지 못할 것이라네. 또한 이와 같이如是 마주 대하여 드러난 언어言語나 문자文字, 모양이나 상태에 대한 이해만이理解 있고 믿음이 없

다면 삿된 견해見解와 요사스럽고 바르지 못한 생각에 집착執着하게
될 것이라네.

'색불이공色不異空 공불이색空不異色 색즉시공色即是空 공즉시색空即是色'

후천적後天的인 색법色法으로서의 색色, 곧 육근六根, 육진六塵, 육식
六識의 18계十八界는 공空의 본래 바탕으로서 단 하나라도 인위적人為
的이거나 꾸밈없이 마주 대하여 드러난 언어言語나 문자文字, 모양이나
상태이며 '이것이 색色이다.'라고 가리킬 수 있는 언어言語나 문자文字,
모양이나 상태가 달리 있는 것이 아니라네. 공空 또한 색色의 본래 바
탕으로서 단 하나라도 인위적人為的이거나 꾸밈없이 마주 대하여 드
러난 언어言語나 문자文字, 모양이나 상태이며 '이것이 공空이다.'라고
가리킬 수 있는 언어言語나 문자文字, 모양이나 상태가 달리 있는 것이
아니라네. 이와 같이 '색色이 공空과 다르지 않으며, 공空이 색色과 다
르지 않기 때문에 색色이 그냥 공空이며, 공空이 그냥 색色이라네.'

무릇 범부凡夫는 육근六根, 육진六塵, 육식六識, 이 18계十八界, 18문
을十八門 '나我'라고 하는 실체實体로 보고 더불어 '나'라고 하는 고집스
러운 생각我法.我相에서 벗어나지 못하고 있는 것이라네. 18계六根.六
塵.六識는 이 몸이 태어난 뒤에 얻게 된 바탕으로서 몸과 마음을 다한
노력으로 바꾸어 갈 수 있는 것이건만, 스스로의 생각과 뜻에 따라
마주 대하여 드러난 언어言語나 문자文字, 모양이나 상태我相.我法, 그
하나하나에 고집스럽게 집착執着을 하면서 또 규칙을 세워 이를 참된
것으로 보고 더하여 자신만의 법我法으로 삼아 한평생을 보내고 만다
네. 이 아상我相, 아법我法은 안으로 응應하는 일로써 내법內法이라 이

르며, 육근六根은 탐貪, 육진六塵은 진瞋, 육식六識은 치痴를 이루게 된다네.

정도에 지나치게 욕심을 내는 것, 곧 육근이 탐내는 일六根.貪이란 어리석음六識.痴을 마주 대하여 드러나는 언어言語나 문자文字, 모양이나 상태의 수數와 양量에 따라 화를 내는 일六塵.瞋에 대한 경계境界로서 인식認識 작용을 일으킬 경우의 여섯 가지 인식認識 기관이니, 안근眼根, 이근耳根, 비근鼻根, 설근舌根, 신근身根, 의근意根을 이른다네.

눈을 부릅뜨고 화내는 일, 곧 육진으로서 화를 내는 일六塵.瞋이란 스스로의 타고난 성질本性을 흐리게 하는 여섯 가지 도둑六賊으로 색色, 성声, 향香, 미味, 촉触, 법法을 이른다네.

밝은 지혜에 어두워 어리석고 미련함을 일으키는 일無明, 곧 육식의 어리석음六識.痴이란 눈을 부릅뜨고 화내는 일六塵.瞋의 여섯 가지 경계境界를 마주 대하여 드러난 언어言語나 문자文字, 모양이나 상태, 그 하나하나에 과도하게 욕심慾心을 내는 일六根.貪을 따라 인식認識하는 여섯 가지 마음의 작용인 안식眼識, 이식耳識, 비식鼻識, 설식舌識, 신식身識, 의식意識을 이른다네.

육근六根.貪, 육진六塵.瞋, 육식六識.痴, 이 18계十八界, 18문十八門을 쌓고 또 쌓으면서 거듭되는 언어言語나 문자文字, 모양이나 상태를 평생平生 드러내기 때문에 색온色蘊이라 이른 것이며, 이러한 18계, 18문에 의지해서 마주 대하여 드러난 모든 언어言語나 문자文字, 모양이나 상태를 나누어 가름 짓은 법을 색법色法이라 이른다네. 또한 이는 지극히 단순單純하면서 평면적平面的인 사고방식思考方式을 말한다네.

'수상행식受想行識 역부여시亦復如是하니'

선천적先天的인 심법心法으로서의 사온四蘊인 수상행식受想行識도 또한 이와 같을 뿐이라네.

[수불이공受不異空 공불이수空不異受 수즉시공受即是空 공즉시수空即是受]

선천적先天的인 심법心法으로서의 수受, 곧 육근六根.貪, 육진六塵.瞋, 육식六識.痴 이 18계, 18문으로 응하여 받아들인 지륜地輪, 수륜水輪, 화륜火輪, 풍륜風輪의 사륜四輪이란 공空의 본래 바탕으로서 단 하나라도 인위적人爲的이거나 꾸밈없이 마주 대하여 드러난 언어言語나 문자文字, 모양이나 상태이며 '이것이 수受다.'라고 가리킬 수 있는 언어言語나 문자文字, 모양이나 상태가 달리 있는 것이 아니라네. 공空 또한 수受의 본래 바탕으로서 단 하나라도 인위적人爲的이거나 꾸밈없이 마주 대하여 드러난 언어言語나 문자文字, 모양이나 상태이며 '이것이 공空이다.'라고 가리킬 수 있는 모양이나 상태가 달리 있는 것이 아니라네. 이와 같이如是 '수受가 공空과 다르지 않으며, 공空이 수受와 다르지 않기 때문에 수受가 그냥 공空이며, 공空이 그냥 수受라네.'

수受를 7식七識이라 하니, 인연因緣에 따라 18계十八界, 18문十八門과 마주 대하여 드러나는 언어言語나 문자文字, 모양이나 상태를 마음으로 받아들이고 응하는 일이라네. 지륜地輪, 수륜水輪, 화륜火輪, 풍륜이風輪 선천적先天的으로 타고난 성질로서 마음으로 받아들이는 언어言語나 문자文字, 모양이나 상태가 다 다르고 의지하고 따르는 바가 또한 제각각 다르다네. 또한 서로가 상생相生, 상극相剋, 상비相比하면서 이합집산離合集散을 통해 수레바퀴와 같이 끝없이 돌고 도는 윤회설輪廻説, 생각의 굴레를 이른다네. 또한 이는 지극히 구조적構造的이면서 공간적空間的인 사고방식思考方式을 의미한다네.

[상불이공想不異空 공불이상空不異想 상즉시공想即是空 공즉시상空即是想]

선천적先天的인 심법心法으로서의 상想, 곧 서로가 상생相生, 상극相剋, 상비하면서相比 이합집산離合集散하는 일을 통해 수레바퀴와 같이 끝없이 돌고 도는 일로서 마주 대하여 드러난 언어言語나 문자文字, 모양이나 상태輪廻로서의 수受를 차별화差別化된 생각想으로 취하는 일이란 공空의 본래 바탕으로서 단 하나라도 인위적人爲的이거나 꾸밈없이 마주 대하여 드러난 언어言語나 문자文字, 모양이나 상태이며 '이것이 상想이다.'라고 가리킬 수 있는 언어言語나 문자文字, 모양이나 상태가 달리 있는 것이 아니라네. 공空 또한 상想의 본래 바탕으로서 단 하나라도 인위적人爲的이거나 꾸밈없이 마주 대하여 드러난 언어言語나 문자文字, 모양이나 상태이며 '이것이 공空이다.'라고 가리킬 수 있는 언어言語나 문자文字, 모양이나 상태가 달리 있는 것이 아니라네. 이와 같이如是 '상想이 공空과 다르지 않으며, 공空이 상想과 다르지 않기 때문에 상想이 그냥 공空이며, 공空이 그냥 상想이라네.'

상想을 8식八識이라 이르니, 마주 대하여 드러난 지륜地輪, 수륜水輪, 화륜火輪, 풍륜風輪의 언어言語나 문자文字, 모양이나 상태를 능동적能動的이고도 적극적積極的으로 능히 보면서能見 온전하게 제각각 차이를 두고 곧바로 드러난 언어言語나 문자文字, 모양이나 상태를 취取하는 것이라네. 때문에 밝지 못한 까닭으로 이치에 어두운 무명無明이 있게 된 연유緣由가 되고 이 무명無明으로 인하여 깨달음을 얻지 못했더라도 볼 수도 있고 깨달음을 얻었다는 망상妄想이 일어날 수도 있으며, 깨우침을 드러내어 나타낼 수도 있고 나름 마땅한 경계境界를 가질 수도 있다네. 그러므로 거듭해서 꼬리를 물고 일어나는 생각과 생각이 늘 뒤를 따라 이어진다네. 그러므로 언어言語나 문자를文字 바탕으로 또 마주 대하여 드러난 모양이나 상태를 가지고 분명分明하고 확실確實하게 깨달아 안다는 일체의 작용作用으로서 망상妄想을 일으키게 되고 그를 따라 망령된 언어言語나 문자文字, 모양이나 상태를 세우고 집착하게 된다네. 때문에 이 자리에는 성스럽고 위대한 모습의 모양이나 상태 등 언어言語나 문자와文字 더럽고 추한 모습의 모양이나 상태 등이 어지럽게 뒤섞여 공존共存하는 것이라네. 이 8식八識을 아뢰야식阿賴耶識이라 이름 붙여 부른다네. 또한 지극히 구조적構造的이면서 공간적空間的인 사고방식思考方式을 의미한다네.

[행불이공行不異空 공불이행空不異行 행즉시공行即是空 공즉시행空即是行]

선천적先天的인 심법心法으로서의 행行, 곧 몸身.眼耳鼻舌身과 뜻意, 입口.言語,文字으로 짓은 선악善惡의 행行이란 공空의 본래 바탕으로서 단 하나라도 인위적人為的이거나 꾸밈없이 마주 대하여 드러난 언어言語나 문자文字, 모양이나 상태이며 '이것이 행行이다.'라고 가리킬 수 있는 모양이나 상태가 달리 있는 것이 아니라네. 공空 또한 행의行 본래 바탕으로서 단 하나라도 인위적人為的이거나 꾸밈없이 마주 대하여 드러난 언어言語나 문자文字, 모양이나 상태이며 '이것이 공空이다.'라고 가리킬 수 있는 모양이나 상태가 달리 있는 것이 아니라네. 이와 같이 如是 '행行이 공과空 다르지 않으며, 공空이 행行과 다르지 않기 때문에 행이行 그냥 공空이며, 공空이 그냥 행行이라네.'

행行을 9식九識이라 하니, 일체 모든 것을 구별 짓고 나누어 밝히면서 마주 대하여 드러나는 언어言語나 문자文字, 모양이나 상태를 거듭 쌓고 쌓는 것을 이른다네. 곧 스스로의 몸身.眼耳鼻舌身과 뜻意, 입口.言語.文字으로 짓은 선악善惡의 업業을 이르고 이러한 행行으로 인하여 두텁게 쌓이고 쌓인 모양이나 상태를 뜻한다네. 앞으로 다가올 삶에 영향을 미칠 수 있는 업식業識을 가리키는 것이며, 이러한 행行을 서로 구별 짓고 나누어 밝힐 수 있기 때문에 식識이라 이른다네. 이 9식九識을 암마라식菴摩羅識이라 이름 붙여 부른다네. 또한 지극히 구조적構造的이면서 구체적具体的이고 공간적空間的인 사고방식思考方式을 의미한다네.

[식불이공識不異空 공불이식空不異識 식즉시공識即是空 공즉시식空即是識]

선천적先天的인 심법心法으로서의 식識, 곧 공空과 마주 대하여 드러난 언어言語나 문자文字, 모양이나 상태로서의 식이란識 공空의 본래 바탕으로서 단 하나라도 인위적人爲的이거나 꾸밈없이 마주 대하여 드러난 언어言語나 문자文字, 모양이나 상태이며 '이것이 식識이다.'라고 가리킬 수 있는 언어言語나 문자文字, 모양이나 상태가 달리 있는 것이 아니라네. 공空 또한 식識의 본래 바탕으로서 단 하나라도 인위적人爲的이거나 꾸밈없이 마주 대하여 드러난 언어言語나 문자文字, 모양이나 상태이며 '이것이 공空이다.'라고 가리킬 수 있는 모양이나 상태가 달리 있는 것이 아니라네. 이와 같이如是 '식識이 공空과 다르지 않으며, 공空이 식識과 다르지 않기 때문에 식識이 그냥 공空이며, 공空이 그냥 식識이라네.'

심법心法으로서의 식識은 '색불이공色不異空 공불이색空不異色 색즉시공色即是空 공즉시색空即是色'의 색色을 가리키는 것으로서 마주 대하여 드러난 언어言語나 문자文字, 모양이나 상태를 이르는 것이고 구별 지으면서 나누어 밝히더라도 드러난 색법色法과 공空에 물들거나 집착함이 없는 것을 이르는 것이라네. 곧 '언어言語나 문자를文字 세우지 아니한 불립문자不立文字의 의미를 알게 하는 참된 지혜般若波羅蜜.菩提로써 색법色法,六根.貪,六塵.瞋,六識.痴,十八門과 심법心法,受想行識이 모두 다 공空한 것임을 인지認知하고 이것이 스스로의 성품이었음을 보았다見性는 의미라네.'

올바른 길로 가르침을 주는 것 외에 달리 전하는 것이 있으니敎外別傳 '곧바로 언어나 문자를 세우지 아니한 일不立文字을 가리켜 마음이라 이름 붙였으며直指人心, 언어言語나 문자를文字 세우지 않은不立文字 그 마음을 본 것을 성품이라 하였고見性 이와 같이 스스로의 불성佛性을 보는 일로 인하여 깨우침을 이룰 수 있는 올바르고 참다운 방편方便을 얻었다見性成仏.'고 이른 것이라네.

'시제법공상은是諸法空相 불생불멸不生不滅 불구부정不垢不浄 부증불감이라네不增不減.'

때문에 일체 모든 법法이란 본래 공空한 것으로서 마주 대하여 드러난 언어言語나 문자文字, 모양이나 상태는 본래 '생生하지 않으니 멸滅하지 않고 티끌에 물들지 않으니 깨끗이 할 것이 아니며, 모자람이나 부족함 없이 두루 원만한 것이니 늘고 줄어드는 것이 아니라네.'

부처의 본성本性과 중생의 본성本性은 같다네. 이를 깨달아 얻지 못했을 때는 깨우침의 본질本質, 곧 내가 없음空을 색色이라고 한다네. 그러나 부처의 본성本性과 중생의 본성本性이 같다는 것을 깨달아 증득証得하면 색色이라 이르던 깨우침의 본질本質인 내가 없음空을 공空이라고 한다네. 그러므로 색色과 공空은 동일同一한 것이며, 깨우침의 본질本質로서 내가 없음을 깨달아 증득하게 되면 이 모든 차별심差別心 분별심이分別心 사라져버리는 것이라네.

이르기를 '무불무無不無 불무불不無不이라. '없다 해도 본래 없는 것이 아니며, 아니라 해도 본래 아닌 것도 없다네.'

제2장

일규一竅

동서남북東西南北 위아래로 막힘이나 걸림 없이 통하는 일, 또 인위적人爲的이거나 꾸밈없이 사려분별思慮分別을 떠난 맑고 깨끗한 참된 터一竅, 어떠한 것을 두고 이와 같이 이를 수 있겠는가.

육근六根, 육진六塵, 육식六識이라는 18계十八界와, 지수화풍견식공地水火風見識空이라는 7대七大, 이 25문二十五門을 참으로 안정되게 머물게 하는 것이正定 무수無水 무량無量한 길을 닦아 나아갈 수 있는 지고지순한至高至純 자리가 아니겠는가. 이 참된 마음자리의 터正定를 믿고信 이해解하지 못한다면 참으로 올곧은 길에서 한없이 아득해질 것이니, 과연 무엇을 어떻게 또 어디 어느 곳에서 시작할 수 있겠는가. 밝은 스승이 아니면 이 정정正定·一竅을 알지 못한다 하였으며, 공을空 깊이 들여다보는 일이나 또 언어言語나 문자文字, 모양이나 상태를 세우지 아니한不立文字 스스로의 마음을 가리키는 일直指人心이나 그리고 이와 같이 불성佛性을 보는 일로 인하여 깨우침을 이룰 수 있는 일見性成佛의 실체実体인 지혜智慧·般若波羅密도 또한 이 참다운 마음자리의 터正定·一竅를 떠나지 못한다고 일렀다네. 더하여 스스로가 태어나기 이전의 과거過去, 태어난 후의 현재現在, 스스로가 멸滅한 후의 미래未来에 걸쳐 막힘이나 걸림 없이 진리真理를 직관直観할 수 있는 참다운 터正定·一竅라고 일렀다네.

참다운 마음자리의 터正定·一竅는 '생하지 않으니 멸하지 않으며不生不滅, 티끌에 물들지 않으니 깨끗이 할 것이 아니며不垢不浄, 부족하거

나 모자람 없이 두루 원만한 것이니 늘고 줄어드는 물건이 아니라네
不增不減.'라고 하였으니, 이는 곧 일체 모든 사사로운 견해見解를 벗어
난 참다운 본바탕의 이치理致로서 지혜智慧이며, 변화変化가 없이 영원
永遠히 존재存在하는 실체実体이고 참된 것真空有妙으로서 깨우침의 본
질인 내가 없음을 깨달아 증득証得하는 일로서의 온전한 지혜인 반야
바라밀般若波羅密이라네.

마주 대하여 드러난 언어言語나 문자文字, 모양이나 상태를 세우지
아니한不立文字 자신의 마음을 곧바로 가리키고直指人心 성품仏性을 보
는 일로 인하여 깨우침을 이루어 갈 수 있는 일見性成仏의 바탕이 되
는 참된 터正定.一竅의 크기를 헤아리자면 밖이라 할 수 있는 것이 없
고 그 작기를 헤아리자면 안이라 할 만한 것이 없다네不內不外. 이로
인하여 일체 모든 사사로운 견해를 벗어난 이치와 지혜智慧를 바탕으
로 언어言語나 문자文字, 모양이나 상태를 떠나지 않고不離文字 깨우침
을 이룰 수 있는 올바르고 참다운 방편方便을 얻을 수 있는 것이라네.
때문에 25문二十五門, 57과五十七果, 일천칠백공안一千七百公案, 팔만사
천법문八万四千法文 등 일체 모든 법法과 일체 모든 불보살仏菩薩이 막
힘이나 걸림이 없는 이 하나의 참된 터一竅.正定에 있는 것이라네. 삼
라만상森羅万象의 모든 성품도 또한 이 하나의 터에 있는 것이니, 이
하나의 참다운 터一竅.正定를 알지 못하고 닦고 행行하는 자, 또 깨우
침을 얻었다고 언어言語나 문자文字, 모양이나 상태에 집착하면서 스
스로를 드러내는 자는 한쪽으로 크게 치우친 사람이라고 이른다네.

안과 밖內外, 위아래上下, 동서남북東西南北이라 함은 본래부터 이 하
나의 참된 터一竅.正定에서 언어言語나 문자뿐만文字 아니라 모양이나
상태, 이름조차 얻지 못하고 있었다네. 물론 25문二十五門, 57과五十七
果, 일천칠백공안一千七百公案, 팔만사천법문八万四千法文 등, 일체 모든

법法과 일체 모든 불보살仏菩薩 또한 이 하나의 터一竅.正定에서는 이렇다 저렇다 이를 만한 이름도 얻지 못하고 있었다네. 그런데 어찌 된 연유緣由로 인하여, 분별심分別心, 간택심揀択心을 내어 '참이다.', '거짓이다.' 말이나 행으로만 흉내를 내면서 철저徹底하게 한쪽으로 치우친 자의 말만을 믿고 안과 밖, 위아래, 동서남북이라는 인식認識에 빠져서 그 오랜 세월歲月을 허비虛費하고 있었는가.

스스로의 육신肉身.色受想行識이 생생生하기 이전以前.過去, 그때 마주 대하여 드러난 이렇다 저렇다 할 '나'라는 모양色法.六根.六塵.六識.十八界이나 상태心法.受想行識.地水火風見識空가 있었던가? 아니면 이름이 있었던가? 이것도 저것도 아니라면 '나'라고 할 만한 몸肉身이 있었던가? 그리고 끝끝내 넋이 흩어지는 날滅後.未来에는 이미 이 몸色受想行識이 사라진 뒤의 일이 아니던가. 그때 마주 대하여 드러난 이렇다 저렇다 할 '나'라는 모양이나 상태가 있겠는가? 아니면 이름이 있겠는가? 이와 같이 태어나기 전이나 넋이 흩어진 이 두 곳過去.未来에 '나'라는 육신肉身.色受想行識이 없는데, 어찌 된 까닭으로 지금 이 중간現在에 크게 치우쳐 '나色受想行識'라는 것에 혹해서 이를色受想行識 떨쳐내지 못하고 코뚜레에 멍에까지 짊어진 채 마냥 끌려 다니고 있는가.

마땅히 지켜야 할 행동 규범行動規範이란 언어言語나 문자文字, 모양이나 상태를 세우지 아니한 스스로의 마음을 가리키고不立文字直指人心 깨우침을 이루어 가는 방편見性成仏으로서의 25문二十五門, 57과五十七果, 일천칠백공안一千七百公案, 팔만사천법문八万四千法文등 일체 모든 법法과 일체 모든 불보살仏菩薩이 계戒가 되는 것이며 언어言語나 문자文字, 모양이나 상태를 떠나지 아니한 깨우침의 방편인 성품不離文字見性을 바탕으로 25문二十五門, 57과五十七果, 일천칠백공안一千七百公案, 팔만사천법문八万四千法文 등 일체 모든 법法과 일체 모든 불보살仏

菩薩로 인하여 참된 터一竅의 고요함에 머무는 바正定.禅定가 일어나는 것이라네. 이렇듯 25문二十五門, 57과五十七果, 일천칠백공안一千七百公案, 팔만사천법문八万四千法文 등 일체 모든 법과 일체 모든 불보살이 이 참된 터一竅에 고요하게 머무는 바로 인하여, 깨우침의 본질本質인 내가 없음을 깨달아 아는 일로서의 온전한 지혜인 반야바라밀智慧.般若波羅密이 있게 되는 것이라네. 그러므로 나를 세우지 아니한 깨우침의 본질本質을 깨달아 증득証得하는 온전한 지혜인 반야바라밀般若波羅密을 근본根本으로 삼아 마땅히 지켜야 할 행동 규범戒과 고요하고 맑은 참된 터에一竅.正定 머무는 바와禅定 사물의 이치를 밝게 밝히는 마르지 않은離文字見性 참된 지혜乾慧地를 더하거나 덜함이 없이 고르게 통하여 환하게 알아야 한다네. 그런 후에야 삼천대천세계三大千世界 과거 현재 미래에 막힘이나 걸림이 없이 미묘하게 상구보리하화중생上求菩提下化衆生 할 수 있는 자리나 위치를 이루게 되고 그런 후에야 두루 원만한 깨우침의 열매果를 얻을 수가 있는 것이라네.

누구에게나 지극히 평등平等하게 지니고 있는 물건이 하나 있으니, 이름 붙여 부르기를 '마음'이라고 한다네. 스스로 마음이라 이름 붙인 물건色受想行識에 만일 색깔이 있고 하얀색이라면 마주 대하여 드러난 모든 언어言語나 문자文字, 모양이나 상태를 무슨 색으로 보겠는가? 빠짐없이 모든 것을 하얀색이라 이르고 하얀색으로 볼 것이 아닌가. 그렇지만 스스로 마음이라 이름 붙인 물건 하나色受想行識가 오만가지 색으로 구별 짓고 나누어 밝히면서分別.揀択 하나씩 하나씩 이름을 붙이지 않던가. 이와 같이 25문二十五門, 57과五十七果, 일천칠백공안一千七百公案, 팔만사천법문八万四千法文 등 일체 모든 법法과 일체 모든 불보살仏菩薩 또한 이와 같은如是 것일 뿐이라네.

스스로 마음이라 이름 붙인 물건에 모양이 있어서 만일 동그랗다면

28

마주 대하여 드러난 모든 언어言語나 문자文字, 모양이나 상태를 동그랗다 이르고 동그랗게 볼 것이 아닌가. 그러나 스스로 마음이라 이름 붙인 물건 하나가 수백만 가지의 언어言語나 문자文字, 모양이나 상태로 구별 짓고 나누어 밝히면서分別.揀擇 하나하나에 제각각 이름을 붙이지 않던가. 이렇듯 25문二十五門, 57과五十七果, 일천칠백공안一千七百公案, 팔만사천법문八万四千法文 등 일체 모든 법法과 일체 모든 불보살仏菩薩 또한 이와 같은如是 것일 뿐이라네.

스스로 마음이라 이름 붙인 물건에 크기가 있어서 간장 종지만 하다면 마주 대하여 드러난 언어言語나 문자文字, 모양이나 상태로서 이 세상을 볼 때 어떤 크기로 보겠는가. 물론 간장 종지만 하게 보겠지만, 스스로 마음이라 이름 붙인 물건 하나가 강가의 모래알같이 수억만 가지의 크기로 구별 짓고 나누어 밝히면서分別.揀擇 이를 수 있는 곳곳마다 이름을 붙이지 않던가. 이렇듯 25문二十五門, 57과五十七果, 일천칠백공안一千七百公案, 팔만사천법문八万四千法文 등 일체 모든 법과 일체 모든 불보살仏菩薩 또한 이와 같은如是 것일 뿐이라네. 이렇듯 '이와 같이 나는 보았으며如是我見, 이와 같이 나는 들었고如是我聞 이와 같이 나는 일깨웠으며如是我覚, 이와 같이 나는 알았다네如是我知.'라고 하였으니, 이 한 물건을 마음이라 이름 붙이고 지극히 미묘하고도 비밀스러운 물건이라 이르며, 이는 또한 늘 항상 변함없이 머무는 물건이라고 이른 것이라네. 그러므로 마음이라 이름 붙인 물건不離文字으로서 깨우침을 이루어갈 수 있는 방편지혜見性成仏란 '본래 생生하지 않으니 멸하지滅 않으며不生不滅 티끌에 물들지 않으니 깨끗이 할 것이 아니며不垢不浄, 모자람이나 부족함 없이 두루 원만圓満한 것이니 늘고 줄어드는 것이 아니라네不増不減.' 이것이 깨우침의 본질인 내가 없음을 깨달아 아는 일로서의 온전한 지혜인 반야바라밀般若波羅密의 가장 긴요한 근본根本이라네.

마주 대하여 드러난 언어言語나 문자文字, 모양이나 상태를 세우지 않은不立文字 스스로의 마음을 보고 깨우침을 이루어 갈 수 있는 두루 원만한 방편見性成仏, 이 방편을 아는不離文字見性 온전한 지혜인 반야바라밀般若波羅密을 바탕으로 깊이 들여다보면, 육근을六根.貪 청정淸浄하게 하는 일을 이른다네. 육근이란六根.貪 여섯 가지 인식認識 기관으로 안근眼根, 이근耳根, 비근鼻根, 설근舌根, 신근身根, 의근을意根 이르는 것이며, 청정淸浄이란 육근을六根.貪 바탕으로 육식과六識.痴 마주 대하여 드러나는 여섯 가지 경계境界六塵.瞋, 곧 티끌과도 같은 번뇌인 육진六塵.瞋이 청정淸浄해진다는 것을 이른다네. 덧붙이자면 청정淸浄해질 수 있는 가장 중요重要한 근본적根本的인 것이 육근이라는六根.貪 것이며, 과도하게 탐욕을 부리는六根.貪 어리석고 미련함으로六識.痴 인하여 티끌 같은 번뇌六塵.瞋, 곧 스스로의 타고난 본성을本性 흐리게 하는 여섯 가지 도둑을六塵.瞋.欲情.喜怒哀樂愛郡 이룬다는 것이라네. 그러므로 육근六根.貪, 육진六塵.瞋, 육식六識.痴, 이 18계十八界, 18문十八門을 쌓고 또 쌓으면서 거듭되는 모양이나 상태, 언어나 문자를 이루어 가기 때문에 색온이라色蘊 이른 것이며, 이러한 18계十八界, 18문에十八門 의지해서 마주 대하여 드러난 모든 언어言語나 문자文字, 모양이나 상태를 나누어 가름 짓은 법을 색법色法.貪瞋痴이라 이르는 것이라네. 이 육근六根.貪, 육진六塵.瞋, 육식을六識.痴 밝게 드러내어 이른 것이 '색불이공色不異空 공불이색空不異色 색즉시공色即是空 공즉시색空即是色'이라 한 것이며, 아법我法.貪瞋痴의 청정淸浄함을 바탕으로不立文字 해서 수상행식도受想行識 또한 이와 같음亦復如是을 아는 일로 인하여 25문二十五門, 57과五十七果, 일천칠백공안一千七百公案, 팔만사천법문八万四千法文 등 일체 모든 법과法 일체 모든 불보살仏菩薩 또한 이와 같이 나를 세우지 아니한 깨우침의 본질本質을 증득証得하기 위해 빌려 쓴 언어言語와 문자文字, 모양이나 상태일 뿐이라는 것을 이른 것이라네. 이를 올바르게 또 밝게 알아차린 일이 일규一竅.正定이며 무수無数 무량無量한 길을 닦아 나아갈 수 있는 아주 작지만 삼천대천세계三千大天世界 과거 현재 미래에 응応하여 막힘이나 걸림 없이 두루 원만하게 통할 수 있는 바탕으로서의 지고지순至高至純한 참된 마음자리의 터라네.

육근六根.貪, 육진六塵.瞋, 육식六識.痴, 이 18계十八界, 18문十八門 색법의色法.貪瞋痴 청정함을清浄 바탕으로不立文字 수상행식도受想行識 또한 이와 같은 것이니, 이를 알아차린不離文字見性 일을 바탕으로 25문二十五門, 57과五十七果 일천칠백공안一千七百公案, 팔만사천법문八万四千法文 등 일체 모든 법法과 일체 모든 불보살仏菩薩이 아주 작지만 스스로의 참다운 터一竅.正定에 머물 수가 있는不来不去 것이라네. 이와 같이如是 일체 모든 법法은 공空한 것으로서 참으로 드러난 언어言語나 문자文字, 모양이나 상태는 본래 '생生하지 않으니 멸滅하지 않고不生不滅 티끌에 물들지 않으니 깨끗이 할 것이 아니며不垢不浄, 모자람이나 부족함 없이 두루 원만한 것이니 늘고 줄어드는 것이 아니라네不增不減. 이것이 바로 예나 지금을 통해 한결같고도 둘이 아닌 큰 길이라네.'

이르기를 '무불무無不無 불무불不無不이라. '없다 해도 본래 없는 것이 아니며, 아니라 해도 본래 아닌 것도 없다네.'

제3장

총규総竅

　마주 대하여 드러난 언어言語나 문자文字, 모양이나 상태를 세우지 않은不立文字 스스로의 마음을 보고直指人心 깨우침을 이루어 갈 수 있는 두루 원만한 방편을見性成仏 알아가는不離文字見性 일로서의 온전한 지혜인 반야바라밀을般若波羅密 바탕으로 깊이 들여다보면, 색법과 色法.貪瞋痴 심법이受想行識 본래 청정清浄한 것이었기에 25문二十五門, 57과五十七果, 일천칠백공안一千七百公案, 팔만사천법문八万四千法文 등 일체 모든 법法과 일체 모든 불보살仏菩薩을 지극히 올바르게 세울 수가 있는 것이라네. 때문에 25문二十五門, 57과五十七果 일천칠백공안一千七百公案, 팔만사천법문八万四千法文 등 일체 모든 법法과 일체 모든 불보살仏菩薩이 아주 작지만 스스로의 참다운 터一竅.正定에 머물 수가 있는不来不去 것이며, 스스로의 참다운 터不離文字見性가 나락 한 톨만한 크기에도 미치지는 못하지만 삼천대천세계三千大千世界 과거 현재 미래에 응応하여 막힘이나 걸림이 없이 두루 원만하게 통할 수 있는 바탕으로서의 참다운 터一竅.正定가 되는 것이라네.

　이와 같이 참다운 터一竅.正定를 수행修行할 수 있는 가장 중요한 근본根本으로 삼은 일과 '생하지 않으니 멸하지 않으며不生不滅, 티끌에 물들지 않으니 깨끗이 할 것이 아니며不垢不浄, 모자람이나 부족함 없이 두루 원만한 것이니 늘고 줄어드는 것이 아니라네不増不減.'라고 가리킨 반야바라밀般若波羅密의 지혜智慧가 예나 지금을 통해 한결같고도 둘이 아닌 큰 길有一이라네. 이 반야바라밀般若波羅密의 지혜를 바탕으로 삼천대천세계三千大千世界 과거 현재 미래를 따라 상구보리하화중생上求菩提下化衆生하는 일에 있어서 막힘이나 걸림이 없이 행万行하는 것이라네. 또한 과거過去, 현재現在, 미래未来라는 3계三界뿐만 아니라 현재現在 스스로의 참다운 터一竅.正定를 근본根本으로 과거過去의 3계三界와 미래未来의 3계三界인 9계九界, 스스로가 태어나기 이전以前 과거, 현재, 미래의 3계三界와 각각의 인연因緣을 따른 9계九界, 스스로가 멸滅한 후 과거, 현재, 미래의 3계三界와 각각의 인연을 따른 9계九界, 곧 무수無数 무량함無量을 벗어나 달리 이를 수도 없고 미칠 수도 없는 27계二十七界가 오직 반야바라밀般若波羅密을 근본根本으로 이룩된 것이며, 유일有一하게 실재實在하는 것이라네. 이렇듯 유일하게 실재하는實在 것이란 '불립오온을不立五蘊 한 후 곧 색수상행식五蘊을 세우지 아니한不立 일을 근본으로 불리증득不離証得, 곧 색수상행식이 色受想行識.五蘊 올바르게 세워진 성품으로서 이 깨달음을 증거로 하여 얻은 위치나 자리를 가리킨다네.'

색수상행식을色受想行識.五蘊 세우지 아니한不立五蘊 일을 근본根本으로 삼고 이와 같이 내가 없음을 바탕으로 삼천대천세계三千大千世界 과거 현재 미래를 따라 상구보리하화중생上求菩提下化衆生하는 일에 있어서 막힘이나 걸림이 없는 것이며, 무수無数 무량無量함을 벗어나 달리 이를 수도 없고 미칠 수도 없는 27계二十七界를 올바르게 또 밝게 통할 수 있는 것이라네. 이와 같이 통할 수 있기 때문에 '더할 나위 없는 유일한 참된 터總竅'를 깨달아 얻을 수 있는 것不立五蘊不離証得이라네. 이와 같이 깨달아 얻은 일로서 '더할 나위 없는 유일한 참된 터總竅.不立五蘊不離証得'는 공부를 하고자 하는 이나 공부를 하고 있는 이들에게 필요에 따라 수만 가지로 제각각 이름이 붙여지고 불리지만, 그 모든 것이 다 이 '더할 나위 없는 유일한 참된 터總竅.不立五蘊不離証

得를 이르는 것이라네. 모든 수행자修行者들이 이 '더할 나위 없는 유일한 참된 터總竅'를 깨달아 얻지도 못하고 아무리 몸과 마음을 다해 닦고 행하면서 더할 나위 없이 위없는 깨우침五蘊淸浄.妙覚을 얻고자 한다면 만에 하나라도 절대 얻을 수가 없는 것이라네. 그러므로 '선오후수先悟後修'라 이른 것이라네.

'더할 나위 없는 유일한 참된 터總竅'로 향하는 길은 헤아릴 수 없이 깊고도 미묘한 까닭으로 알기가 어려우며, 이 미묘한 '더할 나위 없는 유일한 참된 터總竅.不立五蘊不離証得', 이 법법法을 얻지 못한다면 불리문자견성不離文字見性을 아는 온전한 지혜인 반야바라밀般若波羅密을 끝끝내 이루지 못할 것이라네. 그러면 온 세월이 다하도록 그대에게 25문二十五門, 57과五十七果, 일천칠백공안一千七百公案, 팔만사천법문八万四千法文 등 일체 모든 법법法과 일체 모든 불보살仏菩薩을 배가 터지게 먹인다 하더라도 어지럽게 흩어진 헛되고 망령된 것空亡에 떨어질 뿐이라네.

'더할 나위 없는 유일한 참된 터不立五蘊不離証得'를 믿고 이해를 하지 못하면서 수행修行하는 일을 '소경이나 애꾸눈으로 닦고 행하는 것'이라고 이른다네. 이렇게 닦고 행하여 나아간다면 일생을 헛되게 보낼 수밖에 없는 것이 아닌가.

이것은 25문二十五門, 57과五十七果, 일천칠백공안一千七百公案, 팔만사천법문八万四千法文 등 일체 모든 법법法과 일체 모든 불보살仏菩薩이 언어言語나 문자文字로서 가르침을 준 것 외에 달리 별도로 전해주는 것이 있음을 의미하는 것이며, 여타余他의 법법法에서는 매우 듣기가 어렵다는 것이네. 이러한 까닭으로 몸과 마음을 다한 정성과 지극한 덕德을 다하면 반드시 밝은 스승이 이끌어 줄 것이라네.

'더할 나위 없는 유일한 참된 터不立五蘊不離証得'를 바탕으로 공부를 마친 이거나 공부하는 중이거나, 모든 이들이 다 함께 이로부터 말미암기 때문에 들어가는 문門은 단 하나라고 이른 것이라네. 또한 '더할 나위 없는 유일한 참된 터不立五蘊不離証得'를 바탕으로 헤아릴 수 없이 깊고도 미묘한 청정한 깨달음의 자리五蘊淸淨.妙覺에 이르게 되므로 '길道'이라고 말하는 것이라네.

'더할 나위 없는 유일한 참된 터不立五蘊不離証得'는 옛날이나 지금이나 매우 영리怜悧하고 비상非常한 재주가 있더라도 얻을 수 있는 것이 아니며, 또 깊이 생각한다고 해서 얻을 수가 있는 것이 아니라네. '더할 나위 없는 유일한 참된 터總竅.不立五蘊不離証得'는 반드시 들어야만 알 수가 있는 것이니, 이러한 까닭으로 인하여 사람들이 서로 의지하며 살아가는 이 세상에서는 듣기가 어렵다고 한 것이라네.

'더할 나위 없는 유일한 참된 터總竅.不立五蘊不離証得'에 하늘天과 땅地, 불타仏陀와 중생衆生, 극락極樂과 지옥地獄, 인간人間과 축생畜生이 모두 다 이 가운데서 함께 놀고 있는 것이라네. 이 헤아릴 수 없이 깊고도 미묘한 터를 막힘이나 걸림이 없이 환하게 통하고자 하는 것中中妙圓이 바로 '자네가 하고자 하는 공부가 아니던가.'

다시 말하지만 비밀스런 가르침의 미묘한 문門, 곧 총지문總持門.不立五蘊不離証得은 25문二十五門, 57과五十七果, 일천칠백공안一千七百公案, 팔만사천법문八万四千法文 등 일체 모든 법法과 일체 모든 불보살仏菩薩로도 다 하기가 어려운 것이니, 깨우친 이가 도道를 전하는 일에 있어서도 '더할 나위 없는 유일한 참된 터總竅.不立五蘊不離証得' 가운데로 했다네.

우주에 존재存在하는 온갖 것의 실체実体로 지극히 현실적現実的이며서 평등平等하고 차별差別이 없는 절대 진리真如라는 물건이 예로부터 지금까지 '더할 나위 없는 유일한 참된 터總竅.不立五蘊不離証得'에 가득 차 있었다네. 그러나 이치에 어긋나는 망령된 생각이 일어나면 참된 터一竅.正定.禪定의 본성本性이 변하여 바뀌게 되고 이 본성이 변하여 바뀌게 되면 눈, 귀, 코, 혀, 몸, 뜻의 여섯 가지六根.貪가 받아들여 아는 일이 마음을 어지럽히는 도둑이 되어六塵.瞋 사물의 이치에 어두워지고 어리석어지는六識.痴 것이라네. 스스로의 '참된 터一竅.正定'가 흔들리면 이 몸이 주인을 잃고 생로병사生老病死의 고통에 떨어지는 것이라네. 다만 '더할 나위 없는 유일한 참된 터總竅.不立五蘊不離証得 가운데 단 한 물건도 없게 된다면 내가 있거나 내가 없음을 닦지 않더라도 이것이 참다운 공부라네.'

『반야심경般若心経』

행심반야바라밀다行深般若波羅密多 시時에 조견오온개공照見五蘊皆空하여 도일체고액度一切苦厄이라 색불이공色不異空 공불이색空不異色 색즉시공色即是空 공즉시색空即是色이라네 수상행식受想行識도 역부여시亦復如是하니 시제법공상是諸法空相은 불생불멸不生不滅 불구부정不垢不浄 부증불감不增不減이라네 시고是故로 공중무색空中無色이라 무수상행식無受想行識이니 무안이비설신의無眼耳鼻舌身意며 무색성향미촉법無色声香味触法이고 무안계내지무의식계無眼界乃至無意識界이니 무무명역무무명진無無明亦無無明尽이며 내지무노사역무노사진乃至無老死亦無老死尽이며 무고집멸도無苦集滅道이니 무지無智라 역무득이무소득亦無得以無所得이라네 고故로 보리살타菩提薩埵는 의반야바라밀다고依般若波羅密多故하니 심무가애무가애고心無罣碍無罣碍故로 무유공포無有恐怖라 원리전도몽상遠離顛倒夢想하고 구경열반究竟涅槃하는 것이니 삼세제불三世諸仏도 의반야바라밀다고依般若波羅密多故로 득아뇩다라삼먁삼보리得阿耨多羅三藐三菩提시니라 고지故知해야 하는 것이니 반야바라밀다般若波羅密多가 시대신주是大神呪이며 시대명주是大明呪이며 시무상주是無上呪이며 시무등등주是無等等呪이니 능제일체고能除一切苦이며 진실불허真実不虚라 고故로 설반야바라밀다주説般若波羅密多呪하니 즉설주왈即説呪曰이라 아제揭諦 아제揭諦 바라아제婆羅揭諦 바라승아제婆羅僧揭諦 모지菩提 사바하娑婆訶

'행심반야바라밀다行深般若波羅密多 시時에'
: 깨우침의 본질本質인 내가 없음을 깨달아 증득証得한 온전한 지혜인 반야바라밀般若波羅密을 근본根本으로 깊이 행할 시에

'조견오온개공照見五蘊皆空하여 도일체고액度一切苦厄이라'
: 오온이色受想行識 공空한 것임을 밝게 비추어 보고 모든 고통苦痛과 재앙災殃, 괴로움에서 벗어나는 것이라네.

'색불이공色不異空 공불이색空不異色 색즉시공色即是空 공즉시색空即是色이라네'
: 때문에 색色.六根.六塵.六識.貪瞋痴.十八界.我法이 공空과 다르지 않고 공空이 색色과 다르지 않은 것이니, 색色이 그냥 공空이며, 공空이 그냥 색色이라네.

'수상행식受想行識도 역부여시亦復如是하니'
: 수상행식도地水火風見識空 또한 이와 같은 것이니,

[수불이공受不異空 공불이수空不異受 수즉시공受即是空 공즉시수空即是受]
: 수受.地.水.火.風가 공空과 다르지 않고 공空이 수受와 다르지 않은 것이니, 수受가 그냥 공空이며, 공空이 그냥 수受라네. 때문에 '이것이 수受다. 이것이 공空이다.'라고 가리킬 수 있는 마주 대하여 드러난 언어言語나 문자文字, 모양이나 상태가 달리 있는 것이 아니라네.

수受는 7식七識이라 하니, 인연因緣에 따라 18계十八界, 18문十八門과 마주 대하여 드러나는 언어言語나 문자文字, 모양이나 상태로서 마음

으로 받아들이고 응하는 일이라네. 지륜地輪, 수륜水輪, 화륜火輪, 풍륜風輪이 선천적先天的으로 타고난 성질로서 마음으로 받아들이는 언어言語나 문자文字, 모양이나 상태가 다 다르고 의지하고 따르는 바가 또한 제각각 다르다네. 또한 서로가 상생相生, 상극相剋, 상비相比하면서 이합집산離合集散을 통해 수레바퀴와 같이 끝없이 돌고 도는 윤회설輪廻説을 이른다네.

[상불이공想不異空 공불이상空不異想 상즉시공想即是空 공즉시상空即是想] : 상想이 공空과 다르지 않고 공空이 상想과 다르지 않은 것이니, 상想이 그냥 공空이며, 공空이 그냥 상想이라네. 때문에 '이것이 상想이다. 이것이 공空이다.'라고 가리킬 수 있는 마주 대하여 드러난 언어言語나 문자文字, 모양이나 상태가 달리 있는 것이 아니라네.

상想을 8식八識이라 하니, 마주 대하여 드러난 지륜地輪, 수륜水輪, 화륜火輪, 풍륜風輪이라 이르는 언어言語나 문자文字, 모양이나 상태를 능동적能動的이고도 적극적積極的으로 능히 보면서能見 온전하게 제각각 차이를 두면서 곧바로 드러난 언어言語나 문자文字, 모양이나 상태를 취取하는 것이라네. 때문에 밝지 못한 까닭으로 이치에 어두운 무명無明이 있게 된 연유緣由가 되고 이 무명無明으로 인하여 깨달음을 얻지 못했더라도 볼 수도 있고 깨달음을 얻었다는 망상妄想이 일어날 수도 있으며, 이를 드러내어 나타낼 수도 있고 나름 마땅한 경계境界를 가질 수도 있다네. 그러므로 거듭해서 꼬리를 물고 일어나는 생각과 생각이 늘 뒤를 따라 이어지므로 마주 대하여 드러난 언어言語나 문자文字, 모양이나 상태를 가지고 분명分明하고 확실確實하게 깨달아 안다는 일체의 작용作用으로서 망상妄想을 일으키고 그 따라 망령된 언어言語나 문자文字, 모양이나 상태를 세우고 집착執着하게 되다네. 때문에 이 자리에는 성스럽고 위대한 모양이나 상태 등 언어言語나 문자文字와 더럽고 추한 모습 등이 어지럽게 뒤섞여 공존共存하는 것이네. 이 8식八識을 아뢰야식阿賴耶識이라 이름 붙여 부른다네.

[행불이공行不異空 공불이행空不異行 행즉시공行即是空 공즉시행空即是行] : 행行이 공空과 다르지 않고 공空이 행行과 다르지 않은 것이니, 행行이 그냥 공空이며, 공空이 그냥 행行이라네. 때문에 '이것이 행行이다. 이것이 공空이다.'라고 가리킬 수 있는 마주 대하여 드러난 언어言語나 문자文字, 모양이나 상태가 달리 있는 것이 아니라네.

행行을 9식九識이라 하니, 일체 모든 것을 구별 짓고 나누어 밝히고 마주 대하여 드러나는 언어言語나 문자文字, 모양이나 상태를 거듭 쌓고 쌓는 것을 이른다네. 곧 스스로의 몸身.眼耳鼻舌身과 뜻意, 입口.言語, 文字으로 짓은 선악善惡의 업業을 이르고 이러한 행行으로 인하여 두텁게 쌓이고 쌓인 언어言語나 문자文字, 모양이나 상태를 뜻한다네. 앞으로 다가올 삶에 영향을 미칠 수 있는 업식業識을 가리키는 것이며, 이 행行을 서로 구별 짓고 나누어 밝힐 수 있기 때문에 식識이라 이른다네. 이 9식九識을 암마라식菴摩羅識이라 이름 붙여 부른다네.

[식불이공識不異空 공불이식空不異識 식즉시공識即是空 공즉시식空即是識] : 식識이 공空과 다르지 않고 공空이 식識과 다르지 않은 것이니, 식識이 그냥 공空이며, 공空이 그냥 식識이라네. 때문에 '이것이 식識이다. 이것이 공空이다.'라고 가리킬 수 있는 마주 대하여 드러난 언어言語나 문자文字, 모양이나 상태가 달리 있는 것이 아니라네.

40

'시제법공상是諸法空相은 불생불멸不生不滅 불구부정不垢不淨 부증불
감不增不減이라네'

: 그러므로 일체 모든 법法이란 본래 공空한 것으로서 마주 대하여
드러난 언어言語나 문자文字, 모양이나 상태는 본래 생生하지 않으니
멸滅하지 않고 티끌에 물들지 않으니 깨끗이 할 것이 아니며, 모자
람이나 부족함 없이 두루 원만한 것이니 늘고 줄어드는 것이 아니
라네.

'시고是故로 공중무색空中無色이라 무수상행식無受想行識이니'

: 이러한 까닭으로 참된 터一竅.正定.禅定가 실질적實質的으로 드러난
언어言語나 문자文字, 모양이나 상태는 색色.六根.六塵.六識.貪瞋痴이라
이를 수도 없고 공이라 이를 수도 없는 것이라네. 그러므로 수상행
식이受想行識라는 심법心法 또한 없는 것이니, 사물의 이치에 어두워
어리석다는 무명無明이라는 것 또한 없는 것이라네. 이는 오온五蘊
을 세우지 아니한 깨우침의 본질不立五蘊을 이르는 것이라네.

'무안이비설신의無眼耳鼻舌身意며'

: 이와 같이 번뇌煩惱의 뿌리가 되는 육근六根.貪, 곧 안탐眼貪, 이탐
耳貪, 비탐鼻貪, 설탐舌貪, 신탐身貪, 의탐意貪도 없으며,

'무색성향미촉법無色声香味触法이고'

: 번뇌를 일으키게 되는 육진六塵.瞋, 곧 색진色瞋, 성진声瞋, 향진香
瞋, 미진味瞋, 촉진触瞋, 법진法瞋도 없고

'무안계내지무의식계無眼界乃至無意識界이니'

: 평면적平面的으로 아는 일로서 셈數의 경계境界가 되는 육식六
識.癡, 곧 어리석음癡의 실마리가 되는 안식계眼識界, 이식계耳識界,
비식계鼻識界, 설식계舌識界, 신식계身識界와 공간적空間的으로 아는
일로서 양量의 경계境界가 되는 의식계意識界도 없는 것이니,

'무무명역무무명진無無明亦無無明盡이며'

: 사물의 이치에 어두워 어리석다는 무명無明이란 애당초 바탕이 되
는 바 드러낼 만한 티끌과도 같은 언어言語나 문자文字, 모양이나 상
태가 없는 것이고 사물의 이치에 어둡다거나 밝다거나 할 것조차도
없으며,

'내지무노사역무노사진乃至無老死亦無老死盡이며'

: 공간적空間的으로 능히 아는 일로서 양量의 경계境界가 되는 의식
계意識界도 없다는 것을 바탕으로 무명無明이란 것은 애당초 사물의
이치에 어둡다거나 밝다거나 할 것조차도 없다고 이른 것과 같이
늙어서 죽은 일도 없고 애당초 늙어서 죽음에 이른다거나 없다거
나 할 것조차도 없으며,

'무고집멸도無苦集滅道이니'

: 생로병사生老病死의 네 가지 고통과 사랑하는 이와 헤어지는 고통
苦痛, 구하여도 얻지 못하는 고통, 원수나 미워하는 사람과 만나는
고통, 색수상행식色受想行識이 성한 고통도 없고 이 고통의 원인原因
이 되는 번뇌 덩어리도 없으며, 이 번뇌 덩어리에서 벗어난 열반涅
槃도 없으며, 그렇기 때문에 깨달음의 경지에 이르는 방법으로서 팔

정도八正道, 곧 실천実践 수행하는修行 여덟 가지의 참된 덕목인 정견正見, 정어正語, 정업正業, 정명正命, 정념正念, 정정正定, 정사유正思惟, 정정진正精進도 없는 것이니,

'무지無智라'

: 범부지凡夫智로서 색수상행식色受想行識의 색법色法과 심법心法도 없으며, 인연법因緣法을 바탕으로 한 연각지緣覚智로서 간혜乾慧, 십신十信, 십주十住, 십행十行, 십회향十回向, 난온위煖温位, 정상위頂上位, 인내지忍耐地, 세제일지世第一地, 십지十地, 금강혜金剛慧, 등각도等覚 없다네. 그리고 성문지声聞智로서 고집멸도苦集滅道 사체법四諦法과 팔만사천법문八万四千法文 등 일체 모든 법法과 일체 모든 불보살仏菩薩과의 인연으로因緣 말미암아 일어나는 일체 유위법有為法으로서 번뇌로 가득 찬 유루지有漏智도 없다네. 곧 유루지有漏智란 꿈과 허깨비처럼 덧없고 물거품과 그림자와 같아서 허망虛妄한 것이라네.

'역무득이무소득亦無得以無所得이라네'

: 이렇듯이 인연으로 말미암아 일어나는 일체 모든 유위법有為法으로서 티끌로 가득한 유루지有漏智란 없기 때문에 깨달아 얻을 것도 없고 오온五蘊을 세우지 아니한 깨우침의 본질本質을 깨달아 얻을 바도 없는 것이라네不立五蘊不離証得.

'고故로 보리살타菩提薩埵는 의반야바라밀다고依般若波羅密多故하니'

: 때문에 이치에 어두운 무명無明을 밝게 하고 깨우침의 본질인 내가 없음을 깨달아 증득한 일을 가지고不立五蘊不離証得 불법仏法을 열어 중생을 인도하는 이不立五蘊不離証得,上求菩提下化衆生는, 인위적

人為的이거나 꾸밈없는 무위법의無爲法 무루지로서無漏智.不立五蘊不離
証得.中中妙圓 열반涅槃에 이르게 하는 온전한 지혜인智慧 반야바라밀
般若波羅密에 의지하는 까닭으로

'심무가애무가애고心無罣碍無罣碍故로 무유공포無有恐怖라'
: 마음이 일체 모든 유위법有爲法으로서 티끌로 가득한 유루有漏,
곧 티끌과도 같은 번뇌로 인하여 막힘이나 걸림이 없고 막힘이나 걸
림이 없는 까닭으로 장차 죽음의 고통이나 재앙災殃을 받을 것이라
는 망령妄靈된 생각이 없어지는 것이라네.

'원리전도몽상遠離顚倒夢想하고 구경열반究竟涅槃하는 것이니'
: 때문에 실현성實現性 없는 꿈같이 허황한 생각에 엎어지고 넘어지
면서 거꾸로 뒤바뀌는 일로부터 멀리 벗어나 같다거나 다르다는 것
이 다 하여도 미치지 못하는, 마땅히 머물 바에 머무는 비롯됨이
없는 자리에 마침내 이르는 것이니,

'삼세제불三世諸仏도 의반야바라밀다고依般若波羅密多故로 득아뇩다
라삼먁삼보리得阿耨多羅三藐三菩提시니라'
: 과거, 현재, 미래의 모든 부처도 인위적人爲的이거나 꾸밈없는 무위
법無爲法의 무루지無漏智로써 열반涅槃에 이르게 하는 온전한 지혜智
慧인 반야바라밀般若波羅密.金剛慧에 의지한 까닭으로 늘 수행修行하
고 더할 나위 없이 위없는 최상最上의 깨우침을 증득証得하시니라.

'고지故知해야 하는 것이니 반야바라밀다般若波羅密多가'
: 그러므로 반드시 알아야 하는 것이니, 인위적人爲的이거나 꾸밈이

없는 무위법無爲法의 무루지無漏智로써 오온五蘊을 세우지 아니한 깨우침의 본질을 깨달아 증득하는 일로서의 온전한 지혜인 반야바라밀다가般若波羅密多

'시대신주是大神呪이며'
: 마지막 깨우침까지 이루고 취하는 미묘하면서도, 언어言語나 문자文字, 모양이나 상태로 나타낼 수도 없고 무수無數 무량無量 함으로도 미칠 수 없는 오묘한 깨우침의 가르침이며,

'시대명주是大明呪이며'
: 25문二十五門, 57과五十七果, 일천칠백공안一千七百公案, 팔만사천법문八万四千法文 등 일체 모든 법法과 일체 모든 불보살과仏菩薩 마주 대하여 밝게 드러난 언어言語나 문자文字, 모양이나 상태로서 '더할 나위 없는 유일한 참된 터不立五蘊不離証得'로 깨달아 들어가게 하는 가르침이고 중중묘원中中妙圓을 바탕으로 깨우친 오온五蘊이 청정淸淨한 묘각妙覚을 항복 받는 마음자리인 더할 나위 없이 위없는 최상最上의 깨달음을 드러내어 밝혀주는 것이며,

'시무상주是無上呪이며'
: 일체 모든 법法과 일체 모든 불보살仏菩薩을 하나하나, 한분 한분을 응하는 일에 있어서 막힘이나 걸림 없이 통하게 하는 더할 나위 없는 유일한 참된 법法이며, 팔만사천법문八万四千法文을 제각각 하나하나씩 보배로운 구슬로 드러내는 일보다 더할 나위 없이 위없는 법이고法, 일천칠백공안一千七百公案을 올바르게 꿰뚫어 참되게 밝히는 일보다 더할 나위 없이 위없는 법法이며, 57과五十七果의 차례를

따라 묘각妙覺에 이르게 하는 일보다 더할 나위 없이 위없는 최상의 법법法이고, 25계二十五界의 허망한 탐진치貪瞋痴를 되돌려 참되게 만드는 일보다 더할 나위 없이 위없는 법법法이며,

'시무등등주是無等等呪이니'
: 견줄 바 없는 더할 나위 없이 위없는 최상의 총지摠持, 곧 일체 모든 법법法을 지니어 가지는 참된 말真言이며, 이렇다 저렇다 할 것이 없는 자리로서 이렇게 생각할 수 없는 일은 생각으로는 끝낼 수 있는 일이 아닌 것이라, 생각으로 미칠 수 없는 깊은 곳에 이르게 되면 생각도 또 생각이 아닌 것도 모두 고요해지는 자리이니,

'능제일체고能除一切苦이며 진실불허真実不虚라'
: 이렇듯 선신해후수행先信解後修行, 곧 먼저 믿음과 이해를 바탕으로 수행修行하는 일이 탄탄해지고 견줄 바 없는 반야바라밀般若波羅密이 금강金剛 같이 머물면 모든 고통으로부터 능히 벗어나는 것이며, 마주 대하여 드러난 일체의 헛되고 망령된 언어言語나 문자文字, 모양이나 상태를 떠난 지혜智慧로서 인위적人為的으로 꾸미거나 지어내지 않은 있는 그대로의 언어言語나 문자文字, 모양이나 상태라네.

'고故로 설반야바라밀다주説般若波羅密多呪하니'
: 이러한 까닭으로 반야바라밀다가般若波羅密多 참된 깨우침을 드러내는 지혜智慧의 언어言語나 문자文字, 모양이나 상태로써 나를 세우지 아니한 깨우침의 본질本質을 깨달아 증득証得하는 일을 벗어난 것이며, 구분 짓고 나누어 밝힐 도道가 없는 자리에 이르는 짧은 법법法을 설하니,

'즉설주왈即説呪曰이라'

: 곧 반야바라밀다가般若波羅密多 화두話頭이고 공안公案이라네.

'아제揭諦 아제揭諦 바라아제婆羅揭諦 바라승아제婆羅僧揭諦 모지菩提
사바하娑婆訶'

: 성문승声聞乘, 연각승縁覚乘, 보살승菩薩乘의 세 가지 교법教法을 넘
어서 깨달음의 경지不立五蘊不離証得를 넘어 빨리 가 보세나. 이는
곧 반야바라밀다가般若波羅密多 있는 그대로 반야바라밀다般若波羅
密多의 직접적直接的인 인因이 되고 또 그에 따르는 과果가 되는 것임
을 깨달아 얻어야 할 가장 긴요緊要한 일이라는 것이네.

선수후신해先修後信解의 수修는 불신不信과 바탕 없이 중구난방衆口
難防으로 널뛰는 수修이며, 선신해후수先信解後修의 수는修 25문二十五
門, 57과五十七果, 일천칠백공안一千七百公案, 팔만사천법문八万四千法文
등 일체 모든 법法과 일체 모든 불보살仏菩薩을 믿고信 또 이해解를 근
본으로 티끌만한 경계境界가 없는 깨우침의 본질로서 내가 없음不立五
蘊을 깨달아 증득한 깨우침을 바탕不立五蘊不離証得으로 한 수행이 참
된 수행修行이라 할 수 있다네. 이와 같이 선오후수先悟後修.不立五蘊不
離証得 곧 먼저 깨우침을 증득証得한 후에 수행修行을 해야, 이 수행이
깨우친 수행悟修이며, 선수후오先修後悟라면, 곧 먼저 수행을 하고 깨
우침을 증득証得하는 일이라면, 이 수행修行은 미혹迷惑한 수행이며,
미혹한 깨우침이 아니겠는가.

25문二十五門, 57과五十七果, 일천칠백공안一千七百公案, 팔만사천법문
八万四千法文 등 일체 모든 법法과 일체 모든 불보살仏菩薩을 마주 대하
여 드러난 언어言語나 문자文字, 모양이나 상태로서 경계境界가 있지

않음을 보는 일이 참된 성품을 보는 것이며, 이 참된 성품을 보는 것이 즉 깨우침의 본질인 내가 없음을 깨달아 증득하는 일로 불립오온불리증득을不立五蘊不離証得 넘어서 오온五蘊이 청정清浄한 묘각妙覚을 바탕으로 내가 있거나 내가 없음을 벗어나는 일이라네本来面目.

수증료의修証了義라 하였으니, 증証이란 선오후수先悟後修한 깨우침의 증거로서 스스로의 몸身. 곧 25문二十五門이 맑게 드러난 모양이나 상태를 이르는 것이며, 요의了義란 한 물건, 곧 '더할 나위 없이 위없는 최상의 마음자리本性'를 이르는 것이네. 이는 일체 모든 법法을 마주 대하여 드러난 경계境界가 없는 일로서 나를 세우지 아니한 깨우침의 본질을本質 깨달아 증득한 깨우침의 궁극적窮極的 본질인 오온五蘊이 청정清浄한 묘각妙覚을 항복 받는 일을 이른다네.

수행修行하는 방법参禅.観法.経典.真言에 있어서 수많은 차이를 보이지만, 미혹迷惑함과 깨달음証得의 경계境界는 두 개의 맑은 거울이 마주 대하여 드러난 모양이나 상태와 같다네.

'반야바라밀般若波羅密'의 지혜不生不滅.不垢不浄.不増不減는 25문二十五門, 57과五十七果, 일천칠백공안一千七百公案, 팔만사천법문八万四千法文 등 일체 모든 법法과 일체 모든 불보살仏菩薩을 본디 있는 그대로 고스란히 드러내고 맑고 깨끗한 지혜의 빛으로 온 세상을 비춰주며, 모든 사람이 너나 나나 할 것 없이 더할 나위 없는 깨달음의 실체実体를 보게 한다네. 또한 맑은 지혜의 빛으로 늘 참다운 자리에 마땅히 있으나, 잘못이나 허물六根.六塵.六識.受想行識에 휩싸인 이들은 눈만 멀뚱히 뜨고서 오랜 세월을 두고도 고개만 갸웃거리고 있는 것이라네.

'더할 나위 없이 위없는 깨달음'의 공功과 덕德은 수数와 양量으로 헤아릴 수 없는 것이니, 여러 개의 몸이 하나의 몸이 되고 하나의 몸이 여러 개의 몸이 되어서 이 세상을 마주 대하여 응하고 풀어가는 일에 있어 막힘이나 걸림이 없으며, 마주 대하여 드러난 언어言語나 문자文字, 모양이나 상태로 표현表現할 수 없는 미묘한 일이 허공虛空에 피었다 사라지는 구름과도 같다네.

온 적이 아닌 것이니 가는 일도 아닌 것不来不去을 나지도 않고 멸하지도 않은 이 일不生不滅을 예나 지금이나 맑게 드러내어 밝힐 수 있는 이가 누구이겠는가. '더할 나위 없이 위없는 최상의 깨달음'을 얻은 이의 빛과 같이 나를 세우지 아니한 깨우침의 본질을 깨달아 증득하는 일의 법般若波羅密도 그러한 것이라네. 어제도 오늘도 또 내일도 없는 것이거늘, 운 좋게도 스스로의 성품이라고 할 만한 물건이 없는 자리를 잠시라도 알게 不立五蘊不離証得 된다면 '더할 나위 없이 위없는 최상의 마음자리'를 깨달아 얻고 의심疑心이 없어질 것이라네.

한평생을 보내고 또 보내도 그러한 참된 마음자리의 울림, 곧 오온五蘊이 청정淸淨한 묘각妙覚마저도 항복 받는 마음자리의 울림을 만날 수는 없을 것이라네. 혹시라도 그러한 마음자리의 울림을 만난다면, 이는 깨우침의 본질을 깨달아 얻은 이의 크나큰 구원救援이라네. 나를 세우지 아니한 깨우침의 본질을 깨달아 얻은 마음자리의 울림은 지혜智慧.般若波羅密에서 생기지도 않고 지혜가 아닌 것에서도 생기지 않는 일이지만, 모든 참다운 법을 헤아려 분명하게 알게 하고 어리석은 마음色受想行識에 빛을 비춰준다네. '빛이 있네. 빛이 없네.' 이 둘이 헛되고 망령된 생각이듯이 지혜나般若波羅密 어리석음貪瞋痴도 또한 이와 같은 것이고 나고 죽은 일과 나고 죽은 일을 떠났다는 이 두 가지 또한 헛되고 망령된 생각일 뿐이라네. 곧 '생각이 있거나 생각이 없거나' 이 둘은 참된 것이 아니라네.

처음 마음이 나중의 마음과 같지 않듯이, 눈, 귀, 코, 혀, 몸, 뜻, 이 여섯 가지가 아는 일이 서로 다르지 않던가. 그러나 '더할 나위 없이 위없는 최상의 마음자리總竅'가 하나이듯이 이 참된 터의 지혜, 곧 '반야바라밀般若波羅密'은 모든 번뇌를 없애버린다네.

천千이다. 만万이다. 억億이다. 수数와 양量을 셈하는 법法은 많지만, 하나씩 덧붙여서 천이 되고 만이 되고 억이 되는 것이 아니던가. 헤아릴 수 없이 많더라도 근본 바탕으로서의 계산법計算法은 하나뿐이지 않던가. 이를 두고 사람들이 제 나름의 생각대로 많다거나 적다고 떠들어만 댄다네. 이 허공이나 저 허공이나 서로 다르지 않건만, 사람들이 동서남북東西南北이라고 이름 지어 부른다네. 이렇듯 구별 짓고 나누어 밝히면서分別.揀択 헛되고 망령되게 지어진 이름에 고집固執이 생기면 깨우침의 본질本質로서 내가 없음을 깨달아 얻기中中妙圓에는 멀고도 멀 뿐이라네.

마음五蘊이 빛般若波羅密이 아니고 빛般若波羅密 또한 마음五蘊이 아니라네. 마음五蘊을 떠나서는 드러나는 색깔般若波羅密이 없고 드러난 색깔般若波羅密을 떠나서는 마음五蘊도 없는 것이라네. 그러나 마음五蘊은 변하는 것이거늘 깨우침의 궁극적窮極的 본질인 오온청정五蘊清浄한 묘각妙覚마저 항복 받는 일을 어찌 알 수 있겠는가. 마음五蘊은 그림을 그리는 자와 같아서 오만가지 드러난 모양이나 상태를 그려 내듯이(모든 법法과 불보살仏菩薩), 이 세상에 존재하는 온갖 마주 대하여 드러난 사물은 모두 다 마음五蘊으로 지어진 것이라네. 마음五蘊이 그러하듯 깨달음의 열매般若波羅密도 그러하고 깨달음을 얻은 이가 그러하듯 중생衆生도 또한 그러하다네. 마음이나五蘊 중생이나衆生 깨달음을 얻은 이나仏, 이 세 가지가 조금도 다르지가 않다네. 곧 마음般若波羅密이 몸五蘊이 아니고 몸五蘊이 마음般若波羅密이 아니지만, 모든 드러난 일들을 제 마음대로 할 수 있다生死 한다네. 이 세상에서 깨우침을 얻으려는 이는 '더할 나위 없이 위없는 최상의 마음자리' 곧 나를 세우지 아니한 깨우침의 본질本質을 깨달아 증득한 깨우침의 궁극적窮極的 본질인 오온청정五蘊清浄한 묘각妙覚마저 항복 받는 이 마음자리가 깨달음의 달콤한 열매인 것을 알아야 한다네.

허공은 텅 비어 깨끗하고 드러난 모양이나 상태, 언어言語나 문자文字가 없으니, 물건을 의지해야 볼 수가 있다네. 그 허공 가운데 온갖 언어言語나 문자文字, 모양이나 상태가 드러나도 그 성품을 우리가 볼 수 없듯이 너와 나의 깜냥으로는 알 수가 없으며, 이 세상 누구라도 나를 세우지 아니한 깨우침의 본질本質을 깨달아 증득한 깨우침의 궁극적窮極的 본질인 오온청정五蘊清浄한 묘각妙覚마저 항복 받는 이 마음자리가 드러내는 모양이나 상태를 보지 못한다네. 깨달음의 음성을 듣고 언어言語나 문자文字, 모양이나 상태를 보기는 한다지만, 들리는 소리言語나 보는 문자文字 모양이나 상태가 본래부터 나를 세우지 아니한 깨우침의 본질을本質 깨달아 증득한 깨우침의 궁극적窮極的 본질인 오온청정五蘊清浄한 묘각妙覚마저 항복 받는 마음자리가 아니며, 언어言語나 문자文字 모양이나 상태를 여의고서는 나를 세우지 아니한 깨우침의 본질本質을 깨달아 증득한 깨우침의 궁극窮極的 본질인 오온청정五蘊清浄한 묘각妙覚마저 항복 받는 이 마음자리의 열매寂滅.涅槃 또한 없는 것이니, 이 이치를 분명하게 구별 짓고 나누어서 밝힐 참다운 이가 누구이겠는가.

이르기를 '무불무無不無 불무불不無不'이라. '없다 해도 본래 없는 것이 아니며, 아니라 해도 본래 아닌 것도 없다네.'

육근六根, 육진六塵, 육식六識을 밝게 드러내면

눈으로 보고 마음에 들어서 제 것으로 만들고 싶어 하는 욕심인 안탐眼貪, 귀로 들어서 마음에 드는 말만을 제 것으로 하고 싶어 하는 욕심인 이탐耳貪, 코로 숨을 쉬면서 남과 얽히기 싫어하는 자신의 생사에生死 대한 욕심인 비탐鼻貪, 입으로 맛을 보면서 입맛을 통해 좋아하는 맛만을 취하려 욕심을 부리는 설탐舌貪, 몸으로 만지거나 맞닿아 느끼면서 좋고 싫어함을 분명하게 경계境界를 세우면서 욕심을 부리는 신탐身貪, 뜻이나 생각으로 아는 일을 쌓아 가면서 자존자만自尊自慢만을 위해 욕심을 부리는 의탐意貪, 이 '육근六根을 통한 과도過度한 욕심貪'은 안식치眼識痴, 이식치耳識痴, 비식치鼻識痴, 설식치舌識痴, 신식치身識痴, 의식치意識痴, 이 육식의 어리석음六識.痴을 마주 대하여 드러나는 수數와 양量에 따라 화를 내는 일六塵.瞋에 대한 경계境界로서 인식認識 작용을 일으키는 실체実体라네. 이처럼 수數와 양量에 따라 화를 내는 일六塵.瞋에 대한 경계境界인 육근六根의 탐심貪心으로 어떻게 과거, 현재, 미래, 삼천대천세계三千大千世界에 두루 원만하고 막힘이나 걸림이 없이 상구보리하화중생上求菩提下化衆生 할 수 있겠으며, 깨우침의 본질本質로서 내가 없음不立五蘊을 깨달아 증득하는不離証得 온전한 지혜智慧인 반야바라밀般若波羅蜜을 밝고 환하게 얻을 수 있겠는가.

육근六根의 탐심貪心으로 인한 색色, 성声, 향香, 미味, 촉触, 법法, 이

'육진六塵.瞋의 성향性向'으로 기뻐하고喜 성내며怒 슬퍼하고哀 즐기며 사랑하고愛 미워하는郡 수와數 양에量 따라 스스로의 타고난 성질本性 을 흐리게 만드는 것이라네. 이처럼 불성仏性을 흐리게 만드는 여섯 가지 도둑인 색진色塵, 성진声塵, 향진香塵, 미진味塵, 촉진触塵, 법진法塵 으로 어떻게 과거, 현재, 미래, 삼천대천세계에三千大千世界 두루 원만하고 막힘이나 걸림이 없이 상구보리하화중생上求菩提下化衆生 할 수 있겠으며, 나를 세우지 아니한 깨우침의 본질을不立五蘊 깨달아 증득하는不離証得 일로서의 온전한 지혜인智慧 반야바라밀을般若波羅密 밝고 환하게 통할 수 있겠는가.

어리석고 미련함, 곧 '육식六識.痴'이란 눈을 부릅뜨고 화내는 일의六 塵.瞋 여섯 가지 경계境界를 마주 대하여 과도하게 욕심을慾心 내는 일을六根.貪 따라 인식하는認識 여섯 가지 마음의 작용인 안식眼識, 이식耳識, 비식鼻識, 설식舌識, 신식身識, 의식意識을 이른다네. 이러한 육식六識.痴으로 어떻게 과거, 현재, 미래, 삼천대천세계三千大千世界에 두루 원만하고 막힘이나 걸림이 없이 상구보리하화중생上求菩提下化衆生 할 수 있겠으며, 나를 세우지 아니한 깨우침의 본질不立五蘊을 깨달아 증득하는不離証得 온전한 지혜智慧인 반야바라밀般若波羅密을 밝고 환하게 얻을 수 있겠는가.

탐진치貪瞋痴를 근본根本으로 한 육근六根.貪, 육진六塵.瞋, 육식六識.痴, 이 18계十八界, 18문을十八門 쌓고 또 쌓으면서 욕심을 내면서貪 화를 내는瞋 어리석은痴 언어言語나 문자文字, 모양이나 상태를 거듭해서 드러내기 때문에 색온色蘊이라 이른 것이며, 이러한 18계十八界, 18문에十八門 의지해서 마주 대하여 드러난 모든 언어言語나 문자文字, 모양이나 상태를 나누어 가름 짓은 법을 색법色法이라 이른 것이라네.
이러한 색법色法을 가지고 어떻게 과거, 현재, 미래, 삼천대천세계三千
大千世界에 두루 원만하고 막힘이나 걸림이 없이 상구보리하화중생上
求菩提下化衆生 할 수 있겠으며, 나를 세우지 아니한 깨우침의 본질不立
五蘊을 깨달아 증득하는不離証得 일로서의 온전한 지혜智慧인 반야바
라밀般若波羅密을 밝고 환하게 얻을 수 있겠는가.

육근六根 중 이근耳根을 밝게 드러내면

제5장

　참된 가르침을 받을 수 있는 근간根幹이 되는 일敎体이란 허물이 없는 맑고 바른 가르침을 듣는 일에 있는 것이라네. 뒤를 따라 일어나는 잡다한 생각을 버리고 마음을 가다듬어 한곳에 머물게 하며正定.禅定, 움직이거나 흩어지지 않는 '더할 나위 없는 유일한 참된 터不立五蘊不離証得'를 얻고자 한다면, 사실 듣는 가운데로 따라 들어가야 할 것이라네. 참된 것이란, 큰북을 치면 천지사방天地四方에서 모두 함께 한 때一時에 듣는 것과 같은 것을 이른다네. 이것이 곧 '여시아문如是我聞 일시一時'를 이른다네. 이는 2,500년 전이나 지금이나 나를 세우지 아니한 깨우침의 본질不立五蘊을 깨달아 증득하는 일不離証得로서의 온전한 지혜인 반야바라밀般若波羅密을 근간根幹으로 '여시아문如是我聞'이라 한 것이며, 나를 세우지 아니한 깨우침의 본질不立五蘊을 깨달아 증득不離証得한 더할 나위 없는 참된 깨우침이란 2,500년 전이나 지금이나 늘 항상 하므로 '일시一時'라 이른 것이라네. 이는 모남이 없이 과거, 현재, 미래, 삼천대천세계三千大千世界에 두루 원만하고 막힘이나 걸림이 없이 상구보리하화중생上求菩提下化衆生 할 수 있는 것이며, 정녕 거짓 없이 바르고 참된 것으로서 마주 대하여 드러난 언어言語나 문자文字, 모양이나 상태를 통하지 않고 일원상一圓象, 그리고 해日와 달月로 드러내고는 한다네中中妙圓.

　눈이란 담장 밖의 것을 보지 못하며, 입과 코 또한 경계境界가 있지 않던가. 또 몸은 맞닿아서 느끼거나 합해져야만 비로소 아는 일이 있으며色法.十八門, 생각과 마음은 뒤섞이고心法.地水火風見識空 또 어수선한 까닭으로 나를 세우지 아니한 깨우침의 본질을不立五蘊 깨달아 증득하는 일不離証得의 차례나 갈피를 잡을 수가 없다네. 그러나 담장이 가리고 있더라도 담장 밖의 소리를 듣지 않던가. 곧 시공간적視空間的으로 멀거나 가깝거나 모두 다 듣지를 않던가. 그러므로 안眼, 비鼻, 설舌, 신身. 의意가 모든 것을 다 능숙하게 잘하지는 못하지만, 막힘이나 걸림 없이 두루 원만하게 통하는 일로서 거짓이 없고 또 바르면서 참된 것은 참된 것이라네.

산山, 하河, 대지大地에 의지하며 살아가는 이 세상에서는 소리의 참된 뜻과 함께 참되게 아는 일, 곧 25문二十五門, 57과五十七果, 일천칠백공안一千七百公案, 팔만사천법문八万四千法文 등 일체 모든 법法과 일체 모든 불보살仏菩薩의 참된 뜻과 함께 아는 일이란 말로서 서로가 주고받는 다음에야 밝힐 수 있지 않던가. 사람들이 본래의 듣는 일, 즉 불립문자견성不立文字見性 후 불리문자견성不離文字見性은 알지 못하고 25문二十五門, 57과五十七果, 일천칠백공안一千七百公案, 팔만사천법문八万四千法文 등 일체 모든 법法과 일체 모든 불보살仏菩薩을 따르는 그림자처럼 하나하나의 소리만을 따라가는 까닭으로 쉼 없이 흐르고 또 뒤바뀌게 되는 것이라네. 때문에 25문二十五門, 57과五十七果, 일천칠백공안一千七百公案, 팔만사천법문八万四千法文 등 일체 모든 법法과 일체 모든 불보살仏菩薩을 따르는 그림자와 같이 하나하나의 언어言語나 문자文字, 모양이나 상태를 사람들이 오래토록 분명分明하게 또 확실確実하게 잘 기억한다 하더라도 마침내는 바른 이치에서 어긋날 것이며, 교묘하게 자신을 속이는 생각에 떨어짐을 피하지 못할 것이라네. 이 일을 두고 '밝지 못한 것無明.貪瞋痴에 빠져서 헤어나지 못함을 따르는 것'이라고는 변명하지 말게나.

　목구멍으로 내는 소리는 그 성품性品에 있어서 움직임動과 고요함靜이 있지 않던가. 이러한 까닭으로 듣는 가운데耳根서 있음有과 없음無이 이루어지는 것이라네. 그러므로 소리가 없으면 '들리지 않는다.'라고만 할 뿐이지, 듣는 성품不立五蘊不離証得이 없다는 것은 아니지 않는가. 때문에 소리가 없더라도靜 없어진 것滅이 아니며, 소리가 있더라도動 생겨난 것生이 아니라네. 생겨남과 없어짐을 모두 다 벗어난 것이니, 늘 끊이지 않고 항상 하며, 거짓 없이 바르고 참된 것이라네. 비록 지금 꿈을 꾸는 중이거나 생각을 하지 않는다고 해서 없는 것이 아니라네. 그러므로 무상무념無想無念이라고 이르는 것은 헛된 망상妄想임을 알아차려야 한다네. 그러므로 나를 세우지 아니한 깨우침의 본질不立五蘊을 깨달아 증득하는 일不離証得의 일정한 원리原理에 의지해서 주의 깊게 비추어 보고 몸과 마음을 다해 이루어진 일은 생각이나 뜻, 소리나 글자에서 벗어난 것이기에 그 어떠한 것으로도 미칠 수가 없는 것이라네.

　생각이나 말, 글로서 미루어 헤아릴 수 없는 '더할 나위 없는 유일한 참된 터不立五蘊不離証得'에 대해 말하고자 한다네. 깨우친 모든 이들이 베풀어 말한 일체 비밀스러운秘密 모든 법문法文을 들었다고는 하나, 많이 들은 것만을 쌓고 쌓아서有立五蘊 크나큰 잘못이나 허물이 되었다네. 곧 25문二十五門, 57과五十七果, 일천칠백공안一千七百公案, 팔만사천법문八万四千法文 등 일체 모든 법法과 일체 모든 불보살佛菩薩에 대해 많이 들은 것만을 지니고서 입버릇처럼 '깨달음의 참된 법을 지킨다네.'라고 한다네. 어찌해서 나를 세우지 아니한 깨우침의 본질不立五蘊을 깨달아 증득한 스스로가 들음을 듣는 일의 참된 성품不立五蘊不離証得,中中妙圓을 알지 못하는가.

듣는 일이란, 본래 자연自然으로부터 생긴 것이 아니고 25문二十五門, 57과五十七果, 일천칠백공안一千七百公案, 팔만사천법문八万四千法文 등 일체 모든 법法과 일체 모든 불보살仏菩薩에 대한 소리와 글로 인하여 그 이름이 있게 된 것이 아니던가. 그렇다면 나를 세우지 아니한 깨우침의 본질不立五蘊을 깨달아 증득한 들음을 듣는 일을 반드시 되돌려서 25문二十五門, 57과五十七果, 일천칠백공안一千七百公案, 팔만사천법문八万四千法文 등 일체 모든 법法과 일체 모든 불보살仏菩薩이라는 언어言語나 문자文字, 모양이나 상태의 굴레에서 참으로 벗어나 온갖 번뇌煩悩로 인한 고통이나 근심이 없이 편하게 되면, 이를 무엇이라 이름 붙일 수 있겠는가. 이와 같이 이름으로도 드러낼 수 없는 하나의 뿌리一根가 되는 바탕, 곧 나를 세우지 아니한 깨우침의 본질不立五蘊을 깨달아 증득한 들음을 듣는 일不離証得을 가지고 마주 대하여 드러난 언어言語나 문자文字, 사물의 모양이나 상태가 비롯되는 본바탕의 처음으로 돌아가면 안이비설신眼耳鼻舌身意의, 즉 육근六根.貪이 모질고 거친 굴레에서 벗어남을 반드시 이룰 수 있을 것이라네.

보고 듣고 맡고 맛보고 느끼고 생각하는 일이란 구름과 같이 일어났다 사라지는 허깨비와 같은 것이라네. 이와 같이 사람들이 살아가는 이 세계가 허공虚空에 피는 화려한 꽃과 같지 않은가. 25문二十五門, 57과五十七果, 일천칠백공안一千七百公案, 팔만사천법문八万四千法文 등 일체 모든 법法과 일체 모든 불보살仏菩薩을 보고 듣고 맡고 맛보고 느끼고 생각하는 일이 참으로 밝게 되어 비롯됨이 없는 본바탕般若波羅密의 허물없는 모양이나 상태로 되돌리면, 나를 세우지 아니한 깨우침의 본질不立五蘊을 깨달아 증득하는 일不離証得이 맑고 깨끗해질 것이라네.

나를 세우지 아니한 깨우침의 본질不立五蘊을 깨달아 증득한 맑은 것이不離証得 더할 나위 없이 극진極盡하면 밝은 빛, 곧 깨우침의 본질을 깨달아 중득하는 일로서의 온전한 지혜인 반야바라밀般若波羅密의 밝은 빛不生不滅이 25문二十五門, 57과五十七果, 일천칠백공안一千七百公案, 팔만사천법문八万四千法文 등 일체 모든 법法과 일체 모든 불보살仏菩薩에 대해 막힘이나 걸림 없이 환하게 통하는 까닭으로 고요하게 비추는 일이 무수無数, 무량無量한 허공虛空을 머금는다네.

누구나 할 것 없이 모두 다 꿈속이었거늘, 어느 누가 자네와 같이 생긴 모양이나 상태로 그 바탕이 되는 몸뚱이에 깨우침의 본질不立五蘊을 깨달아 증득하는 일不離証得의 가장 중요한 근본根本이 되는 반야바라밀般若波羅密을 머물게 할 수 있겠는가. 꼭 필요하고 중요한 점만을 들어 이르자면, 25문二十五門, 57과五十七果, 일천칠백공안一千七百公案, 팔만사천법문八万四千法文 등 일체 모든 법法과 일체 모든 불보살仏菩薩의 바탕이 되는 바가 움직임을 보이더라도 '참된 법의 근본이 되는 바탕不生不滅.不垢不浄.不增不減' 하나만을 가려내는 일에 달린 것이라네. 이 '참된 법의 근본이 되는 바탕'을 디디고 서서 움직이거나 흐트러지지 않게 하면金剛慧座 속임수로 이루어진 모든 것이 없어질 것이라네. 때문에 안眼, 이耳, 비鼻, 설舌, 신身. 의意, 즉 육근六根도 이와 같은 것이라네, 본래 '참된 법의 근본이 되는 바탕不立五蘊不離証得'은 하나로서 밝고 올바른 것이었으나, 제각각 나뉘어서 이 여섯 가지六根가 서로 맺거나 합하여 어두워진 것이라네. 육근六根 중 한 곳이라도 사물이 비롯되는 가장 중요한 본질本質, 곧 '참된 법의 근본이 되는 바탕不立五蘊不離証得'과 같이 밝은 모양이나 상태가 되면一門即二十五門二十五門即一門. 이 육근六根이 짓고 만드는 모든 작용作用이 이루어지지 않는다네. 그러면 25문二十五門, 57과五十七果, 일천칠백공안一千七百公案, 팔만사천법문八万四千法文 등 일체 모든 법法과 일체 모든 불보살仏菩薩과 티끌과도 같은 번뇌와 허물 따위 등이 생각을 마주 대하여 서로 응해서 없어지고 두루 원만하게 밝아지면서 맑고 미묘하게 될 것이라네. 남아 있는 티끌이야 모두 배워서 없애야 하겠지만, 밝음으로 비추는 일不生不滅.不垢不浄.不増不減, 곧 반야바라밀般若波羅密로 비춰 보는 일에 몸과 마음을 다한 정성을 드리면 이러한 사람을 곧 깨우친 자라 이를 수 있다네. 덧붙이자면 이렇다네. 문자를 세우지 않은 스스로의 마음이 본질적으로 깨우침의 바탕이 됨을 견성不立文字直指人心해야 문자를 떠나지 않은 가장 중요한 일로서 깨우침을 이루어 갈 수 있는 방편不離文字成仏을 취할 수가 있는 것이라네. 방편이란 언어나 문자를 기본으로 25문二十五門, 57과五十七果, 일천칠백공안一千七百公案, 팔만사천법문八万四千法文 등 일체 모든 법法과 일체 모든 불보살仏菩薩을 반야바라밀般若波羅密로 비춰볼 수 있는 일을 이르는 것観照이며, 이와 같이 몸과 마음을 다한 정성을 드리는 것이 가장 중요重要하고 꼭 필요必要하면서 매우 절실切実한 일이라는 것이네. 이렇게 행행行하는 사람을 '깨우친 자'라고 이를 수 있다네.

들을 수 있는 이들은 모두 다 들어야 하는 것이니, 이와 같이 듣는 일如是我聞을 돌이켜 스스로의 성품不立五蘊不離証得을 들으면 '더할 나위 없는 도無上道'를 이룰 수 있을 것이라네. 이것이 바로 아주 작지만 완숙한 깨달음의 한 길로서 번뇌煩悩에서 벗어난 경지이며 '더할 나위 없는 유일한 참된 터總竅.不立五蘊不離証得'로 들어가는 문門이라네. 과거에 깨우친 모든 이들도 '더할 나위 없는 유일한 참된 터總竅.不立五蘊不離証得'에 의지하여 목적한 바를 이루었으며, 현재 깨달음을 얻은 이들도 제각각 두루 원만하게 이 문門으로 들어갔다네. 또한 앞으로 공부하려는 이들도 마땅히 이 '더할 나위 없는 유일한 참된 터總竅.不立五蘊不離証得'를 의지해야 할 것이라네.

정녕 번뇌를 벗어난 '청정한 마음자리의 터五蘊淸淨'를 이루고자 한다면, 이와 같이 들음을 듣는 일如是我聞보다 더한 것이 없으며, 나를 세우지 아니한 깨우침의 본질을 깨달아 증득하는 일로서의 온전한 지혜인 반야바라밀般若波羅密보다 더한 것은 없다네. 그 외 나머지는 방편方便으로서 영원히 닦아야 할 배움이라네. 얕거나 깊거나, 작거나 크거나, 한량限量이 있거나 없거나 함부로 전할 법은法 아니라네.

　　들어가는 문門의 머리上求菩提, 곧 반야바라밀般若波羅密과 말아 내린 구멍의 꼬리下化衆生, 곧 25문二十五門, 57과五十七果, 일천칠백공안一千七百公案, 팔만사천법문八万四千法文 등 일체 모든 법法과 일체 모든 불보살仏菩薩의 그림자로서 마주 대하여 드러난 언어나 문자, 모양이나 상태가 몇천 가지로 다르다는 것을 알았더라도 무수無数 무량함無量은 아직 이르지 못하였다네.

　　마음에서 마음으로 전하는 법法을 곧바로 가리킨 것은 비밀스러운 뜻密意이 깊은 것이니, 본래 성품도 아니고不立五蘊不離証得 본래 참다운 마음자리라 이른 것五蘊清浄.妙覚도 아니라네.

　　이르기를 '무불무無不無 불무불不無不이라. '없다 해도 본래 없는 것이 아니며, 아니라 해도 본래 아닌 것도 없다네.'

제6장 　7대七大를 밝게 드러내면

'심법心法으로서의 수受'는 지수화풍地水火風 4대四大를 이르는 것이니, 지륜地輪, 수륜水輪, 화륜火輪, 풍륜風輪의 4대가 육근六根, 육진六塵, 육식의六識 탐진치貪瞋癡를 바탕으로 상생相生, 상극相剋, 상비相比하면서 이합집산離合集散하는 일을 이른다네. 곧 탐진치貪瞋癡의 수數와 양量에 따른 이해득실利害得失을 기준으로 이합집산離合集散하는 일을 이르며, 수레바퀴와 같이 끝없이 물고 물리는 것을 뜻한다네. 때문에 지륜地輪, 수륜水輪, 화륜火輪, 풍륜風輪이라고 이름을 붙인 것이라네.

'만물万物을 생육生育하는 땅地輪'의 기운이나 성질, 성품을 보면 단단하게 엉키고 그러므로 해서 막힘이나 걸림이 많은 까닭으로 시원스럽게 통하지를 못한다네. 더하여 육근탐六根根貪, 육진진六塵瞋, 육식치六識痴의 수數와 양量에 따라 온갖 인연因緣이 맺거나 합하면서 생겨나고 없어지는 일이 끊이지를 않는다네.

'자연스럽게 흐르는 물水輪'의 기운이나 성질 등을 보면 그 흐름이 스스로의 생각과도 같이 비치기는 하지만 오만 가지로 드러난 모양이나 상태를 따라 스며들고 담기는 물건이라네. 또한 물의 흐름과 같이 자연스럽게 끊이지 않는 것 같지만 육근탐六根根貪, 육진진六塵瞋, 육식치六識痴의 수數와 양量에 따라 그 변화変化가 무쌍無双한 기운이라네.

'스스로의 마음속에 뜨거움과 차가움이 쌓이는 불火輪'의 성질이나 기질, 행태를 보면, 모든 일에 있어서 좋고 싫음이 분명하고 매사에 선을 그면서 자질구레하지 않고 매우 간단명료簡単明瞭한 기질이라네. 그렇기는 하지만 육근탐六根貪, 육진진六塵瞋, 육식치의六識痴 수와数 양量에 따라 모든 것을 분별分別, 간택揀択하면서 뜨거움과 차가움이 거듭 쌓이는 어려움이란 스스로도 감당하기가 매우 불편한 기운이라네.

'나뭇가지를 흔들어 대는 바람風輪'의 기운이나 성질, 성품을 보면 움직임과 고요함의 두 기운이 종잡을 수가 없고 민감하기도 하면서 육근탐六根貪, 육진진六塵瞋, 육식치六識痴의 수数와 양量을 따라 비위를 맞출 수 없는 기운이라네. 이와 같이 탐진치貪瞋痴의 수数와 양量을 따라 생겨나고 없어지는 일이 끊이지 않은 지地輪의 기운과 탐진치貪瞋痴의 수와 양을 따라 변화가 무쌍한 수水輪의 기운과 탐진치貪瞋痴의 수와 양을 따라 스스로도 감당하기가 매우 불편한 화火輪의 기운과 탐진치貪瞋痴의 수와 양을 따라 비위를 맞출 수 없는 바람의 기운風輪으로는 과거, 현재, 미래, 삼천대천세계三千大千世界에 두루 원만하고 막힘이나 걸림 없이 상구보리하화중생上求菩提下化衆生 할 수 없으며, 나를 세우지 아니한 깨우침의 본질不立五蘊을 깨달아 증득하는 일不離証得로서의 온전한 지혜智慧인 반야바라밀般若波羅密을 밝고 환하게 얻을 수가 없다네.

'심법心法으로서의 견見'은 육근六根, 육진六塵, 육식六識의 탐진치貪瞋痴를 바탕으로 혼잡스럽게 뒤섞인 일과 부모로부터 받은 지륜地輪, 수륜水輪, 화륜火輪, 풍륜風輪에 따른 제각각의 기질이나 성격, 성품 따위를 '나'라고 하는 몸에 묶어서 안이든 밖이든 스스로가 능히 본다는 것能見을 의미한다네. 또한 탐진치貪瞋痴에 따라 분별分別, 간택揀択하면서 이룩하고 쌓아 가며, 이를 바탕으로 인식認識 작용作用으로서의 경계境界를 가지고 결정, 판단判断하는 일을 이른다네. 때문에 원인原因과 결과結果에 있어서 드러나는 것을 보면 상황이나 환경에 따라 수시로 뒤바뀌며, 탐진치貪瞋痴의 수數와 양量을 기준으로 거듭 번복翻覆하기를 멈추지 않는다네. 때문에 능히 본다는 일을 자기합리화自己合理化하면서 무명無明에 빠지게 되고 이로 인하여 깨닫지 못한 것이 일어나 볼 수도 있으며, 나타낼 수도 있고 또 경계境界를 가질 수도 있다네. 때문에 물고 물리는 생각과 생각이 늘 뒤를 따르는 까닭으로 이러한 생각을 통한 모든 드러난 언어나 문자, 모양이나 상태를 안다는 일체의 작용을 가장 중요한 깨달음의 바탕이라고 인식認識을 한다네. 이와 같이 탐진치貪瞋痴를 근본根本으로 삼아 거듭 무명無明을 쌓고 거듭 번복하기를 멈추려 하지 않는 능히 본다는 능견能見의 성품으로는 과거, 현재, 미래, 삼천대천세계三千大千世界에 두루 원만하고 막힘이나 걸림 없이 상구보리하화중생上求菩提下化衆生 할 수 없으며, 나를 세우지 아니한 깨우침의 본질不立五蘊을 깨달아 증득不離証得하는 일로서의 온전한 지혜인 반야바라밀般若波羅密을 밝고 환하게 얻을 수가 없다네.

'심법心法으로서의 식識'은 안으로나 밖으로나 모든 것을 능히 보고能見 안다能知는 일체의 작용으로 마주 대하여 드러나는 온갖 언어나 문자, 모양이나 상태를 구별 짓고 나누어 밝히는 일을 이른다네. 이와 같이 아는 일의 근본이 되는 식識은 육근六根, 육진六塵, 육식의六識 탐진치貪瞋痴를 바탕으로 수數와 양量이 생기기도 하고 없어지기도 하며, 주어진 상황狀況이나 형편, 사정에 따라 늘고 줄어들며, 더러운 것이 깨끗해지기도 하며, 깨끗한 것이 더러워지기도 하면서 온갖 변덕을 부리는 물건이라네. 때문에 일체 모든 것을 능히 보고能見 이를 나누어 구별 지으려 하며 안다能知는 식識을 마음이라는 물건에 붙들어둔다는 것은 어불성설語不成説이며, 매우 헛되고 망령된 일이라네. 능히 본다는 견을能見 통해 밝게 아는 일이 이루어졌음에도 식識이라 한 것은 언어言語나 문자文字, 모양이나 상태를 기본으로 분명하게 구별 짓고 나누어 밝히기 때문이라네. 이와 같이 마주 대하여 드러난 언어와 문자, 모양이나 상태를 기본으로 구분 짓고 나누어 밝히는 일의 식識으로는 과거, 현재, 미래, 삼천대천세계三千大千世界에 두루 원만하고 막힘이나 걸림 없이 상구보리하화중생上求菩提下化衆生 할 수 없으며, 나를 세우지 아니한 깨우침의 본질不立五蘊을 깨달아 증득하는 일不離証得로서의 온전한 지혜智慧인 반야바라밀般若波羅密을 밝고 환하게 얻을 수가 없다네.

'심법心法으로서의 공空'은 아는 일을 바탕으로 마주 대하여 드러난 모든 언어言語나 문자文字, 모양이나 상태를 구별 짓고 나누어 밝히더라도 집착하거나 물들지 않음을 이른다네. 이를 '허물이 없다.'라고 이르며, 이 공空의 본질本質을 보면 바른 이치에 어둡고 흩어져 있는 까닭으로 25문二十五門, 57과五十七果, 일천칠백공안一千七百公案, 팔만사천법문八万四千法文 등 일체 모든 법法과 일체 모든 불보살仏菩薩, 그 하나하나에 명하고 무딘 것일 뿐이라네. 그러므로 애당초 깨우침이 아니며, 아는 일識로서 구분 짓고 나누어 밝히더라도 집착하거나 물들지 않음으로 '허물이 없다.'라고 이르기는 하지만 밝고 맑은 지혜菩提.般若波羅密와는 전혀 다른 것이라네. 이와 같이 명하고 무디며 흩어진 공空으로는 과거, 현재, 미래, 삼천대천세계三千大千世界에 두루 원만하고 막힘이나 걸림 없이 상구보리하화중생上求菩提下化衆生 할 수 없으며, 나를 세우지 아니한 깨우침의 본질不立五蘊을 깨달아 증득하는 일不離証得로서의 온전한 지혜智慧인 반야바라밀般若波羅密을 밝고 환하게 얻을 수가 없다네.

제7장

건혜지乾慧地 마르지 않는 지혜知慧의 터

문자를 세우지 않은 성품을 본 일不立文字見性을 근본根本으로 문자를 떠나지 않고 깨우침을 이루기 위한 방편不離文字成仏으로서의 지혜를 건혜지乾慧地라고 이른다네. 이와 같이 건혜지를 밝게 드러내 주는 지혜가 반야바라밀般若波羅密이며. 온전한 지혜인 반야바라밀般若波羅密을 근거로 마주 대하여 드러난 방편方便으로서의 언어言語나 문자文字, 모양色法이나 상태心法·受想行識를 밝게 비추고 행한다면 어지럽게 흩어지면서 해롭게 하는 모든 일이 끊어질 것이라네. 또한 25문二十五門, 57과五十七果, 일천칠백공안一千七百公案, 팔만사천법문八万四千法文 등 일체 모든 법法과 일체 모든 불보살仏菩薩 등. 하나씩, 하나씩. 한 분, 한 분을 밝게 비추어서 집착執着하는 일이 그저 허망虛妄한 것임을 알게 될 것이라네. 이와 같이 문자를 세우지 않은 성품을 본 일不立文字見性을 근본으로 문자를 떠나지 않고 깨우침을 이루기 위한 방편으로서의不離文字成仏 지혜인 건혜지乾慧地가 밝고 두루 원만해지는 까닭으로 지혜知慧가 더 이상 마르지 않는 것이라네. 이 마르지 않는 지혜의 터를 건혜지乾慧地라 지칭指称한다네.

25문二十五門, 57과五十七果, 일천칠백공안一千七百公案, 팔만사천법문八万四千法文 등 일체 모든 법法과 일체 모든 불보살仏菩薩의 참됨을 보고 알게 하는 온전한 지혜智慧인 반야바라밀般若波羅密. 그 오묘奧妙함이란 생각으로서는 헤아려 알기가 어려운 것이라네. 그러나 나를 세우지 아니한 깨우침의 본질不立五蘊을 깨달아 아는 일不離証得로서의 '더할 나위 없는 유일한 참된 터總竅.不立五蘊不離証得' 그 무수無数 무량無量한 바다에서 어느 한때一時 문뜩 알게 될 것이라네. 마주 대하여 드러난 언어言語나 문자文字, 모양이나 상태로서 보이지 않거나 나타나 보이거나 늘 한결같이 '더할 나위 없는 유일한 참된 터'에 머무는 것이라네. 이는 안과 밖을 밝게 비춰주는 온전한 지혜로서 모두 다 반야바라밀般若波羅密에 대한 참된 믿음真心과 이해의 힘이라네.

25문二十五門, 57과五十七果, 일천칠백공안一千七百公案, 팔만사천법문八万四千法文 등 일체 모든 법法과 일체 모든 불보살仏菩薩의 참됨을 알게 하는 온전한 지혜智慧인 반야바라밀般若波羅密은 작지도 크지도 않지만, 무수無数 무량無量한 시간時間과 공간空間을 빠짐없이 비춰주는 것이라네. 찾을 때는 마주 대하여 드러난 언어言語나 문자文字, 모양이나 상태로서 이렇다 저렇다 할 물건도 또 흔적도 없지만, 서거나 앉거나 누울 때行住坐臥를 가리지 않고 늘 함께 하는 것이 반야바라밀般若波羅密이라네. 이것이 곧 깨우침의 본질로서 내가 없음을 깨달아 증득한 일이라네.

문자를 세우지 않은 성품을 본 일不立文字見性을 근본根本으로 문자를 떠나지 않고 깨우침을 이루기 위한 방편을 얻은不離文字成仏 이가 일찍부터 듣는 귀와 보는 눈은 밝게 하였으나, 참되게 이루어지는 것이 없더니, 곧 능히 보고能見 이를 구별 짓고 나누어 밝혀서 능히 안다는能知 것을 바탕으로 마주 대하여 드러난 얽어맨 언어言語나 문자文字, 모양이나 상태不立文字見性成仏로서 허송세월虛送歲月하다가 무심無心한 가운데 문뜩 나를 세우지 아니한 깨우침의 본질不立五蘊을 깨달아 증득하는 일不離証得로서의 온전한 지혜인 반야바라밀般若波羅密을 지금 얻었다네. 그러나 볼 수 있거나 들을 수 있는 일이란 사실 따지고 보면 모두 거짓이 아니던가. 깨우친 이가 문뜩 얻은 반야바라밀般若波羅密을 보배로운 구슬이라 비유하고 가리키니, 이를 취하려는 많은 사람들이 따스한 봄날 깊은 연못에 빠지고 만다네. 그러니까 불립문자견성不立文字見性 불리문자성불不離文字成仏이라는 무수무량無数無量한 방편을 버리고 능히 보고 구별 지으며 나누어 밝혀서 능히 안다는 능견능지能見能知에 얽매인 유수有数 유량有量한 돌덩이를 어찌 보배로운 구슬로 삼으려고 하는가.

바탕이 되는 몸体으로서의 반야바라밀般若波羅密과 쓰임새用로서의 25문二十五門, 57과五十七果, 일천칠백공안一千七百公案, 팔만사천법문八万四千法文 등 일체 모든 법法과 일체 모든 불보살仏菩薩은 사려분별思慮分別을 더하지 아니한 생긴 그대로의 모습如如으로 굴려도 구르지를 않는다네. 이와 같이 수만 가지 긴요한 것들을 끊어버리니, 일체 모든 시공간時空間을 통해 모든 것이 미묘하고도 자세한 방편方便일 뿐이었다네.

눈, 귀, 코, 혀, 몸, 뜻, 이 여섯六根貪의 어둠을 없애버리고 25문二十五門, 57과五十七果, 일천칠백공안一千七百公案, 팔만사천법문八万四千法文 등 일체 모든 법法과 일체 모든 불보살仏菩薩의 그림자를 지우고 '나'라고 드러난 언어言語나 문자文字, 모양이나 상태를 뽑아버려야만 한다네. 그리고 늘 뒤를 따라 이어지는 생각을 말려야 한다네. 어진 사람은 깨우친 이에게 절하고 마음이 가난한 자는 깨달은 이의 옷자락에 걸려서 몇 번이나 넘어졌던가. 비록 말로는 '성품이네. 마음이네.' 이렇듯 달리 이름을 붙여 부르지만, 성품도 마음도 아닌 이 한 물건不立五蘊不離証得이 예나 지금을 초월超越해 있다네. 이와 같은 것을 그 오랜 세월 동안 한자리에서 움직이지 않고 도대체 무슨 일을 이루고자 하였던가.

뜰 앞에 한그루의 잣나무는 뿌리도 없이 이곳저곳에서 나고 철로 만든 소가 으르렁거리는 곳에서 깊은 밤중에도 밝은 빛으로 환하다네. 한그루의 그림자 없는 나무를 활활 타오르는 불구덩이에 옮겨 심으니, 삼 개월의 봄비를 빌리지 않고도 붉은 꽃을 활짝 피운다네. 바탕이 되는 몸体으로서의 반야바라밀般若波羅密과 쓰임새用로서의 25문二十五門, 57과五十七果, 1천7백공안一千七百 公案, 팔만사천법문八万四千法文 등 일체 모든 법法과 일체 모든 불보살仏菩薩, 이 둘 모두가 참된 것은 아니라네. 서로가 서로에게 두루 원만하고 또 서로에게 밝아야만 비로소 친할 수가 있는 것이라네. 그러니 모든 그림자를 불붙은 화로에 넣고 꼭꼭 봉한 다음 마주 대하여 드러난 그 언어言語나 문자文字, 모양 그 상태로 되돌려야만 한다네.

바탕이 되는 몸体과 쓰임새用, 곧 반야바라밀般若波羅密과 25문二十五門, 57과五十七果, 일천칠백공안一千七百公案, 팔만사천법문八万四千法文 등 일체 모든 법法과 일체 모든 불보살仏菩薩에 대한 애정과 뜻이 있는 씨앗을 심어 다시금 청정한 마음자리의 터五蘊清浄에 열매가 열린다네. 이와 같이 본인 스스로의 애정과 뜻이 없으면 씨앗도 없는 것이니, 이렇다 저렇다 할 성품이 없으면不立五蘊 깨우침이라 이를 만한 것도 없을 것이라네.

마주 대하여 드러난 언어言語나 문자를文字 세우지 않은不立文字 스스로의 마음을 보고直指人心 깨우침을 이루어 갈 수 있는 두루 원만한 방편見性成仏을 알아가는 일不離文字見性이 나를 세우지 아니한 깨우침의 본질不立五蘊을 깨달아 증득하는 일不離証得로서의 온전한 지혜인 반야바라밀般若波羅密과 접하지 못하면 단지 마르지 않는 지혜, 곧 건혜지만乾慧地이 있을 뿐이라네. 더불어 능히 보고能見 이를 구별짓고 나누어 밝혀서 능히 안다能知는 일에 떨어지고 말 것이라네. 때문에 닦고 단련하는 올바른 길을 잃지 말고 더디거나 급하지 않게, 365일 단 하루도 놓치지 말고 오온을 세우지 아니한 깨우침의 본질不立五蘊을 깨달아 증득하는 일不離証得을 자세하게 살피고 밝게 알아야 한다네.

이르기를 '무불무無不無 불무불不無不이라. '없다 해도 본래 없는 것이 아니며, 아니라 해도 본래 아닌 것도 없다네.'

10신十信 수다원須陀洹의 인연因緣과 과위果位

　공부를 시작함에 있어서 나를 세우지 아니한 깨우침의 본질不立五蘊을 깨달아 증득하는不離証得 일로서의 온전한 지혜인 반야바라밀般若波羅密에 대한 믿음信과 이해解를 맨 처음의 인연因緣으로 삼고 또 이 반야바라밀般若波羅密을 근본根本으로 삼은 것은 순수하고 참되면서 망령된 일없이 믿은 것을 믿음信이라 이를 수 있기 때문이라네. 이와 같은 순수한 믿음如是我信을 바탕으로 한 반야바라밀般若波羅密과 바라는 바 없는 마음이 서로 응하는 일을 '참된 믿음真信'이라고 한다네. 나를 세우지 아니한 깨우침의 본질不立五蘊을 깨달아 증득하는 일不離証得로서의 온전한 지혜인 반야바라밀般若波羅密을 바탕으로 '더할 나위 없는 깨우침의 참된 터總竅.不立五蘊不離証得'의 미묘하고도 두루 원만한 도를中中妙圓 살펴서 본디 있는 그대로 고스란히 만들고 헛되게 이루어지는 일이 없게 해야만 한다네. 그런 후에 수행修行할 바를 일으켜서 나를 세우지 아니한 깨우침의 본질不立五蘊을 깨달아 증득하는 일不離証得로서의 온전한 지혜인 반야바라밀般若波羅密과 25문二十五門, 57과五十七果, 일천칠백공안一千七百公案, 팔만사천법문八万四千法文 등 일체 모든 법法과 일체 모든 불보살仏菩薩과 서로 응하게 되면 궁극적窮極的 본질의 깨우침, 곧 등각等覚이나 묘각妙覚이 제아무리 멀다고 하더라도 곧바로 나아갈 수 있는 것이라네.

　태어나 죽어가는 일상日常 속에서 진정으로 마음을 내어 '더할 나위 없는 깨우침의 참된 터不立五蘊不離証得'를 구하려는 생각이 굳세어지고 또 이러한 잠시 동안의 생각만으로도 그 공功과 덕德이 무수無数 무량無量한 까닭에 한없는 세월을 두고도 다 말할 수가 없는 것이 이 자리라네.

나를 세우지 아니한 깨우침의 본질不立五蘊을 깨달아 증득하는 일不離証得로서의 온전한 지혜인 반야바라밀般若波羅密에 대한 믿음과 이해는 공功과 덕德, 또 도道의 어머니로서 마주 대하여 드러난 모든 착한 법法을 키워서 늘려주고 쌓아주며, 의심疑心으로 인하여 망설이는 일을 없게 만들어 '더할 나위 없는 지혜'를 더욱 분명分明하고 확실確実하게 드러내어 준다네.

나를 세우지 아니한 깨우침의 본질不立五蘊을 깨달아 증득하는 일不離証得로서의 온전한 지혜인 반야바라밀般若波羅密에 대한 믿음과 이해는 마음이라 이름 붙인 한 물건을 맑게 하고 태어남과 죽음을 여의게 하며, 교만驕慢함을 없애주고 공손恭遜하며 겸손함謙遜을 높여준다네. 또한 '더할 나위 없는 깨우침의 참된 터不立五蘊不離証得'를 얻어 가장 좋은 일로서는 지극히 깨끗한 손길에 의해서 덕행德行을 받는다는 것이라네.

나를 세우지 아니한 깨우침의 본질不立五蘊을 깨달아 아는 일로서의不離証得 온전한 지혜인 반야바라밀에般若波羅密 대한 믿음과 이해는 수만 가지 고집스러움과 집착을執着 없애주고 헤아릴 수 없으며 더할 나위 없는 참다운 법을法 알게 한다네. 또 무수無数 무량한無量 공과功 덕을德 쌓고 쌓아서 지극한 깨달음의 경지에境地 올라서게 한다네.

나를 세우지 아니한 깨우침의 본질을不立五蘊 깨달아 증득하는 일로서의不離証得 온전한 지혜인 반야바라밀에般若波羅密 대한 믿음과 이해는 모든 선한 근기를善根 분명하게 마주 대하여 드러내어 주며, 그 어떠한 힘으로도 깨트릴 수 없도록 견고하게堅固 만들어주고 온갖 악행을惡行 없애주면서 깨우친 이가 이른 공과功 덕에德 이르도록 만들어 준다네.

나를 세우지 아니한 깨우침의 본질을不立五蘊 깨달아 증득하는 일로서의不離証得 온전한 지혜인 반야바라밀에般若波羅密 대한 믿음과 이해는 25문二十五門, 57과五十七果, 일천칠백공안一千七百公案, 팔만사천법문八万四千法文 등 일체 모든 참다운 법法과 일체 모든 불보살仏菩薩에 전혀 막힘이나 걸림이 없이 통하게 하며, 수만 가지 어려운 일을 여의게 하는 힘이고 잘못이나 허물, 유혹 따위를 벗어나 '더할 나위 없이 위없는 맑은 마음자리五蘊清浄.妙覚'를 마주 대하여 드러내고 보여 주는 힘이라네.

나를 세우지 아니한 깨우침의 본질不立五蘊을 깨달아 증득하는 일不離証得로서의 온전한 지혜인 반야바라밀般若波羅密에 대한 믿음과 이해는 건강하고 단단한 공功과 덕德의 씨앗으로서 제일가는 지혜의 나무인 그림자 없는 나무無影樹.金剛慧心가 '더할 나위 없이 위없는 맑은 마음자리五蘊清浄.妙覚'에서 나고 자라게 해 주며, 위없는 지혜智慧를 길러주고 선지식善知識들을 아낌없이 뵙도록 한다네.

나를 세우지 아니한 깨우침의 본질不立五蘊을 깨달아 증득하는 일不離証得로서의 온전한 지혜인 반야바라밀般若波羅密에 대한 믿음과 이해가 단단해지면無影樹.金剛慧心, 그 바탕이 되는 뿌리가 깊어지고 사물의 이치에 밝아지면서 행行하는 모든 것을 헛되지 않게 한다네. 나쁜 지인知人은 멀어지게 하고 선지식善知識과 친해지게 하며, 무수無数 무량無量한 공功과 덕德을 닦게 한다네.

1. 신심信心

　나를 세우지 아니한 깨우침의 본질不立五蘊을 깨달아 아는 일不離証得로서의 온전한 지혜인 반야바라밀般若波羅密에 대한 믿음과 이해로 가득한 마음자리, 그 마음 가운데로 흘러 들어가면 두루 원만한 이치가 미묘하게 열릴 것이라네不立五蘊中不離証得中.中中妙圓. 이 두루 원만한 미묘함으로부터 거듭 더하여 쌓고 쌓아 나가야 하는 것이니, 두루 원만하면서 미묘한 참된 것真妙을 키워야만 한다네. 이렇듯 미묘한 믿음과信 이해가 항상 머물며, 일체 망령된 모든 생각을 끊어서 없애 버리고 어느 한쪽으로도 치우치지 않는 일을 근본根本으로 한 수행修行이 곧 순수純粹하고 참되게 이루어져 가는 믿음의 마음자리라네. '신심信心'이란 모든 망령된 생각을 하나라도 빠짐없이 없애고 밝고 깨끗해지는 마음자리를 이르는 것이라네.

　나를 세우지 아니한 깨우침의 본질不立五蘊을 깨달아 아는 일로서의 온전한 지혜인 반야바라밀般若波羅密을 근본으로 한 믿음과 이해로 '마르지 않는 지혜乾慧地를 얻었다不立文字見性不離成仏' 하더라도, 아직은 생사生死를 초월超越하지 못하는 범부凡夫의 자리에 남아 있다네. 그러므로 아직은 도道에 들어서지入流 못한 것이라고 이른다네. 때문에 나를 세우지 아니한 깨우침의 본질不立五蘊을 깨달아 아는 일로서의 지혜로운 바다, 곧 반야바라밀般若波羅密의 지혜로운 바다, 그 마음자리의 터 가운데로不立五蘊中不離証得中 흘러 들어가서 그 어느 한쪽으로도 치우치거나 걸림이나 막히는 일이 없게 되면, 미묘하면서도 두루 원만한 '더할 나위 없는 깨우침의 참된 터不立五蘊不離証得.中中妙圓'가 열리게 된다네. 그러나 아직은 전에 배워 익힌 망령된 일들이 남아 있는 까닭으로 두루 원만해야 할 일들이 참되지 못하다네. 그러므로 믿음과 이해에 대한 맑고 깨끗한 마음을 시작으로 거듭 두루 원만함不立五蘊中不離証得中을 더하고 쌓아서 반야바라밀般若波羅密에 대한 믿음과 이해로 가득한 마음자리를 항상 머물게 해야만 한다네. 이렇듯 반야바라밀般若波羅密에 대한 믿음과 이해를 근본根本으로 일체 모든 망령된 생각을 없애버려야 '더할 나위 없는 깨우침의 참된 터不立五蘊不離証得'가 순수해지고 참되게 되어 망령된 일이 없어질 것이라네.

25문二十五門, 57과五十七果, 일천칠백공안一千七百公案, 팔만사천법문八万四千法文 등 일체 모든 법과法 일체 모든 불보살仏菩薩은 반야바라밀般若波羅密에 대한 믿음으로 가득한 마음자리信心와 이해하는 일로 인하여 있는 것이며, 또한 반야바라밀般若波羅密에 대한 믿음과 이해로 가득한 마음자리信心를 바탕으로 거듭 나아가고 또 쌓아가는 것이라네. 이 외에 달리 다른 법法이란 없다네.

마음자리가 높거나 낮거나 크거나 작거나 나를 세우지 아니한 깨우침의 본질不立五蘊을 깨달아 아는 일不離証得로서의 온전한 지혜인 반야바라밀般若波羅密의 참되고 밝은 미묘한 법法을 믿고 이해하고 의지해야 하는 것이며, 배워 익힌 일로서 올바른 도道에 어긋나는 의심疑心이나 미혹迷惑함을 제대로 다스려야 한다네. 단 한 번이 아닌 여러 번 거듭 갈고 닦아서単複 아주 작은 티끌마저도 없애버린다면, 미묘한 깨달음의 자리, 곧 묘각妙覚.五蘊清浄 의 자리에 오를 것이라네.

2. 염심念心

　나를 세우지 아니한 깨우침의 본질不立五蘊을 깨달아 아는 일로서의不離証得 온전한 지혜인 반야바라밀般若波羅密에 대한 참한 믿음과 이해를 근본으로 막힘이나 걸림이 없이 두루 원만하게 통하는 일圓通을 이루었다네. 때문에 지니고 있는 지금 이 육신肉身.色受想行識이 막힘이나 걸림이 되지 않는다네. 또한 무수無數 무량無量한 시간時間과 공간空間을 통해서 몸을 버렸다가不立五蘊 다시 몸을 받아서不離証得 배워 익힌 일체의 기운이 마주 대하여 드러난 언어나 문자, 모양이나 상태가 사려분별思慮分別을 더하지 아니한 생긴 그대로 나타나게 된다네. 때문에 나를 세우지 아니한 깨우침의 본질不立五蘊을 깨달아 증득하는 일로서의 온전한 지혜인 반야바라밀般若波羅密에 대한 참한 믿음과 이해를 바탕으로 생사生死를 벗어나, 시공간時空間을 통한 모든 기억을 생각하고 또 잊지 않기에 '염심念心'이라 이른 것이라네.

　앞으로 찾아올 저녁노을이 드리워지는 아름다운 서쪽을 바라보니, 바람은 잦아들고 구름은 사라져 온갖 드러난 경치가 눈이 부시도록 맑다네. 생生 이전以前.不立五蘊의 인연因緣으로 모든 번뇌가 다함漏盡을 이르는 것이니, 온전한 지혜인 반야바라밀般若波羅密의 밝은 빛이 둥근 달처럼 떠오른다네.

　온갖 생각能見.能知으로 가득한 마음자리가 반야바라밀般若波羅密의 지혜로운 빛으로 참이 되고 밝아지는 까닭으로 일체를 두루 원만하게 통하였다네. 때문에 찰나의 이 몸이 막힘이나 걸림이 되지 않으니, 능히 시공간時空間을 통해 배워 익힌 것들을 환하게 비추어서 단 하나라도 빠짐없이 그 생각을 다스린다는 것이라네.

3. 정진심精進心

　나를 세우지 아니한 깨우침의 본질不立五蘊을 깨달아 증득하는 일不離証得로서의 온전한 지혜인 반야바라밀般若波羅密을 근본으로 걸림이나 막힘없이 미묘하게 두루 원만妙圓하며, 꾸미는 일 없이 참되고本然 참으로 밝은 것들이 서로 위하고 합하는 기운을 일으켰다네. 이로써 지난 날 배워 익힌 모든 것들을 비롯됨 없는 본바탕 하나로 통하게 한다네. 이렇듯 자세하고 분명하게 밝아지면精明 오로지 자세하고 분명하게 밝아진 일不離証得만을 가지고 허물이나 번뇌가 없는 참으로 맑고 깨끗한 곳五蘊清浄.妙覚으로 거듭 몸과 마음을 다하여 나아가는 일을 '정진심精進心'이라고 이른다네.

　꿈으로 인해 얽매여 당하는 일이란 본래 있었던 일이 아니지 않던가. 이와 같이 병이 든 눈으로 바라보면 일체 드러난 모든 것이 허공虛空에 흩날리는 꽃과 같다네. 이 꽃들을 있다고 할 수 있겠는가. 사려분별思慮分別을 더하지 아니한 있는 그대로, 참되고 밝은 것으로 허황한 욕심慾心.貪瞋痴을 비추어 없애고 나를 세우지 아니한 깨우침의 본질을 깨달아 증득한 일中中妙圓의 그지없는 덕梵德을 닦으면, 수평선 붉은 물에서 고요하게 빛나는 둥근 달을 얻을 것이라네.

　깊고도 헤아릴 수 없이 두루 원만하게 통하는 미묘한 성품圓通性.中中妙圓이 미리 앞서서 순수하고 참되게 되었다네. 때문에 배워서 익힌 잘못이나 허물, 망령된 것들이 모두 뒤바뀌어 한결같게 밝고 자세하며 분명하게 되는 것을 이르는 것이라네. 또한 일점 허물이나 번뇌가 없는 맑고 깨끗한 곳五蘊清浄.妙覚, 곧 비롯됨 없는 근본 바탕으로 나아가 모든 행하는 일三千大千世界上求菩提下化衆生에 있어서 서로 뒤섞이지 않기 때문에 '정진심精進心'이라고 이른 것이라네.

4. 혜심慧心

　나를 세우지 아니한 깨우침의 본질不立五蘊을 깨달아 증득하는 일不離証得로서의 온전한 지혜인 반야바라밀般若波羅密을 근본으로 마음자리 터의 맑고 깨끗한 것心精.五蘊清浄.妙覚이 마주 대하여 드러난 모양이나 상태 그대로 눈앞에 곧바로 나타나 온전하게 순수한 지혜가 되는 일을 '혜심慧心'이라고 이른다네.

　나를 세우지 아니한 깨우침의 본질을 깨달아 증득하는 일로서의 온전한 지혜인 반야바라밀般若波羅密을 근본으로 바라는 바 없이 놓아 버리니, 공空의 세계不立五蘊가 매우 좁다는 것을 알겠고 반야바라밀般若波羅密을 근본으로 바라는 바 없이 거두어들이니, 자연스럽게 좁쌀눈만 한 구슬이 생기는 일不離証得을 보았다네. 곧 반야바라밀般若波羅密을 근본으로 25문二十五門, 57과五十七果, 일천칠백공안一千七百公案, 팔만사천법문八万四千法文 등. 일체 모든 법法과 일체 모든 불보살仏菩薩을 바라는 바 없이 놓아 버리니, 공空의 세계不立五蘊가 매우 좁다는 것을 알겠고 반야바라밀般若波羅密을 바탕으로 25문二十五門, 57과五十七果, 일천칠백공안一千七百公案, 팔만사천법문八万四千法文 등 일체 모든 법法과 일체 모든 불보살仏菩薩을 바라는 바 없이 거두어들이니, 자연스럽게 좁쌀눈만 한 구슬이 생기는 일不離証得을 보았다네. 때문에 여기에 이르러서 지혜는 쓰지 말고 몸과 마음을 다해 부지런히 닦고 단련하면 늙고 지친 이 마음을 되돌려 아이로 돌아가는 일이 이루어지게 될 것이라네. 이는 배워서 익힌 망령된 일心法.受想行識이 이미 다 했으므로 맑고 깨끗한 마음不離証得이 마주 대하여 드러난 언어나 문자, 모양이나 상태로 눈앞에 곧바로 나타나기 때문에 거듭 더하여 나아가야 한다는 것이네. 이는 인위적人爲的이거나 꾸민 것이 아니라 단지 온전하게 순수한 지혜를 이르는 것이며, 단순하게 배워 익힌 기운이 아니란 것을 이른다네.

5. 정심定心

나를 세우지 아니한 깨우침의 본질不立五蘊을 깨달아 증득하는 일不離証得로서의 온전한 지혜인 반야바라밀般若波羅密을 근본으로 참다운 지혜의 밝고 깨끗한 것不離証得만을 딱 골라잡아서 삼천대천세계三千大天世界 어느 곳 하나라도 빠짐없이 주변을 밝고 평온平穩하게 만들어, 이와 같이 밝고 평온하며 맑고 미묘한 일寂妙이 늘 한결같게 엉겨 있는 일을 '정심定心'이라고 이른다네.

밝고 평온平穩하며 맑고 미묘한 일寂妙의 본체本体가 되는 반야바라밀般若波羅密이 밝아진 까닭不離証得으로 환하게 열려서 눈이 시리도록 비춰지니, 사람이 살아가는 세상의 전세前世, 현세現世, 내세來世가 모두 다 밝은 빛을 받는다네. 지난 세월과 현재가 뒤섞여서 흐르고는 있지만, 서로가 전혀 이지러지거나 어긋나는 일 없이 마주 대하여 드러난 사물의 바탕이 되는 언어나 문자, 모양이나 상태에 거침없이 응하고 삼천대천세계三千大天世界의 모든 인연因緣을 따라 한결같게 밝다네. 나를 세우지 아니한 깨우침의 본질을 깨달아 아는 일로서의 온전한 지혜인 반야바라밀般若波羅密을 근본으로 한 지혜가 참으로 참되게 맑아지면, 마땅히 마음이라 이름 붙인 한 물건을 가다듬어서 움직이거나 흐트러지지 않은 정定으로서 지키고 밝고 평온하며 맑고 미묘한 일寂妙의 본바탕이 되는 반야바라밀般若波羅密을 변하지 않도록 지켜야 한다네. 이와 같은 것을 두고 '움직이거나 흐트러지지 않은 마음定心'이라고 말 할 수 있는 것이라네.

6. 불퇴심不退心.不進不退

나를 세우지 아니한 깨우침의 본질不立五蘊을 깨달아 증득하는 일不離証得로서의 온전한 지혜인 반야바라밀般若波羅密을 근본으로 잡스러운 마음을 가다듬어 움직이거나 흐트러지지 않은 정定으로 밝은 빛不離証得이 눈이 시리도록 맑고 밝은 것을 일으켜서 '더할 나위 없는 깨우침의 참된 터總竅.不立五蘊不離証得'에 깊숙이 들어간 까닭으로 오로지 앞으로 나아가는 일만 있고 뒤로 물러서지 않은 것을 '불퇴심不退心'이라고 이른다네.

나를 세우지 아니한 깨우침의 본질을 깨달아 얻기 위한 요긴한 일로서의 온전한 지혜인 반야바라밀般若波羅密과 사람의 일이 서로 친한 까닭으로 어지럽게 흩어진 공空이 오로지 '더할 나위 없는 깨우침의 참된 터不立五蘊不離証得'에 이르자, 본인 스스로가 올바르고 참된 것을 곧바로 얻었다네. 나를 세우지 아니한 깨우침의 본질을 깨달아 증득하는 일로서의 온전한 지혜인 반야바라밀般若波羅密의 빛이 모래톱三千大天世界을 고요하게 비추니, 성인聖人이나 범부凡夫가 다 같은 한 식구라네.

그릇된 단 하나의 생각이 일어나지 않으면 '더할 나위 없는 깨우침의 참된 터不立五蘊不離証得'가 본디 있는 그대로 마주 대하여 드러난 언어나 문자, 모양이나 상태로서 보이고 만일 눈, 귀, 코, 혀, 몸, 뜻六根.貪瞋痴이 조금이라도 움직임을 보이면 짙은 구름에 안목眼目이 가려지게 될 것이라네.

신심信心으로부터 불퇴심不退心에 이르기까지 모든 구구절절은 온 힘을 다해 수행修行하는 일을 이르는 것이라네. 비유를 들자면, 나무를 심어놓고 몇 년이고 북돋아 길러야만, 뿌리가 뽑히지 않은 힘이 생기는 것과 같음을 의미한다네. 곧 온몸과 마음을 다한 정성으로 나아가야 하기 때문에 움직이거나 흐트러지지 않은 정定과 지혜智慧가 쌍으로 해서 수행修行의 뒤를 따르게 한 것이라네.

처음에는 나를 세우지 아니한 깨우침의 본질을 깨달아 얻기 위한 요긴한 일로서의 온전한 지혜인 반야바라밀般若波羅密을 근본으로 하고 잡스러운 마음을 가다듬어 움직이거나 흐트러지지 않은 일, 곧 정定으로써 작고 완숙한 지혜不離証得를 일으키고 또 반야바라밀般若波羅密의 참된 지혜로 밝고 평온하며 맑은 마음자리 터不立五蘊에 이른 까닭으로 마주 대하여 드러난 언어나 문자, 모양이나 상태로서 막힘이나 걸림이 되는 일이 없는 것이라네. 다음은 반야바라밀般若波羅密의 온전한 지혜智慧로서 움직이거나 흐트러지지 않은 정定을 일으켜 밝게 통하는 지혜의 자리不離証得에 이르렀다네. 때문에 막힘이나 걸림이 되는 일이 없는 까닭으로 '더할 나위 없는 깨우침의 참된 터不立五蘊不離証得', 도道에 깊숙이 들어갔다고中中妙圓 이르는 것이라네.

대체로 움직이거나 흐트러지지 않은 정定.不立五蘊不離証得과 지혜

慧.般若波羅 중에서 하나라도 빠지면 애써 온 공을功 매우 많이 잃게 된다네. 그러므로 움직이거나 흐트러지지 않은 정定과 혜慧가 서로 보탬이 되어 주고 수행修行하는 일에 있어서 다함이 없는 까닭으로 '오로지 앞으로 나아가는 일만 있고 물러서지 않은 불퇴심不退心'이라고 이른 것이라네.

7. 호법심護法心

오로지 한 마음으로 온 힘을 다하여 나아가는 일이 지극히 편안하고 자연스럽다네. 때문에 나를 세우지 아니한 깨우침의 본질을 깨달아 얻기 위한 요긴한 일로서의 온전한 지혜인 반야바라밀을般若波羅密 근본으로 해서 25문二十五門, 57과五十七果, 일천칠백공안一千七百公案, 팔만사천법문八万四千法文 등 일체 모든 법法과 일체 모든 불보살仏菩薩을 지니고 보호하면서 절대 잃어버리지 않은 것이라네. 또한 무수無数 무량無量한 세계에 대한 깨우침을 마주 대하여 드러나는 언어나 문자, 모양이나 상태와 마주 맞닿아 서로 접촉하고 온기溫気를 나누는 일을 '호법심護法心'이라고 이른다네.

모든 법法을 지니고 보호保護하면서 절대 잃어버리지 않은 일이란, 본래 미묘하고 두루 원만하면서 또 깨우침의 본질을 깨달아 얻기 위한 요긴要緊한 일로는 온전한 지혜般若波羅密가 근본 바탕이 되는 것이라네. 그 가운데서는 바른 것도 아니고 달리 뭐 기울어진 것도 아니라네. 육근六根, 육진六塵, 육식六識의 탐진치貪瞋痴로 인하여 일어나는 사소한 장애가 있음에도 불구하고 또 봄 3개월을 기다리지 않고도 마주 대하여 드러난 언어나 문자, 모양이나 상태로서의 드러난 자태와 색깔은 마땅히 산뜻하고 밝은 것이라네.

이미 깨우침의 본질인 내가 없음을 깨달아 증득한 마음자리 터不立五蘊不離証得에 깊숙이 들어간中中妙圓 까닭으로 곧 안과 밖이라는 경계境界가 없이 밝게 들어간 까닭으로 일체 모든 법法과 일체 모든 불보살仏菩薩을 보호하고 지킬 수 있다는 것이라네. 그러므로 무수無数 무량無量한 세계의 깨우침이 모두 다 같은 모양새가 된 까닭으로 서로 마주 맞닿아 접촉하는 언어言語나 문자文字, 모양이나 상태가 나를 세우지 아니한 깨우침의 본질不立五蘊을 깨달아 증득한不離証得 자리, 곧 온전한 지혜인 반야바라밀般若波羅密과 꼭 들어맞은 일을 '호법심護法心'이라고 이른 것이라네.

8. 회향심廻向心

나를 세우지 아니한 깨우침의 본질不立五蘊을 깨달아 아는 일不離証得로서의 온전한 지혜인 반야바라밀般若波羅密을 근본으로 밝게 깨달아 얻은 일을 온전하게 잘 지키어 지닌 미묘한 힘護法心으로써 깨우침의 자비로운 빛仏光을 능히 되돌려 비추는 일廻照과 깨우침을 향해 편안하게 머무는 일이安住 맑은 두 개의 거울이不立五蘊不離証得 서로 마주하고 있는 것과 같음을 회향심廻向心이라 이르며, 이렇듯 그 가운데 미묘한 그림자妙影.三千大天世界上求菩提下化衆生가 서로 거듭해서 선업善業을 쌓고 쌓아 가는 일을 '회향심廻向心'이라고 이른다네.

무수無数 무량無量한 시공간時空間을 초탈超脱한 신령神靈스러운 산의 그림자 없는 나무無影樹가 가지 끝마다 꽃과 같은 화사한 달을 싹 틔우고 온 대지를 봄으로 되돌린다네. 옥으로 만든 화로玉爐에 맑은 술正法을 달여 마시고 봄이 오는 저 언덕에서 참다운 법法의 소리에 맞추어 살아있는 춤을 더덩실 춘다네.

무수無数 무량無量한 시공간時空間을 초탈超脱한 신령神靈스러운 산 이란 '더할 나위 없는 깨우침의 참된 터不立五蘊不離証得.中中妙圓'을 이르는 것이며, 그림자 없는 나무無影樹란 반야바라밀般若波羅密을 근본으로 한 지혜가 맑고 깨끗하며 순수한 것五蘊清净.妙覚을 이르고 가지 끝마다 꽃과 같은 화사한 달이란 25문二十五門, 57과五十七果, 일천칠백공안一千七百公案, 팔만사천법문八万四千法文 등 일체 모든 법法과 일체 모든 불보살仏菩薩이 맑고 깨끗해진 불립오온불리증득不立五蘊不離証得을 바탕으로 순수한 깨우침의 열매로서 깨끗하게 드러남을 의미하는 것이라네. 옥으로 만든 화로玉爐란 반야바라밀般若波羅密을 이르고 맑은 술正法이란 25문二十五門, 57과五十七果, 일천칠백공안一千七百公案, 팔만사천법문八万四千法文 등 일체 모든 법法과 불보살仏菩薩이 순수한 깨우침의 열매로서 올바른 법法이라는 것이며, 봄이 오는 저 언덕이란 깨우침의 본질本質로서 내가 없음을 깨달아 증득한 궁극적窮極的 깨우침의 본질인 오온五蘊이 청정清净한 묘각妙覚의 마음자리를 이른다네.

나를 세우지 아니한 깨우침의 본질을 깨달아 증득한 궁극적窮極的 깨우침을 얻기 위한 요긴한 일로서의 온전한 지혜인 반야바라밀般若波羅密을 근본으로 해서 25문二十五門, 57과五十七果, 일천칠백공안一千七百公案, 팔만사천법문八万四千法文 등 일체 모든 법法과 일체 모든 불보살仏菩薩을 지니고 보호하면서 절대 잃어버리지 않고 굳게 지키려는 호법심護法心으로 인하여, 공부에 힘을 더하고 또 더하여 나아가 무수無數 무량無量한 참된 깨달음五蘊淸淨.妙覺과 합하였다네. 곧 온전한 지혜인 반야바라밀般若波羅密을 근본으로 궁극적窮極的 깨우침의 본질인 오온五蘊이 청정淸淨한 미묘한 깨우침妙覺을 밝게 얻어 이를 온전하게 잘 지키면서 잃지 않는다는 것이라네. 때문에 미묘하게 되돌려 향하면서 깨우침의 자비로운 빛仏光을 거듭 되돌리는 일이란, 공부의 결과인 열매果. 곧 궁극적窮極的 깨우침의 본질本質인 오온五蘊이 청정淸淨한 묘각妙覺을 되돌려 원인因. 곧 나를 세우지 아니한 깨우침의 본질을 깨달아 증득한 불립오온불리증득中中妙圓으로 향한다는 것이네. 또 깨우침을 향해 편안하게 머무는 일安住이란 원인因. 곧 나를 세우지 아니한 깨우침의 본질을 깨달아 증득한 불립오온불리증득中中妙圓으로 되돌려 결과인 열매果. 곧 궁극적窮極的 깨우침의 본질本質인 오온五蘊이 청정淸淨한 묘각妙覺으로 향한다는 것을 이른다네. 원인因과 결과果가 서로 뒤섞이면서 마주 대하여 드러난 모양이나 상태로서 바탕이 되는 몸体.妙覺과 쓰임새用.不立五蘊不離証得.中中妙圓가 서로 합하기 때문에 두 개의 거울에 비유해서 말한 것이라네. 곧 나를 세우지 아니한 깨우침의 본질本質을 깨달아 증득하는 일로서의 온전한 지혜인 반야바라밀般若波羅密이 인이며因, 이를 바탕으로 궁극적窮極的 깨우침의 본질인 오온五蘊이 청정한 묘각妙覺을 밝게 증득한 일이 과果로서 반야바라밀般若波羅密을 이르네. 또한 깨우침의 본질로서 내가 없음을 깨달아 증득하는 일로서의 온전한 지혜인 반야바라밀般若波羅密을 근본으로 궁극적窮極的 깨우침의 본질인 오온五蘊이 청정한 묘각妙覺을 밝게 증득한 일이 쓰임새用.中中妙圓이며, 오온五蘊이 청정한 묘각妙覺으로써 능히 깨우침의 자비로운 빛仏光으로 되돌려 비추는 일廻照과 깨우침을 향해 편안하게 머무는 일安住이 몸体.不立五蘊不離証得이라네. 때문에 두 개의 거울에 비유한 것이라네. 여기서 깨우침을 향해 편안하게 머무는 일이란 오온五蘊이 청정한 묘각妙覺마저 항복 받는 자리를 이르며, 이를 향해 편안하게 머무는 일이 이 몸이라는 것이네. 이 자리는 언어나 문자, 모양이나 상태로 드러낼 수 없는 자리로서 비롯됨이 없는 그 마음마저 초탈超脫한 일을 이른다네.

9. 계심戒心

깨우침의 본질不立五蘊로서 내가 없음을 깨달아 아는 일不離証得로서의 온전한 지혜인 반야바라밀般若波羅密을 근본으로 깨달아 얻은 마음자리의 밝은 빛五蘊淸淨.妙覺을 되돌려서 참된 깨우침이 늘 한결같게 이루어지고 단단해지며, 움직이거나 흐트러지지 않는 것이 참된 마음자리不立五蘊不離証得라네. 이로써 일점 허물이나 번뇌가 없는 미묘하고도 깨끗한 '더할 나위 없는 위없음無上妙淨'을 얻었으며, 또 인위적人爲的으로 꾸미거나 가꾸지 않는 있는 그대로 온전하게 편안히 머물면서 절대 잃지 않는다네. 이와 같은 일을 '계심戒心'이라 이른다네.

무수無数 무량無量한 '더할 나위 없는 깨우침의 참된 터不立五蘊不離証得.中中妙圓'를 얻고자 쫓다보니, 마주 대하여 드러난 25문二十五門, 57과五十七果, 일천칠백공안一千七百公案, 팔만사천법문八万四千法文 등 일체 모든 법法과 일체 모든 불보살仏菩薩로써 드러난 경계境界가 어느새 문득 고요해진 까닭으로 세상사를 잊게 한다네. 무수無数 무량無量한 '더할 나위 없는 깨우침의 참된 터不立五蘊不離証得.中中妙圓'가 발하는 신통神通하고 영묘靈妙한 빛은 본래 안이라 할 것도 없고 밖이라 할 것도 없는 것을, 후천적後天的인 색법色法과 선천적先天的인 심법心法으로서의 사온四蘊, 곧 수상행식受想行識에 왜 이리도 집착執着을 했었던가.

무수無數 무량無量한 깨우침의 본질本質인 내가 없음을 깨달아 증득한 깨우침의 궁극적窮極的 본질의 자비로운 빛五蘊清淨.妙覚을 되돌림으로 인하여 그 빛을 본인 스스로에게서 얻게 되었다네. 때문에 늘 한결같게 이루어지면서 단단해지고 미묘하고도 깨끗한 '더할 나위 없는 위없음無上妙淨.妙覚'을 얻었다고 이른 것이라네. 이는 늘 한결같게 이루어지고 단단해지면서 마주 대하여 드러난 25문二十五門, 57과五十七果, 일천칠백공안一千七百公案, 팔만사천법문八万四千法文 등 일체 모든 법과法 일체 모든 불보살仏菩薩의 언어言語나 문자文字, 모양이나 상태를 마주하더라도 절대 움직이거나 흐트러지지 않는 것이라네. 이렇듯 일점 허물이나 번뇌가 없이 맑고 깨끗해지면 먼지로 가득한 티끌 속으로 들어가더라도 물들지 않게 되어 계戒를 지키고 또 잃지 않는 마음이 이루어질 것이라네.

10. 원심願心

나를 세우지 아니한 깨우침의 본질不立五蘊을 깨달아 증득하는 일不離証得로서의 온전한 지혜인 반야바라밀般若波羅密을 근본으로 마땅히 지켜야 할 행동 규범戒에 막힘이나 걸림이 없고 25문二十五門, 57과五十七果, 일천칠백공안一千七百公案, 팔만사천법문八万四千法文 등 일체 모든 법法과 일체 모든 불보살仏菩薩과 함께 편안하게 머무는 일이 본인 스스로 자유롭게 되었다네. 때문에 무수無數 무량無量한 세계를 돌아다니면서 발길 닿는 곳마다 원하는 대로 이루어지는 일을 '원심

願心이라고 이른다네.

나를 세우지 아니한 깨우침의 본질本質을 깨달아 증득証得하는 일로서의 온전한 지혜인 반야바라밀般若波羅密을 근본으로 밝게 깨달아 얻은 마음자리의 빛나는 모양五蘊清浄.妙覚이 만공창해満空蒼海를 찌르는 일이란 모두 다 그 당시에 곧바로 가려내어 단련한 공功이라네. 세월이 지난 지금에 와서 오래전 지난밤의 꿈에서 깨어나게 된다면, 곧바로 머리를 들고 주인이 되는 노인네를 보게 될 것이라네.

마주 대하여 드러난 모든 사물의 바탕이 되는 언어나 문자, 모양이나 상태를 마주하더라도 움직이거나 흐트러지지 않으며, 티끌 속에 들어가더라도 물들지 않는 일을 '마땅히 지켜야 할 행동 규범戒에 막힘이나 걸림이 없고 25문二十五門, 57과五十七果, 일천칠백공안一千七百公案, 팔만사천법문八万四千法文 등 일체 모든 법法과 일체 모든 불보살仏菩薩과 함께 편안하게 머무는 일이 본인 스스로 자유롭게 되었다.'라고 한 것이라네. 움직이거나 흐트러지지 않고 물들지 않는 까닭으로 어디를 가나 옳지 않음이 없으므로 무수無数 무량無量한 세계를 돌아다닐 수 있다는 것이라네.

공부를 하고자 마음을 일으킨 처음에는 필히 욕심慾心을 버려야만 한다네. 그런 후 색수상행식色受想行識이라는 25문을二十五門 바탕으로 한 마음자리 터의 성품이 본디부터 거짓이 많고 마땅한 근거根拠가 없음을 온전한 지혜인 반야바라밀般若波羅密을 바탕으로 밝게 하고 또 의지해서 맑게 드러내야 한다네. 그런 후 능히 참다운 법法. 오온을 세우지 아니한不立五蘊 흐름에 들어가서入流 미묘하고도 두루 원만한 성품妙圓性.不離証得을 열게 된다네. 그리고 나를 세우지 아니한 깨우침의 본질本質을 깨달아 증득하는 일로서의 온전한 지혜인 반야바라밀般若波羅密을 근본으로 밝게 깨달아 얻은 성품의 참된 일이 맑고 깨끗하며 두루 원만해지면五蘊清浄.妙覚, 배워 익힌 잘고 세세한 것細習이 드러나게 되는 것이라네. 이것을 다스리고자 닦고 수행修行할 바를 일으키는 것이라네.

온전한 지혜인 반야바라밀般若波羅密을 근본으로 밝게 깨달아 얻은 25문二十五門, 57과五十七果, 일천칠백공안一千七百公案, 팔만사천법문八万四千法文 등 일체 모든 법法과 일체 모든 불보살仏菩薩의 순수한 지혜로써 잘고 세세한 티끌마저도 없애버려야 한다네. 또한 온전한 지혜인 반야바라밀般若波羅密을 바탕으로 밝게 깨달아 얻은 순수한 지혜로써 마음을 가다듬어 움직이거나 흐트러지지 않게定 지니고 또 이를 지키면서 맑고 깨끗한 일로 눈이 시리도록 밝은 빛五蘊清浄을 일으켜야 한다네. 그리고 도道.三千大天世界上求菩提下化衆生에 깊숙이 들어가 온전한 지혜인 반야바라밀般若波羅密을 근본으로 밝게 깨달아 얻은 바를 보호하고 지키면서 잃지 않아야, 온전하게 깨달은 이의 자비로운 빛을 되돌려서 일점 허물이나 번뇌가 없는 '더할 나위 없이 위없는 마음자리五蘊清浄.妙覚'의 맑고 깨끗한 계戒를 얻을 수가 있는 것이라네. 이로 인하여 티끌 속에 들어가더라도 물들지 않고 발길이 닿는 곳마다 원하는 대로 이루어질 것이라네.

이것이 곧 십신十信을 바탕으로 누진통漏尽通을 목적한 바대로 이루게 되는 일이라네. 때문에 선오후수先悟後修.不立五蘊不離証得라 이른 것이라네.

이르기를 '무불무無不無 불무불不無不이라. '없다 해도 본래 없는 것이 아니며, 아니라 해도 본래 아닌 것도 없다네.'

제9장
10주十住 사다함斯陀含의 인연因緣과 과위果位

 나를 세우지 아니한 깨우침의 본질不立五蘊을 깨달아 증득한不離証得 일로서의 온전한 지혜인 반야바라밀般若波羅密에 대한 믿음과 이해를 근거根拠로 '더할 나위 없는 깨우침의 참된 터不立五蘊不離証得'를 얻고자 수행修行하고 반야바라밀般若波羅密을 근본으로 깨우침의 궁극적窮極的 본질인 오온청정五蘊清浄한 묘각妙覚을 밝게 깨달아 얻은바, 깨우침의 집에 태어나서 바라는 바 없는 순수한 지혜로 영원히 물러나거나 돌아가는 일이 없기 때문에 '머무름住'이라고 한 것이라네. '머무름住'이란 곧25문二十五門, 57과五十七果, 일천칠백공안一千七百公案, 팔만사천법문八万四千法文 등 일체 모든 법法과 일체 모든 불보살仏菩薩을 마땅히 믿고 이해理解해야만 된다는 것이며, 이와 같이 이해하는如是我解 일을 터전으로 삼아 깨우침의 근본根本이 되는 바탕, 곧 색수상행식色受想行識을 세우지 아니한 깨우침의 본질不立五蘊을 깨달아不離証得 궁극적窮極的 깨우침의 본질로서 오온청정五蘊清浄한 묘각妙覚의 자리에 올바르게 들어서는 일을 이르네.

1. 초발심주初発心住

 공부를 하는 일에 있어서 올바르게 가고자 하는 이가 나를 세우지 아니한 깨우침의 본질不立五蘊을 깨달아 아는 일不離証得로서의 온전한 지혜인 반야바라밀般若波羅密에 대한 믿음과 이해를 근거根拠로 십신十信을 일으키고 온전한 지혜인 불생불멸不生不滅 불구부정不垢不浄 부증불감不増不減을 근본으로 깨우침의 본질을 깨달아 증득한 일不立五蘊不離証得.中中妙圓에 몸과 마음을 다한 지극한 마음이 깨달음의 궁극적 본질인 맑고 깨끗한 빛心精.五蘊清浄.妙覚을 일으켜서 열 가지의 쓰임새用에 이르러 두루 원만하게 오로지 한 마음을 이루는 일을 '초발심주初発心住'라 이른다네. 곧 '처음 마음을 일으킨 자리에 머문다.' 라고 한다네.

이생에서 만나기 어려운 깨우침의 참다운 법法을 듣고 또 끝없이 고통을 받은 사람들을 보고서는 도道.下化衆生를 구하려고 마음을 내는 자리라네. 때문에 나를 세우지 아니한 깨우침의 본질不立五蘊을 깨달아 증득하는 일不離証得로서의 온전한 지혜인 반야바라밀般若波羅密을 근본으로 모든 지혜를 얻으려고 몸과 마음을 다하면서 이를 통해 순수한 지혜의 힘을 얻고 이 지혜를 바탕으로 참된 법을 배우면서 선지식善知識.上求菩提을 가까이 섬기는 자리라네. 또한 나를 세우지 아니한 깨우침의 본질本質을 깨달아 증득한 일로서의 온전한 지혜인 반야바라밀般若波羅密을 근본으로 한 참다운 법문法文을 세워 고통 받은 사람들의 의지할 바가 되는 자리라네. 그리고 한번 들은 법法은 그 어느 누구의 도움을 받지 않더라도 스스로 깨우침을 얻어 가지는 자리를 이른다네.

거친 바다를 잠재우는 깨끗하고 맑은 순수한 지혜五蘊清浄智는 25문二十五門, 57과五十七果, 일천칠백공안一千七百公案, 팔만사천법문八万四千法文 등 일체 모든 법법과 일체 모든 불보살仏菩薩에서 나는 것을 몸과 마음을 닦아 익숙하게 만드니, 한 물건이 스스로 둥그렇게 되었다네不立五蘊不離証得.中中妙圓. 만일 깨우침의 본질本質로서 내가 없음을 깨달아 증득한 일로서의 온전한 지혜인 반야바라밀般若波羅密을 근본으로 25문二十五門, 57과五十七果, 일천칠백공안一千七百公案, 팔만사천법문八万四千法文 등 일체 모든 법法과 일체 모든 불보살仏菩薩에 대한 믿음과 순수한 지혜를 거치지 않았다면, 지금 화려하게 빛나는 꽃으로 무수無数 무량無量한 곳곳 처처까지 향기를 풍기는 맑고 깨끗한 일을 얻을 수 있었겠는가. 이와 같이 그 옛날에 있던 거울을 닦으면서 다시 또 옛날 방법을 찾으니, 어느 날 문득 눈을 뜨자 그 찬란한 빛寂滅光이 밝은 태양과 서로 다투고 있다네. 이 빛은 집으로 가는 길을 환하게 비추어 주는 일이니, 이름도 의미도 없는 길 가운데서 이루어진 마음자리를 가리켜 고향집이라고 이르지 말게나.

우리네 종사宗師가 이른 말씀과 구절이 있는데, 금으로 만든 칼로 도려내도 열리지가 않는다네. 헤아릴 수 없이 깊고도 깊은 중중묘원中中妙圓의 미묘한 이치는 옥녀玉女가 한밤중에 아이를 배는 일과 같다고 일렀다네.

도道를 알아가는 일이란 나무와 나무를 비벼서 불을 얻은 일과 같은 것이라네. 언뜻 연기를 보거든 문득 쉬어야 할 것이니, 금성金星이 나타나기를 오매불망寤寐不忘 기다리지 말아야 할 것이라네. 그렇지 않으면 몸도 태우고 머리도 태우게 될 것이라네.

제멋대로 굴에서 뛰쳐나온 사자 새끼가 으르렁거리며 제법 위엄威嚴을 보이니, 수많은 여우가 하릴없이 겁만 내고 있다네. 깊고도 깊은 창과 방패干戈를 가지고 움직이거나 흐트러지지 않는 곳에 다다라, 천마天馬를 지니어 타고서 외도外道로 돌아간다네.

무수無数 무량無量한 참다운 법을 적어 내가 없음을 깨달아 증득한 공空 가운데中中妙圓 곱게 주련을 드리우니, 한번 파도가 움직이면 따라서 만 번의 파도가 움직인다네. 고요한 한밤중에 물은 차갑고 그물에 고기는 걸리지 않으니, 쪽배에 달만 가득히 싣고 돌아온다네.

2. 치지주治地住

깨우침의 본질本質로서 내가 없음不立五蘊을 깨달아 증득한不離証得 일로서의 온전한 지혜인 반야바라밀般若波羅密에 대한 믿음과 이해를 바탕으로 25문二十五門, 57과五十七果, 일천칠백공안一千七百公案, 팔만 사천법문八万四千法文 등 일체 모든 법법法과 일체 모든 불보살仏菩薩을 해득解得하고 밝게 깨달아 얻은 참다운 마음자리 터 가운데不立五蘊不離証得서 맑고 깨끗한 빛을 일으키는 일五蘊清浄.妙覚이 맑은 유리병 속에 잘 갈무리된 금덩이를 넣어둔 듯이 하면, 초발심주의初発心住 미묘한 마음을 디디고 서서 '더할 나위 없는 깨우침의 참된 터不立五蘊不離証得'의 근거根拠나 기초가 될 만한 바탕을 끝끝내 이루는 일을 '치지주治地住'라고 이른다네. 곧 '바로잡아 다스리는 깨우침의 참다운 터에 머문다.'라고 한다네.

모든 중생들을 위하여 바라는 바 없이 구하고 보호할 생각을 내는 마음자리라네. 반야바라밀般若波羅密에 대한 믿음과 이해를 바탕으로 밝게 깨달아 얻고不立五蘊不離証得 깨달음의 궁극적 본질로서 참다운 법五蘊清浄.妙覚을 배우면서 탐욕貪을 버리는 선정禅定을 닦으며, 맑고 깨끗한 도道의 깊고도 깊은 미묘한 이치三千大天世界上求菩提下化衆生를 걸림이나 막힘이 없이 환하게 통달하는 자리라네. 또한 한번 들은 법法이라도 본인 스스로의 힘으로 그 미묘함을 깨달아 얻은 경지境地를 이른다네.

　맑고 깨끗한 구슬이 옛적에 걸치던 옷자락에 떨어지니, 목동이 주어서 광주리에 담고 돌아가 버렸다네. 옛 곡조는 소리도 없고 간 곳을 모르는데 어느 누가 듣고 감히 답할 수 있겠는가. 시냇물에 발을 담그고 있는 노인네가 그저 빙그레 웃고만 있다네.
　바다 깊은 곳에서 철로 만든 소가 휘영청 둥근 달을 물고서는 멀리 달아나고 바위 앞에서는 돌로 만든 사자가 제 새끼를 품에 안고 졸고 있다네. 어지럽게 흩날리는 꽃비와 앞으로 일어날 일에 대한 것은 우렛소리 한 번에 구천九天을 이루는 것이라네.

　'참다운 마음자리 터 가운데不立五蘊不離証得서 맑고 깨끗한 빛을 일으키는 일五蘊清浄.妙覚이, 맑은 유리병 속에 잘 갈무리된 금덩이를 넣어둔 듯이'라고 한 것은 반야바라밀般若波羅密에 대한 믿음과 이해를 바탕으로 마음을 가다듬어 밝고 자세하게 된 것不立五蘊不離証得과 밝게 깨달아 얻은 일五蘊清浄.妙覚이 빛을 일으키는 일에 대해 빗대어 이른 말이라네. 이 밝고 깨끗한 세세한 빛을 디디고 서서 '더할 나위 없이 위없는 마음자리妙覚'를 이루는 까닭으로 '바로잡아 다스리는 깨우침의 참된 터에 머문다.'라고 이른 것이라네. 이를 달리 비유하면, 집을 짓고자 할 때 먼저 집터부터 잡고 난 연후에 공사를 시작할 수 있는 것과 같음을 이른다네.

3. 수행주修行住

　나를 세우지 아니한 깨우침의 본질不立五蘊을 깨달아 증득한不離証得 일로서의 온전한 지혜인 반야바라밀般若波羅密에 대한 믿음과 이해를 바탕으로 25문二十五門, 57과五十七果, 일천칠백공안一千七百公案, 팔만사천법문八万四千法文 등 일체 모든 법法과 일체 모든 불보살仏菩薩을 해득하고 '나를 세우지 아니한 깨우침의 본질로서 깨우침의 바탕에 들어가는 일心地.不立五蘊과 마주 대하여 드러난 모든 것의 모양이나 상태를 밝게 깨달아 얻은 일不離証得'로 인하여, 무수無数 무량無量한 세상에 돌아다니거나 머무는 일에 있어서 막힘이나 걸림 없이 환하게 통한 일을 '수행주修行住'라고 이른다네. 곧 '닦고 행할 참된 깨우침의 터에 머문다.'라고 한다네. 곧 치지주治地住와 초발심주의初発心住 미묘한 마음을 디디고 서서 '더할 나위 없이 위없는 마음자리妙覚'의 근거根拠나 기초가 될 만한 바탕을 끝끝내 이루는 일을 '수행修行하는 참된 깨우침의 터에 머무른다.'라고 이른 것이라네.

　이 마음자리는 25문二十五門, 57과五十七果, 일천칠백공안一千七百公案, 팔만사천법문八万四千法文 등 일체 모든 법法과 일체 모든 불보살仏菩薩과 마주 대하여 드러난 일정한 언어나 문자, 모양이나 상태가 없으며, 모든 집착執着에서 벗어나 초연超然한 것이고 때로는 내가 없음으로 인한 공空으로서 괴로운 것이니 '나라고 할 것도 없고 즐거움도 없다不立五蘊.'라고 하는 것들을 세밀하게 들여다보고 자세하게 수행修行하는 마음자리라네. 또한 온전한 지혜인 반야바라밀般若波羅密에 대한 믿음과 이해를 바탕으로 일체 모든 법法을 배우면서+信 모든 중생들과 마주 대하여 드러난 25문二十五門, 57과五十七果, 일천칠백공안

一千七百公案, 팔만사천법문八万四千法文 등 일체 모든 법法과 일체 모든 불보살仏菩薩과 무수無数 무량無量한 세계를 구별 짓고 나누어 밝히며, 법法을 듣고 스스로의 힘으로 깨달음을 얻은 자리라네.

　과거, 현재, 미래를 관통貫通하는 하나의 화살이 그 위엄威厳을 드러내니, 한밤중에 태양金鳥이 바닷속으로 날아간다네. 땅을 뚫어버리고 하늘로 통하는 일로써 오르거나 내려가는 길을 함께 하고 함께 머물며, 늘 한결같게 서로 의지依支하기가 매우 좋다네.

　나를 세우지 아니한 깨우침의 본질本質을 깨달아 증득한 일로서의 온전한 지혜인 반야바라밀般若波羅密에 대한 믿음信과 이해解를 바탕으로 일체 모든 법法을 해득解得하고 밝게 깨달아 얻은 자세한 마음이 거울같이 맑고 깨끗한 일五蘊清浄.妙覚로 인하여 25문二十五門, 57과五十七果, 일천칠백공안一千七百公案, 팔만사천법문八万四千法文 등 일체 모든 법法과 일체 모든 불보살仏菩薩의 참다운 터를 닦아서修 이루었다네. 때문에 온전한 지혜인 반야바라밀般若波羅密을 바탕으로 들어가는 일과 나를 세우지 아니한 깨우침의 본질不立五蘊을 깨달아 증득하는 일不離証得을 모두 깨달아 얻으면, 닦아 나아가거나 머무는 일에 있어서 막힘이나 걸림이 되는 일은 없을 것이라네.

4. 생귀주生貴住

　모든 행하는 일에 있어서 '더할 나위 없이 위없는 최상의 깨우침'을 얻은 이와 같으며, 깨우친 이가 느끼는 모양이나 상태를 받아들이는 일과 같고 또 태어남과 죽음을 통한 일체 모든 것으로부터 벗어나 '더

96

할 나위 없는 깨우침의 참된 터不立五蘊不離証得'의 본바탕이 되는 마음 자리로 들어가는 일, 곧 깨우침의 궁극적窮極的 본질本質인 오온五蘊이 청정清浄한 묘각妙覚으로 들어가는 일을 '생귀주生貴住'라고 이른다네. 곧 깨달음의 가족으로 들어가는 일을 말한다네.

깨우침의 본질인 내가 없음不立五蘊을 깨달아 증득한不離証得 일로 서의 온전한 지혜인 반야바라밀般若波羅密을 근본으로 가르침의 집에 서 태어나 '더할 나위 없이 위없는 최상의 법如来道.寂滅'을 믿으면서 이 를 끝까지 참구參究하고 또 따라가는 마음자리라네. 그리고 온전한 지혜인 반야바라밀般若波羅密을 근본으로 한 깨끗하고 맑은 순수한 지혜로써 움직이거나 흐트러지지 않는 고요한 마음定.中中妙圓을 터전 으로 삼아 중생과 세계, 나고 죽은 일과 십신十信에 따른 참다운 법을 法 배우면서 위없는 최상의 법문法文을 닦고 또 이를 넉넉하게 갖추었 다네妙覚. 이러한 까닭으로 깨우침을 얻은 모든 이들을 평등하게 들 여다보는 마음자리라네. 또한 들은 법法을 스스로 깨우치는 자리이기 도 하다네.

한 알의 씨앗不立五蘊이 싹을 틔우자 갈림길이 모두 다 부서져 나가 고 성스러운 잉태生貴住.不離証得가 이로부터 시작되는 것이니, 점차 순 서와 차례를 따라 사지四肢가 생겨나는 것이라네. 온전한 지혜인 반 야바라밀般若波羅密을 근본으로 깨끗하고 맑은 순수한 지혜로써 선한 도善道.妙覚를 거듭 닦고 쌓으면 나머지 싹은 떨어져 나갈 것이라네.

깨우침의 본질로서 내가 없음不立五蘊을 깨달아 증득한不離証得 일 로서의 온전한 지혜인 반야바라밀般若波羅密을 근본으로 깨끗하고 맑은 순수한 지혜로써 미묘하게 행하는 일이中中妙圓 25문二十五門, 57과 五十七果, 일천칠백공안一千七百公案, 팔만사천법문八万四千法文 등 일체 모든 법법法과 일체 모든 불보살仏菩薩과 은밀히 꼭 들어맞으면, 미묘한 이치가 부드럽게 맞닿아 느끼면서 응하는感応 까닭으로 깨달음의 가문에 태어나게五蘊清浄.妙覚 되고 마땅히 법왕法王의 가족이 된다는 것이라네. 때문에 '생귀주生貴住에 머무르는 마음자리다.'라고 한 것이라네.

5. 방편구족주方便具足住

나를 세우지 아니한 깨우침의 본질不立五蘊을 깨달아 증득한不離証得 일로서의 온전한 지혜인 반야바라밀般若波羅密을 근본으로 깨끗하고 맑은 순수한 지혜로서 이미 도道를 잉태妙覚하고 스스로 깨달음을 이어받아 받드는 일이 마치 부녀자가 아이를 가진 일과 같이 사람의 바탕이 되는 모양이나 상태가 아무런 결함이 없이 온전하게 된 일을 이른다네. 이러한 까닭으로 본인本人 스스로를 이롭게 하며, 마땅히 타인他人도 이롭게 하는 방편方便을 온전하게 갖추고 행하는 일中中妙圓이 더할 나위 없이 위없는 최상의 깨우침을 깨달아 얻은 이와 같음을 '방편구족주方便具足住'라고 이른다네. 여기서 '더할 나위 없이 위없는 최상의 깨우침'을 깨달아 얻었다는 것은 오온청정五蘊清浄한 묘각妙覚마저 항복 받는 자리를 이르는 것이네.

나를 세우지 아니한 깨우침의 본질不立五蘊을 깨달아 증득한 일不離証得로서의 온전한 지혜인 반야바라밀般若波羅密에 대한 믿음과 이해를 바탕으로 25문二十五門, 57과五十七果, 일천칠백공안一千七百公案, 팔만사천법문八萬四千法文 등 일체 모든 법法과 일체 모든 불보살佛菩薩을 해득解得하고 열 가지 법十信을 듣고 수행修行해서 얻은 지극히 선한 마음자리로 중생을 구하고 보호하면서 이롭게 만드는 자리라네. 또한 중생들이 나고 죽은 일에서 벗어나 순수하고 참된 지혜를 얻게 하며, 본인 스스로는 온전한 지혜인 반야바라밀般若波羅密에 대한 믿음과 이해를 바탕으로 일체 모든 법法을 이해하고 열 가지 법十信을 듣고 온전하게 수행修行하는 것이라네. 또한 수많은 중생들이 잘못이나 허물로 인하여 스스로의 성품을 잃어버린 것을 알고 중생들의 마음을 깨끗이 씻어 주기 위해서 힘을 쓰는 자리라네. 그리고 들은 법法을 스스로의 힘으로 깨닫는 마음자리라네.

본래 지극한 도至道란 마음이라 이름 붙인 물건과 매우 친한 것이라네. 바른 도를 닦아서 마음이라 이름 붙여진 이 한 물건이 없어져야만 그 도道가 참된 것이라 할 수 있다네. 마음과 도道, 이 둘이 있다거나 없다거나 하는 일이 다 없어지니, 무수無數 무량無量한 세계에 본인 스스로의 몸 하나만 한가로울 뿐이라네.

깨우침의 본질로서 내가 없음不立五蘊을 깨달아 증득한不離証得 일로서의 온전한 지혜인 반야바라밀般若波羅密을 근본으로 한 깨끗하고 맑은 순수한 지혜로써 미묘하게 행하는 일中妙圓의 모양이나 상태, 언어言語나 문자文字가 마주 대한 두 개의 거울과 같고 반야바라밀般若波羅密에 대한 믿음과 이해를 바탕으로 25문二十五門, 57과五十七果, 일천칠백공안一千七百公案, 팔만사천법문八萬四千法文 등 일체 모든 법法과 일체 모든 불보살佛菩薩을 이해解하고 밝게 깨달아 얻은 미묘한 이치로써 부드럽게 느끼면서 응하는 일中中妙圓, 이 일이 곧 도道를 잉태하고 본인 스스로 깨달음을 이어받는 것妙覺이라네. 깨우침을 이어받는다는 것은 깨우친 이를 대신하여 중생을 이끌고 구하는 이를 이르는 것이네. 이는 용이 여의주를 기르고 닭이 알을 품은 일과 같음을 이르는 것中中妙圓이며, 도道를 잉태하는 일이 이미 이루어졌으므로妙覺 미묘한 바탕이 되는 본인 스스로의 한 몸이 자유롭게 되므로 '여러 가지 편리한 방편方便을 충분하게 갖춘 곳에 머무른다.'라고 한다네.

6. 정심주正心住

마주 대하여 드러난 얼굴의 모양이나 상태가 더할 나위 없이 위없는 최상의 깨우침을 얻은 이와 같고 마음자리의 바탕이 되는 모양이나 상태가 또한 이와 같은 일을 '바르고 올곧은 마음자리에 머무른다.'라고 한다네. 곧 몸을 움직이는 것뿐만 아니라 마주 대하여 드러난 참된 마음의 바탕이 되는 모양이나 상태도 또한 더할 나위 없이 위없는 최상의 깨우침을 얻은 이와 동일同一하다는 것을 이른다네.

참된 법法을 두고 찬하거나讚 훼방을 놓거나, 어떻든 간에 반야바라밀般若波羅密에 대한 믿음과 이해를 바탕으로 일체 모든 법法을 이해解하고 밝게 깨달아 얻은 참된 법法에 대한 마음이 흔들리지 않는 것이라네. 또한 '중생들이 한량限量이 있다거나 없다거나 또 중생들에게 때가 있다거나 없다거나 그리고 구원救援할 수 있다거나 없다거나.'라는 말을 듣더라도 움직이거나 흐트러지지 않는 마음자리라네. 나를 세우지 아니한 깨우침의 본질을 깨달아 증득한 일로서의 온전한 지

100

혜인 반야바라밀般若波羅密에 대한 믿음과 이해를 바탕으로 십신十信의 법을 배우면서 25문二十五門, 57과五十七果, 일천칠백공안一千七百公案, 팔만사천법문八万四千法文 등 일체 모든 법法과 일체 모든 불보살仏菩薩을 마주 대하여도 드러날 언어나 문자, 모양이나 상태가 없으며, 이렇다 저렇다 할 성품도 없고 닦을 것도 없으며, 진실하지 않는 까닭에 텅텅 빈 허공虛空과 같음을 알고 무생법인無生法忍, 곧 '더할 나위 없는 유일한 참된 터不立五蘊不離証得'에서 물러서지 않는 것을 이른다네. 그리고 법法을 듣고 스스로 깨달음을 얻은 자리라네.

드러난 얼굴의 모습과 마음의 바탕이 되는 모양이나 상태가 어느 한쪽으로 기울거나 의지하는 일이 없으며, 더할 나위 없이 위없는 마음자리를 얻은 이妙覚와 다름이 없는 까닭으로 '바르고 올곧은 마음자리에 머무른다.'라고 한 것이라네.

안개와 구름이 흩어지니 집집마다 밝고 환한 달이 뜨고 눈과 서리가 녹으니 곳곳 처처가 봄날이라네. 옛날을 되돌려 보는 윤회의 왕法輪王이 올바른 기운을 다시금 올바르게 세우니, 굳이 귀중한 깨달음宝印을 드러내지 않더라도 자연스럽게 스스로 높아진다네.

7. 불퇴주不退住.不進不退

나를 세우지 아니한 깨우침의 본질不立五蘊을 깨달아 증득한不離証得 일로서의 온전한 지혜인 반야바라밀般若波羅密에 대한 믿음과 이해를 바탕으로 25문二十五門, 57과五十七果, 일천칠백공안一千七百公案, 팔만사천법문八万四千法文 등 일체 모든 법法과 일체 모든 불보살仏菩薩을 해득하고 밝게 깨달아 얻은 참다운 마음자리 가운데서 순수한 지혜를 얻은 일로 몸과 마음이 합하여 이루어지고 날마다 거듭 더하면서 늘고 커지며 거듭 쌓아 가는 일을 '불퇴주不退住'라고 이른다네. 곧 몸과 마음이 하나로 합하여 1년 365일 단 하루도 빠짐없이 늘고 더해지면서 선업善業을 쌓고 쌓은 일을 이른 것이라네.

'불법승仏法僧 삼보三宝가 있다거나 없다거나 참된 도道의 수행으로 태어남과 죽음을 벗어날 수 있다거나 없다거나 깨우침의 순수한 지혜가 끝이 있다거나 없다거나'라고 하는 말을 듣더라도, 깨우침의 본질不立五蘊로서 내가 없음을 깨달아 증득한不離証得 일로서의 온전한 지혜인 반야바라밀般若波羅密에 대한 믿음과 이해를 바탕으로 일체 모든 법法과 일체 모든 불보살仏菩薩을 해득하고 밝게 깨달아 얻은 참다운 그 마음不立五蘊不離証得이 견고堅固한 까닭에 물러서지 않은 것이라네. 또한 나를 세우지 아니한 깨우침의 본질을 깨달아 증득한 일로서의 온전한 지혜인 반야바라밀般若波羅密을 근간根幹으로 25문二十五門, 57과五十七果, 일천칠백공안一千七百公案, 팔만사천법문八万四千法文 등 일체 모든 법法과 불보살仏菩薩을 배우면서 하나가 무수無数이며 무수無数가 하나이고 한 개가 무량無量이며 무량無量이 한 개이고 맛을 따라 뜻을 알고 뜻을 따라 맛을 알며, 없는 것이 있는 것이고 있는 것이 없는 것임을 깨달아 얻고서 온갖 방편方便을 쌓고 쌓아 가는 자리라네. 또한 들은 법法을 본인 스스로 깨닫는 자리라네. 곧 더할 나위 없이 위없는 마음자리를 얻은 이妙覚.中中妙圓의 덕德과 같아서 나아감은 있고 물러나는 일이 없는 까닭으로 '물러섬이 없는 자리에 머문다.'라고 한 것이라네.

밑이 없는 발우에다 향이 좋은 반찬을 받아 들고 구멍 뚫린 주발에
다 조주의 차를 담았네. 이를 은근히 받들어 뒤를 따르는 이들에게
권하고서는 반나절 동안 달 꽃을 구경한다네.

8. 동진주童眞住

열 개의 몸十身이 신령한 바탕으로서 마주 대하여 드러난 모양이나
상태가 단 한때라도 부족함이나 결함이 없이 충분하게 갖추어져 있
는 일을 '동진주童眞住'라고 한다네. 곧 일체 모든 불사佛事에 응하는
열 개의 몸을 일시一時에 빠짐없이 다 갖추는 일을 이른다네.

나를 세우지 아니한 깨우침의 본질不立五蘊을 깨달아 증득한不離証
得 일로서의 온전한 지혜인 반야바라밀般若波羅密에 의지해서 바탕이
되는 이 몸體은 갖추었으나, 아직은 완전하지 못한 까닭으로 아이童로
서 말한 것이라네. 열 개의 몸이란 지혜의 몸菩提身. 원하고 바라는 몸
願身. 맺거나 합하여 화하는 몸化身. 힘 있는 몸力身. 장엄하는 몸莊嚴身.
위엄과 세력의 몸威勢身. 뜻과 생각의 몸意身. 복이란 몸福身. 법의 몸法
身. 지혜의 몸智身을 이르는 것이네.

깨우침의 본질本質인 내가 없음을 깨달아 증득하는 일로서의 온전
한 지혜인 반야바라밀般若波羅密에 대한 믿음과 이해를 근간으로 한
열 가지 법十信에 의해서 마음이 편해지고 몸身과 말과口 뜻意으로 행
하는 모든 일이 맑고 깨끗해지는 것을 이른다네. 비롯됨 없이 태어난
까닭으로 중생의 마음과 욕망, 성품, 업보와 또 그러한 세계가 생기고

없어짐을 알았다네. 때문에 온전한 지혜인 반야바라밀般若波羅密에 대한 믿음과 이해를 바탕으로 한 열 가지 법十信을 배우면서 이 세계가 크게 흔들리고 또 유지되는 것을 알았음을 이른다네. 그러므로 무수無數 무량無量한 세계로 나아가 묘한 법문法門을 묻고 무수無數 무량無量한 답을 알아가면서 잠간 동안 더할 나위 없이 위없는 최상의 깨우침을 통한 이를 봉양奉養하고 일체 모든 법法에서 가장 뛰어난 방편方便을 성취成就하기 위해 노력하는 자리라네. 또한 들은 법法을 스스로 깨닫는 마음자리라네.

9. 법왕자주法王子住

본인 스스로가 마주 대하여 드러난 바탕으로서의 언어나 문자, 모양이나 상태를 이루고 태반胎盤.不立五蘊不離証得에서 나와 스스로 깨우침의 궁극적窮極的 본질을 깨달아 얻은 이의 자식이 되는 일을 '법왕자주法王子住'라고 이른다네. 곧 '법의 왕자 자리에 머문다.'라고 한다네.

마음을 처음 일으킨 일初発心로부터 귀하게 태어나는 곳에 머무름生貴까지는 성스러운 잉태에 들어가는 일不立五蘊을 이르며, 방편구족方便具足에서 동진童真까지는 성스럽게 잉태한 것을 기르고 키우는 일不離証得을 이르는 것이네. 그리고 여기 법왕자法王子에 이르러 몸과 마음을 다해 기르고 키운 공功을 마치게 된 까닭으로 '법의 왕자 자리에 머문다.'라고 한 것이라네.

중생이 태어나 죽은 일과 온갖 번뇌와 버릇, 방편과 지혜, 세간 법과 출세간出世間의 법을 제대로 이해하는 자리에 머무는 것이라네. 또한 나를 세우지 아니한 깨우침의 본질不立五蘊을 깨달아 증득한不離証得 일로서의 온전한 지혜인 반야바라밀般若波羅密에 대한 믿음과 이해를 바탕으로 25문二十五門, 57과五十七果, 일천칠백공안一千七百公案, 팔만사천법문八万四千法文 등 일체 모든 법법法과 일체 모든 불보살仏菩薩을 증득하고 밝게 깨달아 얻은 순수한 지혜로써 맑고 깨끗한 빛을 일으키는 경지五蘊清浄라네. 때문에 더할 나위 없이 위없는 깨우침을 얻은 이妙覚가 행하는 바른 의미와 참된 마음자리에 들어가서 구별 짓고 나누어 밝히는 일과 무수無数 무량無量한 깨우침을 얻은 이의 법法을 이어받아 명확하게 드러내는 법법法을 알고 막힘이나 걸림이 없는 지혜를 얻기 위해서 들은 법법法을 스스로 깨닫는 자리를 이른다네.

태반胎盤이 둥그렇게 이루어지고中中妙圓 또 때에 따라 눈꽃이 날리거든 생각을 움직여 문득 떠나서는 요긴한 정수리如来密印 위로 훌쩍 오른다네. 비롯됨이 없는 참된 도如来道가 고목처럼 말랐다고 적적寂寂하다 말하지는 말게나. 법신法身.五蘊清浄이 이렇듯 고요함에서 나와 또다시 되돌려 의지하는 일이라네.

만일 마음이라 이름 붙인 한 물건이 공空이란 것을 얻게 된다면, 고통도 또한 따라서 없어지는 것이니, 태어나고 죽은 일에 있어서 그 무슨 거리낌이 있겠는가. 하루아침에 문득 태반 속에서 벗어나 한가롭게 여유 있는 대장부가 되는 것을….

10. 관정주潅頂住

어른이 되었음을 드러내어 표시하는 일처럼 깨우침의 증거로서 머리에 물을 붓는 의식儀式을 하는 일, 이 일을 '관정주潅頂住'라고 이른다네. 곧 깨우침의 자식이 되어 능히 불사를事仏 행함에 있어서 막힘이나 걸림이 없기에 깨우침의 지혜로운 향수를 정수리에 끼얹는 의식을 이르는 것이라네.

나를 세우지 아니한 깨우침의 본질不立五蘊을 깨달아 증득하는 일로서不離証得의 온전한 지혜인 반야바라밀般若波羅密을 근본으로 처음 마음을 일으키고 난 후에는 반드시 반야바라밀般若波羅密에 대한 믿음과 이해를 바탕으로 25문二十五門, 57과五十七果, 일천칠백공안一千七百公案, 팔만사천법문八万四千法文 등 일체 모든 법法과 일체 모든 불보살仏菩薩을 해득하고 밝게 깨달아 얻은 순수한 지혜로써 마음자리의 터를 다스린 다음에 수행修行을 해야 한다네. 닦고 행한 다음에 깨달음의 집에 태어나고 깨우침의 바탕이 되는 마주 대하여 드러난 언어나 문자, 모양이나 상태覚相를 갖추기 때문에 더할 나위 없이 위없는 마음자리를 얻은 이五蘊清浄의 마음과 같아진다네妙覚. 또한 마주 대하여 드러난 깨우침의 바탕이 되는 언어나 문자, 모양이나 상태의 몸道体, 곧 본인 스스로의 몸이 커지고 더하여 무수無数 무량無量한 방편方便으로서 열 개의 몸이 두루 원만해지는 것이라네. 그러므로 깨달음의 자식이 되며, 깨달음의 집안일을 맡게 되는 것이라네. 이것이 십주의十住 처음不立五蘊과 마지막 일不離証得이라네.

나를 세우지 아니한 깨우침의 본질不立五蘊을 깨달아 증득한不離証

得 일로서의 온전한 지혜인 반야바라밀般若波羅密에 대한 믿음과 이해를 바탕으로 일체 모든 법法과 일체 모든 불보살仏菩薩을 해득하고 밝게 깨달아 얻은 순수한 지혜로써 25문二十五門, 57과五十七果, 일천칠백공안一千七百公案, 팔만사천법문八万四千法文 등 일체 모든 법과法 일체 모든 불보살仏菩薩의 방편方便과 지혜智慧를 성취하였다네. 이와 같은 방편方便과 지혜로서智慧 무수無数 무량無量한 세계를 뒤흔들며, 반야바라밀般若波羅密에 대한 믿음과 이해를 바탕으로 일체 모든 법을法 해득하고 밝게 깨달아 얻은 순수한 지혜不立五蘊不離証得로써 맑고 깨끗한 빛을 비추어 참다운 마음자리五蘊清浄.妙覚에 머무른다네. 그리고 이 마음자리를 본디 있는 그대로 지켜가면서 장엄莊厳을 하고 여러 세상을 돌아다니며, 중생들의 근기根基를 따라 인도한다네. 이 자리에 머무르는 몸이 지은 무수無数 무량無量한 선업善業이나 신통神通, 지혜智慧 등 그 경계境界를 알 수가 없는 것이니, 삼세를三世 아는 지혜, 참된 법을 아는 지혜, 법계法界에 걸림이나 막힘이 없는 지혜가 무수無数 무량無量한 모든 세상에 가득하다네. 또한 비춰주고 지키면서 나아가는 지혜, 중생들의 근기를 잘 분별하는 지혜를 두루 원만하게 갖추었으며, 일체종지一切種智를 갖추기 위해서 들은 법을 스스로 깨닫고 다른 그 누구의 가르침에 의지하지 않는 참다운 자리라네.

번뇌煩悩를 벗어나 그토록 갈망하는 열반涅槃에 이르는 일이란 본래 마주 대하여 드러난 사물로서의 25문二十五門, 57과五十七果, 일천칠백공안一千七百公案, 팔만사천법문八万四千法文 등 일체 모든 법법과法 일체 모든 불보살仏菩薩의 언어나 문자, 모양이나 상태를 이용하는 것이 아니라네. 본래부터 탄탄한 큰 길이 동서남북東西南北 위아래를 벗어나 환하게 트인 것이라네. 분명하게 또 확실하게 끝마치는 일이 본디 그 어떤 다른 것으로 인하여 깨달아 얻은 것이 아니더라도 마주 대하여 드러난 사물의 바탕이 되는 언어나 문자, 모양이나 상태는 또렷하게 모두 다 한가지라네.

무수無数 무량無量한 깨달음의 참된 힘으로 물러남이 없는 지혜를 얻고 자비로운 그 시린 빛이 온 세상을 비추어 중생들이 의지할 바가 되는 것이라네. 25문二十五門, 57과五十七果, 일천칠백공안一千七百公案, 팔만사천법문八万四千法文 등 일체 모든 법과法 일체 모든 불보살을仏菩薩 깨달아 얻은 무수無数 무량無量한 경지를 그리워하며 따르고 닦고 행하는 모든 수행자修行者를 볼 때 감로수甘露水를 머리에 부어 믿은 마음을 금강金剛 같이 만들어 준다네.

깨우침의 본질인 내가 없음不立五蘊을 깨달아 증득한不離証得 일로서의 온전한 지혜인 반야바라밀般若波羅密에 대한 믿음과 이해의 힘이 견고해지고 순수한 지혜를 이룸으로써 깨끗한 마음자리로 참다운 이치五蘊清浄.妙覚를 알며, 앞으로 다가올 세상 사람들을 구하려 무수無数 무량無量한 태어남과 죽음에 뛰어들어 몸과 마음을 다한다네.

깨우침의 지위地位나 위치가 십신十信을 처음의 인初因으로 삼고 십주十住, 십행十行, 십회향十廻向으로 나아갈 길로 삼은 것이라네. 이는 등각等覚 묘각妙覚에 이르기까지 모든 것이 다 서로 서로가 의지하고 나아감을 말하는 것이라네. 또한 닦고 행하는 사람들로 하여금 반야바라밀般若波羅密을 근본으로 한 믿음과 이해로부터 들어가서 깨달은 이가 이룬 순수한 지혜의 위치에 머물며不立五蘊不離証得.中中妙圓, 이 지혜에 의지해서 닦고 행함을 일으키고 닦고 행함을 성취하는 일에 있어서 본인 스스로 원하고 바라는 마음을 바탕으로 한다네. 때문에 이와 같이 삼현三賢을 뛰어넘어 열 가지 성스러운 자리十聖에 들어가고 등각等覺과 묘각妙覺의 지위地位에 오르게 한 것이라네.

제10장 10행十行 아나함阿那含의 인연因緣과 과위果位

　깨우침의 근본이 되는 내가 없음不立五蘊을 깨달아 증득한不離証得 일로서의 온전한 지혜인 반야바라밀般若波羅密을 바탕으로 25문二十五門, 57과五十七果, 일천칠백공안一千七百公案, 팔만사천법문八万四千法文 등 일체 모든 법법法과 일체 모든 불보살仏菩薩의 순수한 지혜로써 머물며中中妙圓, 또 이를 유지維持하고 거듭 쌓아온 순수한 지혜로써 맑고 깨끗한 밝은 빛五蘊清浄, 곧 참다운 깨우침의 마음자리妙覚로 인하여 깨우친 이가 머무는 곳에 머물게 되었다네. 그러므로 마침내는 미묘한 행行을 일으켜서 자신도 이로울 뿐만 아니라 남도 이롭게 하는 자리를 이른다네.

1. 환희행歡喜行

　깨우침의 본질인 내가 없음不立五蘊을 깨달아 증득한不離証得 일로서의 온전한 지혜인 반야바라밀般若波羅密을 근간根幹으로 한 순수한 지혜로써 머물면서中中妙圓 깨우친 본바탕의 참다운 자식이 되었다네妙覚. 그리고 그지없는 미묘한 덕을妙德 부족함 없이 갖추고 마주 대하여 드러난 무수無數 무량無量한 세계世界.三千大天世界上求菩提下化衆生에 응하는 일에 있어서 바라는 바 없이 순수하게 따르는 일을 '환희행歡喜行'이라고 이른다네.

25문二十五門, 57과五十七果, 일천칠백공안一千七百公案, 팔만사천법문 八万四千法文 등 일체 모든 법법과 일체 모든 불보살仏菩薩을 깨달아 얻 은 무수無数 무량無量한 경지로서 깨달음의 미묘한 덕德을 갖춘 까닭 으로 인하여 곧 오온청정五蘊清浄한 묘각妙覚으로서 그 어디를 가더라 도 옳지 않은 일이 없으며, 스스로도 이롭고 타인도 이로움을 얻고 또 갖추게 한다네. 때문에 요긴要緊한 바탕으로 일체 모든 드러난 언 어나 문자, 모양이나 상태를 마주 대하여 응하는 일이 온전하게 즐겁 고 기쁘게 되는 자리라네.

2. 요익행饒益行

일체 모든 중생들이 이익이 되도록 거듭 선업善業.下化衆生을 쌓고 쌓 으면서 도움이 되도록 하는 일을 '요익행饒益行'이라고 이른다네.

나를 세우지 아니한 깨우침의 본질不立五蘊을 깨달아 증득한不離証 得 일로서의 온전한 지혜인 반야바라밀般若波羅密을 바탕으로 순수한 지혜에 머물면서中中妙圓 깨우친 본바탕의 바라는 바 없는 그 마음을 일으켜, 곧 깨우침의 궁극적 본질인 오온청정五蘊清浄한 묘각妙覚으로 서 무수無数 무량無量한 행행을 닦는 일이 일체 모든 중생衆生들을 위 해 선업善業.下化衆生을 쌓고 쌓는 자리라네.

3. 무진한행無嗔恨行

　나를 세우지 아니한 깨우침의 본질不立五蘊을 깨달아 증득한不離証得 일로서의 온전한 지혜인 반야바라밀般若波羅密에 대한 믿음과 이해를 바탕으로 25문二十五門, 57과五十七果, 일천칠백공안一千七百公案, 팔만사천법문八万四千法文 등 일체 모든 법法과 일체 모든 불보살仏菩薩을 해득하고 밝게 깨달아 얻은 참다운 마음자리 가운데不立五蘊不離証得서 본인 스스로도 깨달음을 얻고 타인도 깨달음을 얻게 한다네中中妙圓. 이와 같이 깨달아 얻은 바탕이 서로 어긋남이 없음을 '무진한행無嗔恨行'이라고 한다네.

　화가 나거나 원통해 하는 것은 바르고 참된 도道에 어긋나고 막힘이나 걸림이 되는 일에서 생기지 않던가. 때문에 이를 달리 이르면 '어긋나거나 거슬림 없는 행이다.'라고 하기도 한다네.

4. 무진행無尽行

　나를 세우지 아니한 깨우침의 본질不立五蘊을 깨달아 증득한不離証得 일로서의 온전한 지혜인 반야바라밀般若波羅密을 바탕으로 25문二十五門, 57과五十七果, 일천칠백공안一千七百公案, 팔만사천법문八万四千法文 등 일체 모든 법法과 일체 모든 불보살仏菩薩과 마주 대하여 드러난 언어나 문자, 모양이나 상태, 그 종류에 따라 일일이 응하면서 생겨나게 하고 앞으로 다가올 무수無数 무량無量한 세계와 세상의 중생까지도 이롭도록 본인 스스로 바라는 바 없는 이와 같은 마음을 일으켜 행행行 할 바를 다하는 자리라네. 곧 깨우침의 궁극적窮極的 본질인 오온청정五蘊淸淨한 묘각妙覺으로서 과거 현재 미래에 있어서 지극히 평등하고 막힘이나 걸림이 없이 환하게 통하게 된 일을 '무진행無盡行'이라고 한다네.

나를 세우지 아니한 깨우침의 본질不立五蘊을 깨달아 중득한 일不離証得로서의 온전한 지혜인 반야바라밀般若波羅密을 바탕으로 25문二十五門, 57과五十七果, 일천칠백공안一千七百公案, 팔만사천법문八万四千法文 등 일체 모든 법法과 일체 모든 불보살仏菩薩을 따라 바라는 바 없는 마음으로 응하면서 무수無數 무량無量한 세계와 세상의 많은 중생들과 맞닿아 느끼면서中中妙圓 본인 스스로를 키우고 이롭게 행하는 일이 다함이 없다는 것을 이른다네. 이는 중생을 이끌고 구하기 위해 몸으로 나타내는 일이며, 또한 마주 대하여 드러난 무수無數 무량無量한 언어나 문자, 모양이나 상태를 드러내어 보이고 화합化合하게 하는 일을 이른다네.

믿고十信 머물며十住, 행행함을 따라 일이 여기에까지 이르면, 아무도 모르게 숨어 살면서 거듭 도道를 두텁게 쌓고 지혜智慧가 있어도 쓰지를 말아야 할 것이니, 갓 태어난 아이가 몇 년 동안 젖을 먹으면서 힘을 기르듯, 그 어느 때보다 성하기를 기다려야 옳은 일일 것이라네.

5. 이치난행離痴亂行

나를 세우지 아니한 깨우침의 본질不立五蘊을 깨달아 증득한不離証得 일로서의 온전한 지혜인 반야바라밀般若波羅密을 바탕으로 중중묘원中中妙圓을 이해하고 밝게 깨달아 얻은 깨우침의 궁극적窮極的 본질인 오온청정五蘊清浄한 묘각妙覚의 순수한 지혜로써 25문二十五門, 57과五十七果, 일천칠백공안一千七百公案, 팔만사천법문八万四千法文 등 일체 모든 법法과 일체 모든 불보살仏菩薩을 맑고 깨끗한 단 하나로 이루어서 모든 법이 자이가 있거나 이치에 어긋나시 않게 하는 일을 '이치난행離痴亂行'이라고 이른다네. 곧 어지럽게 흩어진 마음자리를 벗어나 행하는 바를 이른다네.

사물의 바른 이치를 드러내는 법法에 밝지 못한 것을 어리석음痴이라 하고 모든 행行하는 일에 있어서 어지럽게 흩어져 뒤섞이는 일을 혼란스럽다고乱 한다네. 그러나 여기에서 행하는 마음자리는 능히 무수無数 무량無量한 법法을 단 하나의 법法으로 드러내어 보이고 차이가 있거나 이치에 어긋나지 않기 때문에 '벗어난다.'라고 한 것이라네.

6. 선현행善現行

나를 세우지 아니한 깨우침의 본질本質을 깨달아 증득한 깨우침의 궁극적窮極的 본질인 오온五蘊이 청정清浄한 묘각妙覚의 순수한 지혜를 바탕으로 같은 가운데서 무수無数 무량無量한 또 다른 것을 드러내고 제각각 하나하나 마주 대하여 드러난 다른 바탕으로서의 언어言語나 문자文字, 모양이나 상태를 차이가 없이 드러내는 일을 '선현행善現行'이라고 이른다네. 곧 25문二十五門, 57과五十七果, 일천칠백공안一千七百公案, 팔만사천법문八万四千法文 등 일체 모든 법법과 일체 모든 불보살仏菩薩을 맑고 깨끗한 단 하나로 이루고 모든 법이 차이가 있거나 이치에 어긋나지 않게 하는 이치난행離痴亂行으로서 능히 같은 가운데서 다른 바탕의 언어言語나 문자文字, 모양이나 상태를 드러내고 이와 같이 다른 바탕의 언어言語나 문자文字, 모양이나 상태를 동일同一한 바탕의 언어言語나 문자文字, 모양이나 상태로 드러내는 일을 '선현행善現行'이라고 한다네. 곧 일체 모든 법의 사리事理가 널리 어울리어 하나가 되고 분별分別없이 행행한다는 것을 이른다네.

나를 세우지 아니한 깨우침의 본질不立五蘊을 깨달아 증득한不離証得 일로서의 온전한 지혜인 반야바라밀般若波羅密을 바탕으로 깨우침의 궁극적窮極的 본질인 오온청정五蘊清浄한 묘각妙覚의 순수한 지혜로써 어리석음과 혼란스러운 일이 없게 된 자리라네. 때문에 능히 무수無数 무량無量한 법法의 문門이 제각각 나타나고 또 때에 따라 바라는 바 없는 마음을 내어 일일이 응하는 까닭으로 두루 원만하면서 막힘이나 걸림이 없이 본인 스스로가 자유롭게 된 것이라네. 이와 같음을 '선善을 드러내어 행한다.'라고 이른 것이라네.

7. 무착행無着行

나를 세우지 아니한 깨우침의 본질不立五蘊을 깨달아 증득한不離証得 일로서의 온전한 지혜인 반야바라밀般若波羅密을 바탕으로 깨우침의 궁극적窮極的 본질인 오온청정五蘊清浄한 묘각妙覚의 밝은 지혜의 빛으로 무수無数 무량無量한 세계와 허공虛空에 이르기까지 또 매우 작디작은 티끌까지도 만족하게 하고 제각각 하나하나의 작은 티끌 속에 무수無数 무량無量한 세계를 나타낸다네. 그리고 이러한 티끌 같은 경계境界를 나타내어도 서로가 서로에게 머물거나 또는 막힘이나 걸림이 없게 되는 일을 '무착행無着行'이라고 이른다네.

선善을 나타내어 행하는 일善現行로 인한 무수無数 무량無量한 법법의 문門을 넓히고 디해서 모자라기나 부족함이 없게 한 것이며, 두루 원만하게 막힘이나 걸림이 없이 환하게 통하는 일을 이른다네. 제각각 하나하나의 작은 티끌 속에 무수無数 무량無量한 세계가 나타나는 일을 '경계境界로 나타낸다.'라고 이른 것이며, 또한 마주 대하여 드러난 번뇌煩悩의 바탕이 되는 모양이나 상태가 무너지지 않은 일을 두고 '티끌 같은 경계境界를 나타낸다.'라고 한 것이라네.

8. 존중행尊重行

나를 세우지 아니한 깨우침의 본질不立五蘊을 깨달아 증득한不離証得 일로서의 온전한 지혜인 반야바라밀을般若波羅密 바탕으로 깨우침의 궁극적窮極的 본질인 오온청정五蘊清浄한 묘각妙覚으로서 무수無数 무량無量한 법법의 문門이 하나하나 마주 대하여 나타나는 모든 일 가운데 수행修行이 제일이 되는 일을 '존중행尊重行'이라고 이른다네.

무수無数 무량無量한 법법의 문門이 하나하나 마주 대하여 나타나는 일이란 25문二十五門, 57과五十七果, 일천칠백공안一千七百公案, 팔만사천법문八万四千法文 등 일체 모든 법법과 일체 모든 불보살仏菩薩을 깨달아 증득한 일로서의 온전한 지혜인 반야바라밀般若波羅密의 덕스러운 성품 때문이라네. 이와 같이 '인위적人為的인 작용이나 꾸밈이 없는 미묘한 이름으로 본인 스스로가 자유롭게 이루고 또 취取하는 까닭으로 높이 받들고 중하게 여긴다尊重行.'라고 한 것이라네. 또한 어렵게 얻은 행行, 곧 난득행難得行이라고도 한다네. 이는 오로지 반야般若의 참된 지혜로 개개의 언어나 문자, 모양이나 상태 등, 사물이나 이치 따위를 비춰 보는 힘으로써 일체 모든 법法을 깨달아 증득한 일로서의 온전한 지혜인 반야바라밀般若波羅密을 존중尊重한다는 것이라네.

9. 선법행善法行

깨우침의 본질인 내가 없음不立五蘊을 깨달아 증득한不離証得 일로서의 온전한 지혜인 반야바라밀般若波羅密을 바탕으로 깨우침의 궁극적窮極的 본질인 오온청정五蘊清浄한 묘각妙覚으로서 무수無数 무량無量한 법의法 이치를 널리 통해서 막힘이나 걸림이 없는 까닭으로 능히 무한한無限 세계의 깨우친 모든 이들, 곧 깨달음을 얻은 이들의 본보기軌則를 세우는 일을 '선법행善法行'이라고 이른다네. 곧 선법행善法行이란 일체 모든 법의 이치가 널리 어울리어 하나가 되고 또 구별区別이 없는 덕徳으로써 깨달음을 얻은 모든 이들의 본보기軌則를 이루어서 나타내고 드러내는 일이라네.

무수無数 무량無量한 세계의 모든 깨우친 이들이 선법행善法行으로 참다운 도道를 이루었으며, 또한 선법행善法行으로서 중생을 이롭게 하는 것이라네.

10. 진실행真実行

25문二十五門, 57과五十七果, 일천칠백공안一千七百公案, 팔만사천법문
八万四千法文 등 일체 모든 법법과 일체 모든 불보살仏菩薩과 일체 모든
중생衆生과 무수無数 무량無量한 작디작은 티끌과 허공에 이르기까지
하나하나 모든 것은 번뇌가 없이無漏 맑고 깨끗한 것이라네. 나를 세
우지 아니한 깨우침의 본질不立五蘊을 깨달아 증득한不離証得 일로서의
온전한 지혜인 반야바라밀般若波羅密을 근본으로 깨달아 얻는 깨우침
의 궁극적窮極的 본질인 오온청정五蘊清浄한 묘각妙覚으로서 일체 모든
법을法 이해하고 밝게 깨달아 얻은 참다운 마음자리의 하나뿐인 본디
있는 그대로의 성품真正無為이 마주 대하여 드러난 생긴 그대로의 언
어나 문자, 모양이나 상태本然인 일을 '진실행真実行'이라고 이른다네.

무수無数 무량無量한 경계境界를 마주 대하여 막힘이나 걸림이 없이
통하는 경지가 두루 원만하게 이루어졌다네中中妙圓. 때문에 온갖 곳
을 다니면서 두루두루 행하는 일에 있어서 그 신통함이 본인 스스로
가 자유롭고 일점 하나 걸림이나 막힘이 없이 노닌다네. 모든 중생을
구제하고 깨닫게 하는 도道.一乘가 멀더라도 있는 그대로의 무위로서
無為 나아가고 지옥도地獄道, 아귀도餓鬼道, 축생도畜生道, 아수라도阿
修羅道, 인간도人間道, 천상도天上道, 이 육도六道의 문이 깊다 하더라도
쓰임새가 아닌 것不用.不立五蘊으로 닦고 행하는 것을 이른다네. 쓰임
새가 아닌 것으로 닦고 행한다는 것不用은, 곧 깨우침의 본질인 내가
없음을 깨달아 증득하는 일로서의 온전한 지혜인 반야바라밀般若波
羅密을 바탕으로 일체 모든 법법을 이해하고 밝게 깨달아 얻은 참다
운 마음자리의 맑고 깨끗한 지혜五蘊清浄.妙覚로 행行하기 때문에 이와

118

같이 이른 것이라네.

　십행十行이란 나를 세우지 아니한 깨우침의 본질不立五蘊을 깨달아 증득한不離証得 일로서의 온전한 지혜인 반야바라밀般若波羅密을 근본으로 25문二十五門, 57과五十七果, 일천칠백공안一千七百公案, 팔만사천법문八万四千法文 등 일체 모든 법法과 일체 모든 불보살仏菩薩을 깨달아 증득하고 깨우침의 궁극적窮極的 본질인 오온청정五蘊清浄한 묘각妙覚으로서 밝게 깨달아 얻은 참다운 마음자리로서 하나뿐인 본디 있는 그대로의 성품真正無為을 이른다네. 그리고 이와 같이 마주 대하여 드러난 생긴 그대로의 언어나 문자, 모양이나 상태本然로서 미묘한 쓰임새임中中妙圓을 있는 대로 모두 한데 묶어서 나타낸 것이 십행十行이라네. 나를 세우지 아니한 깨우침의 본질不立五蘊을 깨달아 증득한 중중묘원不離証得의 쓰임새用는 무수無数 무량無量하고 제각각 서로 다르나, 바탕이 되는 몸体은 오로지 깨우침의 궁극적窮極的 본질인 오온청정五蘊清浄한 묘각으로서妙覚 밝게 깨달아 얻은 참다운 마음자리뿐이라네. 이러한 십행으로十行 뒤의 자리나 위치뿐만 아니라 앞서의 법法을 벗어나지 않으며, 모두 마주 대하여 드러난 인연因緣을 바탕으로 서로가 서로를 디디고 서는 까닭으로 따로 차례를 따라 벌여 놓은 것이라네. 그 까닭은 수행修行하는 모든 사람으로 하여금 벌여 놓은 자리나 위치에 따라 한결같게 거듭 더하여 나아가고 쌓아 가면서 오로지 밝게 깨달아 얻은 깨우침의 궁극적窮極的 본질인 오온청정五蘊清浄한 묘각妙覚의 참다운 마음자리를 넓게 열고 올바른 도道에 어긋나거나 막힘이나 걸림이 되는 일들을 맑고 깨끗하게 다듬어서 깨우침의 열매, 곧 비롯됨이 없는 그 마음마저 초탈한 일을 온전하게 이루도록 한 것이기 때문이라네.

제11장

10회향+廻向 아라한阿羅漢의 인연因緣과 과위果位

　십신十信, 십주十住, 십행十行, 곧 삼현三賢에서는 깨우침을 얻은 이나 수행修行을 하는 이들까지 중생을 이끌고 구하려는 자비로운 마음이 많지는 않았다네. 그러나 10회향+廻向에서는 대체로 큰 자비慈悲의 마음으로 이루어져 있기 때문에 세속世俗에 처하면서 중생들을 이롭게 한다네. 이는 곧 온전한 지혜인 반야바라밀般若波羅密을 바탕으로 깨달아 증득한 깨우침의 궁극적窮極的 본질인 오온청정五蘊清浄한 묘각妙覺의 참된 마음자리, 이 마음자리의 맑고 깨끗한 빛을 되돌려서 중생들이 서로 의지하며 살아가는 세속으로 향한다는 것이라네. 그리고 반야바라밀般若波羅密을 근본으로 한 내가 없음을 깨달아 증득한 깨우침의 궁극적窮極的 본질인 오온청정五蘊清浄한 묘각妙覺의 순수한 지혜를 되돌려서 중생을 이끌고 구하려는 자비로운 마음이 앞선다는 것이며, 참되거나 속됨真俗을 두루 원만하고 막힘이나 걸림이 없이 통한 자리라네. 반야바라밀般若波羅密을 근본으로 내가 없음을 깨달아 증득한 깨우침의 궁극적窮極的 본질인 오온청정五蘊清浄한 묘각妙覺의 순수한 지혜와 바라는 바 없는 마음으로 곧 깨우침의 궁극적窮極的 본질인 오온청정五蘊清浄한 묘각妙覺마저 항복 받는 '이것'이 베푸는 자비가 둘이 아닌 하나가 되는 까닭으로 '되돌려 향한다.'라고 한 것이라네. 때문에 닦고 나아가는 수행修行의 미묘한 행위가 십회향+廻向에서 온전하게 갖추어지는 것이라네.

1. 구호중생이중생상회향 救護衆生離衆生相廻向

나를 세우지 아니한 깨우침의 본질不立五蘊을 깨달아 증득한 깨우침의 궁극적窮極的 본질인 오온청정五蘊清淨한 묘각妙覺으로서 무수無數 무량無量한 일에 신기하게 통하는 까닭으로 수행修行하는 이들의 마음이 흡족해지고 25문二十五門, 57과五十七果, 일천칠백공안一千七百公案, 팔만사천법문八万四千法文 등 일체 모든 법法과 일체 모든 불보살仏菩薩을 통해 깨달음으로 가는 모든 일을 이루었다네. 그러므로 깨우침의 궁극적窮極的 본질인 오온청정五蘊清淨한 묘각妙覺, 이 묘각의 맑고 깨끗한 지혜의 밝은 빛으로 남아 있는 모든 시름에서 깨끗하게 벗어나거든, 중생衆生을 이끌고 구하는 일에 바라는 바 없이 그 마음을 되돌려야 한다네. 그리고는 중생을 이끌고 구하고자 한다는 바탕으로서의 마주 대하여 드러난 언어나 문자, 모양이나 상태를 반드시 없애 버려야만 한다네. 그리고 바라는 바 없이 중생을 이끌고 구하려는 그 마음五蘊清淨.妙覺 그대로 꾸밈이 없는 순수한 마음無為心을 다시금 되돌려 중생들과 함께 '더할 나위 없는 유일한 참된 터不立五蘊不離証得'로 향하는 일을 '중생을 구하고 보호는 하되 중생의 바탕이 되는 모양이나 상태를 떠나 다시금 되돌려 향한다.'라고 이른다네.

신기神奇하게 통하는 까닭으로 마음이 흡족하다는 것으로부터 남아 있는 시름에서 벗어났다고 이른 곳까지는 앞에서 말한 '티끌이 나타나고 세계가 나타나더라도 서로에게 머물거나 막힘이나 걸림이 없다.'는 등의 일을 이어받은 것이라네. 이와 같은 행行을 하는 까닭으로 마음이 흡족해지면, 마땅히 되돌려 향하는 일廻向을 닦아야 한다는 것이네.

되돌려 향하는 마음자리廻向心는 깨우침을 얻은 이와 수행修行하는 이들이 중생을 구하고 이끌려는 자비로운 마음이 가장 깊다네. 그러므로 회향廻向에서는 중생을 구하고 보호保護하는 일이 제일 먼저 앞서야 할 중요한 일이라네. 그러나 중생衆生을 이끌고 구하는 모든 행위行為를 보면 인위적人為的이면서 꾸미는 일有為을 바탕으로 한 일일 뿐, '더할 나위 없는 깨우침의 참된 터不立五蘊不離証得'로 가는 길과는 철저하게 어긋나는 일이 아닌가. 때문에 이끌고 구하고자 하는 바탕과 마주 대하여 드러난 언어나 문자, 모양이나 상태를 반드시 없애야만 한다네. 그리고 바라는 바 없는 그 마음자리妙覚로 일으킨 꾸밈없는 그대로의 무위심無為心을 되돌려 중생들과 함께 '더할 나위 없는 깨우침의 참된 터不立五蘊不離証得'로 향하는 길, 그 길로 회향廻向해야 한다는 것이라네.

2. 불괴회향不壊廻向

나를 세우지 아니한 깨우침의 본질不立五蘊을 깨달아 증득한不離証得 깨우침의 궁극적窮極的 본질인 오온청정五蘊清浄한 묘각妙覚으로서 허물어질 것은 허물어 버리고 또 멀리 벗어날 일은 더 멀리 거듭해서 벗어나는 일을 '무너지지 않는 곳으로 되돌려 향한다.'라고 한다네.

나를 세우지 아니한 깨우침의 본질不立五蘊을 깨달아 증득한不離証得 깨우침의 궁극적窮極的 본질인 오온청정五蘊清浄한 묘각妙覚으로 허물어질 것은 허물어 버린다고 한 것은 마주 대하여 드러난 무수無數 무량無量한 헛되고 망령된 일체 모든 경계境界.二十五門에서 멀리 벗어나는 일을 이르는 것이라네. 또 멀리 벗어날 일은 더 멀리 거듭해서 벗어나야 한다는 것은 멀리 벗어난 일체 모든 헛되고 망령된 일에서 거듭해서 더 멀리 벗어나는 일을 이른다네. 이렇게 해서 벗어날 일이 전혀 없게 되면 일체 모든 헛되고 망령된 것이 없게 되어서 무너지지 않은 일, 곧 비롯됨이 없는 그 마음마저 초탈超脱한 일을 얻게 될 것이라네.

3. 등일체불회향等一切仏廻向

나를 세우지 아니한 깨우침의 본질不立五蘊을 깨달아 증득한不離証得 깨우침의 궁극적窮極的 본질인 오온청정五蘊清浄한 묘각妙覚으로 얻은 순수한 지혜로써 깨달음의 근본 바탕本覚.不立五蘊不離証得이 맑아지고 깨달아 얻은 일이 더할 나위 없이 위없는 최상의 깨우침仏覚, 곧 깨우침의 궁극적窮極的 본질인 오온청정五蘊清浄한 묘각妙覚마저 항복받는 '이것'과 전혀 다름이 없어지는 일을 '일체 모든 깨우친 이들이 치우침이 없이 또 차별 없이 모두가 한결같고 동등同等하다는 것으로 되돌려 향한다.'라고 한다네.

허물어질 것과 허물어지지 않은 것, 이 둘이 없으며, 벗어날 일과 벗어나지 않는 일, 이 두 일이 없어야만 깨우침의 궁극적窮極的 본질인 오온청정五蘊清浄한 묘각妙覚의 그 맑은 일이 더할 나위 없이 위없는 최상의 깨달음을 얻은 이仏覚와 같을 것이라네.

4. 지일체처회향至一切処廻向

　나를 세우지 아니한 깨우침의 본질不立五蘊을 깨달아 증득한不離証得 깨우침의 궁극적窮極的 본질인 오온청정五蘊清浄한 묘각妙覚의 순수한 지혜로써 정성스러우며 깊고도 자세한 맑고 깨끗한 지혜의 빛을 일으킨 '더할 나위 없이 위없는 깨우침의 마음자리妙覚'가 이 마음마저 항복 받는 더할 나위 없이 위없는 최상의 깨달음을 얻은 '이것仏地'과 차별 없이 한결같고 동등同等하게 되는 일을 '일체 모든 것이 처할 지극한 곳으로 되돌려 향한다.'라고 한다네.

　나를 세우지 아니한 깨우침의 본질不立五蘊을 깨달아 증득한不離証得 깨우침의 궁극적窮極的 본질인 오온청정五蘊清浄한 묘각妙覚을 얻은 일이 맑고 깨끗한 까닭으로 '정성스러우며 깊고도 자세한 깨끗하고 밝은 빛이 밝음을 일으켜서 깨우침의 바탕이 되는 참다운 마음자리가 최상의 깨달음을 얻은 이의 마음자리와 같다.'라고 한 것이라네. 앞에서 말한 일체 모든 깨우친 이들이 치우침 없이 또 차별이 없이 모두가 한결같고 동등同等하다는 것은 평등하고 항상 머물면서 변함이 없음으로써 진여真如의 바탕이 되는 몸이 차이가 없이 같다는 것을 이른다네. 여기서 말하는 '더할 나위 없이 위없는 참다운 마음자리妙覚'란 일체 모든 것이 처할 지극한 곳에 이르렀다는 것이며 평등하고 항상 머물면서 변함이 없는 진여真如의 세계가 두루두루 하다는 것을 이르는 것이라네.

5. 무진공덕장회향無尽功德蔵廻向

무수無数 무량無量한 삼천대천세계三千大天世界와 이 세상에 오신 분如来이 서로 통하고 서로가 서로에게 깊이 들어가면서도 막힘이나 걸림이 없게 되는 일을 '공덕功徳이 다함이 없는 곳으로 되돌려 향한다.' 라고 한다네.

위에서 말한 무수無数 무량無量한 삼천대천세계란三千大天世界 반야바라밀般若波羅密을 바탕으로 한 순수한 지혜에 의지해야 할 본인 스스로의 몸을 제외한 일체 모든 것을 이르는 것이며, 이 세상에 오신 분이란 '더할 나위 없이 위없는 깨우침의 마음자리妙覚'를 이른다네. 곧 반야바라밀般若波羅密을 바탕으로 한 순수한 지혜와 나를 세우지 아니한 깨우침의 본질本質을 깨달아 증득証得한 깨우침의 궁극적窮極的 본질인 오온청정五蘊清浄한 이 몸, 이 두 가지로 나아가는 가운데 수행修行하는 모든 이들이 서로 통하여 들어간다네. 그러므로 마주 대하여 드러난 참된 세계真界와 참된 바탕이 되는 몸体이 두루 원만해지는 것이라네, 때문에 들어가도 막힘이나 걸림이 없이 맑고 깨끗하게 들어가며, 그 어떠한 사정이나 까닭을 더하지도 않고 있는 그대로의 힘을 떨치면서 드러내는 까닭으로 덕의 쓰임새中中妙圓가 다함이 없는 것無尽이라네.

6. 수순평등선근회향随順平等善根廻向

깨우침의 본질인 내가 없음을 깨달아 증득한 깨우침의 궁극적窮極

的 본질인 오온청정五蘊淸淨한 묘각妙覺을 항복 받는 더할 나위 없이 위없는 최상의 깨우침을 얻은 이의 바탕이 되는 마음자리의 터佛地와 같고 이 마음자리의 터 가운데佛地中서 제각각 맑고 깨끗한 인연因緣이 생기는 것이며, 이러한 인연으로 인하여 밝은 빛五蘊淸淨.妙覺을 일으키는 것이라네. 이렇게 마주 대하여 드러난 깨우친 마음자리의 참된 도道를 취하는 일을 '차별 없이 한결같고 동등同等하게 따르면서 선을 낳는 근본이 되는 것善根.不立五蘊不離証得으로 되돌려 향한다.'라고 한다네.

'깨우침을 얻은 이의 바탕이 되는 마음자리의 터佛地와 같다.'라고 한 것은 앞에서 말한 '더할 나위 없이 위없는 최상의 깨달음을 얻은 분의 바탕이 되는 마음자리와 같다.'라는 것을 이른다네. 이는 무수無数 무량無量한 일체 모든 마주 대하여 드러난 언어나 문자, 모양이나 상태가 처處하는 일에 있어서 제각각 맑고 깨끗한 인연因緣을 일으키고 마주 대하여 드러난 깨달은 마음자리의 참된 도道를 취하는 일이 평등하고 선한 바탕善根.不立五蘊을 따른다는 것이라네.

7. 수순등관중생회향隨順等観衆生廻向

차별 없이 한결같고 동등하게 따르면서 온갖 선을 낳는 근본善根.不立五蘊이 되는 것으로 되돌려 향하는 일로 인하여 마음자리의 바탕이 되는 뿌리가 참되게真根.不立五蘊不離証得 이루어지면, 무수無数 무량無量한 세계의 모든 중생衆生들이 스스로 본디부터 있는 그대로 마주 대하여 드러나는 본바탕으로서의 성품性品이라네. 그러므로 본인 스스로 본디부터 있는 그대로의 성품이 두루 원만하게 이루어져서 단 한 명의 중생도 잃지 않은 일을 '중생들을 맑고 깨끗한 빛으로 자세하게 비춰 보는 일로 되돌려 향한다.'라고 한다네.

차별 없이 한결같고 지극히 동등함을 따르면서 온갖 선을 낳는 근본이 되는 성품이 참으로 두루 원만하고 막힘이나 걸림 없이 환하게 통하는 까닭中中妙圓으로 법계法界에 두루두루 미치지 않는 곳이 없다네. 때문에 무수無數 무량無量한 세계의 중생들이 모두 나의 본질本質이 되는 성품이며, 본인 스스로 온갖 선을 낳는 근본根本이 되는 뿌리不立五蘊不離証得가 이루어진 것이라네. 그러므로 일체 모든 중생이 근본이 되는 뿌리善根를 이루는 일에 있어서 전혀 잃을 일이 없는 것이며, 높거나 낮거나 없이 평등하게 비춰 보는 일을 '중생들을 맑고 깨끗한 빛으로 자세하게 비춰 보는 일로 되돌려 향한다.'라고 한 것이라네.

8. 진여상회향真如相廻向

나를 세우지 아니한 깨우침의 본질不立五蘊을 깨달아 증득한 깨우침의 궁극적窮極的 본질인 오온청정五蘊清浄한 묘각妙覚의 순수한 지혜를 근본으로 25문二十五門, 57과五十七果, 일천칠백공안一千七百公案, 팔만사천법문八万四千法文 등 일체 모든 법法과 일체 모든 불보살仏菩薩을 하나의 몸体으로서 나아가며, 마주 대하여 드러난 일체 모든 언어言語나 문자文字, 모양이나 상태一切相를 벗어났다네. 또한 나아간다거나 벗어난다는 이 두 가지 일에 집착執着하지 않는 일을 '차별 없이 동등하며 항상 머물고 변함이 없는 근본 바탕의 참된 모양이나 상태로 되돌려 향한다.'라고 한다네.

여여하므로如是如是 나아가는 것이며, 여여如如의 근본이 되는 바탕 不立五蘊不離証得이 참되기에 미혹迷惑에서 벗어나는 것이라네. 그러나 나아간다거나 벗어난다는 일이 있으면 이는 거짓된 진여가假真如 아닌가. 그러므로 나아간다거나 벗어난다는 이 두 가지 일에 집착執着하는 마음이 없어야 이것이 곧 올바른 진여真如라 할 수 있다네.

9. 무박해탈회향無縛解脱廻向

나를 세우지 아니한 깨우침의 본질不立五蘊을 깨달아 증득한 일로서의 온전한 지혜인 반야바라밀般若波羅密을 근본으로 25문二十五門, 57과五十七果, 일천칠백공안一千七百公案, 팔만사천법문八万四千法文 등 일체 모든 법法과 일체 모든 불보살仏菩薩을 해득하고 밝게 깨달아 얻은 참다운 마음자리의 하나뿐인 본디 있는 그대로의 성품真正無為으로서 깨우침의 궁극적窮極的 본질인 오온청정五蘊清浄한 묘각妙覚의 여여如如한 일을 참되게 얻었기에 무수無数 무량無量한 삼천대천세계三千大天世界에 막힘이나 걸림이 없게 되는 일을 '얽매일 일이 없는 해탈解脱로 되돌려 향한다.'라고 한다네.

나를 세우지 아니한 깨우침의 본질不立五蘊을 깨달아 증득한 일로서의 온전한 지혜인 반야바라밀般若波羅密을 바탕으로 밝게 깨달아 얻은 참다운 마음자리의 하나뿐인 본디 있는 그대로의 성품真正無為

으로서 깨우침의 궁극적窮極的 본질인 오온청정五蘊清浄한 묘각妙覚이란 차별이 없이 동등하며 항상 머물고 변함이 없는 여여如如로서 사려분별思慮分別을 더하지 않고 마주 대하여 드러난 생긴 그대로의 언어나 문자, 모양이나 상태를 이른다네. 거짓된 진여仮真如를 믿고 의지한다면 막힘이나 걸림이 되는 일들이 적지 않을 것이라네. 그러나 여여함如如.中中妙圓을 참되게 얻은 까닭으로 무수無数 무량無量한 일체 모든 것에 막힘이나 걸림이 되는 일이 없는 것이라네. 이것이 곧 '얽매일 일이 없는 해탈無縛解脱'이라고 한 것이라네.

10. 법계무량회향法界無量廻向

차별 없이 동등하며 항상 머물고 변함이 없으면서 사려분별思慮分別을 더하지 않은 마주 대하여 드러난 생긴 그대로의 언어나 문자, 모양이나 상태, 곧 깨우침의 궁극적窮極的 본질로서 오온청정五蘊清浄한 묘각妙覚의 여여如如한 성스러운 덕徳이 두루 원만하게 이루어지고 법계法界를 헤아리는 수数와 양量이 없어진 일을 '무수無数 무량無量한 법계法界로 되돌려 향한다.'라고 한다네.

수행修行 후 처음으로 나를 세우지 아니한 깨우침의 본질不立五蘊을 깨달아 증득한 깨우침의 궁극적窮極的 본질인 오온청정五蘊清浄한 묘각妙覚의 여여如如.中中妙圓한 성스러운 덕徳을 아는 까닭으로 더할 나위 없이 위없는 최상의 깨우침을 얻은 이와 가깝거나 같다고 이르는 것이라네. 일체 모든 것이 처할 지극한 곳至一切処에 이른다고 한 것은 모두가 헤아리는 양量과 수数로 보는 일이 있기 때문이라네. 깨우

침의 궁극적窮極的 본질인 오온청정五蘊淸淨한 묘각妙覺의 여여如如.中
中妙圓한 성스러운 덕이 두루 원만하게 이루어져야만 비로소 헤아리
는 양量과 수数로 보는 일이 없어지며, 이 일로 인하여 무수無数 무량
無量함을 얻게 되는 것이라네. 이것은 모두 다 앞에서 이른 위치나 자
리에서 한량이 있게 보는 일限量情見을 다스리는 것이라네. 깨우침의
궁극적窮極的 본질인 오온청정五蘊淸淨한 묘각妙覺의 순수한 지혜로서
본인 스스로의 성품이 두루 원만해져야 삼현三賢, 곧 십신十信, 십주十
住, 십행十行, 십회향十廻向의 자리, 곧 수다원須陀洹, 사다함斯陀含, 아
나함阿那含, 아라한阿羅漢을 뛰어넘어서 성스러운 열 가지 자리十聖.十地
에 들어갈 수 있는 것이라네.

이끌고 구할 중생도 없고 이렇다 저렇다 할 만한 물건도 없으며, 무수無数 무량無量한 모든 세상이 고요하다면 지을 것도 지을 일도 없는 것을….

그래도 마주 대하여 드러난 잘못이나 허물로서의 언어言語나 문자文字, 모양이나 상태는 없어지지 않는다네.

고요한 일과 혼잡스럽게 시끄러운 일, 이 두 가지에 막힘이나 걸림 없이 또 차별 없이 동등同等하며 항상 머물고 변함이 없는 마음不立五蘊中不離証得中으로 세상사를 살펴보면, 세간世間의 일들을 참으로 밝게 알게 되어서 헛되고 망령된 어리석음에서 멀리 벗어난다네. 이러한 이들은 가히 깨달음의 법法으로 태어나는 것이니, 온갖 공功과 덕德을 모두 다 바라는 바 없는 마음不立五蘊으로 되돌려서 중생에게로 향한다네.

수행修行하는 자의 마음이 나를 세우지 아니한 깨우침의 본질不立五蘊을 깨달아 증득한 일로서의 온전한 지혜인 반야바라밀般若波羅密을 근본으로 깨우침의 궁극적窮極的 본질인 오온청정五蘊清浄한 묘각妙覚을 밝게 깨달아 얻은 참다운 마음자리에 편안하게 머무는 까닭으로 헛되고 삿된 어리석음을 없애고 늘 올바른 것이며, 모든 일을 참고 또 잡스러운 일을 벗어나 무수無数 무량無量한 공덕功徳을 쌓고 쌓은 것이라네. 또한 이러한 이들의 마음에는 이렇다 할 원한怨恨이나 고통이 없기에 늘 바르면서 항상 맑고 깨끗한 것이니, 모든 잘못이나 허물로 꾸며진 세상을 보고 마주 대하여 드러난 많은 일들을 올바르게 구분 짓고 나누어 밝히는 것이라네.

수행修行하는 이가 생각하는 그 많은 일이란 무수無数 무량無量하고 중생을 이롭게 할 모든 일들을 늘 닦아 나아가며, 세상의 흐름을 따라 기쁘게 만들고 또 마주 대한 중생의 마음을 따라 이치에 맞게 스스로 잘 행行한다네.

나를 세우지 아니한 깨우침의 본질不立五蘊을 깨달아 증득한 일로서의 온전한 지혜인 반야바라밀般若波羅密의 순수한 지혜, 그 맑고 깨끗한 빛으로 성내고 어리석은 마음을 여의고 마주 대하여 드러난 모든 잘못이나 허물의 허황됨을 빠짐없이 알고서 깨우침의 궁극적窮極的 본질인 오온청정五蘊淸淨한 묘각妙覺의 더할 나위 없이 위없는 깨우침의 마음자리에 항상 머물며, 수많은 중생들을 이롭게 할 것이라네.

마주 대하여 드러난 근본 바탕으로서의 언어나 문자, 모양이나 상태가 본디 지극히 참된 것과 같이 없어지고 생겨나는 일도 이와 같은 것이며, 현실적現実的이며 평등무차별平等無差別한 절대 진리의 성품이 참된 것과 같이 짓고 만드는 수많은 모든 일들 또한 이러할 뿐이라네. 현실적이며 평등무차별한 절대 진리의 성품真如이 본래 그 자체가 무수無数 무량無量한 것과 같이 신구의身口意의 수만 가지로 짓고 만드는 잘못이나 허물 따위도 모두 그러할 뿐이라네.

얽힌 일이 본래부터 없는 것이니, 굳이 나서서 푸네, 마네할 일도 없는 것이고 세간世間의 드러난 모든 잘못이나 허물은 깨끗한 것이라네.

온전한 지혜인 반야바라밀般若波羅密을 바탕으로 나를 세우지 아니한 깨우침의 본질不立五蘊을 깨달아 증득한不離証得 이들은 늘 편안하게 머물며, 움직이거나 흐트러지지 않기에 순수한 지혜의 힘을 거듭 크게 이루어 가지고 더할 나위 없는 깨달음의 마음자리로서 무수無数

무량한無量 방편方便.三千大天世界上求菩提下化衆生의 세계에 들어선다네.
더할 나위 없이 위없는 깨우침의 마음자리五蘊清浄.妙覚를 항복 받는
일을 진실로 얻고 보면 얽힐 것도 없고 집착할 것이 없으니, 거리낄
일이 없으며, 마음이 편안해지는 까닭에 흔들릴 만한 물건이 그 어디
에 있겠는가.

반야바라밀般若波羅密을 근본으로 나를 세우지 아니한 깨우침의 본
질不立五蘊을 깨달아 증득한不離証得 순수한 지혜의 빛으로 육근六根
이 청정清浄해진 이 몸에 따라붙은 잘못이나 허물이라는 것은, 무수
무량하게 드러난 언어나 문자, 모양이나 상태를 따르는 일에 있어서
드러난 참된 언어나 문자, 모양이나 상태의 깊은 곳에 곧 깨우침의 궁
극적窮極的 본질인 오온청정五蘊清浄한 묘각妙覚에 이르게 되면, 그 드
러난 언어나 문자, 모양이나 상태 또한 이렇다 저렇다 할 것이 없을
것이라네. 그러나 이렇게 생각할 수 없는 일은 생각으로는 끝낼 수 있
는 일이 아닌 것이니, 생각으로 미칠 수 없는 깊은 곳 곧 깨우침의 궁
극적窮極的 본질인 오온청정五蘊清浄한 묘각妙覚마저 항복 받는 '이것'
에 이르게 되면 생각도 또 생각이 아닌 것도, 모든 일이 고요한 것이
라네. 이렇게 생각하는 방법으로써 마주 대하여 드러난 모든 일을 낱
낱이 구별 짓고 나누어서 모든 번뇌煩悩를 하나씩 없애버리면 이를 일
러 말하기를 공功과 덕德의 왕이라고 한다네.

마음이라 이름 붙인 물건은 안에도 없고 그렇다고 밖에도 없는 것
이니, 마음이라 이름 붙일 만한 물건 자체가 있지도 않건만 헛되고 망
령된 고집으로 마음이라는 물건이 있는 것이라네. 이렇듯 망령된 고
집만 없다면 본래부터 고요한 것이라네.

무수無数 무량無量하게 드러난 일체 모든 법法과 일체 모든 불보살仏

菩薩이란 텅 비어 제 성품性品이 없는 것이니, 가장 좋은 일로써 깨우침의 본질本質인 내가 없음을 분명하게 알게不立五蘊 된다면, 현실적現實的이며 평등무차별平等無差別한 절대 진리의 성품과 중생의 성품은 차별 없이 한결같고 동등한 것이라네. 본래 25문二十五門, 57과五十七果, 일천칠백공안一千七百公案, 팔만사천법문八万四千法文 등 일체 모든 법法과 일체 모든 불보살佛菩薩의 성품도 또한 그러한 것이라네.

깨우침의 본질本質인 내가 없음을 깨달아 증득한 깨달음의 궁극적窮極的 본질인 오온청정五蘊淸淨한 묘각妙覺의 순수한 밝은 빛은 마음이라 이름 붙인 물건을 비춰주고 무수 무량한 거친 세상에 두려움 없이 나서서 참다운 법法을 말하고 제대로 된 참다운 법法의 문門을 열어서 깨우침의 비를 뿌리고 공功과 덕德을 기르게 하는 것이라네.

단 한 번의 생각으로 중생과 현실적現實的이며 평등무차별平等無差別한 절대 진리의 성품을 제대로 보고 '더할 나위 없는 깨우침의 참된 터不立五蘊不離証得.中中妙圓'마다 참된 모든 이치理致를 확실確實하게 드러내고 분명하게 끝마쳐야 한다네修証了義.

134

제13장

사가행四加行

　수다원須陀洹.信, 사다함斯陀含.住, 아나함阿那含.行, 아라한阿羅漢.廻向
의 자리나 위치를 다 이루었다면, 지금 다시 수행修行을 더해야 만이
성스러운 위치나 자리에 들어서게 된다네. 이는 수행자修行者가 나를
세우지 아니한 깨우침의 본질不立五蘊을 깨달아 증득한不離証得 일로
서의 온전한 지혜인 반야바라밀般若波羅密을 바탕으로 한 깨우침의
궁극적窮極的 본질인 오온청정五蘊淸淨한 묘각妙覺의 순수한 밝은 빛
으로 마음자리四十一心를 맑고 깨끗하게 다한 다음에 미묘하고 두루
원만한 네 가지의 행行을 더하여 이뤄진다네.

　마흔한 가지의 마음이란 마르지 않는 지혜乾慧地가 1이며, 신信, 주
住, 행行, 향向이 각각 10이라는 것이네. 소승小乘을 통해 가르치는 일
에 있어서 이 네 가지를 더함이 있다네. 그러나 그리 미묘함도 아니고
또 그리 원만한 것도 아니라네. 때문에 여기서 특별하게 묘원妙圓이라
고 이른 것이라네. 곧 하나의 마음이 무수無數 무량無量한 마음을 생
겨나게 하는 것이며, 무수無數 무량無量한 마음이 다시 하나의 마음으
로 들어가서 마음과 마음이 서로 이끌고 서로 디디고 선다면 어찌 막
힘이나 걸림이 있겠는가. 이 가운데를 미묘함妙과 두루 원만함圓의 두
글자가 모든 의미意味를 포함하고 있는 것中中妙圓이라네.

1. 온난위|熅煖位·十信

　깨우침의 본질不立五蘊로서 내가 없음을 깨달아 증득한不離証得 깨우침의 궁극적窮極的 본질인 오온청정五蘊清浄한 묘각妙覚마저 항복 받는 '이것' 곧 더할 나위 없이 위없는 최상의 깨우침을 얻은 이仏陀의 그 깨우친 자리를 스스로의 마음으로 삼은 일로 인하여 나아갈 듯이 하면서도 나아가지를 못하고 있다네. 이는 부싯돌로 불을 붙일 때 부싯돌과 부싯돌이 부딪치는 일과 똑같은 상태를 이른다네. 이렇게 마주 대하여 드러난 모양이나 상태를 '온난위熅煖位'라고 한다네. 곧 '따스한 기운이 흐르는 마음자리의 터'라고 이른다네. 십신十信의 마음자리를 이른 것이라네.

　깨우침의 궁극적窮極的 본질인 오온청정五蘊清浄한 묘각妙覚마저 항복 받는 '더할 나위 없이 위없는 최상의 깨우침'이란 깨달음의 열매, 곧 수행修行의 결과물을 이른다네. 앞에서는 '더할 나위 없이 위없는 최상의 깨달음'을 얻은 이와 같게는 되었으나, 참되면서 올바르게 깨달아 얻지를 못하였다네. 때문에 삼현三賢, 곧 십신十信, 십주十住, 십행十行의 위치나 자리에서 몸과 마음을 다한 정성을 다하고 성스러운 자리나 위치로 나아가고자 할 때는 깨우침의 궁극적窮極的 본질인 오온청정五蘊清浄한 묘각妙覚마저 항복 받는 '더할 나위 없이 위없는 최상의 깨우침의 결과'를 얻은 이의 결과물, 곧 각과覚果를 마음의 근본 바탕으로 삼고 또 의지하면서 거듭 공부를 더해서 진정 올바른 깨우침을 얻어야 한다네.

　부싯돌로 불을 붙이는 일은 깨달음의 결과를 비유한 것이며, 부싯돌의 쇳조각은 수행을 거듭 더하여 나아가는 일을 비유한 것이라네.

처음의 인연으로 위치나 자리 곧 나를 세우지 아니한 깨우침의 본질 不立五蘊을 깨달아 증득한不立五蘊不離証得 자리에 들어갔을 때는 곧바로 깨달음의 결과를 얻지 못하였다네. 때문에 부싯돌의 불꽃에 비유하면서 비로소 따스한 기운이 흐르는 자리로서 그 바탕이 되는 모양이나 상태를 얻었다는 것이네. 이는 나를 세우지 아니한 깨우침의 본질不立五蘊을 깨달아 증득하는 일로서의 온전한 지혜인 반야바라밀般若波羅密을 바탕으로 한 깨우침의 궁극적窮極的 본질인 오온청정五蘊淸淨한 묘각妙覺의 마음자리에 오르는 일과 같고 성스러운 결과를 일으키려 하므로 '나아갈 듯이'라고 한 것이라네. 또한 공부로 인한 인연으로써 마주 대하여 드러난 언어나 문자, 모양이나 상태에 얽매이는 일이 있기 때문에 아직은 벗어나지 못했다네. 때문에 '나아가지 못하고 있다네.'라고 한 것이네.

2. 정상위頂上位.十住

스스로의 마음으로도 나를 세우지 아니한 깨우침의 본질을 증득한 깨달음의 궁극적窮極的 본질인 오온청정五蘊淸淨한 묘각妙覺마저 항복받은 '더할 나위 없이 위없는 최상의 깨우침'을 얻은 이가 행하여 오른 자리나 위치를 이루었다네. 때문에 의지한 듯하면서도 의지하지 않는 자리라네. 비유를 든다면 높은 산을 오를 때 정상에서 이 몸 하나는 허공 가운데로 들어갔으나, 발밑으로는 아직 막힘이나 걸림이 되는 일이 조금 있는 것과 같은 모양이나 상태를 '정상위頂上位'라고 한다네. 곧 '더 이상 위가 없는 마음자리'라고 이른다네. 십주十住의 마음자리를 이르는 것이네.

앞에서는 깨우침의 궁극적窮極的 본질인 오온청정五蘊清浄한 묘각妙覺마저 항복받은 '더할 나위 없이 위없는 최상의 깨우침'을 스스로의 마음으로 삼았고 여기서는 스스로의 마음이 '더할 나위 없이 위없는 최상의 깨우침'을 얻은 분이 행行하여 오른 지위를 이루어서 깨우침의 결과물覺果과 지극히 가까워졌음을 이른 것이네. 때문에 비유를 들길 높은 산을 오를 때 마치 이 몸이 허공虛空 가운데 들어간 것과 같다고 한 것이라네. 이는 단지 인연因緣.妙覺과 결과結果가 아직은 두루 원만하게 또 환하게 통하지 못하였다는 것이네. 이 일은 남아 있는 자취로 인하여 마음에는 아직 막힘이나 걸림이 있다는 것을 이르는 것이며, 곧 발밑으로는 조금의 막힘이나 걸림이 있다고 한 것이라네. 그러나 '더할 나위 없이 위없는 최상의 마음자리'에 이르렀기 때문에 조금만 거듭 더하여 몸과 마음을 다해 노력한다면 그 조금 있는 막힘이나 걸림은 반드시 없앨 수 있을 것이라네.

3. 인내지忍耐地.十行

스스로의 오온청정한五蘊清浄 마음과 깨우침의 궁극적窮極的 본질인 오온청정한五蘊清浄 묘각마저妙覺 항복받은 '더할 나위 없이 위없는 최상의 깨우침'의 열매覺果, 이 두 가지가 이제는 하나도 다름이 없이 같은 까닭으로 어느 한쪽으로 치우치지 않는 도를中中妙圓 얻었다네. 달리 이르자면 이렇다네. 모질고 거친 일을 잘 참은 사람이 모질고 거친 일을 마음에 품지도 않으며, 또 밖으로 드러내지 않고 행하는 일을 '인내지忍耐地'라고 한다네. 곧 '참고 견디어내는 마음자리'라고 한다네. 십행의十行 마음자리를 이르는 것이라네.

나를 세우지 아니한 깨우침의 본질不立五蘊을 깨달아 증득한不離証得 일로서의 온전한 지혜인 반야바라밀般若波羅密을 근본으로 깨우침의 궁극적窮極的 본질인 오온청정五蘊清浄한 묘각妙覚을 깨달아 얻은 맑고 깨끗한 스스로의 마음과 묘각妙覚을 깨달아 얻은 스스로의 마음을 항복 받는 '더할 나위 없이 위없는 최상의 깨우침'을 얻은 결과로서의 열매가 서로 맺거나 합하여 하나의 근본 바탕이 되는 몸을 이루게 된 것이며, 두 가지가 한 점 다름이 없이 같다는 것이라네.

인연因緣이나 결과結果, 이 둘을 모두 잊고 또 이 두 가지의 가장자리가 이루어지거나 세워지지 않은 것을 두고 어느 한쪽으로도 치우치지 않은 도中道.中中妙圓라고 한다네. 그리고 어느 한쪽으로 치우치지 않은 중도中道, 이 도를 깨달아 얻은 결과를 얻은 듯이 하면서도 얻지를 못했기 때문에 '모질고 거친 일을 잘 참은 사람이 모질고 거친 일을 마음에 품지도 않으며, 또 밖으로 드러내지 않고 수행한다.'라고 한 것이네.

4. 세제일지世第一地.十廻向

나를 세우지 아니한 깨우침의 본질不立五蘊을 깨달아 증득한 깨우침의 궁극적窮極的 본질인 오온청정五蘊清浄한 묘각妙覚의 순수한 지혜로써 헤아리고 또 가려내는 수数와 양量이 줄고 매우 적어졌다네. 때문에 길을 잃거나 갈피를 잡지 못하고 헤매는 일迷, 그리고 깨우침覚, 이 두 가지 어느 한쪽으로도 치우치지 않은 도中道.中中妙圓에 있어서 눈에 비치어 아는 일이 둘이 없음을 '세제일지世第一地'라고 한다네. 곧 '세상에서 제일가는 마음자리'라고 한다네. 십회향十廻向의 마음자리를 이르는 것이네.

앞에서는 '스스로의 오온청정五蘊清淨한 마음과 깨우침의 궁극적窮極的 본질인 오온청정五蘊清淨한 묘각妙覺마저 항복받은 더할 나위 없이 위없는 최상의 열매覺果, 이 두 가지가 이제는 같다.'라고 하였다네. 이 말의 의미는 이미 헤아리고 가려내는 수數와 양量의 허물에서 벗어났다는 것이네. 만일 이쪽도 저쪽도 아닌 가운데와 가장자리가 있다면 길을 잃거나 갈피를 잡지 못하고 헤매는 일과 깨우침, 이 두 가지를 무리하게 나눌 수 있을 것이라네. 그러나 여기서는 그 둘이 없어지고 그에 따라 이름마저도 이루어지지 않는다네. 그리고 헤아리고 가려내는 수數와 양量을 벗어났고 삼현三賢을 뛰어넘었기 때문에 '세상에서 제일가는 마음자리'라고 이른 것이라네. 만일 열 가지의 성스러움十地으로 나아가 미묘한 깨우침을 다하게 되면 이것이 곧 중생이 서로 의지하며 살아가는 세상을 벗어나는 일에 있어서 제일이라고 말할 수 있을 것이라네.

털끝으로 큰 바다를 삼키고 쌀눈이 온 우주를 끌어안을 수 있게 해야 한다네. 신령한 틀과 미묘한 쓰임새가 삼계를 뛰어넘었으나 다른 이들은 전혀 알지를 못한다네.

이르기를 '무불무無不無 불무불不無不이라. '없다 해도 본래 없는 것이 아니며, 아니라 해도 본래 아닌 것도 없다네.'

제14장 거듭 덧붙이는 구구절절

나를 세우지 아니한 깨우침의 본질不立五蘊을 깨달아 증득한 깨우침의 궁극적窮極的 본질인 오온청정五蘊淸淨한 묘각의妙覺 순수한 지혜와 맑고 깨끗한 빛으로 온 세상을 비추어 무수無數 무량無量한 사람들이 '더할 나위 없이 위없는 깨우침'의 실체實体를 뵙게 한다네. 자애로운 밝은 빛으로 '더할 나위 없이 위없는 깨우침의 마음자리'에 마땅히 계시나 육근六根.貪瞋痴을 바탕으로 한 잘못이나 허물에 휩싸인 이들은 눈만 멀뚱히 뜨고 고개만 갸웃거리고 있다네.

깨우침의 본질本質인 내가 없음을 깨달아 증득한 깨우침의 궁극적窮極的 본질인 오온청정五蘊淸淨한 묘각妙覺의 공功과 덕德은 무수無數 무량無量하고 여러 개의 몸이 하나가 되고 하나의 몸이 여러 개의 몸이 되어서 이 세상을 다니는 일에 있어 막힘이나 걸림이 없다네. 말로써 표현할 수 없는 그 미묘한 일이 허공虛空에 피는 꽃과 같지 않던가.

가없고 끝없는 세월을 통해 나를 세우지 아니한 깨우침의 본질不立五蘊을 깨달아 증득한 일로서의 반야바라밀般若波羅密을 근본으로 깨달아 얻은 순수한 지혜로 온갖 행함을 닦으면서 마땅히 깨우침의 궁극적窮極的 본질인 오온청정五蘊淸淨한 묘각妙覺의 '더할 나위 없이 위없는 깨우침의 마음자리'를 구해서 이 묘각妙覺마저 항복 받는 '더할 나위 없이 위없는 최상의 깨우침'을 이루고 중생衆生을 구하고 보호保護해야만 한다네.

구름 한 점 없는 맑은 하늘 높이 뜬 또렷한 달덩이中中妙圓 그 맑고 시린 밝은 빛은 가없어 눈 있는 사람도 있음을 분간分揀하지 못하는데 하물며 눈이 먼 소경은 어떠하겠는가. '더할 나위 없이 위없는 최상의 깨달음'을 얻은 이의 빛도 이와 같아서 온 곳도 없으며 가는 일도 없는 것을 나지도 않고 멸하지도 않는 이 일을 예나 지금이나 구별 짓고 나누어 밝힐 수 있는 이가 누구이던가.

나를 세우지 아니한 깨우침의 본질不立五蘊을 깨달아 증득한 일로서의 반야바라밀般若波羅密을 바탕으로 깨우침의 궁극적窮極的 본질인 오온청정五蘊清浄한 묘각妙覚의 맑고 깨끗한 마음자리가 '더할 나위 없이 위없는 최상의 깨우침'을 얻은 이의 빛과 같이 깨우침의 법法 또한 그러한 것이라네. 어제도 오늘도 또 내일도 없는 것이거늘, 운 좋게 본인 스스로의 성품이 없다는 것不立五蘊을 잠시라도 알게 된다면 오온청정五蘊清浄한 묘각妙覚의 순수한 지혜의 빛으로 '더할 나위 없는 깨우침의 참다운 터不立五蘊不離証得'를 깨달아 얻어 혹惑하는 의심이 없어질 것이라네.

깨우침의 궁극적窮極的 본질인 오온청정五蘊清浄한 묘각妙覚을 항복받는 '더할 나위 없이 위없는 최상의 깨우침'을 얻은 무수無数 무량無量한 이 자리와 위치는 참다운 법法의 세계이니, 온 세상 그 어디라도 미치지 않는 곳이 있겠는가. 이러한 참다운 이치를 믿고 따르는 자가 있다면 마침내는 그 어떠한 고통에서라도 벗어날 수 있을 것이라네.

무수無数 무량無量한 세월을 보내고 또 보내도 반야바라밀般若波羅密을 바탕으로 나를 세우지 아니한 깨우침의 본질不立五蘊을 깨달아 증득한 깨우침의 울림을 만날 수 없으니, 혹시라도 깨우침의 울림을 만난다면, 이는 깨우침을 얻은 이의 크나큰 구원救援의 힘이라네.

지혜에서 생기지도 않고 지혜가 아닌 것에서도 생기지 않는 일이지만, 마주 대하여 드러난 일체 모든 참다운 법法을 분명하게 알고 중생의 어두운 마음에 빛을 비춰주는 것이라네.

빛이 있네. 빛이 없네. 이 둘이 있는 것 같지도 않고 없는 것 같지도 않듯이 지혜나 어리석음도 또한 그러하다네. 나고 죽은 일과 또 나고 죽은 일을 떠난 이 두 가지 또한 헛되고 망령된 것이니, 생각이 있거나 생각이 없거나 이 둘은 참된 것이 아니라네.

처음의 마음이 나중의 마음과 서로 같지가 않듯이 눈, 귀, 코, 혀, 몸, 뜻의 여섯 가지가 하나를 두고 아는 일이 서로가 다르다네. '더할 나위 없이 위없는 깨우침의 마음자리'가 하나이듯, 이를 바탕으로 한 지혜는 모든 번뇌煩惱를 없애버린다네.

금과 금빛이 서로 다르지 않듯이 법法과 법이 아닌 것의 성품은 하나뿐이라네. 중생衆生이나 중생이 아닌 것이나, 이 둘 모두 참되지 않은 것과 같이 법法과 법이 아닌 것도 또한 이러한 것이니 스스로의 성품이 모두 다 있지 않은 것이라네.

내일은 어제의 모양이나 상태가 없는 것과 같이 마주 대하여 드러난 모든 법法이란 참된 것이 하나도 없고 나고 죽은 일과 또 나고 죽은 일을 벗어난 일은 말로만 두 가지일 뿐이니, 무수無數 무량無量한 법이란 이와 같을 뿐 서로 다르지가 않다네.

천千이라 만萬이라 셈하는 법은 많지만 하나씩 덧붙여서 천이 되고 만이 되는 것이듯, 무수無數 무량無量이라 하더라도 근본 바탕으로서의 계산법은 하나뿐이라네. 이를 두고 마주 대하는 사람들은 제 생각대로 많다거나 적다거나 떠들어댄다네.

이 허공虛空이나 저 허공이나 서로 다르지 않지만 사람들이 이름 붙여 동서남북東西南北이라고 한다네. 구별 짓고 나누어 밝히는 헛되고 망령된 일에 고집이 생기면 깨우침을 얻기에는 멀고 먼 남의 이야기일 뿐이라네.

무수無數 무량無量한 중생이 과거 현재 미래生死라는 어둠에 갇히고 과거 현재 미래에 갇힌 중생은 다섯 가지五蘊의 어둠에 잡히는 것이니, 다섯 가지의 어둠은 잘못이나 허물에서 일어나고 잘못이나 허물은 마음에서 일어난다네. 때문에 마음이라 이름 붙인 물건 하나가 어지럽게 또 혼잡스럽게 흩어진 공空과 같은 까닭으로 중생 또한 그러한 것이라네.

세간世間이 세간을 지은 것도 아니고 그 어떤 누구도 세간을 짓지 않았지만, 진정 참된 성품을 알지 못해 나고 죽는 일에 1년 365일 헤매고 있다네. 세간이 바뀌고 달라지면 괴로움이나 고통 또한 달라지고 사람들은 이를 모르기 때문에 생사生死를 헤매는 것이라네. 세간도 비세간도 사실 본래 참된 것이 아닌 것을, 중생이 어리석은 까닭으로 고집만 부리고 있다네.

내가 없음을 바탕으로 해서 뒤바뀐 삿된 소견所見을 없애버리면 맑고 깨끗한 참된 스스로의 성품을 분명하게 보고不立五蘊不離証得 더할 나위 없이 위없는 깨우침을 얻은 이들이 늘 눈앞에 있을 것이라네.

마주 대하여 드러난 언어나 문자, 모양이나 상태의 성품을 직접 본다고는 하지만 전혀 알 수가 없듯이, 마주 대하여 드러난 아는 일과 또 '더할 나위 없이 위없는 최상의 깨우침'을 얻은 이가 눈앞에 있어도 어떻게 볼 수 있겠는가.

무수無數 무량無量한 온 세상에 두루 원만하게 나타나는 깨달음의 근본 바탕本体, 이 몸이 깨달음의 근본 바탕本体이 아니며 그렇다고 깨달음의 근본 바탕本体이 이 몸이 아니지만, 분명하면서 깨끗하고 맑은 미묘한 법신法身은 항상 한결같다네.

그림을 그리는 물감과 같이 서로의 빛깔은 다르다지만 그 본체本体는 하나라네. 그 본체와 마주 대하여 드러나는 색깔이 다르다고 이르지만 본체를 떠나서는 마주 대하여 드러날 색깔도 없다네.

마음이 빛이 아니고 빛 또한 마음이 아니라네. 마음을 떠나서는 마주 대하여 드러날 빛이 없고 마주 대하여 드러난 빛을 떠나서는 마음도 없는 것이라네. 마음이라는 물건도 변하는 일이니 전혀 알 길이 없다네.

그림에서 드러나는 여러 가지의 물감은 제각각 서로가 서로를 알지 못하듯 그림이 지닌 마음을 그림을 그리는 이도 모르는 것이니, 모든 법法의 성품도 다 그런 것인가 한다네.

마음이란 물건은 그림을 그리는 이와 같아서 오만가지 마주 대하여 드러난 언어나 문자, 모양이나 상태를 그려 내듯이 무수無数 무량無量한 세상에 존재하는 온갖 물건들은 모두 다 마음이라 이름 붙여진 물건으로 지어진 것이라네.

마음이라 이름 붙인 물건이 그러하듯 깨달음의 열매도 그러하고 깨우침을 얻은 이가 그러하듯 중생도 또한 그러할 뿐이라네. 마음이나 중생이나 깨우침을 얻은 이나 이 세 가지가 전혀 다르지가 않은 것이라네.

마음이라 이름 붙인 물건이 몸이 아니고 몸이라 이름 붙인 물건이 마음이 아니지만 마주 대하여 드러난 모든 일들을 제 마음대로 한다네. 이 세상에서 깨우침을 얻으려는 이는 깨우침의 궁극적窮極的 본질인 오온청정五蘊清浄한 묘각妙觉, 곧 '더할 나위 없이 위없는 깨우침의 마음자리'가 깨우침의 달콤한 열매인 것을 알아야 한다네.

허공虚空은 텅 비어 깨끗하고 마주 대하여 드러난 언어나 문자, 모양이나 상태가 없는 것이니, 물건을 의지해야 볼 수가 있는 것이라네. 이 허공 가운데 마주 대하여 온갖 언어나 문자, 모양이나 상태가 드러나도 그 성품을 우리가 볼 수가 없듯이 너와 나의 깜냥으로는 알

수가 없기에 이 세상 누구라도 나를 세우지 아니한 깨우침의 본질不
立五蘊을 깨달아 증득한不離証得 일이란 마주 대하여 드러나는 언어나
문자, 모양이나 상태로서는 옮기거나 보지 못한다네.

깨우침의 음성을 듣기는 하지만 들리는 소리가 본래부터 깨우침
의 열매가 아니고 소리를 여의고서는 깨우침의 열매 또한 없는 것이
니, 이 이치를 구별 짓고 나누어 밝히면서 분명하게 할 이는 누구이겠
는가.

앞에서의 모든 법法.信住行向을 모아 서로가 디디고 서서 몸과 마음을 다해 나아가는 까닭으로 25문二十五門, 57과五十七果, 일천칠백공안一千七百公案, 팔만사천법문八万四千法文 등 일체 모든 법法과 일체 모든 불보살仏菩薩이 십지十地로 인하여 일어나고 생기는 것이라네. 때문에 깨우침의 본바탕地이라고 이른 것이네.

십신十信으로부터 제각각의 자리나 위치마다 마주 대하여 드러나는 자취를 디디고 서서 서로가 서로를 도우면서 곧바로 미묘한 깨우침妙覚을 넘어서게 하는 것이라네. 그러나 그 가운데 끊어서 없애버리거나 깨달아 얻은 일에 있어서 분명치 않은 것이 있다네. 이는 모든 것을 온전하게 끊어버리지 못한 일이기 때문에 반드시 꼭 끊어서 없애버려야 할 일이며, 또 깨달아 얻지 못한 일이기 때문에 반드시 깨달아 얻어야 할 일이라네. 이러한 일을 두고 이르기를 '그 하나하나의 마음자리信住行向마다 막힘이나 걸림이 되는 일과 이로 인한 마음자리가 있네. 없네. 라고 하는 이 두 가지의 어리석음을 끊어버리고 하나뿐인 깨우침의 본질不立五蘊不離証得을 닦은 것이라네.'라고 일렀다네. 그러나 마주 대하여 드러난 이름에 따른 언어나 문자, 모양이나 상태가 공空과 같으며, 번거로운 까닭으로 일일이 드러내는 것을 생략하고 단지 제각각 드러난 자취를 디디고 서서 서로가 서로를 돕고 의지하는 뜻만을 잡아서 풀어쓴 것이라네.

1. 환희지歡喜地

닦고 행하는 자가 나를 세우지 아니한 깨우침의 본질인 내가 없음
不立五蘊을 깨달아 증득한不離証得 일로서의 반야바라밀般若波羅密을
근본으로 깨우침의 궁극적窮極的 본질인 오온청정五蘊清浄한 묘각妙覺
의 큰 지혜가 과거 현재 미래 삼천대천세계三千大天世界에 응하여 하화
중생下化衆生하는 일에 막힘이나 걸림이 없이 두루 원만하게 되고 깨
달아 얻은 순수한 지혜가 '더할 나위 없는 깨우침의 터不立五蘊不離証
得'와 제대로 잘 통하며, 깨우침의 궁극적窮極的 본질인 묘각妙覺마저
항복 받는上求菩提 '더할 나위 없이 위없는 최상의 깨우침'을 얻은 이와
의 경계境界가 없어진 일을 '환희지歡喜地'라고 이른다네.

앞에서는 깨우친 일과 깨우치지 못한 일을 두고 서로 같다고는 하
였으나, 이는 깨우침의 궁극적窮極的 본질인 오온청정五蘊清浄한 묘각
妙覺마저 항복 받는 '더할 나위 없이 위없는 최상의 깨우침'과 나를 세
우지 아니한 깨우침의 본질不立五蘊을 깨달아 증득한不離証得 일로서
의 참된 지혜와의 경계境界를 다하지 못했기 때문이라네. 그러나 지금
은 행하여 나아감, 곧 수행修行을 거듭 더하고 더하여 미묘하게 두루
원만해진中中妙圓 까닭으로 막힘이나 걸림이 없이 환하게 통하는 일을
다 할 수 있다는 것이라네. 이러한 까닭으로 인하여 법의法 기쁨이 거
듭 더하고 보태지므로 여기서는 즐겁고 기쁨이 되는 근본 바탕이라고
한 것이라네.

사람이 바라는 바 없는 마음으로 착한 일을 닦고 또 모아서, 깨우
침의 궁극적窮極的 본질인 오온청정五蘊清浄한 묘각妙覺의 밝고 깨끗한

마음으로 '더할 나위 없이 위없는 최상의 깨우침'을 얻은 이를 섬기고 반야바라밀般若波羅密을 바탕으로 한 순수한 지혜로써 25문二十五門, 57과五十七果, 일천칠백공안一千七百公案, 팔만사천법문八万四千法文 등 일체 모든 법法과 일체 모든 불보살仏菩薩에 대한 청정한 믿음과信 온전한 이해解로 무수無數 무량無量한 지혜를 일으키는 것이라네.

바라는 바 없이 베푸는 더할 나위 없는 깨우침의 참된 터不立五蘊不離証得를 바탕으로 깨달아 얻은 순수한 지혜中中妙圓를 으뜸으로 세워서 25문二十五門, 57과五十七果, 일천칠백공안一千七百公案, 팔만사천법문八万四千法文 등 일체 모든 법法과 일체 모든 불보살仏菩薩을 방편方便으로 삼아 행行을 제대로 닦아야 한다네. 그러면 바라는 바 없이 베푸는 마음자리의 터가 한결같아서 그 바탕으로 생기는 힘이 무수無數 무량無量할 것이라네.

온전한 지혜인 반야바라밀般若波羅密을 근본으로 깨우침의 본질을 깨달아 증득한不立五蘊不離証得 일로 인하여 바라는 바 없이 마음을 일으킨 수행자修行者는 평범한 범부凡夫를 벗어나 깨우침의 행十行에 이르게 되고 깨우친 이의 집안에 태어나서 더할 나위 없이 위없는 지혜를 이룰 것十廻向이라네. 이러한 마음이 일어날 때는 처음의 마음자리初地.不立五蘊不離証得로 들어가 마음자리 터가 움직이거나 흔들리지 않은 태산과 같아지고 즐겁게 기뻐하는 모양이나 상태가 밝게 드러나 깨달음의 큰 지혜를 이어 가게 될 것이라네.

서로 다투는 일을 즐거워하지 않고 성내는 마음이 일어나지 않게 하면서 스스로를 낮추고 공손하게 즐겨 익히면서 수행修行하고 올바른 마음을 닦아서 중생을 이끌어야 할 것이라네.

2. 이구지離垢地

서로가 전혀 다른 성품이 맺거나 합하여 함께 같은 곳에 들어가는 일과 서로가 같은 성품이라도 서로가不立五蘊不離証得 서로에게五蘊清浄.妙覚 없어진 일을 '이구지離垢地'라고 한다네.

내가 없음을 깨달아 증득한 온전한 지혜인 반야바라밀般若波羅密을 바탕으로 깨우침의 궁극적窮極的 본질인 오온청정五蘊清浄한 묘각妙覚을 환하게 통해서 '더할 나위 없이 위없는 최상의 깨우침', 이 깨우침의 드러난 경계境界를 다하면, 곧 항복 받으면 '올바른 이치를 다한 마지막 깨우침究境覚'이며, 또한 중생과 이 모든 세상이 다 같은 성품이라는 것이네. 이는 서로 다른 성품이 맺거나 합하여 같은 곳으로 들어가는 일을 이른다네. 그러나 서로 다르다는 것을 보게 되거나 또 같다는 것을 보게 되면, 도리어 이는 마주 대하여 드러난 언어나 문자, 모양이나 상태에 집착執着하는 허물이 되는 것이라네. 때문에 '서로 같다는 성품까지도 없어져야만 허물에서 벗어났다.'라고 할 수 있는 것이네.

3. 발광지発光地

나를 세우지 아니한 깨우침의 본질不立五蘊을 깨달아 증득한不離証得 깨우침의 궁극적窮極的 본질인 오온청정五蘊清浄한 묘각妙覚을 바탕으로 일체 모든 법法과 일체 모든 불보살仏菩薩을 청정하게 이해五蘊清浄하고 밝게 깨달아 얻은 '더할 나위 없이 위없는 깨우침의 마음자리'

의 맑고 깨끗한 지혜가 지극히 다하여 밝음이 생기는 일을 '발광지発光地'라고 한다네.

　나를 세우지 아니한 깨우침의 본질不立五蘊을 깨달아 아는不離証得 반야바라밀般若波羅密을 근본으로 밝게 깨우쳐서 보는 일을 따라 마주 대하여 드러나는 바탕의 언어나 문자, 모양이나 상태, 이 언어나 문자, 모양이나 상태의 허물이 맑아지면 깨우침의 궁극적窮極的 본질인 오온청정五蘊清浄한 묘각妙覚의 미묘한 밝음이 생긴다네. 이 자리에 이르면 무수無数 무량無量한 25문二十五門, 57과五十七果, 일천칠백공안一千七百公案, 팔만사천법문八万四千法文 등 일체 모든 법法과 일체 모든 불보살仏菩薩의 참된 성품을 살피게 된다네. 때문에 일체 모든 것이 법이라 이르는 것은 항상 하지 않고 고통스러운 것이며 '나'라고 할 것도 없고 깨끗하지 못한 까닭으로 반드시 없어질 줄을 안다네.
　나를 세우지 아니한 깨우침의 본질不立五蘊을 깨달아 증득한不離証得 깨우침의 궁극적窮極的 본질인 오온청정五蘊清浄한 묘각妙覚이란 25문二十五門, 57과五十七果, 일천칠백공안一千七百公案, 팔만사천법문八万四千法文 등 일체 모든 법法과 일체 모든 불보살仏菩薩의 참된 성품이 지어지는 일도 없고 생기지도 않으며, 오는 것도 아니고 가는 것도 아니라는 것을 깨닫는 본바탕을 이른다네.

4. 염혜지焔慧地

　나를 세우지 아니한 깨우침의 본질不立五蘊을 깨달아 증득한不離証得 반야바라밀般若波羅密을 근본으로 깨우침의 궁극적窮極的 본질인 오온청정五蘊清浄한 묘각妙覚의 깨끗한 밝은 빛이 마음을 다한 정성으로 깨달음이 두루 원만하게 되는 일을 '염혜지焔慧地'라고 한다네.

나를 세우지 아니한 깨우침의 본질不立五蘊을 깨달아 증득하는不離証得 반야바라밀般若波羅密을 근본으로 깨우침의 궁극적窮極的 본질인 오온청정五蘊清浄한 묘각妙覚의 깨끗한 밝은 빛이 마음을 다한 정성으로 깨달음이 두루 원만하게 되는 일을 비유하자면, 작은 불이 모여서 큰 불을 이루게 되면 무수無数 무량無量하게 드러난 인연因緣의 그림자가 모두 다 없어지는 것과 같으므로 '불꽃처럼 타오르는 지혜'라고 한 것이라네. 이렇듯 지혜로운 마음이 깊어지고中中妙圓 깨끗해지면서 믿고자 하는 마음이 더욱 선명鮮明해지고 세월이 더할수록 선업善業을 낳는 근본 바탕不立五蘊不離証得이 거듭 더하여 쌓이고 쌓이는 자리라네.

5. 난승지難勝地

나를 세우지 아니한 깨우침의 본질不立五蘊을 깨달아 증득한不離証得 반야바라밀般若波羅密을 바탕에 두고 깨우침의 궁극적窮極的 본질인 오온청정五蘊清浄한 묘각妙覚으로서 얻은 25문二十五門, 57과五十七果, 일천칠백공안一千七百公案, 팔만사천법문八万四千法文 등 일체 모든 법과法 일체 모든 불보살仏菩薩의 참된 성품이 같다거나 다르다는 것이 다하여도 미치지 못하는 일을 '난승지難勝地'라고 한다네.

앞에서는 서로가 다른 성품이 맺거나 합하여 함께 들어가는 일中中妙圓과 서로가 같다는五蘊清浄,究境覚 성품도 또한 없어졌다네. 그렇다면 이것은 이를 수 있거나 미칠 수 있는 드러난 경계境界가 있다는 것이 아닌가. 그러나 여기서는 불꽃처럼 타오르는 지혜로써 25문二十五門, 57과五十七果, 일천칠백공안一千七百公案, 팔만사천법문八万四千法文 등 일체 모든 법法과 일체 모든 불보살仏菩薩의 무수無数 무량無量한 인연因縁의 그림자를 끊어버렸다는 것이라네. 그러므로 같다거나 다르다는 것이 미칠 수가 없는 것이라네. 드러내서 이르거나 미칠 수 있는 것도 능히 뛰어넘지를 못하는데 어찌 누가 이를 뛰어넘을 수 있겠는가. 때문에 '올라서기에는 매우 어려운 마음자리라네.'라고 한 것이네.

6. 현전지現前地

나를 세우지 아니한 깨우침의 본질不立五蘊을 깨달아 증득하는不離証得 지혜인 반야바라밀般若波羅密을 바탕으로 깨우침의 궁극적窮極的 본질인 오온청정五蘊清浄한 묘각妙覚으로서 밝게 깨달아 얻은 본디 있는 그대로의 성품真正無為이 차별 없이 동등同等하며 항상 머물고 변함이 없고 온갖 것의 밑바탕에 흐르는 진여와 같게 되어서無為真如 맑고 깨끗한 성품이 밝게 드러나는 일을 '현전지現前地'라고 한다네.

차별이 없이 동등하며 항상 머물고 변함이 없고 온갖 것의 밑바탕에 흐르는 맑고 깨끗한 진여真如의 성품이 사람에게 없는 것은 아니라네. 그러나 대체로 항상 같다거나 다르다고 보는 일로 인하여 서로 구별 지어지고 가려지는 일이 있다네. 그러므로 같다거나 다르다고 보는 일이 서로 맞닿아 이르지 않으면 맑고 깨끗한 성품이 밝게 드러나 곧바로 눈앞에 나타나는 것이라네.

7. 원행지遠行地

　우주 만유万有의 실체実体로서 현실적現実的이며, 차별 없이 동등하고 항상 머물면서 변함이 없는 절대 진리, 곧 진여真如의 마지막까지 다한 일을 '원행지遠行地'라고 한다네.

　우주 만유万有의 실체로서 현실적이며, 차별이 없이 동등하고 항상 머물면서 변함이 없는 절대 진리가 지금 곧바로 눈앞에 나타났다 하더라도 제각각 하나하나씩 번뇌를 끊어나가면서 깨우침을 얻은 일分証은 지극히 한 부분에 한정된 일이라네. 그러므로 마지막까지 온 힘을 다해야 만이 널리 뛰어넘어 끝까지 나아갈 수 있기 때문에 '멀리 아득하게 행하는 마음자리라네.'라고 한 것이라네.

8. 부동지不動地

　우주 만유万有의 실체実体로서 현실적現実的이며, 차별이 없이 동등하고 항상 머물면서 변함이 없는 절대 진리, 곧 '더할 나위 없이 위없는 깨우침의 마음자리真如' 오로지 하나뿐인 이 마음을 이름 붙여 이르기를 '부동지不動地'라고 한다네.

　진여真如의 마지막까지를 다하고, 지극한 바탕이 되는 참된 스스로의 몸体을 얻었으며, 이 '더할 나위 없이 위없는 깨우침의 마음자리真如가 변함이 없으므로 움직이지 않는 자리다.'라고 한 것이라네.

154

9. 선혜지善慧地

'더할 나위 없이 위없는 깨우침의 마음자리眞如'가 그 쓰임새用를 일으키는 일을 '선혜지善慧地'라고 한다네.

나를 세우지 아니한 깨우침의 본질不立五蘊을 깨달아 증득한不離証得 반야바라밀般若波羅密을 바탕으로 깨우침의 궁극적窮極的 본질인 오온청정五蘊淸淨한 묘각妙覺으로서 깨우침의 본질이 되는 스스로의 몸不立五蘊不離証得을 이미 얻었다면, 필히 참된 쓰임새를 일으키게 되고 무수無數 무량無量한 일체 모든 것을 비추고 응하는 일에 있어서 참되지 않는 일이란 없다네. 또한 여여如如하므로 곧 사려분별思慮分別을 더하지 않는 본디 있는 그대로의 모양이나 상태이기 때문에 '선善으로서 베푸는 지혜의 마음자리'라고 한 것이라네.

짚고 넘어가야 할 일

앞서 닦고 익힌 공부를 끝마치고 그 공功과 덕德이 막힘이나 걸림이 없이 두루 원만해진 까닭으로 이 마음자리, 곧 깨우침의 궁극적窮極的 본질인 오온청정五蘊淸淨한 묘각妙覺으로서 '더할 나위 없이 위없는 깨우침의 마음자리'를 '닦고 익히는 자리修習位'라고도 한다네. 이 말의 의미는 앞의 것을 매듭짓고 뒤에 드러내고자 하는 것을 나타내기 위한 것이라네. 성스러운 자리가 모여 모두 뭉치면 다섯이라네.

첫째는 공부에 꼭 필요하고 공부에 쓰이는 바탕으로서 삼현三賢을 이른다네. 곧 십신十信, 십주十住, 십행의十行 과위果位를 이른다네.

둘째는 행함修行을 거듭 더하는 일十廻向.四加行이니 본인 스스로가 성스러운 자리에 홀로 이르는 것을 말한다네.

셋째는 막힘이나 걸림이 없이 환하게 통하는 일로써 처음의 마음자리初地를 이른다네. 곧 십지十地의 처음 마음자리로서 환희지歡喜地를 이른다네.

넷째는 닦고 익히는 일로써 지금의 이 자리, 곧 닦고 익히는 자리로서 선혜지善慧地를 이른다네.

다섯째는 더 이상 배울 일이 없는 자리無学로서 미묘한 깨달음의 자리妙覚.五蘊清浄를 말한다네. 처음 믿음을 일으킨 일信発로부터 삼현三賢을 뛰어넘어 성스러움에 들어가는 일에 이르기까지 모두 다 닦고 익히는 자리라네. 그러나 이 선혜지善慧地는 앞의 여덟 자리 도道를 뛰어넘어서 지혜와 자비가 두루 원만하게 되었다네. 때문에 닦고 익히는 공부가 이 자리에서 끝나는 것이며 '닦고 익힌다.'라고 한 것이라네. 이는 십지十地의 인연因緣을 매듭지어 밝힌 것이며, 이후로는 모든 것이 십지十地의 결과물인 열매果이기 때문에 달리 닦고 익힐 필요가 없다는 것이라네. '인연으로 맺은 마음자리因地는 닦고 익히는 일이 있는 것이며, 깨달아 얻어 열매를 맺은 마음자리果地는 닦고 익힐 일이 없다.'는 것을 뜻한다네.

뒤의 자리에서는 닦고 익힐 일은 없고 막힘이나 걸림을 끊은 일이 있는 것은 어찌 된 것일까. 이는 단지 십지十地의 깨달아 얻은 열매覚果를 밝혔을 뿐이라네. 따지고 본다면 곧 막힘이나 걸림을 끊은 일에 대하여 논한다면 등각이라는 자리等覚位도 사실 닦고 익혀야 하는 자리이므로 미묘한 깨우침妙覚에 이르러야 더 이상 배울 것이 없다無学고 할 수 있다네.

10. 법운지法雲地

　나를 세우지 아니한 깨우침의 본질不立五蘊을 깨달아 증득한不離証得 일로서의 온전한 지혜인 반야바라밀般若波羅密을 바탕으로 깨우침의 궁극적窮極的 본질인 오온청정五蘊清浄한 묘각妙覚으로서 밝게 깨달아 얻은 참된 성품의 부드러운 자비와 오묘한 쓰임새가 불생불멸不生不滅의 바다涅槃海를 가득 덮은 일을 '법운지法雲地'라고 한다네.

　부드러운 자비란 무수無數 무량無量한 중생들을 한명도 빠짐없이 두루두루 어루만져 주는 일을 이르는 것이며, 오묘한 쓰임새란 여러 가지의 몸으로 다투어 드러내는 모양이나 상태를 이른다네. 이는 곧 십지十地를 깨달아 얻은 결과물結果物로서의 공덕功德을 이르는 것이며, 불생불멸不生不滅의 바다란 나를 세우지 아니한 깨우침의 본질不立五蘊을 깨달아 증득한不離証得 깨우침의 궁극적窮極的 본질인 오온청정五蘊清浄한 묘각妙覚으로서 미묘하게 깨달아 얻은 결과의 자리를 이른 것이라네.

　지혜와 자비의 공功과 덕德이 부족하거나 모자람이 없는 자리라네. 또한 자신을 이롭게 하지 않고 남을 이롭게 한다네. 그러므로 큰 자비의 부드러운 그늘이 무수無數 무량無量한 법계法界에 가득한 까닭으로 인연因緣도 없고 마음도 없다네. 그렇지만 저 깊고 넓은 인연의 바다, 곧 과거 현재 미래의 삼천대천세계에 응하며, 이롭고 윤택한 일을 베풀되 본래 고요하면서 바라는 바 없고 인위적人為的인 꾸밈이 없다네. 때문에 불생불멸不生不滅의 바다를 덮는다고 이른 것이라네.

나를 세우지 아니한 깨우침의 본질不立五蘊을 깨달아 증득한不離証得 일로서의 온전한 지혜인 반야바라밀般若波羅密에 대한 믿음과 이해를 바탕으로 25문二十五門, 57과五十七果, 일천칠백공안一千七百公案, 팔만사천법문八万四千法文 등 일체 모든 법법法과 일체 모든 불보살仏菩薩을 해득解得하고 깨우침의 궁극적窮極的 본질인 오온청정五蘊清浄한 묘각妙覚, 이 미묘하게 깨달아 얻은 결과의 자리를 밝게 얻은 '더할 나위 없이 위없는 깨우침의 마음자리'가 되돌아서 흐르면, 이를 따라 순수하게 행하는 일을 지극히 다하면서 깨우침의 본질不立五蘊을 깨달아 증득不離証得한 '더할 나위 없는 깨우침의 참된 터'로 들어가 서로 어긋나거나 막힘이나 걸림이 되는 일 없이 어울리는 일을 '등각위等覚位'라고 한다네.

나를 세우지 아니한 깨우침의 본질不立五蘊을 깨달아 증득한不離証得 일로서의 온전한 지혜인 반야바라밀般若波羅密에 대한 믿음과 이해를 바탕으로 25문二十五門, 57과五十七果, 일천칠백공안一千七百公案, 팔만사천법문八万四千法文 등 일체 모든 법법法과 일체 모든 불보살仏菩薩을 해득하고 깨우침의 궁극적窮極的 본질인 오온청정五蘊清浄한 묘각妙覚으로서 밝게 깨달아 얻은 '더할 나위 없이 위없는 깨우침의 마음자리', 이 마음자리의 미묘한 몸妙覚.法身은 흙탕물 속에서 피어나는 연꽃이 더러움에 물들지 않는 것과 같다네. 여러 가지의 몸으로 나타나는 일이란 만万 개의 강에 비친 달로 나타날 것이나 만万 개의 강에 비친 달이란 허공虛空에 뜬 하나의 참된 달과 같을 뿐이라네中中妙圓.

십지十地의 깨우침을 얻은 이가 중생이 서로 의지하며 살아가는 세상에 어울리면서 이들을 이롭게 하는 일은 깨우침의 궁극적窮極的 본질인 오온청정五蘊清浄한 묘각妙覚으로서 '더할 나위 없이 위없는 깨우침의 마음자리'를 얻은 이와 같다네. 단지 취取하고 향向하는 일에 있어서 거스르거나 순하게 따르는 일이 다른 것뿐이라네. 곧 '더할 나위 없이 위없는 깨우침의 마음자리'를 얻은 이는 거슬러 흐르면서 만물万物과 함께 나아가는 것이고 십지十地의 깨달음을 얻은 이는 불생불멸不生不滅의 바다를 따라 순하게 흐르면서 깨우침의 궁극적窮極的 본질인 오온청정한五蘊清浄 묘각妙覚, 이 미묘한 깨달음妙覚으로 들어가는 것이라네.

등각위等覚位, 곧 여기서는 이미 깨우침의 곁에 이르렀기 때문에 '들어가 서로 어울린다.'라고 한 것이며, 깨우침의 궁극적窮極的 본질인 오온청정五蘊清浄한 묘각妙覚으로서 '더할 나위 없이 위없는 깨우침의 마음자리'를 얻은 이와 별다른 차이를 보이지 않기에 '차별이 없는 가지런한 깨달음'이라고 한 것이라네. 이는 곧 해탈解脱 앞에서는 구분 짓고 나누어 밝힐 도리道理가 없다는 것을 이른다네. 이 자리가 비록 가지런하고 차별이 없이 동등하기는 하지만 깨우침의 궁극적窮極的 본질인 오온청정五蘊清浄한 묘각妙覚의 미묘한 깨우침을 다하지는 못하였다네. 그러므로 마땅히 큰 적멸寂滅의 바다로 흘러 들어가서 그 미묘함이 만물万物과 같아야만 깨우침의 궁극적窮極的 본질인 오온청정五蘊清浄한 묘각妙覚에 오를 수 있다네.

제17장

금강혜金剛慧

문자를 세우지 아니한 스스로의 마음을 보고 문자를 떠나지 아니한 깨우침을 향한 방편으로서의 마르지 않는 지혜乾慧心로부터 차별이 없이 가지런한 깨달음의 자리等覺에 이르러야만 깨달아 얻은 일이 비로소 금강 같은 마음 가운데金剛心中 마르지 않는 지혜의 첫 마음자리乾慧地를 얻게 된다네.

이 자리의 이름은 등각等覺 다음의 마음자리라고 이르며, 깨우침의 궁극적窮極的 본질인 오온청정五蘊淸淨한 묘각妙覺, 이 미묘한 깨달음妙覺을 항복받은 도道라고도 이른다네. 미묘한 깨달음으로서의 도, 곧 묘각妙覺의 도道는 마주 대하여 드러난 바탕으로서의 언어나 문자, 모양이나 상태가 달리 없으며, 그 행함도 또한 그와 같다네. 금강혜金剛慧는 단지 마르지 않는 지혜의 첫 마음자리乾慧地부터 차별이 없는 가지런한 깨달음의 자리等覺까지만 의지하는 것을 이른다네. 또한 금강金剛과도 같은 지혜의 마음을 일으켜서 처음부터 또다시 모든 자리에 걸쳐서 작디작은 인연의 그림자인 마지막 남은 무명無明까지도 끊어 내는 것이라네.

아주 작은 티끌마저도 없애 버려야 깨우침의 궁극적窮極的 본질인 오온청정五蘊淸淨한 미묘한 깨달음, 즉 묘각妙覺의 자리에 들어갈 수 있는 것이니, 이는 처음의 자리부터 만들어 가는 것이므로 금강金剛 같은 마음 가운데를 마르지 않는 지혜의 첫 마음자리로 삼아야 한다는 것이네. 이 말은 서로 구별 짓고 나누어 밝히는 일의 어두움을 모두 없앤 자라야 금강 같은 지혜의 자리에 들어갈 수 있다는 것을 이른다네. 앞에서 처음의 자리로 말한 마르지 않는 지혜의 마음자리, 곧 건혜지乾慧地는 나를 세우지 아니한 깨우침의 본질不立五蘊을 깨달아 증득하는不離証得 일로서의 온전한 지혜인 반야바라밀般若波羅密의 지혜와 맞닿아 흐르지 못함을 이른 것이며, 여기서 말한 마르지 않는 지혜金剛慧란 불생불멸不生不滅의 바다나 '더할 나위 없이 위없는 깨우침의 마음자리'와 마땅히 서로 맞닿는 일을 이른 것이라네. 때문에 이름은 같아도 뜻은 전혀 다른 것이네.

제18장

묘각 妙覚

이와 같이 거듭 더하여 12를 거치고單 또 다시 금강혜金剛慧로서 되돌려 거쳐야만複 깨우침의 궁극적窮極的 본질인 오온청정五蘊清浄한 미묘한 깨달음, 즉 묘각妙覚의 자리에 들어갈 수 있는 것이니, 미묘한 깨달음妙覚을 다하여 더할 나위 없이 위없는 최상의 도無上道를 이룰 수가 있는 것이라네. 곧 나를 세우지 아니한 깨우침의 본질不立五蘊을 깨달아 증득한 깨우침의 궁극적窮極的 본질인 오온청정五蘊清浄한 묘각을妙覚 항복 받아 '더할 나위 없이 위없는 최상의 깨우침'을 이룰 수 있다는 것이네.

마르지 않는 지혜의 첫 마음자리乾慧地로 인하여 모든 자리를 피하지 않고 거치는 일을 단單이라 하고 금강 같은 지혜의 마음을 바탕으로 또 다시 거듭하여 모든 자리信住行向地를 거치는 일, 이를 복複이라 한다네.

12는 건혜乾慧, 십신十信, 십주十住, 십행十行, 십회향十廻向, 온난위煴煖位, 정상위頂上位, 인내지忍耐地, 세제일지世第一地, 십지十地, 등각等覚, 금강혜金剛慧를 이른다네. 이 12가 인연이 되고 또 미묘한 깨달음의 결과에 이를 수가 있는 까닭으로 12를 거치고 또 다시 금강혜金剛慧를 바탕으로 되돌려 거쳐야만 한다고 이른 것이네.

제19장 거듭 더하여 공功을 들임

　이와 같이 금강과도 같은 지혜로운 마음金剛慧心을 바탕으로 다시 되돌리는 일로 일체 모든 법法의 참 지혜를 거듭 더하여 쌓고 쌓아야 만 한다네. 그리고 이를 바탕으로 본디 있는 그대로의 성품真正無為으 로서 차별이 없이 동등하며 항상 머물고 변함이 없으며, 온갖 것의 밑 바탕에 흐르는 묘각妙覚을 취해서 제대로 잘 이룰 수가 있는 것이라 네. 55의 자리와 또 그 차례를 비추어 보는 자를 '올바르게 비추어 본 다.'라고 말하며, 이것과는 다르게 비추어 보는 일을 '어긋나게 비추어 본다.'라고 한다네.

　사람의 몸을 얻기란 그리도 어려운 것을 지금의 생에서生 불현듯 이 몸을 얻었다네. 더할 나위 없이 위없는 깨우침의 법을 듣기란 어려 운 것을 내가 오늘 들었다네. 어찌해야 참다운 문門.中中妙圓을 열고 제대로 깨우침의 본질로서 내가 없음을 깨달아 아는 일로 들어갈 수 있겠는가.

　십신十信, 십주十住, 십행十行, 십회향十廻向, 십지十地가 50五十이 되 고 건혜乾慧, 사가행四加行, 등等, 묘妙를 아울러서 57의 자리가 있다 네. 여기서 55의 자리만 가리켜서 지혜의 길이라고 한 것은 등等과 묘 妙는 깨달음의 결과, 곧 지혜의 열매이기 때문이라네. 이 길道로 인하 여 나를 세우지 아니한 깨우침의 본질不立五蘊을 깨달아 증득한 깨우 침의 궁극적窮極的 본질인 오온청정五蘊清浄한 묘각을妙覚 항복받을 수 있는 올바른 길로 갈 수 있는 것이라네. 만일 이러한 자리나 차례가 없다고 여기면서 또 이러한 인연因緣이나 결과結果가 없다고 고집을 부린다면 이것이 바로 어긋나게 비춰 보는 일이라네.

　깨우침의 궁극적窮極的 본질인 오온청정五蘊淸淨한 묘각妙覺으로서 '더할 나위 없이 위없는 깨우침의 마음자리'는 이러한 자리나 차례로 인하여 얻게 되는 것이며, 무수無數 무량無量한 일체 모든 것이 불생불멸不生不滅의 지혜로운 바다로 들어가는 일이란 '더할 나위 없이 위없는 깨우침의 마음자리'로 인하여 이루어지는 것이라네.

설해説解

벽암록碧巖錄

원오선사園悟禪師 작作

설해説解 일지一智 이건표李健杓

바라밀波羅密 한주아韓周兒

달마불식 達磨不識

第一則 達磨不識
제일칙 달마불식

[本則] 擧 梁武帝 問達磨大師호대 如何是聖諦第一義니고 磨云
[본칙] 거 양무제 문달마대사   여하시성체제일의   마운

廓然無聖이니다 帝曰 對朕者誰오 磨云 不識이라 하니 帝不契어늘
확연무성   제왈 대짐자수 마운불식   제불계

達磨遂渡江至魏하다 帝後擧問志公하니 志公이 云
달마수도강지위하 다   제후거문지공하니   지공이 운

陛下還識此人否니가 帝云 不識 志公이 云 此是觀音大士니
폐하환식차인부가   제운 불식 지공이 운 차시관음대사

傳佛心印이니다 帝悔하야 遂遣使去請하니 志公云
전불심인   제회하 야 수견사거청하니   지공운

莫道陛下發使去取하소서 闔國人이 去라도 佗亦不回니다
막도폐하발사거취하소서   합국인이 거라도   타역불회

본칙 달마 대사에게 양무제가 묻기를 '성스러운 깨우침의 가장 중요한 본질은 어떠한 것인가?'라고 하니, 달마가 이르기를 '넓고 텅 비어서 성스러운 깨우침이라 할 만한 것도 없습니다.'라고 하였다. 양무제가 '짐과 마주 대한 자는 누구인가?'라고 물으니 달마가 이르기를 '알지 못하겠습니다. 양무제가 묻고 답하는 바의 깊은 인연을 전혀 인지하지 못하는 까닭으로 달마는 강을 건너 위나라로 갔다. 후에 양무제가 지공에게 달마에 대해 물으니, 지공이 이르기를 '폐하 이 사람이 누구인지 아십니까?' 양무제가 이르기를 '알지 못하네.'라고 하였다. 이에 지공이 이르기를 '그는 관음보살로서 글이나 말을 빌리지 않고 이심전심으로 부처의 깨우침心印을 전하는 자입니다.'라고 하니, 양무제가 크게 후회를 하고서는 사신을 보내 모셔 오려고 하였다. 이에 지공이 이르기를 '폐하 사신을 보내 모셔 오겠다는 말은 하지 마소서. 온 나라 사람이 가서 모시고 오려 해도 돌아오지 않을 것입니다.'라고 하였다.

▶ 설해説解

波羅蜜 問: 양무제가 달마에게 '성스러운 깨우침의 가장 중요한 본질
本質은 어떠한 것인가?'라고 물었습니다. 그렇다면 성스러
운 깨우침의 가장 중요한 본질이란 무엇을 이르는지요.

一智 曰: 깨우침의 본질인 내가 없음을 바탕으로 깨우침의 궁극적
窮極的 본질로서 묘각妙覚을 뛰어넘은 일을 이르네. 양무
제가 오온五蘊으로 쌓아온 식견識見이 매우 높았음을 이
르는 일이지.

波羅蜜 問: 양무제의 물음에 달마가 '넓고 텅 비어서 성스러운 깨우
침이라 할 만한 것도 없습니다.'라고 답한 것은 어떠한 일
을 이르는지요.

一智 曰: 깨우침의 본질인 내가 없음을 깨달아 증득한 깨우침의 궁
극적 본질로서 오온청정五蘊清浄한 묘각을 이르며, '더할
나위 없이 위없는 깨우침의 마음자리'를 두고 스스로가 깨
우쳤다는 이 마음자리마저 항복 받는 일을 가리키는 것이
네. 언어言語나 문자文字, 모양이나 상태로서는 드러낼 수
없는 일을 이르는 것이니, 이는 생각과 생각 아닌 것으로
도 미칠 수 없는 것을 이르네. 양무제에게는 '성스러운 깨
우침의 가장 중요한 본질'이란 의문의 대상으로서 깊은 고
뇌苦悩에 빠지게 만드는 망상妄想일 뿐이라네.

波羅蜜 問: 달마의 말을 듣고 양무제가 '그렇다면 짐과 마주 대한 자
는 누구인가?'라고 물은 것은 어떠한 일인지요.

一智 曰: 달마의 말을 알아듣지 못한 양무제의 물음이지. 깨우침
의 궁극적窮極的 본질을 물으니, 넓고 텅 비어서 성스러운

깨우침이라 할 만한 것이 없다고 답하니, 다짜고짜 그렇다면 자넨 누구인가.'라고 물은 일이지.

波羅蜜 問: 양무제의 물음에 달마가 '알지 못하겠습니다.'라고 답한 것은 어떠한 일인지요.

一智 曰: 오온이 허망虛妄한 것임을 바탕으로 한 깨우침의 궁극적窮極的 본질인 미묘한 깨우침, 곧 오온이 청정淸淨하다는 깨우침妙覺마저 항복 받는 달마가 아닌가. 이는 확연무성廓然無聖을 다시 한번 드러낸 일이네. 그러니 알 수 없겠다고 답한 것이지.

波羅蜜 問: 달마가 강을 건너 위나라로 간 일은 어떠한지요.

一智 曰: '여시아왕래如是我来往'라. '이와 같이 나는 오간다네.' 오가는 일에 걸림이 없음을 이르는 것이네.

波羅蜜 問: 후에 양무제가 지공에게 달마에 대해 물으니 지공이 '폐하 이 사람이 누구인지 아십니까?'라고 물었고 양무제가 '알지 못하네.'라고 한 것은 무엇을 이르는지요.

一智 曰: 지공이 달마라 하지 않고 이 사람이라 물었고 양무제가 알지 못한다 하였으니, 지공 또한 확연무성廓然無聖, 곧 깨우침의 궁극적 본질인 깨달음마저 항복 받는 '이것'을 양무제에게 물은 일이지. 양무제가 '알지 못한다不識.'고 한 것은 달마의 '불식不識'을 들어서 그냥 대놓고 답한 무지無知일세.

波羅蜜 問: 그렇다면 양무제가 답한 불식은 제법 자랑삼아 자존自尊을 세운 답이군요. 양무제가 썩은 장작이네요. 지공이 '그는 관음보살로서 글이나 말을 빌리지 않고 이심전심以心伝心으로 부처의 깨우침心印을 전하는 자입니다.'라고 한 말

은 어떠한지요.

一智 曰: 양무제의 눈높이, 식견識見에 맞춰준 답이지. 언어와 문
자, 모양이나 상태를 떠나지 못한 양무제에게는 쌓이고
쌓인 식견 위에 또 쌓이는 식견일 뿐이지.

波羅蜜 說: 마주 대하여 드러나는 언어와 문자, 모양이나 상태라는
탑을 쌓고 또 쌓아서 짊어지고 가기에도 버거운 썩은 장
작이네요.

제2칙 조주부재명백趙州不在明白

第二則 趙州不在明白
제이칙 조주부재명백

[本則] 擧 趙州示衆云 至道無難이나 唯嫌揀擇이라 纔有語言이면
본칙 거 조주시중운 지도무난 유혐간택 재유어언

是揀擇이요 是明白이거니와 老僧은 不在明白裏로다
시간택 시명백 노승 부재명백리

是汝還護惜也無아 時에 有僧이 問 旣不在明白裏댄 護惜箇什麼니
시여환호석야무 시 유승 문 기부재명백리 호석개십마

고 州云 我亦不知로다 僧云 和尙旣不知댄 爲什麼하야
주운 아역부지 승운 화상기부지 위십마

却道不在明白裏니고 州云 問事卽得이라면 禮拜了退하라
각도부재명백리 주운 문사즉득 예배료퇴

본칙 조주가 대중에게 이르기를 '지극한 도란 어려움은 없으나 오직 분간하여 고르는 일을 싫어할 뿐이라네. 지금 이 순간 도라고 말하면 이것이 분간하여 고르는 간택인가 아니면 지극한 도가 분명하고 뚜렷하다는 것인가. 노승은 분명하고 뚜렷하다 이르는 것, 그 자체도 있지 않다네. 자네들은 이를 흔쾌히 받아들이고 기꺼이 지키면서 아낄 수 있겠는가.'라고 하니, 곧바로 승이 묻기를 '분명하고 뚜렷하다 이르는 것, 그 자체도 있지 않거늘, 흔쾌히 받아들이고 기꺼이 지키면서 아낄 그 무엇이 있겠습니까?'라고 하였다. 조주가 이르기를 '나 또한 아는 바가 아니라네.'라고 하니, 승이 말하기를 '화상은 이미 아는 바가 아니라 말하면서 어찌 분명하고 뚜렷하다 이르는 것, 그 자체도 있지 않다고 하십니까.'라고 하였다. 조주가 이르기를 '물음에 대한 답을 얻었다면 절하고 물러가게.'라고 하였다.

170

波羅蜜 問: 조주가 대중에게 '지극한 도란 어려움은 없으나 오직 분
간分揀하여 고르는 일을 싫어할 뿐이라네.'라고 한 지극한
도至道란 어떠한 것을 지칭指稱하는 것이며, 오직 분별 간
택하는 일을 싫어한다고 말한 일은 어떠한지요.

一智 日: 지극한 도至道란 깨우침의 본질인 내가 없음不立五蘊을 깨
달아 증득不立五蘊한 깨우침의 궁극적窮極的 본질인 오온
이 청정한 깨달음의 마음자리妙覚가 빛을 발하는 일을 이
르네. 분별分別 간택揀択을 싫어한다는 일이란 깨우침의
본질인 내가 없음을 깨달아 증득不立五蘊한 일과 깨우침
의 궁극적窮極的 본질인 오온이 청정한 묘각을 두고 분별
分別 간택揀択하는 일이 싫다는 것이지.

波羅蜜 問: 그러면 '지금 이 순간 도라고 말하면 이것이 분간分揀하여
고르는 간택인가 아니면 지극한 도가 분명하고 뚜렷하다
는 것인가. 노승은 분명하고 뚜렷하다 이르는 것, 그 자체
도 있지 않다네.'라고 말한 일은 어떠한지요.

一智 日: 지금 도라고 말하는 순간 이 일이 분별 간택하는 일로서
나를 세우지 아니한 깨우침의 본질不立五蘊을 깨달아 증
득不立五蘊한 일을 이르고 지극한 도가 분명하고 뚜렷하
다는 것은 깨우침의 궁극적窮極的 본질인 오온청정五蘊清
浄한 묘각妙覚을 이르는 것이네. 분명하고 뚜렷하다 이르
는 것, 그 자체도 있지 않다는 말은 깨우침의 궁극적窮極
的 본질인 오온청정五蘊清浄한 묘각妙覚, 이 깨우침마저 항
복 받았다는 것이네. 밑밥도 그냥 밑밥이 아니지. 조주를

온전하게 드러낸 일이지.

波羅蜜 問: 그러면 조주가 '자네들은 이를 흔쾌히 받아들이고 기꺼이 지키면서 아낄 수 있겠는가.'라고 말한 일은 어떠한지요.

一智 曰: 오온청정五蘊淸淨한 깨우침마저 항복 받았다는 밑밥도 밑밥이려니와 이를 흔쾌히 받아들이고 기꺼이 지키면서 아낄 수 있겠냐는 밑밥은 생각으로도 이를 수 없는 기가 막히는 수법이 아닌가.

波羅蜜 問: 조주의 말을 듣고 곧바로 승이 '분명하고 뚜렷하다 이르는 것, 그 자체도 있지 않거늘, 흔쾌히 받아들이고 기꺼이 지키면서 아낄 그 무엇이 있겠습니까?'라고 물은 말은 어떠한지요.

一智 曰: 승의 입장에선 밑도 끝도 없는 의문투성이의 밑밥에 걸려들어 헤매는 일이지. 아직도 그 무엇이라니.

波羅蜜 問: 그렇다면 조주가 '나 또한 아는 바가 아니라네.'라고 말한 것은 어떠한 의미인지요.

一智 曰: 승이 '아낄 것이 그 무엇이 있겠습니까?'라고 말하면서도 말뜻을 알아듣지 못한 승의 물음에 조주가 '나 또한 아는 바가 아니'라고 되받아 물으면서 언어와 문자, 모양이나 상태를 벗어난 조주 스스로를 온전하게 드러낸 답변이라네.

波羅蜜 問: 조주의 답을 듣고 승이 '화상은 이미 아는 바가 아니라 말하면서 어찌 분명하고 뚜렷하다 이르는 것, 그 자체도 있지 않다고 하십니까?'라고 말한 일은 어떠한지요.

一智 曰: 온 힘을 다해 달리지만 제자리걸음이 아닌가. 승이 아직도 오온五蘊을 세우지 않는 일이 깨우침의 본질本質임을 알아차리지 못하고 있는 일이지… 무엇이겠는가.

波羅蜜 問: 조주가 '물음에 대한 답을 얻었다면 절하고 물러가게.'라고 한 말은 어떠한 일인지요.

一智 曰: 마지막까지 조주의 배려심이 아닌가. '분명하고 뚜렷하다 이르는 것, 그 자체도 있지 않다고 하십니까?'라고 승이 물은 일에 분명하고 뚜렷한 답이 있다는 일이네. 승이 조주의 경지를 어찌 가늠이나 할 수 있겠는가.

波羅蜜 説: 네. 그렇군요. 깨우침의 본질인 내가 없음을 세우지 아니한 자리를 꿰뚫기란 이렇게도 어려운 일이네요.

마조일면불馬祖日面仏

第三則 馬祖日面佛
제삼칙 마조일면불

[本則] 擧 馬大師不安이거늘 院主問 和尙近日에 尊候如何니고
본칙 거 마대사불안 원주문 화상근일 존후여하

大師云 日面佛月面佛이니라
대사운 일면불월면불

본칙 마 대사의 마음이 편안하지 않았다. 원주가 묻기를 '스님, 요즈음 건강 상태는 어떻습니까.'라고 하니, 대사가 이르기를 '일면불월면불이니라.'

▶ **설해**説解

波羅蜜 問: 원주가 '스님, 요즈음 건강 상태는 어떻습니까.'라는 물음에는 다른 뜻이 없는지요.

一智 曰: 일평생 따라붙은 인간적人間的인 깊은 정情이지.

波羅蜜 問: 그런데 마 대사가 뜬금없이 '해부처, 달부처'라 했는지요.

一智 曰: 노파심老婆心이지. 깨우침의 본질인 내가 없음不立五蘊中을 깨달아 증득한不離証得中 중중묘원이라네. 해와 달이 뜨든 지든 언제 뜨고 지었던가. 생사이전이후生死以前以後를 벗어난 일로서 내가 없음을 바탕으로 생멸 가운데生滅中 미묘하게 두루 원만하다는 것이지. 곧 깨우침의 궁극적窮極

的 본질인 오온청정五蘊清浄한 깨달음의 밝은 빛을 이르네.

波羅蜜 説: 네. 더할 나위 없는 깨우침의 놀이터로군요.

덕산협복德山狹複

第四則 德山狹複
제 4 칙 덕 산 협 복

[本則] 擧 德山이 到潙山하야 狹複子於法堂上하고 從東過西하며
본 칙 거 덕 산 도 위 산 협 복 자 어 법 당 상 종 동 과 서

從西過東타가 顧視云無無하고 便出이러니 雪竇着語云勘破了也라
종 서 과 동 고 시 운 무 무 편 출 설 두 착 어 운 감 파 료 야

德山이 至門首하야 却云 也不得草草로다 하고 便具威儀하야
덕 산 지 문 수 각 운 야 부 득 초 초 편 구 위 의

再入相見할새 潙山이 坐次에 德山이 提起坐具云 和尙하니 潙山이
재 입 상 견 위 산 좌 차 덕 산 제 기 좌 구 운 화 상 위 산

擬取拂子어늘 德山이 便喝하고 拂袖而出하야 雪竇着語云
의 취 불 자 덕 산 편 갈 불 수 이 출 설 두 착 어 운

勘破了也라 德山이 背却法堂하고 着草鞋便行하니라 潙山이 至晚에
감 파 료 야 덕 산 배 각 법 당 착 초 혜 편 행 위 산 지 만

問首座호대 適來新到在什麽處오 首座云 當時背却法堂하고
문 수 좌 적 래 신 도 재 십 마 처 수 좌 운 당 시 배 각 법 당

着草鞋出去也니다 潙山이 云 此子已後에 向孤峰頂上하야
착 초 혜 출 거 야 위 산 운 차 자 이 후 향 고 봉 정 상

盤結草庵하고 呵佛罵祖去在하리라 雪竇着語云 雪上加霜이로다
반 결 초 암 가 불 매 조 거 재 설 두 착 어 운 설 상 가 상

본칙 덕산이 위산에 이르러서는 곧바로 법당에 올라가서 동쪽으로 나아가다 서쪽으로 지나가고 서쪽으로 나아가다 동쪽으로 지나다가 사방을 둘러보고는 '없다. 없다.'라고 말하고는 나가버렸다. 이를 두고 설두가 짧게 덧붙여 평하기를 '헤아려 따져서 묻은 바를 다하고 마쳤다.'고 하였다. 덕산이 산문에 다다라 자신에게 '급히 서두를 일은 아니지 않는가.'라고 이르고는 예의를 온전하게 갖춘 후 다시금 위산을 마주 대하였다. 위산이 자리에 앉아 있었고 덕산이 방석을 들고 일어나 '화상'이라고 불렀다. 위산이 불자를 잡으려고 하자 덕산이 곧바로 할을 하고는 소매를 털어버리고 나가버렸다. 이를 두고 설두가 짧게 덧붙여 평하기를 '헤아려 따져 묻은 바를 다하고 마쳤다.'라고 하였다. 덕산이 법당을 등지고 신을 신고는 지체하지 않고 곧장 가버렸다. 위산이 해가 질 무렵 수좌에게 묻기를 '새로 온 승은 어디에 있는가.'라고 하니, 수좌가 '그때 법당을 등지고 신을 신은 다음 횡허케 가버렸습니다.'라고 일렀다. 위산이 '이 자가 이후에는 고봉정산에 암자를 짓고 부처를 꾸짖고 조사를 욕할 것이다.'라고 하였다. 설두가 여기에 덧붙여 짧게 평하기를 '흰 눈 위에 다시 흰 서리를 더하는구나.'라고 하였다.

176

▶ **설해**說解

波羅蜜 問: 덕산의 '없다. 없다.'라고 한 것은 무슨 의미인가요?

一智 曰: 깨우침의 본질인 내가 없음을 깨달아 증득한 것이니, 일체 모든 법法과 일체 모든 불보살仏菩薩이란 없구나. 나를 세우지 아니한不立五蘊 깨우침을 증득한 마음자리가 금강金剛과 같이 탄탄함을 이른다네.

波羅蜜 問: 설두의 '헤아려 따져서 묻은 바를 다하고 마쳤다.'라고 한 깊은 의미는 무엇인가요? 자세하게 설명을 해줄 수 있는지요.

一智 曰: 견문각지見聞覚知를 이르는 것이지. 자세히 이르자면 이렇다네. '견이란 문자를 세우지 않은 스스로의 성품을 봄으로 인하여 깨우침의 방편으로서 언어나 문자에 막힘이나 걸림이 없어지고不立文字見性成仏.如是我見 이를 근간根幹으로 하여 색色이 즉 공空이며, 공空이 즉 색色이고 수상행식受想行識도 또한 이와 같음을 나는 들었다네色即是空空即是色受想行識亦復如是我聞. 이와 같이 들은 일로 일체 모든 법이 공空한 바탕으로서 마주 대하여 드러난 언어나 문자, 모양이나 상태란 생하지 않으니 멸하지 않고 더럽지 않으니 깨끗이 할 것이 아니며, 느는 것이 아니니 줄어드는 것이 아님을 알아차리고不生不滅 不垢不浄 不増不減.如是我覚 이와 같이 나는 알았다네如是我知.'라는 것을 이르네.

波羅蜜 問: 위산은 자리에 앉아 있었고 덕산이 방석을 들고 일어나 '화상'이라고 불렀고 위산이 불자를 잡으려고 하자 덕산이 곧바로 할을 하고는 소매를 털어버리고 나가버린 일은 어

설해說解 벽암록碧巖錄　　　　　　　　　　　　　　　　　**177**

떠한지요.

一智 曰: 위산은 본래의 자리에서 움직이지 않는 일이고 덕산이 방석을 들고 화상이라고 부르니 위산이 불자를 잡아 검증檢証하려고 한 일일 뿐이네. 덕산이 할을 하고 소매를 털고 나가버린 일이란 덕산이 위산의 의도를 꿰뚫어 본 것을 이르며, 서로가 서로의 경지境地를 알아 본 일이지.

波羅蜜 問: 덕산이 법당을 등지고 신을 신고는 지체하지 않고 곧장 가버린 일은 어떠한지요.

一智 曰: 법당을 들리지 않고 가버린 일이란 아직은 해갈되지 않은 깨우침의 목마름이 있는 것이지. 곧 아직은 식견識見으로서의 습習이 수數와 양量으로 남아 있음을 말하네.

波羅蜜 問: 위산이 수좌에게 '새로 온 승은 어디에 있는가.'라고 물으니, 수좌가 '그때 법당을 등지고 신을 신은 다음 횡허케 가버렸습니다.'라고 말한 일은 어떠한지요.

一智 曰: 위산의 물음은 덕산을 빌미로 수좌의 공부를 점검点檢하기 위한 일이며, 수좌가 아직도 언어와 문자, 모양이나 상태라는 일상적日常的인 면에서 벗어나지 못하고 있음을 보여준 일이네.

波羅蜜 問: 네. 식견識見의 무서움이로군요. 그렇다면 위산이 '이 자가 이후에는 고봉정산에 암자를 짓고 부처를 꾸짖고 조사를 욕할 것이다.'라고 한 말은 어떠한지요.

一智 曰: 위산은 깨우침의 본질인 내가 없음不立五蘊을 깨달아 증득한不離証得 덕산의 마음자리를 깊이 들여다보고 있는 것이라네. 곧 깨우침의 궁극적窮極的 본질을 깨달아 얻은 일로서 더할 나위 없이 위없는 깨우침, 오온五蘊이 청정清浄

한 묘각妙覺을 얻은 이와의 경계境界가 없어진 일을 이르는 것이네.

波羅蜜 問: 그렇다면 설두가 위산의 말을 평한 '흰 눈 위에 다시 흰 서리를 더하는구나.'라고 한 말은 어떠한지요.

一智 曰: 위산이 덕산을 빌미 삼아 깨우침의 본질을 드러낸 일에 대한 혹평이라네. 설두의 말은 덕산만이 홀로 중중묘원의 경지에 올라섰겠느냐는 것이지.

波羅蜜 說: 네. 그렇군요.

제5칙 설봉속미립雪峰粟米粒

第五則 雪峰粟米粒
제 5 칙 설 봉 속 미 립

[本則] 擧 雪峰이 示衆云 盡大地撮來에 如粟米粒大라 抛向面前
본 칙 거 설 봉   시 중 운 진 대 지 촬 래   여 속 미 립 대   포 향 면 전
하야도 漆桶은 不會로다 打鼓普請看하라
       칠 통   불 회   타 고 보 청 간

본칙 설봉이 대중에게 '손가락으로 대지를 죄다 잡아버리니, 크기가 나락 한 톨만 하구나. 이를 그대들 눈앞에 던져도 이곳에 있는 이들은 알지 못하는구나. 북을 쳐서 널리 불러들여 자세히 보도록 하라.'고 일렀다.

▶ **설해**說解

波羅蜜 問: 설봉이 대중에게 '손가락으로 대지를 죄다 잡아버리니, 크기가 나락 한 톨만 하구나.'라고 말한 것은 어떠한 일인지요.

一智 曰: 언어와 문자, 모양이나 상태를 가지고 깨우침의 본질인 내가 없음을 깨달아不立五蘊 증득한不離証得 이 깨달음마저 항복 받는 '이것'을 설명한 것이네. 방편方便으로서의 중중묘원中中妙圓을 이르는 것이지.

波羅蜜 問: '이를 그대들 눈앞에 던져도 이곳에 있는 이들은 알지를 못하는구나.'라고 한 말은 어떠한지요.

180

一智 曰: 지금 여기, 이곳에 또렷하게 내가 없음을 깨달아不立五蘊 증득한不離証得 이 깨달음마저 항복 받는 '이것'이 분명하게 있지 않은가. 그러나 모든 이들이 '이것'을 깨닫지 못하고 있을 뿐이란 것이네.

波羅蜜 問: 그렇다면 '북을 쳐서 자세히 보도록 하라는 것'은 어떠한 일인지요.

一智 曰: 여시아견如是我見 하라는 말이지. 곧 깨우침의 본질인 내가 없음不立五蘊을 깨달아 증득한 일不離証得로서 보라는 말이지. 행심반야바라밀다시行深般若波羅密多時를 이르는 것이네.

波羅蜜 問: '이것'을 거듭 말하는데 '이것'은 어떠한 일을 이르는지 설명이 필요하네요.

一智 曰: 깨우침의 궁극적窮極的 본질인 오온五蘊이 청정清浄한 묘각妙覚으로서 '더할 나위 없이 위없는 깨달음의 마음자리', 이 깨달음의 마음자리마저 항복 받는 일을 '이것'이라 이르는 것이네. 그 어떠한 언어나 문자, 모양이나 상태로서 드러낼 수 없는 '이것'이지만 안이비설신의眼耳鼻舌身意, 곧 과거 현재 미래 삼천대천세계, 25문二十五門, 57과五十七果, 일천칠백공안一千七百公案, 팔만사천법문八万四千法文 등 일체 모든 법法과 일체 모든 불보살仏菩薩을 보고 듣고 맛보고 맡고 느끼고 생각하는 일체 모든 것을 지칭한다네. 설봉이 '북을 쳐서 널리 불러들여 자세히 보도록 하라.'고 한 말은 곧 깨우침의 궁극적窮極的 본질인 오온五蘊이 청정清浄한 묘각妙覚, 이 깨달음의 마음자리마저 항복 받는 '이것'을 가리키는 것이네.

波羅蜜 説: 네, 그렇군요.

운문호일 雲門好日

第六則 雲門好日
제 6 칙 운 문 호 일

[本則] 擧 雲門이 垂語云 十五日已前은 不問汝어니와 十五日已後
본 칙 거 운 문 수 어 운 십 오 일 이 전 불 문 여 십 오 일 이 후
를 道將一句來하라 自代云 日日이 是好日이로다
도 장 일 구 래 자 대 운 일 일 시 호 일

본칙 운문이 의문을 던지며 말하기를 '15일 이전은 너에게 묻지 않을 것이니, 15일 이후를 하나의 글귀로 말해 보라.'라고 이르고는 아무도 말이 없자 스스로 이르기를 '매일 매일이 좋은 날이다.'라고 하였다.

▶ **설해** 説解

波羅蜜 問: 운문이 '15일 이전은 너에게 묻지 않을 것이니, 15일 이후를 하나의 글귀로 말해 보라.'라고 하였으니, 어떠한 의미인지요.

一智 曰: 지금 곧바로 당장 태어나 지금까지 살아온 바는 묻지 않을 것이니, 지금 당장 목전目前으로 다가올 일을 하나의 글귀로 말해 보라는 것이네. 언어나 문자, 모양이나 상태로서 드러낼 수 없는 '이것'을 이르는 말이네. 달리 이르자면 과거의 시작점은? 현재의 시작점始作点을 중심으로 한 것이고 미래의 시작점 또한 현재, 지금 당장을 시작점始作点으

182

로 하는 것이 아닌가. 과거의 시작점始作点을 거듭 소급遡及
해서 올라가면 내가 없음을 깨달아 증득한 이 깨우침마저
항복 받는 '이것'은 천지창조天地創造 이전以前이면서 지금
당장이고 우주宇宙가 소멸消滅한 이후以後이면서 동시에 지
금 당장이지 않는가. 이는 곧 오온五蘊을 세우지 아니한 깨
우침의 본질本質을 깨달아 증득한 깨우침의 궁극적窮極的
본질인 오온五蘊이 청정淸淨한 깨우침이라는 묘각妙覚마저
뛰어넘은 일이면서 내가 없음을 본질本質로 한 '이것'을 이
르는 것이네. 이 말은 시간의 흐름이란 깨우침의 본질인
내가 없음을 본질로 한 '이것'에서 보면 과거 현재 미래의
시작점, 이 시작점始作点이란 오온五蘊을 바탕으로 한 식견
識見일 뿐이라는 것이네. 그러면 찰나와 영원의 의미는 무
엇이던가. 언어와 문자, 모양이나 상태일 뿐이지 않은가.

波羅蜜 問: 아무도 말이 없자 운문이 '매일 매일이 좋은 날이다.'라고
　　　　　 말한 일은 어떠한지요.

一智 曰: 매일 매일은 해와 달의 일과 같음을 뜻하며, 이 몸으로서
　　　　　 오온五蘊이 청정한 '더할 나위 없이 위없는 깨달음의 마음
　　　　　 자리' 곧 깨우침의 궁극적窮極的 본질을 깨달아 얻은 행으
　　　　　 로서의 중중묘원中中妙圓을 근본으로 위로는 도를 구하고
　　　　　 上求菩提 아래로는 하화중생下化衆生하는 일에 있어서 과
　　　　　 거, 현재, 미래, 삼천대천세계에 응하는 일이 막힘이나 걸
　　　　　 림이 없다는 것이네.

波羅蜜 説: 네. 찰나와 영원은 깨우침의 궁극적窮極的 본질을 항복 받
　　　　　 는 '이것'에서 비롯되어 내가 없음을 깨달아 증득한 일마
　　　　　 저 항복 받는 '이것'으로 돌아가는 일이군요.

법안혜초法眼慧超

第六則 雲門好日
제 6 칙 운 문 호 일

[本則] 擧 雲門이 垂語云 十五日已前은 不問汝어니와 十五日已後
본 칙 거 운 문   수 어 운 십 오 일 이 전   불 문 여   십 오 일 이 후

를 道將一句來하라 自代云 日日이 是好日이로다
도 장 일 구 래   자 대 운 일 일   시 호 일

본칙 승(혜초)이 법안에게 묻기를 '혜초가 화상에게 묻노니, 어떠한 것이 부처입니까?'
라고 하니, 법안이 '그대가 혜초이니라.'라고 하였다.

▶ 설해說解

波羅蜜 問: 혜초가 법안에게 '혜초가 화상에게 묻노니, 어떠한 것이
　　　　　　　부처입니까?'라고 물은 일은 어떠한지요.

一智 曰: 색色과 공空을 벗어난 물음으로서 이와 같이 나는 묻겠다
　　　　　如是我問는 일이네. 곧 이와 같이 나는 묻겠으니 어떠한 것
　　　　　이 부처인지 말해 보라는 것이네.

波羅蜜 問: 법안이 '그대가 혜초이니라.'라고 답한 일은 어떠한지요.

一智 曰: 이와 같이 물었으니如是問 이와 같이 답한 일이지如是答.

波羅蜜 問: 여시문如是問과 여시답如是答에 대한 자세한 설명이 필요
　　　　　　하네요.

184

一智 曰: 색色.六根貪.六塵瞋.六識痴.十八界.我法이 공空과 다르지 않고 공空이 색色과 다르지 않은 것이니, 색色이 그냥 공空이며, 공空이 그냥 색色이라네. '수상행식受想行識도 역부여시亦復如是하니 수상행식도 또한 이와 같은 것이니'의 여시如是를 이르는 것이네. 역부여시亦復如是의 여시문如是問 여시답如是答을 가리키는 것이며, 때문에 일체 모든 법法이란 본래 공空한 것으로서 마주 대하여 드러난 언어言語나 문자文字, 모양이나 상태는 본래 '생生하지 않으니 멸滅하지 않고不生不滅 티끌에 물들지 않으니 깨끗이 할 것이 아니며不垢不净, 모자람이나 부족함 없이 두루 원만한 것이니 늘고 줄어드는 것이 아니라네不增不減.'라고 이른 반야바라밀般若波羅密을 가리키고 이것이 나를 세우지 아니한 깨우침의 본질인 내가 없음不立五蘊을 깨달아 증득한不離証得 '더할 나위 없는 깨우침의 참된 마음자리妙覚'를 가리키는 것이네.

波羅蜜 説: 네. 물음과 답이 중중묘원中中妙圓이네요.

취암미모翠巖眉毛

第八則 翠巖眉毛
제 8 칙 취 암 미 모

[本則] 擧 翠巖이 夏末에 示衆云 一夏以來 爲兄弟說話하니
본 칙 거 취 암   하 말   시 중 운 일 하 이 래 위 형 제 설 화

看翠巖眉毛在麼아 保福云 作賊人心虛니라 長慶云 生也라 雲門云 關
간 취 암 미 모 재 마   보 복 운 작 적 인 심 허   장 경 운 생 야   운 문 운 관

본칙 취암이 여름 결재가 끝나가는 날 대중에게 '여름 결재 시작부터 지금까지 형제들을 위해 이야기를 하였으니, 취암의 눈썹이 있는가. 자세히 보라.'라고 일렀다. 보복이 이르기를 '도둑질한 사람은 마음이 공허하고 불안합니다.'라고 하였다. 장경이 이르기를 '났습니다.'라고 하였다. 운문이 '관(빗장)'이라 말했다.

▶ 설해説解

波羅蜜 問: 취암이 여름 결재 시작부터 지금까지 형제들을 위해 이야기를 하였다고 하는데 무엇을 이야기했다는 것인가요.

一智 日: 이와 같이 말했다고 하는 것이니如是我説, 자세히 이르자면 '드러난 일체 모든 법이 공한 바탕으로서의 모양이나 상태는是諸法空相 생하지 않으니 멸하지 않고不生不滅 더럽지 않으니 깨끗이 할 것이 아니며不垢不净, 늘고 줄어드는 것이 아니라네不增不減. 즉 불립오온불리증득不立五蘊不離証得으로서 더할 나위 없는 마땅한 깨우침의 마음자리에

이르는 길'을 말했다는 것이네.

波羅蜜 問: 취암 스스로 '취암의 눈썹을 자세히 보라'고 말한 일은 어떠함을 이르는지요.

一智 曰: 힘을 쓰는 거지. 깨우침의 본질로서 내가 없음不立五蘊을 깨달아 증득한不離証得 깨우침의 궁극적窮極的 본질인 오온청정五蘊清浄한 묘각妙覚의 마음자리를 자세히 보고 중중묘원中中妙圓의 이치를 분명하게 깨달아 얻어야 하는 일을 거듭 드러낸 일이네.

波羅蜜 問: 보복이 '도둑질한 사람은 마음이 공허하고 불안하다'고 말한 것은 어떠한 일인지요.

一智 曰: 한쪽으로 치우친 일로서 나를 세우지 아니한 깨우침의 본질인 내가 없음本質을 깨달아 증득証得한 일과 깨우침의 궁극적窮極的 본질인 오온청정五蘊清浄한 묘각妙覚.究竟覚을 분별分別 간택揀択하는 일을 이르는 것이네.

波羅蜜 問: 장경이 '났습니다.'라고 한 말은 어떠한 일을 이르는지요.

一智 曰: 깨우침의 본질로서 내가 없음不立五蘊을 깨달아 증득한 일不離証得과 궁극적窮極的 깨우침의 본질로서 오온五蘊이 청정清浄한 묘각妙覚.究竟覚이 달리 다른 것이 아니라 참으로 깨달아 얻은 '더할 나위 없이 위없는 깨달음의 마음자리'를 이르는 것이네. 취암의 의도를 알았다는 것이지.

波羅蜜 問: 운문이 '관(빗장)'이라고 한 말은 어떠한 뜻인지요.

一智 曰: 깨우침의 궁극적 본질인 묘각妙覚.究竟覚을 항복 받는 일과 직결直結되는 중요한 문門을 이르네.

波羅蜜 説: 네. 그래서 듣는 일을 되돌려 들어야 중요한 문이 어딘지를 알 수가 있다 한 것이군요.

조주사문 趙州四門

第九則 趙州四門
제9칙 조주사문

[本則] 擧 僧이 問趙州호대 如何是趙州니고 州云 東門 西門 南門
본칙 거 승 문조주 여하시조주 주운 동문 서문 남문

北門이니라
북문

본칙 승이 조주에게 묻기를 '어떠한 것이 조주입니까.'라고 하니, 조주가 '동문, 서문, 남문, 북문이니라.'라고 말했다.

▶ **설해**説解

波羅蜜 問: 승이 '어떠한 것이 조주입니까.'라고 물은 것은 조주가 거주하고 있는 지명인 조주성과 조주 당사자 중 무엇을 물은 것인가요?

一智 曰: 승이 맹랑하게 지명地名을 빌미 삼아 여하시조주如何是趙州 하였겠는가. 지명인 조주성이든 조주 당사자든 '모든 언어言語나 문자文字, 모양이나 상태를 떠나 깨우침을 얻은 조주는 어떠한 것입니까?'라고 물은 것이지.

波羅蜜 問: 그럼 조주가 '동문 서문 남문 북문'이라고 답한 것은 어떠한 일인지요. 지칭되어지는 언어나 문자, 모양이나 상태가

아닌지요.

一智 曰: 승의 마음그릇에 비추어 답한 것이니, '어떠한 것이 조주입니까.'라는 해답은 동문에도 있고 서문, 남문, 북문에도 있다는 것을 이르네. 물음 또한 그렇듯 스스로에게서 찾을 일이지 이 사문師門 저 사문師門 기웃거리며 분주하게 굴지 말라 이른 것이지. '더할 나위 없이 위없는 깨우침의 자리妙覚에 들면 일문一門이 팔만사천문八万四千門이요. 팔만사천문八万四千門이 일문一門이라네.' 이 일문一門이라는 것마저 세우지 않으면 무어라 부를 수 있겠는가. 언어와言語 문자文字, 모양이나 상태를 가지고서는 기웃거릴 수 있는 물건이 아니라네.

波羅蜜 説: 네. 그렇군요. 일문一門을 세우지 않는다는 일은 깨우침의 궁극적 본질인 오온청정五蘊清浄한 마음자리를 깨달아 얻었다는 이 깨우침의 마음마저 항복 받는 일을 이르는 것임을….

제10칙

목주갈후睦州喝後

第十則 睦州喝後
제10칙 목주갈후

[本則] 擧 睦州問僧호대 近離甚處오 僧便喝하니 州云
　　　　　거 목주문승　　　근리심처　　　승편갈　　　　주운
老僧被汝一喝이로다 僧又喝하니 州云 三喝四喝後作麽生고
노승피여일갈　　　　승우갈　　　주운　삼갈사갈후작마생
僧無語하니 州便打去호대 這掠虛頭漢
승무어　　　주운타거　　　저략허두한

본칙 목주가 승에게 '어디에서 왔는가.'라고 물으니, 승이 곧바로 할을 했다. 이에 목주가 '노승이 자네의 일 할을 맞았구나.'라고 하였다. 다시 또 승이 할을 하니, 목주가 '3번 4번 할을 한 후 그다음은 어찌할 것인가.'라고 하였다. 승이 말이 없으니, 목주가 곧바로 후려치고 말하기를 '이 도둑질만 일삼은 놈'이라고 하였다.

▶ 설해説解

波羅蜜 問: 목주가 승에게 '어디에서 왔는가.'라는 물음에 승이 할을 한 까닭은 무엇인지요.

一智 曰: 제 분수도 모르고 부리는 혈기인 능견능지能見能知일 뿐이지. 뒤에 말을 하지 못하는 것을 보면 불립문자견성不立文字見性도 제대로 못한 승이라네. 제대로 했다면 세속사世俗事 예만큼은 갖추었을 것이 아닌가. 어디다 대고 대뜸 할인가.

190

波羅蜜 問: 목주가 '노승이 자네의 일 할을 맞았구나.'라고 한 말은 어떠한 일인지요.

一智 曰: 어디서 왔는가 물으니, 머뭇거림 없이 그냥 할이라. 깨우침의 본질인 내가 없음을 깨달아 증득한 자리에 들어선入流.不立五蘊 승이라고 인정하고는 싶지만 내가 없음을 깨달아 증득하는 일이 어찌 쉬운 일이겠는가.

波羅蜜 問: 목주가 '3번 4번 할을 한 후 그다음은 어찌할 것인가.'라고 물으니 승이 말이 없는 것은 어찌 된 까닭인가요.

一智 曰: 언어나 문자, 모양이나 상태를 세우지 않은 스스로의 마음佛性을 보고 깨우침을 얻을 수 있는 참다운 방편不立文字直指人心見性成仏에서 빗나가도 한참이나 빗나간 것이지. 배운바 방편으로서 본 일과 들은 것은 많으나 색수상행식色受想行識의 지독한 식견識見을 벗어나지 못한 것이네.

波羅蜜 説: 네. 그래서 목주가 후려 패면서 '도둑질만 일삼은 놈'이라고 한 것이군요.

황벽주조黃檗酒糟

第十一則 黃檗酒糟
제 1 1 칙 황 벽 주 조

[本則] 擧 黃檗이 示衆云 汝等諸人이 盡是?酒糟漢이라 恁?行脚
본 칙 거 황 벽 시 중 운 여 등 제 인 진 시 당 주 조 한 임 마 행 각

인댄 何處에 有今日이리오 還知大唐國裏에 無禪師?아 時에 有僧이
하 처 유 금 일 환 지 대 당 국 리 무 선 사 마 시 유 승

出云 只如諸方에 匡徒領衆은 又作麼生이니고 檗이 云 不道無禪이
출 운 지 여 제 방 광 도 영 중 우 작 마 생 벽 운 부 도 무 선

요 只是無師니라
지 시 무 사

본칙 황벽이 대중에게 이르기를 '너희 모든 사람은 다 술지게미로 탐욕스럽게 배만 채
우는 자들이라네. 이러한 식으로 수행을 한다면 어느 곳, 어느 때에 밝은 날이 있겠는가.
대 당국 안에는 선사가 없는 것을 알겠는가.'라고 하였다. 그때 승이 나서서 말하기를 '그
러면 지금 여러 곳에서 수행을 이끄는 이들은 또 누구입니까.'라고 하니, 황벽이 '선이 없
다고는 말하지 않았다. 다만 스승이 없을 뿐이라네.'라고 일렀다.

▶ **설해**説解

波羅蜜 問: 황벽이 이른 '술지게미로 탐욕스럽게 배만 채운다.'라고 하
였으니, 어떠한 일을 말하는지요.

一智 曰: 스스로의 성품을 보고도 여시아견如是我見하지 않고 들려
도 여시아문如是我聞하지 않으면서 오로지 육근육진육식六
根六塵六識의 탐진치貪瞋痴를 근본으로 삼아 25문二十五門,

192

57과五十七果, 일천칠백공안一千七百公案, 팔만사천법문
八万四千法文 등 일체 모든 법法과 일체 모든 불보살仏菩薩의
본체本体를 도외시度外視하면서 이 본체本体의 그림자만을
굶주린 어린아이가 배를 채우듯 먹어 치운다는 것이지.

波羅蜜 問: 황벽이 말한 '이러한 식의 수행修行'은 어떠한 것이며, 또
'밝은 날이 있겠는가.'라고 한 의미는 어떠한 것인지 자세
하게 설명해주었으면 합니다.

一智 曰: '이런 식의 수행修行'이란 선수후오先修後悟를 이른다네. 먼
저 수행修行을 하고 뒤에 깨우친다는 일은 미혹한 수행
에 미혹한 깨우침이라는 것이지. '밝은 날이 있겠는가.'라
고 한 의미는 육근육진육식六根六塵六識의 탐진치貪瞋痴를
근본으로 삼아 25문二十五門, 57과五十七果, 일천칠백공안
一千七百公案, 팔만사천법문八万四千法文 등 일체 모든 법法
과 일체 모든 불보살仏菩薩을 능견能見 능지能知한다는 아
법我法을 벗어나 문자를 세우지 아니한 스스로의 불성仏性
이 깨우침을 이룰 수 있는 방편임을 분명하게 인지認知한
후, 곧 견성성불見性成仏을 바탕으로 일체 모든 법法과 일
체 모든 불보살仏菩薩을 믿고 이해를 해야만 한다는 것이
네. 이러한 믿음과 이해를 바탕으로 '색이 즉 그냥 공이고
色即是空 공이 즉 그냥 색이니空即是色, 수상행식受想行識도
또한 이와 같다네亦復如是. 때문에 일체 드러난 모든 법의
공한 모양이나 상태는是諸法空相 생하지 않으니 멸하지 않
고不生不滅 더럽지 않으니 깨끗할 것이 아니며不垢不浄 늘
고 줄어드는 것이 아니라네不增不減.不立五蘊不離証得.'라고
한 일을 깨우쳐야만 한다네. 이는 불립오온不立五蘊 곧 깨

우침의 본질로서 내가 없음을 증득한 불리증득不離証得이 반야바라밀般若波羅密이라는 것이며, 이 깨달음으로 삼천대천세계三千大天世界 과거 현재 미래에 막힘이나 걸림이 없이 하화중생下化衆生할 수 있는 일로서 '바라는 바 없이 그 마음을 일으키는 자리'를 이른다네. 그리고 불립오온不立五蘊 가운데 불리증득한不離増得 일이 중중묘원中中妙圓이며 이를 바탕으로 상구보리上求菩提할 수 있는 것이니, 이와 같이 깨우친 후에 수행先悟後修을 해야 삼천대천세계 과거 현재 미래에 막힘이나 걸림이 없을 것이라네. 이것이 '밝은 날'이 아니고 무엇이라 이르겠는가. 중중묘원中中妙圓 일원상一圓相 일日 월月도 언어나 문자, 모양이나 상태로서 티끌 한 점과 같을 뿐이라네.

波羅蜜 説: 네. 황벽이 선사禪師가 없다고 말한 까닭을 알겠으며, 수행을 이끌고 있는 많은 이들이 술지게미로 배만 채우는 자들임을 알겠습니다.

一智 曰: 이와 같이 '밝은 날'인 것을, 다만 이끌어 줄 진인眞人이 없을 뿐이라네.

波羅蜜 説: 그렇군요.

第十二則 麻三斤
제 1 2 칙 마 삼 근
[本則] 擧 僧이 問洞山호대 如何是佛이니고 山이 云 麻三斤이니라
본 칙 거 승 문동산 여하시불 산 운마삼근

본칙 승이 동산에게 '어떠한 것이 부처입니까?'라고 물으니, 동산이 이르기를 '마삼근'
이라 하였다.

▶ **설해**説解

波羅蜜 問: 승이 동산에게 묻고자 한 부처는 어떠한 것입니까?

一智 曰: 　스스로의 생각으로 이룰 수 있다고 믿어 의심치 않은 궁
　　　　극窮極의 깨우침을 이르는 것究竟覺이겠지.

波羅蜜 問: 그러면 승의 물음에 '마삼근'이라는 동산의 답은 어떠한
　　　　일을 이르는지요.

一智 曰: 　승에게는 동문서답東問西答이겠지만 그때나 지금이나 앞
　　　　으로도 대답은 '마삼근'이 마땅하다네.

波羅蜜 問: 무슨 의미인지요.

一智 曰: 　그때 당시의 물음이나 답, 지금 당장 일어나는 물음이나
　　　　답, 앞으로 일어날 물음이나 답이 동산에게 있어서는 달

리 다른 어떠한 것이 있겠는가? 달리 있다면 이는 분별分別 간택揀択으로서 언어나 문자, 모양이나 상태가 아닌가. 언어言語나 문자文字, 모양이나 상태가 비롯되는 근본根本으로서 마땅히 머무는 바 없이 그 마음을 일으킨 자리마저 항복 받는 일이란 생각이나 생각 아닌 것으로도 끝낼 수 있는 일이 아닌 것이니, 생각으로 미칠 수 없는 깊은 곳에 이르게 되면 생각도 또 생각이 아닌 것도, 모든 일이 고요한 것이라네. 이와 같은 것이니 그때나 지금이나 앞으로도 동산의 '마삼근'이지.

波羅蜜 説: 아! 그렇군요.

파릉제바종 巴陵提婆宗

第十三則 巴陵提婆宗
제 1 3 칙 파 릉 제 바 종

[本則] 擧 僧이 問巴陵하되 如何是提婆宗이니고 巴陵이 云
본 칙 거 승 문 파 릉 여 하 시 제 바 종 파 릉 운

銀椀裏盛雪이니라
은 완 리 성 설

본칙 승이 파릉에게 '어떠한 것이 제바의 종지입니까?'라고 물으니, 파릉이 이르기를 '은그릇 속에 흰 눈이 가득하다네.'라고 하였다.

▶ **설해**説解

波羅蜜 問: 승이 파릉에게 물은 '제바의 종지'란 무엇을 이르는 것인 가요.

一智 曰: 그냥 그대로 '제바가 이르는 절대적絶対的 진리真理'란 무엇 인지 묻은 것이네.

波羅蜜 問: 파릉이 '은그릇 속에 흰 눈이 가득하다.' 하였으니, 은그릇 은 무엇을 의미하며, 흰 눈은 무엇을 뜻하는 것입니까.

一智 曰: 은그릇은 오온五蘊을 세우지 아니한 깨우침의 본질, 즉 깨 우침의 본질로서 내가 없음을 깨달아 온전하게 증득한不 離証得 마음자리를 이르네. 흰 눈이란 25문二十五門, 57과

설해説解 벽암록碧巖錄   **197**

五十七果, 일천칠백공안一千七百公案, 팔만사천법문八万四千
法文 등 일체 모든 법法과 일체 모든 불보살仏菩薩을 마주
대하여 막힘이나 걸림이 없이 서로가 서로를 비추면서 어
긋나거나 이지러지지 않고 두루 원만하다는 것을 이르네.
깨달음의 궁극적窮極的 본질本質인 오온五蘊이 청정淸浄해
진 중중묘원中中妙圓의 자리를 이르는 것이지.

波羅蜜 説: 네. 구경각究竟覚을 이르는 것이군요.

운문대일설雲門対一説

第十四則 雲門對一說
제14칙 운문대일설

[本則] 擧 僧이 問雲門호대 如何是一代時敎니고 雲門이 云
본칙 거 승   문운문   여하시일대시교   운문 운

對一說이니라
대 일 설

본칙 승이 운문에게 묻기를 '어떠한 것이 일대시교입니까?'라고 하니, 운문이 '마주 대한 한 구절이네.'라고 일렀다.

▶ **설해**說解

波羅蜜 問: 승이 운문에게 물은 '일대시교一代時敎'란 무엇을 뜻하는
지요.

一智 曰: 부처가 깨달음을 얻은 후 49년간의 가르침을 말하네.

波羅蜜 問: 운문이 답한 '마주 대한 한 구절'이란 무엇을 이르는지요.

一智 曰: 하나의 법문一法文이 팔만사천법문八万四千法文이요. 팔만
사천법문이 하나의 법문一法文이니, 이 하나의 법문과 팔만
사천법문에서 온전하게 벗어나야 '마주한 한 구절'이라 이
를 수 있으나, '마주한 한 구절'이란 수數와 양量으로서 처
할 바가 있는 것이니, 처할 바가 있다거나 없다거나 처할

바가 같다거나 다르다고 보는 일이 서로 맞닿아 이르지
않아야 '참으로 마주 대한 한 구절'이라 이를 수 있다네.
깨우침의 본질로서 내가 없음을 증득한 이 깨달음마저
항복 받아야 함을 함축적含蓄的으로 이른 말이네.

波羅蜜 說: 네. '마땅히 머무는 바 없이 그 마음을 내라.'고 한 이 말
도 사족蛇足에 불과한 것이로군요.

운문도일설雲門倒一說

第十五則 雲門倒一說
제 15 칙 운 문 도 일 설

[本則] 擧 僧이 問雲門하대 不是目前機며 亦非目前事時如何니고
본 칙 거 승 문 운 문 불 시 목 전 기 역 비 목 전 사 시 여 하

門이 云 倒一說이니라
문 운 도 일 설

본칙 승이 운문에게 '눈앞에 곧바로 드러나는 불립오온, 곧 내가 없음을 바탕으로 한
깨우침의 마음그릇도 아니며, 또한 눈앞에 곧바로 드러나는 일상적인 일도 아닐 때는
어떻습니까?'라고 물었다. 운문이 말하기를 '그 한 구절이 어긋나 버렸네.'라고 하였다.

▶ 설해説解

波羅蜜 問: 승이 운문에게 '눈앞에 곧바로 드러나는 불립오온, 곧 내
가 없음을 바탕으로 한 깨우침의 마음그릇不立五蘊機도 아
니다.'라고 말한 것은 어떠한 일을 이르는지요.

一智 曰: 깨우침의 본질인 내가 없음不立五蘊을 깨달아 증득하는
일이란 마음그릇의 작용機이 아니라는 것이니, '도끼를 잡
고 도끼라고 이르면서 도끼가 아니라면 어떻게 하겠습니
까.'라고 물어보는 것이네.

波羅蜜 問: 또 승이 '눈앞에 곧바로 드러나는 일상적인 일도 아닐 때

는 어떻습니까?'라고 물은 일은 어떠한지요.

一智 曰: 삼천대천세계三千大千世界 과거 현재 미래에 걸쳐 상구보리 하화중생上求菩提下化衆生하는 일에 있어 막힘이나 걸림이 없으며, 이지러지거나 어긋남이 없다는 것을 이르는 것이니, 불립오온불리증득不立五蘊不離証得의 자리로서 중중묘원中中妙圓을 이른다네. 승이 대단하기는 하나 나를 세우지 않은 깨우침의 본질을 깨닫기에는 지극히 어려운 썩은 장작이라네. 곧 이 마음을 작동하지 말고 이 마음자리를 눈앞에 보여 달라는 말이지. 승이 언사言事로 스스로를 희롱하고 있지 않은가. 썩은 장작이로세. 이미 그 경지境地까지 이르렀다면 굳이 억지스럽게 들이댈 일은 또 무엇인가. 때문에 이르기를 '사자 새끼가 제법 위엄을 부리니 여우들이 하릴없이 두려워한다네.'라고 한 것이네.

波羅蜜 問: 운문이 '이 한 구절이 어긋나 버렸다.'라고 말한 것은 어떠한 일인지요.

一智 曰: '이 한 구절'이란 부처가 49년 동안 설한 가르침을 이르는 것이네.

波羅蜜 説: 네. '팔만사천법문'이라 이른 이 한 구절이 어긋나 버리는군요.

경청줄탁鏡淸啐啄

第十六則 鏡淸啐啄
제16칙 경청줄탁

[本則] 擧 僧이 問鏡淸하대 學人이 啐하리니 請師啄하소서 淸이
본칙 거 승   문경청   학인   줄   청사탁   청

云 還得活也無아 僧이 云 若不活인댄 遭人怪笑하리다 淸이 云
운 환득활야무   승   운 약불활   조인괴소   청   운

也是草裏漢이로다
야시초리한

본칙 승이 경청에게 물어보기를 '저는 안에서 찍을 테니 청컨대 스승께서는 밖에서 쪼
아주시겠습니까?'라고 하니, 경청이 말하기를 '살아있기는 한가.'라고 하였다. 승이 말하
기를 '만약 살아있지 않다면 만나는 사람마다 기이하게 웃을 것입니다.'라고 하니, 경청
이 말하기를 '형편없는 놈이로구나.'라고 하였다.

▶ **설해**説解

波羅蜜 問: 승이 '저는 안에서 찍을 테니 청컨대 스승께서는 밖에서
        쪼아주시겠습니까?'라고 경청에게 물은 것은 어떠한 일을
        이르는지요.

一智 曰: 안과 밖? 찍고啐 쪼아 주고啄? 이 무슨 망상妄想인가. 주객
        主客이 세워지는 지금 곧바로 분별分別과 간택揀択의 시작
        점이지 않는가.

波羅蜜 問: 그렇다면 경청이 승에게 '살아있기는 한가.'라고 말한 것은

어떠한 일인지요.

一智 曰: 나를 세우지 아니한 깨우침의 본질로서 내가 없음不立五蘊을 깨달아 증득한不離証得 불생불멸不生不滅의 마음자리를 이른 것이지. 난 살아있네만 자넨 살아있는가. 라고 물은 일이네.

波羅蜜 問: 그러면 승이 '만일 제가 살아있지 않다면 만나는 사람마다 기이하게 웃을 겁니다.'라고 답한 일은 어떠한지요.

一智 曰: 경청의 밑밥을 덜컥 물고는 스스로의 어리석음에 거듭 다른 사람들까지 끌고 들어가는 어리석은 일이라네. 경청의 '살아있기는 한가.'라는 밑밥에 기세가 당당해진 것이라네.

波羅蜜 問: 승의 말을 듣고 경청이 '형편없는 놈이로구나.'라고 말한 것은 어떠한 의미인지요.

一智 曰: 수행修行하는 일에 있어서의 방법이나 과정, 결과結果 따위가 매우 좋지 않다는 의미意味네.

波羅蜜 説: 네. 마주 대하여 드러난 언어와 문자, 모양이나 상태에 집착執着한 결과로군요.

향림서래의 香林西来意

第十七則 香林西來意
제 1 7 칙 향 림 서 래 의

[本則] 擧 僧이 問香林하되 如何是祖師西來意니고 林이 云
본칙 거 승 문향림 여하시조사서래의 림 운

坐久成勞
좌 구 성 로

본칙 승이 향림에게 묻되 '어떠한 것이 조사가 서쪽에서 온 뜻입니까?'라고 하니, 향림
이 이르기를 '오래도록 앉아 있으니 피로가 쌓이는구나.'라고 하였다.

▶ 설해說解

波羅蜜 問: 승이 향림에게 '어떠한 것이 조사가 서쪽에서 온 뜻입니
까?'라고 물은 일에 대해 자세하게 풀어 줄 수 있나요.

一智 曰: 모든 법의 드러난 모양이나 상태가 공空한 것과 같이 본
래 얻을 것도 없고 잃을 것도 없기에不得不失 25문二十五門,
57과五十七果, 일천칠백공안一千七百公案, 팔만사천법문
八万四千法文 등 일체 모든 법法과 일체 모든 불보살仏菩薩
은 오고 가는 일이 아니라네不往不来. 곧 깨우침의 본질本
質로서 내가 없음不立五蘊을 깨달아 증득한 일不離証得을
이르는 것이니, 이 자리는 생하지 않으니 멸하지 않고不生

不滅 더럽지 않으니 깨끗할 것이 아니며不垢不淨 늘고 줄어
드는 것이 아니라네不增不減. 이와 같이 증득했다는如是証
得 일마저 항복 받는 것을 이르는 것이니, 조사가 서쪽에
서 온 뜻 또한 이와 같다네亦復如是西来意.

波羅蜜 問: 향림이 '오래도록 앉아 있으니 피로가 쌓인다.'는 말은 어
떠한 일을 이르는지요.

一智 曰: 입을 다물겠다는 뜻이지. 깨달음의 궁극적 본질究竟覚.妙
覚마저 항복 받는 '이것'을 있는 그대로 드러낸 것이라네.
사족을 붙이자면 '바라는 바 없는 그 마음, 비롯됨 없는
그 마음'마저 항복 받는 일을 이르네.

波羅蜜 説: 네. 천지창조天地創造 이전의 시작점始作点을 넘어선 것이
로군요.

一智 曰: 시작점을 넘어섰다는 그 생각마저 미칠 수 없는 것이니,
시작점이라면 이미 처할 바가 있지 않는가. 언어言語나 문
자文字, 모양이나 상태를 벗어나 처할 바 없음을 이르는
것이네.

波羅蜜 説: 아! 네. 그렇군요.

제18칙 혜충무봉탑 慧忠無縫塔

第十八則 慧忠無縫塔
제18칙 혜충무봉탑

[本則] 擧 肅宗皇帝 問忠國師호대 百年後所須何物이니고 國師云
본칙 거 숙종황제 문충국사 백년후소수하물 국사운

하대 與老僧作箇無縫塔하소서 帝日 請師塔樣하소서 國師良久云하
여 노승작개무봉탑 제왈 청사탑양 국사량구운

대 會麼니가 帝云하대 不會니다 國師云하대 吾有付法弟子耽源하야
회마 제운 불회 국사운 오유부법제자탐원

却諳此事하니 請詔問之하소서 國師遷化後에 帝詔耽源問此意如何
각암차사 청조문지 국사천화후 제조탐원문차의여하

하니 源云하대 湘之南潭之北이라하니라 雪寶着語云 獨掌은 不浪鳴
원운 상지남담지북 설두착어운 독장 불랑명

이라 中有黃金充一國이라 雪寶着語云 山形挂杖子라
중유황금충일국 설두착어운 산형주장자

無影樹下合同船하니 雪寶着語云 海晏河淸이로다 瑠璃殿上에
무영수하합동선 설두착어운 해만하청 유리전상

無知識이로다 雪寶着語云 拈了也라
무지식 설두착어운 염료야

본칙 숙종 황제가 충국사에게 묻기를 '백 년 후 무슨 물건이 필요하십니까?'라고 하니, 충국사가 '노승을 위해서 무봉탑을 만들어 주십시오.'라고 하였다. 황제가 말하기를 '사승께서 탑의 모양을 말해주십시오.'라고 하니, 충국사가 잠시 시간을 두고 있다가 '알겠습니까?'라고 말했다. 황제가 '모르겠습니다.'라고 말하니, 충국사가 이르기를 '나에게는 법을 전해준 제자 탐원이 있으니, 이 일을 알 것입니다. 후에 불러서 물어보소서.'라고 하였다. 충국사가 입멸한 후에 황제는 탐원을 불러서 이 뜻이 어떠한 것인지를 물으니, 탐원이 '상지남 담지북'이라 말했다. 설두가 짧게 덧붙여 평하기를 '한 손으로는 소리가 나지 않는다네.'라고 했다. '그 가운데 황금으로 가득한 나라가 하나 있습니다.'라고 하니, 설두가 덧붙여 짧게 평하기를 '산을 닮은 주장자로다.'라고 하였다. '그림자 없는 나무 아래 같은 배를 타니.' 설두가 이를 두고 덧붙여 이르니 '바다는 잠잠하고 강물은 맑다네.'라고 하였다. '유리 궁전에는 사람이 없습니다.'라고 하니, 설두가 짧게 덧붙여 평하길 '분명하게 집어내어서 끝마쳤구나.'라고 하였다.

波羅蜜 問: 숙종이 충국사에게 '백 년 후 무슨 물건이 필요하십니까?' 라는 물음은 어떠한지요.

一智 曰: 백년 후면 죽은 다음이 아닌가. 그냥 일상적日常的인 차원 에서의 물음이지.

波羅蜜 問: 충국사가 숙종의 물음에 '노승을 위해서 무봉탑을 만들 어 주십시오.'라고 답한 일은 어떠한 것을 이르는지요.

一智 曰: 얼기설기 꿰고 꼬아서 만든 탑이 아니라는 것이니, 지금 이나 앞으로나 인위적人爲的이거나 꾸밈없이 사려분별思慮 分別을 더하지 않은 있는 그대로의 모양이나 상태인 여여 如如한 깨우침의 본바탕을 이르는 것이네.

波羅蜜 問: 숙종이 말하기를 '사승께서 탑의 모양을 말해주십시오.'라 고 하니, 충국사가 잠시 시간을 두고 있다가 '알겠습니까?' 라고 답한 것은 어떠한 일을 이르는지요.

一智 曰: 숙종이 언어나 문자로서는 이해할 수 없으니, 모양이나 상 태를 들어 물은 일이며, 이에 충국사가 침묵으로서 언어 나 문자, 모양이나 상태로서 드러낼 수 없는 무봉탑을 온 전하게 드러내어 보인 일이네.

波羅蜜 問: 당연히 숙종은 모른다고 했고 충국사가 제자 탐원은 이 일 을 알 것이라고 했으니, 무봉탑을 온전하게 드러내어 보인 일임을 알겠네요. 그렇다면 충국사가 입멸 후 숙종의 물음 에 탐원이 '상지남 담지북'이라 이른 것은 어떠한 의미인가요.

一智 曰: '상지남 담지북'이란 삼천대천세계 과거 현재 미래를 담은 마음그릇의 이쪽과 저쪽 가장자리를 이르네. 이 그릇에

208

가장자리의 경계境界가 있으면 유수有數 유량有量이고 경
계境界가 없는 것을 무수無數 무량無量이라 이르네. 무봉
탑無縫塔은 마땅히 안과 밖이라 이를 수도 없는 무수無數
무량함無量을 이르는 것이지. 곧 이와 같이 무수하며如是
無數, 이와 같이 무량한 것如是無量이 무봉탑無縫塔이라 이
를 수 있다는 것이지.

波羅蜜 問: 탐원의 이 말을 두고 설두가 '한 손바닥으로는 소리가 나
지 않는다.'고 평한 것은 무슨 뜻인가요.

一智 曰: 나를 세우지 아니한 깨우침의 본질로서 내가 없음不立五蘊
을 깨달아 증득한 일이 부처의 왼손이요. 깨달아 증득했
다는 깨우침마저 항복 받는 일이 부처의 오른손이라는 의
미라네.

波羅蜜 問: 탐원이 '상지남 담지북 그 가운데 황금으로 가득한 나라
가 하나 있습니다.'라고 말한 것은 무엇을 가리키는지요.

一智 曰: 안과 밖이 없는 중중묘원中中妙圓으로 가득한 무봉탑을
이르네. 이렇든 저렇든 단 한마디라도 사족을 붙인다면
곧바로 무봉탑이 아니라는 것을 이르네.

波羅蜜 問: 이를 두고 설두가 '산을 닮은 주장자다.'라고 평한 것을 깊
이 들여다보면 어떠한 것이지요.

一智 曰: 산을 닮은 주장자란 하화중생下化衆生하는 일에 막힘이나
걸림이 없고 상구보리上求菩提하는 일에 막힘이나 걸림이
없음을 이른다네. 곧 금강혜심金剛慧心을 이르는 것이니,
신주행향지信住行廻向十地의 자리에 드리워진 그림자를 없
애주고 깨우침의 마지막까지 이끌어주는 주장자이며, 깨
우침의 궁극적窮極的 본질인 오온청정五蘊清淨한 묘각妙覺,

이 깨우침마저 항복 받을 수 있는 주장자이면서 비로자나불의 정수리와 마땅히 서로 맞닿는 자리를 이르네.

波羅蜜 問: 탐원이 말한 '그림자 없는 나무 아래 같은 배를 타니.'는 무슨 뜻인지요.

一智 曰: 마땅히 머무는 바 없는 마음을 가리키는 것이 그림자 없는 나무이니, 오온청정五蘊淸浄이라는 깨우침마저 항복 받는 자리로서 언어나 문자, 모양이나 상태 등, 이 모든 것을 넘어선 일을 이르네.

波羅蜜 問: 설두가 이를 두고 평한 '바다는 잠잠하고 강물은 맑다.'고 한 것은 어떻게 이해해야 하나요.

一智 曰: 당연히 깨우침의 본질로서 내가 없음을 깨달아 증득한 그림자 없는 나무 아래는 잠잠하고 강물은 맑다는 것이네. 비롯됨이 없는 자리로서 생각이나 생각 아닌 것으로도 미칠 수 없으며, 이렇게 생각할 수 없는 일은 모든 것을 초월超越한 '이것'의 자리이기 때문이네.

波羅蜜 問: 그렇다면 탐원이 '유리 궁전에는 사람이 없습니다.'라고 한 것은 도대체 무엇을 이르는 것인지요.

一智 曰: 깨우침의 궁극적窮極的 본질을 깨달아 얻은 경지, 이마저도 항복 받는 본래 자리에서는 나도 없고 너도 없다는 것이네.

波羅蜜 問: 설두가 평한 '분명하게 집어내어서 끝마쳤구나.'라고 한 것은 무슨 뜻인가요.

一智 曰: 수증료의修証了義를 말하는 것이니, 수행을 통해 내가 없음을 증득하고 깨우침의 궁극적 본질을 깨달아서 이를 분명하게 항복 받고 이와 같이 이루었다는 것이네如是悟道.

波羅蜜 説: 네.

구지일지俱胝一指

第十九則 俱胝一指
제 1 9 칙 구 지 일 지
[本則] 擧 俱胝和尙凡有所問하면 只堅一指러라
본 칙 거 구 지 화 상 범 유 소 문   지 수 일 지

본칙 구지 화상은 그 어떠한 물음에 대해서도 다만 한 손가락만을 세울 뿐이었다.

▶ 설해說解

波羅蜜 問: 구지화상이 그 어떠한 물음이라도 오로지 손가락 하나만
을 세운 일은 어떠한 일을 이르는 것인가요.

一智 曰: 손가락 하나를 세움으로써 인연因緣.五蘊의 그림자인 마지
막 남은 무명無明까지도 끊어낸 일을 이르네. 곧 궁극적
깨우침의 본질을 깨달아 얻었다는 일의 인연마저 끊어낸
자리를 이르는 것이네. 본래 면목本来面目을 드러낸 일로
서 알아도 또한 이와 같이 다만 손가락 하나만을 세울뿐
이며亦復如是只堅一指 몰라도 또한 이와 같이 다만 손가락
하나만을 세울 뿐이라는亦復如是只堅一指 것을 이르네. 이
일은 손가락 하나를 세움으로써 언어나 문자에 의한 관념
觀念을 모조리 끊어낸 자리를 이르는 것이네.

波羅蜜 說: 손가락 하나가 천상천하유아독존天上天下唯我独尊이로군요.

용아서래의 龍牙西来意

第二十則 龍牙西來意
제 2 0 칙 용 아 서 래 의

[本則] 擧 龍牙問翠微호대 如何是祖師西來意니고 微云
본칙 거 용아문취미 여하시조사서래의 미운

與我過禪板來하라 牙過禪板與翠微어늘 微接得便打하니 牙云
여아과선판래 아과선판여취미 미접득편타 아운

打卽任打어니와 要且無祖師西來意로다 牙又問臨濟호대
타 즉 임 타 요 차 무 조 사 서 래 의 아 우 문 임 제

如何是祖師西來意니고 濟云 與我過蒲團來하라 牙取蒲團過與臨濟
여 하 시 조 사 서 래 의 제 운 야아과포단래 아 취포단과여임제

어늘 濟接得便打하니 牙云 打卽任打어니와 要且無祖師西來意로다
제 접 득 편 타 아 운 타 즉 임 타 요 차 무 조 사 서 래 의

본칙 용아가 취미에게 '어떠한 것이 조사가 서쪽에서 온 뜻입니까?'라고 물으니, 취미가 말하기를 '나에게 선판을 가져오라.'고 하였다. 용아가 취미에게 선뜻 선판을 건네주자 취미가 바로 힘껏 후려치니, 용아가 말하기를 '치려거든 마음대로 친다지만 중요한 것은 조사가 서쪽에서 온 뜻은 없습니다.'라고 하였다. 용아가 또 임제에게 '어떠한 것이 조사서래의입니까?'라고 물으니, 임제가 '나에게 포단(부들로 만든 둥근 방석)을 가져오라.'고 일렀다. 용아가 둥근 방석을 임제에게 건네주자 임제가 곧바로 방석을 힘껏 내려치니, 용아가 말하기를 '내려치려거든 마음대로 내려친다지만 중요한 것은 조사서래의는 없습니다.'라고 하였다.

▶ **설해** 説解

波羅蜜 問: 용아가 취미에게 '어떠한 것이 조사가 서쪽에서 온 뜻입니까?'라고 물으니, 취미가 선판을 가져오라 하였고 용아가

선판을 주자 취미가 선판으로 용아를 후려친 것은 어떠한 일인지요.

一智 曰: 용아의 물음에 밑밥으로 취미가 선판을 가져오라 한 것이고 용아가 선뜻 선판을 건네준 일이 아닌가. 취미의 밑밥에 완벽하게 넘어간 일인지 아닌지를 떠나 선판을 가져오란 취미의 말은 용아가 '어떠한 것이 조사가 서쪽에서 온 뜻입니까?'라는 물음에 대한 분명한 답이 아닌가. 이를 어찌 언어나 문자, 모양이나 상태로서 미칠 수 있겠는가.

波羅蜜 問: 취미가 선판으로 후려치니 용아가 '치려거든 마음대로 친다지만 중요한 것은 조사가 서쪽에서 온 뜻은 없습니다.'라고 말한 것은 어떠한 일을 이르는지요.

一智 曰: '치려거든 마음대로 친다지만'이라고 말한 것은 취미의 의도를 안다는 말로서 마음대로 해보라는 것이지. 그러나 '중요한 것은 조사가 서쪽에서 온 뜻은 없습니다.'라고 한 말을 보면 용아가 눈먼 봉사는 아니라는 것이지. 나를 세우지 아니한 일不立五蘊이 깨우침의 본질이라는 것이지. 곧 조사가 서쪽에서 온 뜻이 있다면 깨우침의 본질이 아니라는 것이지. 반만 아는 용아라네. 그러니 맞아도 싸지.

波羅蜜 問: 용아가 또 임제에게 '어떠한 것이 조사서래의입니까?'라고 물으니, 임제가 '나에게 포단(부들로 만든 둥근 방석)을 가져오라.'고 하니, 용아가 둥근 방석을 임제에게 건네주자 임제가 곧바로 방석을 힘껏 내려친 일은 취미에게 선판으로 맞은 일과 다름이 없는지요.

一智 曰: 다름이 없는 일이라네. 용아가 선뜻 포단을 건네준 것은 임제의 의도를 알았고 임제의 본래 자리를 들여다본 일

이지.

波羅蜜 問: 그렇다면 용아가 또 '내려치려거든 마음대로 내려친다지만 중요한 것은 조사서래의는 없습니다.'라고 말한 것은 어떠한 일인지요.

一智 曰: 거듭되는 인연에도 서래무의西来無意라는 인연의 그림자를 끊어 내지 못하는 용아가 아닌가. 아직도 오온五蘊의 인연因緣을 따라 남은 짙은 그림자를 끊어 내지 못한 일이니,반드시 끊어 내야 할 일이라네. 불생不立五蘊은 알면서 불멸不離証得은 알지 못하고 자존자만에 빠진 용아가 아닌가. 그러나 시종일관始終一貫 수행하는 일만큼은 인정認定해야 할 것이라네. 지금 현재 이러한 수행자修行者나 있는지.

波羅蜜 説: 네. 또한 이와 같이 조사가 서쪽에서 온 뜻亦復如是祖師西来意이 삼천대천세계三千大天世界 과거 현재 미래에 가득 차 있음을 알겠습니다.

214

지문연화智門蓮花

제21칙

第二十一則 智門蓮花
제 21 칙 지 문 연 화

[本則] 擧 僧이 問智門호대 蓮花未出水時如何니고 智門이 云
본 칙 거 승 문 지 문 연 화 미 출 수 시 여 하 지 문 운

蓮花 僧이 云 出水後如何니고 門云 荷葉
연 화 승 운 출 수 후 여 하 문 운 하 엽

본칙 승이 지문에게 '연꽃이 물에서 나오지 않았을 때는 어떠합니까?'라고 물으니, 지문이 '연화(연꽃)'라고 말했다. 승이 '물에서 나온 후에는 어떠합니까?'라고 물으니, 지문이 '하엽(연잎)'이라고 말했다.

▶ **설해**說解

波羅蜜 問: 승이 지문에게 '연꽃이 물에서 나오지 않았을 때는 어떠
합니까?'라고 물은 일은 어떠한 일을 이르는지요.

一智 曰: 연꽃이 물에서 나오지 않았을 때이니, 나를 세우지 아니
한 깨달음의 본질로서 내가 없음을 깨달아 얻은不立五蘊
스스로의 본성本性을 이르는 것이지. 승의 물음은 곧 스
스로의 본성本性이라 이르기 전에 깨우침의 본질이란 어
떠한 것인지를 묻는 일이지. 본성本性이란 깨우침의 본질
本質로서 내가 없음을 이르는 일이니, 언어나 문자, 모양이

나 상태로는 드러낼 수가 없는 일이지 않는가. 언어나 문자, 모양이나 상태로 드러내는 순간 곧바로 본성本性과는 어긋나는 일이라네.

波羅蜜 問: 그렇다면 지문이 '연꽃'이라고 말한 일은 어떠한지요.

一智 曰: 물에서 나오기 전인데도 연꽃이라 답한 일이란 승의 물음에 대한 답으로서 언어나 문자, 모양이나 상태로서는 드러낼 수 없는 바를 연꽃을 통해 스스로의 본성本性을 드러내어 보인 일이라네. 승 그대가 물속에 잠겨있는 연꽃이 아닌가. 라고 하는 말이네.

波羅蜜 問: 승이 '물에서 나온 후에는 어떠합니까?'라고 물은 일은 또 어떠한지요.

一智 曰: 앞에서는 물에서 나오기 전을 묻고 지금은 물에서 나온 후를 묻는 것이니, 이 분별심分別心은 어찌 할 것인가. 망상妄想 중에 망상이 아닌가. 본성本性이 물속에 있는가 아니면 물밖에 있는 것인가. 듣기는 많이도 듣고 생각도 많은 승이라네.

波羅蜜 問: 지문이 '연잎'이라고 답한 일은 어떠한지요.

一智 曰: 언어言語와 문자文字, 모양이나 상태로는 이를 수도 미칠 수도 없는 자리를 이른 것이지.

波羅蜜 説: 네. 깨우침의 본질로서 내가 없음을 깨달아 증득한 깨우침의 마음자리, 곧 스스로의 본성本性을 이르는 것이군요.

설봉별비사雪峰鼈鼻蛇

第二十二則 雪峰鼈鼻蛇
제 22 칙 설봉별비사

[本則] 擧 雪峯이 示衆云 南山에 有一條鼈鼻蛇하니 汝等諸人은
본칙 거 설봉 시중운 남산 유일조별비사 여등제인

切須好看이어다 長慶이 云 今日堂中에 大有人이 喪身失命하리라
체수호간 장경 운 금일당중 대유인 상신실명

僧이 擧似玄沙한댄 玄沙云 須是稜兄이라사 始得다 雖然如此나
승 거사현사 현사운 수시릉형 시득 수연여차

我卽不恁麼하리라 僧이 云 和尙은 作麼生고 玄沙云 用南山作什麼
아 즉불임마 승 운 화상 작마생 현사운 용남산작십마

오 雪門은 以拄杖으로 攛向雲峯面前하고 作怕勢러라
설문 이주장 찬향설봉면전 작파세

본칙 설봉이 대중에게 이르기를 '남산에 자라의 코를 닮은 뱀이 있으니, 모든 사람은 응당 자세하게 살펴보는 일에 힘써주길 바란다네.'라고 하였다. 장경이 '오늘 이 법당에 있는 뭇사람 중에서 목숨을 잃게 될 사람이 있을 겁니다.'라고 말했다. 어떤 승이 현사에게 이를 논제로 삼아 말하자 현사가 말하길 '능형(장경)이니까 마땅히 이렇듯 말할 수 있었을 것이다. 비록 그와 같이 말했다고는 하지만 나는 그러한 식으로 말하지 않을 것이다.'라고 하였다. 승이 묻기를 '그러면 화상은 어떠한 식으로 말하시겠습니까?'라고 하니, 현사가 '남산이라는 말을 쓸 필요가 있겠는가?'라고 말했다. 운문은 주장자를 설두의 면전에 내던지고는 두려워하는 모습을 지었다.

▶ 설해說解

波羅蜜 問: 설봉이 대중에게 '남산에 자라의 코를 닮은 뱀이 있다.'고
하니, 남산은 무엇을 가리키는 것이며, 자라의 코를 닮은

뱀은 무엇을 이르나요.

一智 曰: 남산은 눈이 쌓인 산을 이르며 설봉을 가리키는 것이고 스스로가 자라의 코를 닮은 뱀이라고 이르는 것이네. 곧 설봉이 내가 없음을 깨달아 증득한 깨우침의 궁극적 본질本質을 바탕으로 위로는 일체 모든 불보살佛菩薩과 아래로는 일체 모든 중생衆生과 서로가 서로에게 어긋나거나 걸림이 되는 일 없이 두루 원만하게 어울린다는 것中中妙圓을 이르네. 깨우침의 본질적本質的인 바탕에서 보면 자라 코나 또 이를 닮은 뱀 같은 것이 있겠는가.

波羅蜜 問: '자라의 코를 닮은 뱀'에 대한 설명을 더 해 줄 수 있는지요.

一智 曰: 오온五蘊이 청정하다淸淨는 법신法身을 이르는 것이지. 흙탕물 속에서 피어나는 연꽃이 더러움에 물들지 않는 것不垢不淨과 같이 '자라의 코를 닮은 뱀'이란 깨우침의 본질로서 내가 없음不立五蘊을 깨달아 증득한不離証得 깨우침의 궁극적 본질本質인 법신法身.中中妙圓이라는 것이지. 곧 언어나 문자, 모양이나 상태를 벗어난 일을 이르네.

波羅蜜 問: 네. 그래서 '모든 사람은 응당 자세하게 살펴보는 일에 힘써주길 바란다네.'라고 하였군요. 그러면 무엇을 자세하게 살펴보라는 것인가요.

一智 曰: 본인 스스로의 마음자리를 자세히 살피라는 것이지. 곧 내가 없음을 깨달아 증득한 미묘한 법신法身으로서 중중묘원中中妙圓을 얻은 일을 가지고 불생불멸不生不滅의 바다를 따라 순하게 따르면서 깨우침의 궁극적窮極的 본질을 증득했다는妙覺,究竟覺 이 깨우침마저 항복 받는 일에 막

힘이나 걸림이 없이 들어가는 지금 이 마음자리를 자세히 살피라는 것이네.

波羅蜜 問: 네. 장경이 설봉의 말을 듣고 '오늘 이 법당에 있는 뭇사람 중에서 목숨을 잃게 될 사람이 있을 겁니다.'라고 한 것은 어떠한 의미가 있나요.

一智 曰: 장경이 설봉의 의도意図를 꿰뚫어 보고 이른 말로서 '독사에 물려 죽은 한 사람이 있으니 장경입니다.'라고 하면서 설봉의 장단에 맞춰 춤을 추는 것이네. 그러면서 장경 스스로가 설봉에 빗대어 이르는 것이니 '대단하기는 하나 나 또한 더하면 더했지 낮지는 않겠다.'라고 스스로의 마음자리를 비추어 보는 일이네.

波羅蜜 問: 현사가 말한 '능형(장경)이니까 마땅히 그렇듯 말할 수 있었을 것이다. 비록 그와 같이 말했다고는 하지만 나는 그러한 식으로 말하지는 않았을 것이다.'라고 한 것은 무슨 의미인가요.

一智 曰: 장경이 대단하다고 우선 인정認定을 하지만 '나는 그런 식이 아니다.'라고 하면서 현사 또한 장경을 빗대어 깨우친 바의 마음자리를 드러낸 일이며, 현사가 '나는'이라고 하면서 스스로를 드러냈다는 것은 전시용展示用 밑밥이라는 것이지.

波羅蜜 問: 현사가 승의 물음에 '남산이라는 말을 굳이 쓸 필요가 있겠는가?'라고 한 말은 무슨 의미이며, 운문은 주장자를 설두의 면전에 내던지고 두려워하는 모습을 지는 것은 어떠한 일인지요.

一智 曰: 설봉을 돋보이게는 하면서 스스로의 깨우친 바를 살펴보

는 현사네. 그리고 운문이 주장자를 던지고 두려워하는 흉내를 낸 것은 설봉의 의중意中을 분명하게 꿰뚫고 있다는 것이네. 깨우침의 본질로서 내가 없음不立五蘊을 깨달아 증득한不離証得 깨우침의 궁극적 본질妙覚,究竟覚을 자세하게 들여다보고 있는 일이지. 때문에 운문이 주장자를 내던진 것이네.

波羅蜜 説: 아! 그렇군요.

보복묘봉 保福妙峯

第二十三則 保福妙峯
제 2 3 칙 보복묘봉

[本則] 擧 保福長慶이 遊山次에 福이 以手로 指云호대
본칙 거 보복장경 유산차 복 이수 지운

只這裏便是妙峯頂이니라 慶이 云是則是나 可惜許로다 雪竇着語云
지저리편시묘봉정 경 운시칙시 가석허 설두착어운

今日共這漢遊漢하야 圖箇什麼오 復云 百千年後不道無라 只是少니
금 일 공 저 한 유 한 도개십마 복운 백천년후부도무 지시소

라 後에 擧似鏡淸한대 淸이 云 若不是孫公이면 便見髑髏遍野로다
후 거 사 경 청 청 운 약 부 시 손 공 편 견 촉 루 편 야

본칙 보복과 장경이 산을 노닐며 돌아다니던 차에 보복이 손으로 가리키면서 '저곳이 바로 묘봉정이라네.'라고 이르니, 장경이 '하기야 그렇기는 하나 애석하다네.'라고 말했다. 설두가 이를 두고 아주 짧게 덧붙여 평하기를 '오늘 이 두 분이 산을 유람하면서 무엇을 꾀하고 있는 것인가?'라고 하였다. 보복이 이르길 '백 천 년 후에 바른 길은 없다고 하지는 않겠으나 지극히 적을 것이라네.'라고 하였다. 후에 경청에게 이를 논제로 삼아 의론하자, 경청이 '만일 손공(장경)이 아니었다면 곧바로 들판에 해골이 널려있는 것을 보게 될 것이라네.'라고 말했다.

▶ 설해 説解

波羅蜜 問: 보복이 손으로 가리키면서 '저곳이 바로 묘봉정이다.'라고
하였으니, 묘봉정妙峰頂은 무엇을 두고 말하는 것인지요.

一智 曰: 깨우침의 본질인 내가 없음不立五蘊과 이를 바탕으로 깨
달아 얻는 일不離証得, 이 두 가지의 일이 하나임을 오도悟

道한 것을 이르네. 곧 청정한 법신五蘊清浄.妙覚을 이른 것이지.

波羅蜜 問: 그렇다면 장경이 '하기야 그렇다고는 할 수 있지만 애석하다.'라고 말한 까닭은 무엇인지요.

一智 曰: 사실을 들고 말하자면 묘봉정이란 '대불정여래밀인大仏頂如来密因'을 뜻하기 때문이지.

波羅蜜 問: 대불정여래밀인大仏頂如来密因에 대해 좀 더 자세하게 설명해 줄 수는 있는지요.

一智 曰: 문자를 세우지 아니한 스스로의 성품을 보고不立文字直持人心見性 깨우침의 방편成仏으로서 25문二十五門, 57과五十七果, 일천칠백공안一千七百公案, 팔만사천법문八万四千法文 등 일체 모든 법法과 일체 모든 불보살仏菩薩로 스스로를色受想行識.五蘊 밝게 비춰 보라는 뜻이네. 곧 참다운 깨우침을 위한 방편으로서 색이 즉 공이고 공이 즉 색이듯이色即是空 空即是色 수상행식受想行識도 또한 이와 같을 뿐이라네亦復如是. 그러므로 일체 드러난 모든 법의 모양이나 상태是諸法空相는 생하지 않으니 멸하지 않고不生不滅 더럽지 않으니 깨끗이 할 것이 아니며不垢不浄, 늘고 줄어드는 것이 아닌不増不減 반야바라밀般若波羅密을 근본으로 깨우침의 본질인 내가 없음을 깨달았기에 오온五蘊이 청정清浄하다는 깨우침을 증득하고 끝마쳤다는 이 마음마저 항복 받아야 만이 '대불정여래밀인大仏頂如来密因'이 온전하게 드러날 것이네.

波羅蜜 問: 설두가 말한 '오늘 이 두 분이 산을 유람하면서 무엇을 꾀하고 있는 것인가?'라고 한 것은 무슨 의미인가요.

一智 曰: 고맙고 감사하다는 말이겠지. 그러면서도 인정認定하기는 싫은 것이지.

波羅蜜 問: 보복이 말한 '백 천 년 후에 바른 길은 없다고 하지는 않겠으나 지극히 적을 것이라네.'라고 하였으니, 백 천 년 후에 바른 길이란 묘각妙覺이라는 오온청정五蘊淸浄함을 항복 받아야 드러나는 일이며, 지극히 적을 것이라는 것은 이를 깨우쳐 얻을 이가 적다는 것을 알겠습니다. 그러면 경청이 '들판에 해골이 널려있는 것을 보게 될 것이라네.'라고 말한 일은 무엇을 가리키는 것인지요.

一智 曰: 삼천대천세계三千大天世界 과거 현재 미래, 각각의 9계를 이른다네. 곧 시작점 없는 영원과 찰나에 사념死念만이 가득할 것이라는 말이지.

波羅蜜 説: 생각으로는 미칠 수가 없는 일이로군요.

철마자우鉄磨牸牛

際二十四則 鐵磨牸牛
제 2 4 칙 철 마 자 우

[本則] 擧 劉鐵磨到潙山하니 山이 云 老牸牛 汝來也아 磨云
본 칙 거 유 철 마 도 위 산 산 운 노 자 우 여 래 야 마 운

來日臺山大會齋에 和尙還去麼니이 潙山이 放身臥어늘 磨便出去
내 일 대 산 대 회 재 화 상 환 거 마 위 산 방 신 와 마 편 출 거

하다

본칙 유철마가 위산을 만나니, 위산이 '늙은 암소여. 그대 왔는가.'라고 말했다. 유철마
가 '내일 대산 큰 법회에 화상은 가시겠습니까?'라고 물으니, 위산이 대자로 누워버렸고
이를 본 유철마는 곧바로 나가버렸다.

▶ 설해説解

波羅蜜 問: 암소라 하고 또 굳이 그대 왔는가. 라고 한 저의底意는 어
떠한 것인지요.

一智 曰: 늙은 암소라 이른 것은 깨우침의 본질인 내가 없음不立五
蘊을 말하고 그대 왔는가는 내가 없음의 본질本質을 깨달
아 얻은 본성本性을 이르는 것이네.

波羅蜜 問: 유철마가 '법회에 가시겠습니까?'라고 한 것은 무슨 의미
가 있나요.

一智 曰: 그대 왔는가에 대해 되받아친 것이네. 곧 깨우침의 본질로서 내가 없음을 깨달아 증득한 바로不立五蘊不離証得 대접하니 '법회에 가시겠습니까?'라며 그와 같은 바를 되받아 친 것이네. 이곳에서 대산까지는 수천 리 밖인 것을…

波羅蜜 問: 그러면 위산이 대자로 누워버리고 이를 본 유철마가 곧바로 나간 것은 어떠한 일입니까.

一智 曰: 서로가 탐색探索, 검증檢証하면서 서로의 의중意中을 파악把握했다는 일이지. 내가 없음의 본질不立五蘊을 깨달아 증득한不離証得 자리인 본성本性이란 불생불멸不生不滅의 반야지혜般若智慧를 근본으로 한 깨달음이라 불래불거不来不去임을 드러내는 일이라네.

波羅蜜 說: 불생불멸不生不滅의 자리는 불래불거不来不去라.

연봉주장蓮峰株杖

第二十五則 蓮花峯株杖
제 2 5 칙 연 봉 주 장

[本則] 舉 蓮花峯庵主 拈拄杖示衆云호대 古人이 到這裏하야
본 칙 거 연 화 봉 암 주 염 주 장 시 중 운   고 인   도 저 리

爲什麼하야 不肯住오 衆이 無語라 自代云 爲他途路不得力이니라
위 십 마   부 긍 주 중 무 어   자 대 운 위 타 도 로 부 득 력

復云 畢竟如何오 又自代云 櫛棎橫擔不顧人하고 直入千峯萬峯去
복 운 필 경 여 하 우 자 대 운 줄 률 횡 담 불 고 인   직 입 천 봉 만 봉 거

로다

본칙 연화봉 암주가 주장자를 집어 들어 대중에게 보이면서 말하길 '옛사람이 이곳에 이르러서는 무슨 까닭으로 머물기를 즐거워하지 않는가.'라고 이르니, 대중이 말이 없었다. 암주가 대중을 대신하여 스스로 '그 밖의 길에서는 있는 힘을 다해도 얻을 수 있는 것이 아니라네.'라고 말하고는 다시 이르길 '필경에는 어찌해야 하겠는가?'라고 하였다. 또 다시 대중을 대신해서 이르기를 '밤톨 같은 머리에 머리빗을 비껴 차듯 주장자를 이고서 사람들을 뒤로 한 채 곧바로 천 봉우리 만 봉우리 속으로 들어가리라.'라고 하였다.

▶ **설해**說解

波羅蜜 問: 암주가 주장자를 집어 들어 보인 일은 무엇을 이르는지요.

一智 曰:　'스스로가 깨우침을 깨달아 얻고 끝을 마쳤다.'라고 하는 이 마음마저 항복 받을 수 있는 금강 같은 지혜金剛慧心를 들어 보인 일이네.

波羅蜜 問: 암주가 '옛사람이 이곳에 이르러서는 무슨 까닭으로 머물기를 즐거워하지 않는가.'라고 하였으니, 이곳에 이르렀다는 것은 항복 받아야만 하는 깨우침의 본질本質로서 내가 없음을 깨달아 증득証得한 일임을 알겠습니다. 그러면 무슨 까닭으로 '머물기를 좋아하지 않는가.'라고 하였는지요.

一智 曰: 불생불멸不生不滅의 반야바라밀般若波羅密을 근본根本으로 거듭 더하여 참구參究하고 나가기를 멈추지 말아야 하는 '이 무엇인고是甚麼.'의 자리이니 즐겁지만은 않겠지. 삼천대천세계三千大天世界 과거 현재 미래에 하화중생下化衆生은 도외시度外視하더라도 상구보리相求菩提를 위해 오온五蘊, 곧 색수상행식色受想行識을 항복 받기가 그리 만만하겠는가. 덧붙이자면 '내가 없다는 깨우침의 본질本質을 깨달아 증득하고 끝을 마쳤다.'라고 하는 이 마음자리를 항복 받기란 그리 만만치 않은 일이라네.

波羅蜜 問: 대중이 말이 없자 암주가 '그 밖의 길에서는 있는 힘을 다해도 얻을 수 있는 것이 아니라네.'라고 말한 그 밖의 길이란 '스스로가 깨우쳐 얻고 끝을 맺었다.'라고 하는 그 마음마저 반드시 항복 받아야 하는 일임을 알겠습니다.

一智 曰: 그럼 묻겠네. '필경畢竟에는 어찌해야 하겠는가?'

波羅蜜 問: 네. '스스로가 깨우쳐 얻고 끝을 맺었다.'라고 하는 그 마음마저 항복 받기 위해 몸과 마음을 다해야 함을 알겠습니다. 그러면 암주가 '밤톨 같은 머리에 머리빗을 비껴 차듯 주장자를 이고서 사람들을 뒤로 한 채 곧바로 천 봉우리 만 봉우리 속으로 들어가리라.'고 말한 것에 대하여 자세하게 설명을 해 줄 수 있는지요.

一智 曰: 어렵고 불가능할 것 같지만 금강혜심金剛慧心을 근본으로 색수상행식色受想行識을 벗어나, 곧 근본무명根本無明, 내가 없음을 벗어나 곧바로 삼천대천세계三千大天世界 과거 현재 미래에 막힘이나 걸림 없이 위로는 도를 구하고上求菩提 아래로는 중생을 구하는下化衆生 불생불멸不生不滅의 바다로 들어가겠다는 것이지. 언어言語나 문자文字, 모양이나 상태로는 이를 수 없는 자리를 언어나 문자, 모양이나 상태의 허물이나 잘못을 떠나 깨우침의 길上求菩提을 어떻게든 드러내어 밝혀주고자 하는 바를 보면 암주가 대단하지 않은가.

波羅蜜 說: 네. 그렇군요.

백장대웅봉百丈大雄峰

第二十六則 百丈大雄峰
제 2 6 칙 백 장 대 웅 봉

[本則] 擧 僧이 問百丈호대 如何是奇特事니고 丈이 云
본 칙 거 승   문 백 장   여 하 시 기 특 사   장   운

獨坐大雄峰이니라 凜凜威風四百州로다 坐者立者二俱敗缺이라 僧
독 좌 대 웅 봉   늠 름 위 풍 사 백 주   좌 자 입 자 이 구 패 결   승

이 禮拜하니 丈이 便打하다
   예 배   장   편 타

본칙 승이 백장에게 '어떠한 것이 신통하고 특별하며 대단한 일입니까?'라고 하니 백
장이 '대웅봉에 홀로 앉아 있느니라. 늠름한 풍채로서의 그 의젓함과 떳떳함이 천하에
가득하고 주와 객이 함께 깨지고 이지러졌다.'라고 말했다. 승이 공손하게 절을 하니, 백
장이 곧바로 때려버렸다.

▶ 설해說解

波羅蜜 問: 승이 백장에게 '어떠한 것이 신통하고 특별하며 대단한 일
입니까?'라고 물었으니, 어떠한 것은 무엇을 이르는지요.

一智 曰: 오온五蘊을 세우지 아니한 깨우침을 깨달아 증득한不立五
蘊不離証得 일로서 이 깨우침은 반야지般若智를 바탕으로
깨달아 얻은 자리이며, 그 작용作用으로 중중묘원함中中妙
圓을 이르는 것이지.

波羅蜜 問: 그렇다면 백장이 말한 대웅봉은 무엇을 의미하며, 주主
와 객客이 함께 깨지고 이지러졌다는 것은 어떠한 자리인

지요.

一智 曰: 대웅봉이란 백장 본인을 이르는 말이며, 주主는 백장 스스로가 깨우침의 본질로서 내가 없음을 깨달아 증득한 일을 이르며, 객客이란 삼천대천세계三千大天世界 과거 현재 미래의 25문二十五門, 57과五十七果, 일천칠백공안一千七百公案, 팔만사천법문八万四千法文 등 일체 모든 법法과 일체 모든 불보살仏菩薩을 이르네. 곧 스스로를 제외한 일체 모든 것을 응하는 일에 있어서 막힘이나 걸림이 없이 두루 원만하다는 일을 이른다네.

波羅蜜 問: 네. 그래서 주主와 객客이 깨지고 이지러졌다고 할 수 있군요. 그렇다면 승이 공손하게 절을 하는 일이 뭐 그리 잘못한 일이라고 때리는 것인지요.

一智 曰: 답은 승의 물음에 있으니, 알아채더라도 백장의 노파심이 손을 들게 하는 것이지. 곧 마주 대하여 드러난 언어나 문자, 모양이나 상태에 의지함을 경계境界하라는 것이지. 공부를 하는 이들에게 있어서 마주 대하여 드러난 언어言語나 문자文字, 모양이나 상태가 탐진치貪瞋痴에 집착하게 만드는 최고의 도둑이라는 것이네.

波羅蜜 説: 네. 알겠습니다.

체로금풍体露金風

第二十七則 體露金風
제 27 칙 체 로 금 풍

[本則] 擧 僧이 問雲門호대 樹凋葉落時如何니고 雲門이 云
본 칙 거 승 문 운 문 수 조 엽 낙 시 여 하 운 문 운

體露金風이니라
체 로 금 풍

본칙 승이 운문에게 묻기를 '나무가 마르고 잎이 떨어졌을 때는 어떠합니까?'라고 하니, 운문이 이르기를 '몸체가 가을바람에 드러났느니라.'라고 하였다.

▶ 설해說解

波羅蜜 問: 승이 운문에게 '나무가 마르고 잎이 떨어졌을 때는 어떠
합니까?'라고 물은 일은 어떠함을 이르는지요.

一智 曰: 색수상행식色受想行識을 세우지 아니한 깨우침의 본질不立
五蘊을 깨달아 얻는 법신法身이 피폐疲弊해 보인다는 것이
네. 곧 색수상행식色受想行識의 인연에 따른 그림자一切
法·一切仏菩薩가 다한 일을 이른 것이지.

波羅蜜 問: 그러면 운문이 승의 물음에 '몸체가 가을바람에 드러났
다.'라고 한 것은 무슨 일을 두고 하는 말인가요.

一智 曰: 금강혜심金剛慧心의 강한 칼로 시절을 따라 '깨우침을 깨

달아 얻었고 끝을 맺었다.'라고 하는 묘각妙覚.究竟覚의 오
온청정五蘊清浄함까지 항복 받았다는 말이네. 곧 본래 면
목本来面目이 드러났다는 것이네.

波羅蜜 説: 네 그래서 '몸체가 가을바람에 드러났다.'라고 한 것이군
요. 여래도如来道가 말랐다 이르지 마라. 본래 그 자리에
서 왔다가 다시 그 자리에 의지한다는 말의 의미를 알겠
네요.

제28칙

第二十八則 不是心不是佛不是物
제 2 8 칙 불시심불시불불시물

[本則] 擧 南泉이 參百丈涅槃和尙한대 丈이 問 從上諸聖이
본칙 거 남전 참백장열반화상 장 문 종상제성

還有不爲人說底法麼아 泉이 云 有니다 丈이 云 作麼生이
환유불위인설저법마 천 운 유 장 운 작마생

是不爲人說底法고 泉이 云 不是心不是佛不是物이니다 丈이 云
시불위인설저법 천 운 불시심불시불불시물 장 운

說了也라 泉이 云 某甲은 只恁麼어니와 和尙은 作麼生이고 丈이
설료야 천 운 모갑 지임마 화상 작마생 장

云 我又不是大善知識이라 爭知有說不說이리오 泉이 云 某甲이
운 아우불시대선지식 쟁지유설불설 천 운 모갑

不會니다 丈이 云 我太殺爲儞說了也로다
불회 장 운 아태살위이설료야

본칙 남전이 백장열반 화상을 뵈오니, 백장열반 화상이 묻기를 '옛 모든 성인들이 사람들을 위해 아직도 말해주지 않은 법이 있는가?'라고 하였다. 남전이 '있습니다.'라고 말하니, 백장이 이르기를 '어떠한 것이 사람들에게 말해주지 않은 법인가?'라고 하였다. 남전이 말하기를 '마음도 아니고 부처도 아니며, 물건도 아닙니다.'라고 하였다. 백장이 '말하기를 마쳤는가?'라고 이르니, 남전이 '저는 다만 이와 같지만 화상은 어떻게 말하시렵니까?'라고 말했다. 백장이 '나 또한 대선지식이 아니기에 전하지 않는 법이 있다거나 없다거나 분변分辨하지 않는다네.'라고 말하니, 남전이 '저는 모르겠습니다.'라고 말했다. 백장이 '자네를 위해 나 없음을 바탕으로 말하고 마친다네.'라고 말했다.

▶ **설해**說解

波羅蜜 問: 백장 화상이 남전에게 묻기를 '옛 모든 성인들이 사람들

을 위해 말해주지 않은 법法이 있는가?'라고 하니, 말해주지 않는 법은 어떠한 바를 이르는 것인가요.

一智 曰: 마주 대하여 드러난 언어言語나 문자文字, 모양이나 상태로는 이를 수 없는 자리를 가리키는 것이지. 오온청정五蘊淸淨이라는 묘한 깨우침妙覺마저 넘어서게 하려는 것으로 '말해주지 않는 법法'을 물음으로서 마지막 남아 있는 막힘이나 걸림이 되는 일과 이로 인한 '법이 있네. 없네.'라고 하는 두 가지의 어리석음을 끊어버리고 깨우침의 본성本性을 드러내고자 한 것이네.

波羅蜜 問: 백장의 물음에 남전이 '있습니다.'라고 하였으니, 이는 어떻습니까.

一智 曰: 색수상행식五蘊의 그림자五蘊淸淨를 끊어 내지 못하고 있음이 보이지 않는가.

波羅蜜 問: 네. 그래서 백장이 '어떠한 것이 사람들에게 말해주지 않은 법인가?'라고 물었군요. 그러면 남전이 말한 '마음도 아니고 부처도 아니며, 물건도 아닙니다.'라고 한 것은 '없네'에 막힘이나 걸림이 되는 것이군요. 이와 같은 것을 백장이 '말하기를 마쳤는가?'라고 물으니, 남전이 '저는 이와 같이 말할 수 있지만 화상은 어떻게 말씀하실 수 있습니까?'라고 되레 묻네요.

一智 曰: 언어言語나 문자文字, 모양이나 상태 또 생각도 생각 아닌 것으로도 이를 수 없다는 것임을 알지 못하는 남전이 아닌가… 이를 알겠는가.

波羅蜜 問: 어려운 것임을 알겠습니다. 그래서 백장이 '나 또한 대선지식大善知識이 아니기에 전하지 않는 법이 있다거나 없다

거나 분변分辨하지 않는다네.'라고 한 것이고 남전이 '저는 모르겠습니다.'라고 한 것이군요. 그렇다면 백장이 '자네를 위해 나 없음을 바탕으로 말하고 마친다네.'라고 말한 것은 어떠한 일인지요.

一智 曰: 법法이 있네. 없네. 에 막힘이나 걸림이 많으니 '깨우침의 본질本質인 내가 없음을 깨달아 증득한 일을 근본根本으로 말하고 마친다.'라고 이른 것이네. 행여나 하는 백장의 노파심이라네.

波羅蜜 説: 네. 이와 같은 것임을 알겠습니다.

대수겁화大隋劫火

第二十九則 大隋劫火
제 2 9 칙 대 수 겁 화

[本則] 擧 僧이 問大隋하되 劫火洞然에 大千이 俱壞라 未審커이
본 칙 거 승 문 대 수 겁 화 동 연 대 천 구 괴 미 심

다 這箇壞아 不壞아 隋云 壞니라 僧이 云 恁麼則隨他去也니가
저 개 괴 불 괴 수 운 괴 승 운 임 마 칙 수 타 거 야

隋云 隨他去니라
수 운 수 타 거

본칙 승이 대수에게 묻되 '겁화가 활활 타오르면 삼천대천세계 과거 현재 미래가 함께
무너집니다. 그렇다면 이것은 무너집니까, 무너지지 않습니까?'라고 하니, 대수가 이르
길 '무너진다.'라고 하였다. 승이 말하길 '그렇다면 겁화에 이것도 또한 무너지는 것이네
요.'라고 하니, 대수가 이르길 '겁화에 무너져버린다.'라고 하였다.

▶ 설해説解

波羅蜜 問: 승이 대수에게 물어 본 '겁화劫火가 활활 타오르면 삼천대
천세계三千大天世界 과거 현재 미래가 함께 무너집니다.'에
서 겁화劫火는 어떠한 일을 뜻하는지요.

一智 曰: 승이 말한 겁화의 화火는 지수화풍地水火風 4륜四輪의 하
나이며, 겁劫은 곧 천지창조 이전 시작점이 없는 곳으로부
터 돌고 도는 일을 멈추지 않는 지륜地輪, 수륜水輪, 화륜
火輪, 풍륜風輪을 이르네. 이는 색수상행식色受想行識 곧 오

236

온이 청정五蘊淸浄하다는 탐진치貪瞋痴에 미쳐버리면 겁지劫地, 겁수劫水, 겁화劫火, 겁풍劫風이 삼천대천세계 과거 현재 미래를 망조亡兆로 이끌면서 법法이 멸멸滅하는 시절로 들어선다는 것이네.

波羅蜜 問: 색수상행식色受想行識의 탐진치貪瞋痴에 미친 겁지劫地, 겁수劫水, 겁화劫火, 겁풍劫風으로 인하여 삼천대천세계 과거 현재 미래가 무너진다는 것이군요. 승이 '그렇다면 이것은 무너집니까. 무너지지 않습니까.'라고 물은 이것은 무엇을 가리키는 것인지요.

一智 曰: 언어言語나 문자文字, 모양이나 상태로는 이를 수 없는 자리인 오온청정五蘊淸浄이라는 묘한 깨우침妙覚마저 넘어선 것이니 '내가 없음이냐 있음이냐. 또 증득이냐 아니냐'라고 하는 막힘이나 걸림이 되는 일과 이로 인하여 '법이 있네. 없네.'라고 하는 두 가지의 어리석음을 끊어버린 일을 이르네.

波羅蜜 問: 승이 말한 '그렇다면 겁화劫火에 이것도 또한 무너지는 것이네요.'라고 한 것에 대해 대수가 '겁화에 무너져버린다.'라고 한 것은 잘못된 것이 아닌지요.

一智 曰: 이것이란 불립불괴不立不壊라. 세운 것이 아니니 무너지는 것이 아니라네. 곧 불성佛性의 본래면목本来面目으로서 불생불멸不生不滅 불구부정不垢不浄 부증불감不増不減함을 지칭하는 것이네. 그렇다면 오온이 청정五蘊淸浄하다는 곧 스스로 깨달아 얻었다는 탐진치貪瞋痴에 미쳐버리면 '이것'이 무너지는 것은 당연한 일이지 않겠는가.

波羅蜜 説: 네. 색수상행식五蘊이 청정하다五蘊淸浄는 일을 깨달아 중

득했다는 탐진치貪瞋痴에 미쳐버리면 삼천대천세계 과거 현재 미래가 겁지劫地, 겁수劫水, 겁화劫火, 겁풍劫風에 무너지는 것을 알겠습니다. 또한 대수가 '무너져버린다.'라고 말한 바를 알겠으며, 승의 지금 그 물음에 곧바로 '이것'이 무너지는 바를 알겠습니다.

진주라북 鎮州蘿蔔

第三十則 鎮州蘿蔔
제 30 칙 진주라복

[本則] 擧 僧이 問趙州호되 承聞호니 和尙이 親見南泉이라하니
본칙 거 승 문조주 승문 화상 친견남천

是否아 州云 鎮州에 出大蘿蔔頭이니라
시부 주운 진주 출 대 라 복 두

[本則] 擧 僧이 問趙州호되 承聞호니 和尙이 親見南泉이라하니
본칙 거 승 문조주 승문 화상 친견남천

是否아 州云 鎮州에 出大蘿蔔頭이니라
시부 주운 진주 출 대 라 복 두

본칙 승이 조주에게 '들리는 말로는 화상께서 남전을 친히 뵈었다 하는데 맞습니까.'라고 물으니, 조주가 '진주에서 큰 무가 난다.'라고 말했다.

설해説解

波羅蜜 問: 승이 조주에게 물은 바 '들리는 말로는 화상께서 남전을 친히 뵈었다 하는데 맞습니까.'는 어떠한 의미가 있는지요.

一智 曰: 승이 조주가 40년을 모셨던 스승을 친히 뵈었느냐고 물은 일이란 '당연한 일을 당연하게 물어보는 것이니, 곧 불문부답不問不答이니 말해 보시라.'라고 한 것이네. 뵈었다 해도 빛을 잃고 뵙지 못했다 해도 본래면목本来面目이 서지 않은 일이니, 이는 승이 일체 모든 법法과 일체 모든 불

보살仏菩薩을 들어 도발挑発을 한 것이지.

波羅蜜 問: 대단한 승이군요. 그렇다면 조주가 말한 '진주에서 큰 무가 난다.'라고 한 의미는 어떠합니까.

一智 曰: 불문부답不問不答이라 했으니中中妙圓, 진주에서 큰 무가 생산되는 일은 세상이 다 알고 있듯이 당연한 것을 당연하게 벌여놓는 대로 말한 것이라네.

波羅蜜 問: 자세하게 설명해 줄 수 있는지요.

一智 曰: 사족을 붙이자면 일체 모든 법法과 일체 모든 불보살仏菩薩을 있는 그대로 이르는 것이고 놓아버리면 사려분별思慮分別을 더하지 않은 여여함中中妙圓의 본바탕이라네.

波羅蜜 説: 네. 생각도 생각이 아닌 것으로도 미칠 수 없음妙圓을 알겠습니다.

마곡진석麻谷振錫

第三十一則 麻谷振錫
제 3 1 칙 마곡진석

[本則] 擧 麻谷이 持錫到章敬하야 遶禪床三匝하며 振錫一下하고
본칙 거 마곡 지석도장경 요선상삼잡 진석일하

卓然而立하니 敬이 云 是是 雪竇着語云 錯 麻谷이 又到南泉하야
탁 연 이 립 경 운 시 시 설 두 착 어 운 착 마 곡 우 도 남 천

遶禪床三匝하며 振錫一下하고 卓然而立하니 泉이 云 不是不是
요 선 상 삼 잡 진 석 일 하 탁 연 이 립 전 운 불 시 불 시

雪竇着語云 錯 麻谷이 當時에 云하대 章敬은 道是어늘 和尙은
설 두 착 어 운 착 마 곡 당 시 운 장 경 도 시 화 상

爲什麼하야 道不是오 泉이 云 章敬은 卽是어니와 是汝不是니라
위 십 마 도 불 시 전 운 장 경 즉 시 시 여 불 시

此是風力所轉이니 終成敗壞니라
차 시 풍 력 소 전 종 성 패 괴

본칙 마곡이 주장자를 가지고 장경에게 와서는 선상을 세 번 돌고 주장자를 흔들어 바닥을 한 번 치고는 우뚝하게 세우니, 장경이 이르기를 '옳다. 옳다.'라고 하였다. 이 일에 대하여 설두가 짧게 덧붙여 평하기를 '착'이라 하였다. 마곡이 또 남전을 찾아가서 선상을 세 번 돌고 주장자를 흔들어 바닥을 한 번 치고는 우뚝하게 세우니, 남전이 말하기를 '옳지 않다. 옳지 않다.'라고 하였다. 설두가 짧게 덧붙여 평하기를 '착'이라 하였다. 마곡이 그때 당시 말하기를 '장경은 옳다고 말했거늘 화상은 어찌 된 연유로 옳지 않다고 한 것입니까?'라고 하였다. 남전이 '장경은 옳지만 너는 옳지 않느니라. 이는 바람의 힘으로 움직이는 것이니, 마침내는 깨지고 무너질 것이니라.'고 말했다.

▶ **설해**説解

波羅蜜 問: 마곡이 장경에게 와서 주장자를 들고서 선상을 세 번 돌

설해説解 벽암록碧巖錄

고 주장자를 흔들어 바닥을 한 번 치고는 우뚝 세운 일이
란 무슨 의도意図가 있는지요.

一智 曰: 주장자는 오온청정五蘊淸淨이라는 묘각妙覺을 항복 받은
금강혜심金剛慧心을 이르는 것이니, 이를 바탕으로 삼천대
천세계三千大天世界 과거 현재 미래에 마곡이 홀로 우뚝 선
것이라 이른 것이네.

波羅蜜 問: 네. 그러면 장경이 이를 보고 '옳다是. 옳다是.'라고 한 것
은 어떠한 일이며, 이를 설두가 평하기를 '착錯'이라 한 것
은 무슨 의미인지요.

一智 曰: 장경의 '옳다是.'라고 한 것은 인정한다는 긍정肯定의 표시
이고 설두의 '착錯'이란 '뒤를 따른 것이다.'라고 평한 것뿐
이네.

波羅蜜 問: 마곡이 남전에게 가서 장경에게 한 것과 같이 한 일은 또
한 이와 같음을 알겠으나 남전이 '옳지 않다不是. 옳지 않다
不是.'라고 한 것은 어떠한 의미가 있는지요. 또한 설두가
'뒤를 따른 것이다.'라고 평한 것은 다른 의미가 있는지요.

一智 曰: 허공虛空 가운데 해日와 달月이 서로가 서로를 따르는 일
로서 중중묘원中中妙圓의 두루 원만함을 이르는 것이니,
마곡과 장경 남전 설두가 중중묘원中中妙圓의 미묘함으로
서로가 서로를 뒤따르면서 서로가 서로에게 막힘이나 걸
림이 되는 일이 없음을 이르는 것이네.

波羅蜜 問: 그러면 그 당시 마곡이 그때 당시 말하기를 '장경은 옳다
고 말했거늘 화상은(남전) 어찌 된 연유로 옳지 않다고 한
것입니까?'라고 말한 것에 대한 의미는 어떠한 것인지요.

一智 曰: 깨우침의 본질本質인 내가 없음을 깨달아 증득証得한 일

242

과 깨우침의 궁극적窮極的 본질인 오온청정五蘊清浄한 깨
우침妙覚,究竟覚을 나누어보기 때문이라네. 허공 가운데
해日는 '옳다.' 달月은 '옳지 않다.'라고 할 것인가. 이와 같을
뿐인 것이니 '옳다.'와 '옳지 않다.'는 이 두 곳이 처할 바,
곧 일월日月과 허공虛空이라는 생각에 얽매여 있는 마곡이
보이지 않는가.

波羅蜜 問: 네. 그래서 남전이 말하기를 '장경은 옳지만 너는(마곡) 옳
지 않다.'라고 하였음을 알겠습니다. 그러면 남전이 말한
'이는 바람의 힘中中妙圓으로 움직이는 것이니, 마침내는
깨지고 무너질 것이다.'라고 한 것은 무엇을 의미하는 것
인지요.

一智 曰: 일월日月과 허공虛空, 이 두 일은 깨우침의 본질本質인 내
가 없음을 깨달아 증득한 일, 이 증득했다는 일이란 깨우
침의 궁극적窮極的 본질을 항복 받는 주장자에 의해 마침
내는 깨지고 무너질 것이라고 한 것이네.

波羅蜜 説: 네. 그렇군요.

임제일장臨濟一掌

第三十二則 臨濟一掌
제 3 2 칙 임 제 일 장

[本則] 擧 定上座 問臨濟호되 如何是佛法大意니고 濟下禪床擒住
본 칙 거 정 상 좌 문 임 제   여 하 시 불 법 대 의   제 하 선 상 금 주

하야 與一掌하고 便托開하니 定이 佇立이어늘 傍僧이 云
여 일 장   편 탁 개   정   저 립   방 승   운

定上座何不禮拜오 定이 方禮拜라가 忽然大悟하다
정 상 좌 하 불 예 배   정   방 예 배   홀 연 대 오

본칙 정상좌가 임제에게 묻되 '어떠한 것이 불법의 큰 뜻입니까?'임제가 선상에서 내려와 사로잡고는 손으로 뺨을 때리고 곧바로 놓아버리니, 정상좌가 우두커니 서 있거늘 옆에 있던 승이 일러주기를 '정상좌여! 어찌해서 절을 하지 않고 있는가?'라고 하였다. 정상좌가 머뭇거리며 절을 하다가 어정쩡함을 벗어나 홀연히 큰 깨우침을 체득하였다.

▶ 설해說解

波羅蜜 問: 정상좌가 '어떠한 것이 불법의 큰 뜻입니까?'라고 임제에게 물으니, 임제가 선상에서 내려와 정상좌의 멱살을 잡고 뺨을 때리고는 곧바로 놓아버린 이 일은 어떠한 일을 이르는지요.

一智 曰: 입버릇처럼 '불법이네. 아니네.' 떠들면서 스스로가 불법佛法의 수數와 양量을 밝히려는 어리석은 짓만을 하고 있는 정상좌가 아닌가.

244

波羅蜜 問: 그렇다면 정상좌의 마음자리는 어떠한가요.

一智 曰: 탐진치貪瞋痴를 벗어난 일로서 오로지 일념 하나로 불법대의仏法大意만을 목이 말라 물을 찾듯 하는 자이지. 이 집착執着 때문에 임제가 내려와 멱살을 잡고 뺨을 때린 후 놓아버린 것이지.

波羅蜜 問: 아! 그렇군요. 그러면 정상좌가 우두커니 서있는 것은 황당하기도 하겠지만 임제의 행위行爲에 대한 깊은 생각이 있기도 하겠군요.

一智 曰: 지금 당장으로서는 가당치도 않은 일이지. 정상좌가 그만큼 절실切実했기에 가능한 일이기도 하겠지.

波羅蜜 問: 그렇다면 옆에 있던 승이 '정상좌여! 어찌해서 절을 하지 않고 있는가?'라고 일러준 것은 무슨 까닭인지요.

一智 曰: 팔만사천법문八万四千法文 등 일체 모든 법法과 일체 모든 불보살仏菩薩을 꿰차고서 삼시 삼 때를 놓치지 않고 일상日常으로 다니고 머무르고 앉고 자는 일행주좌와行住坐臥은 막힘이나 걸림이 없이 기막히게 하면서 안과 밖을 여의지 못한 아법我法에 사로잡혀 있느냐는 것이지. 그 마음을 항복받아주기 위한 임제의 행위가 눈물겹지 않은가. 알아차렸다면 어떠한 상황에서라도 고마워서 큰절을 올리겠네.

波羅蜜 問: 그렇다면 정상좌가 머뭇거리며 절을 하다가 어정쩡함을 벗어나 홀연히 큰 깨우침을 체득体得했다는 것은 무엇인지요.

一智 曰: 불법대의仏法大意란 마주 대하여 드러난 언어나 문자, 모양이나 상태를 벗어나는 일이며, 행주좌와行住坐臥를 떠나 늘 그렇듯이 내가 있음我法으로 막힘이나 걸림이 있는 것

을 알아차린 것이지. 머뭇거리면서 절을 하는 가운데 깨우침의 본질인 내가 없음을 곧바로 깨달은 얻은 것이지. 그 동안의 숱한 수행修行이 단 하나의 생각으로 색수상행식을色受想行識 세우지 아니한 자리에 들어선 것이라네. 한 소식한 일이지.

波羅蜜 説: 네. 절실한 마음으로 얻는 지극한 자리군요.

자복원상資福圓相

第三十三則 資福圓相
제 3 3 칙 자복원상

[本則] 擧 陳操尙書看資福하니 福이 見來하고 便畫一圓相이어늘
본칙 거 진조상서간자복 복 견래 편화일원상

操云 弟子恁麼來도 早是不着便이온 何況更畫一圓相이라가 福이
조운 제자임마래 조시불착편 하황갱화일원상 복

便掩却方丈門하다 雪寶云 陳操只其一隻眼이로다
편엄각방장문 설두운 진저지기일척안

본칙 진조 상서가 자복을 뵈러 오니, 자복은 진조 상서가 오는 것을 보고는 곧바로 일원상을 그렸다. 진조 상서가 이르기를 '제자가 이렇듯 온 것도 때에 앞서 이미 어긋나 버린 일이거늘 어찌 된 까닭으로 다시 일원상을 그리는 것입니까?'라고 하니, 자복이 곧바로 방장실 문을 닫아버렸다. 설두가 말하기를 '진조 상서는 다만 한쪽 눈만 있을 뿐이라네.'라고 하였다.

▶ 설해説解

波羅蜜 問: 진조 상서가 오는 것을 보고 자복이 곧바로 일원상一圓相을 그린 것은 무슨 의미가 있는 것인지요. 일원상은 어떠한 일인지요.

一智 曰: 자복이 진조 상서의 마음그릇을 들여다보는 것이지. 일원상一圓相이란 색수상행식色受想行識을 세우지 아니한 깨우침不立五蘊, 곧 깨우침의 본질인 내가 없음을 깨달아 증득

한不離証得 중중묘원中中妙圓을 이르는 것이네.

波羅蜜 問: 네. 그렇다면 진조 상서가 자복에게 '제자가 이렇듯 온 것도 때에 앞서 이미 어긋나 버린 일이거늘 어찌 된 까닭으로 다시 일원상一圓相을 그리는 것입니까?'라고 물었으니, 온 것도 이미 어긋나 버린 일이란 것은 무엇을 의미하며, 어찌 된 까닭으로 다시 일원상一圓相을 그리는 것이냐고 말한 것은 또 어떠한 일입니까.

一智 曰: 진조 상서 스스로가 '내가 없음을 깨우친 일이니不立五蘊 내가 없는데 어찌 올 수 있겠는가. 그러니 어긋났다.'라고 한 것이며, 내가 없음을 깨우친 일이 본래면목本来面目이라는 것이고 본래면목이란 '어찌 오고 감이 있겠느냐.'라고 한 것이네. 또한 이미 본인이 온전하게 깨우쳐 얻은 일원상一圓相인데 어찌 다시 일원상을 그리는 것이냐고 되받아친 것이라네.

波羅蜜 問: 아! 그렇군요. 자복이 곧바로 방장실 문을 닫아버린 것은 어떠한 연유인지요.

一智 曰: 일원상一圓相이란 중중묘원中中妙圓이라 이르니, 불립오온중不立五蘊中 불리증득중不離証得中으로서 곧 내가 없음을 깨우친 가운데 이 깨우침을 떠나지 아니한 깨달음을 증득한 가운데를 이르는 것이네. 서로가 다른 마음자리가 아니라 같은 자리임을 이르며, 중중中中이란 안과 밖의 경계境界가 없는 것을 이르고 삼천대천세계三千大千世界 과거 현재 미래에 상구보리하화중생上求菩提下化衆生하는 일에 있어서 막힘이나 걸림 없이 두루 원만하다는 것을 이른다네. 때문에 묘원妙圓, 미묘하게 두루 원만하다고 이른 것

248

이네. 이 깨우침마저 항복 받아야 자복이 방장실 문을 닫아버린 연유가 분명해질 것이라네. 내가 없음을 깨달아 증득했다는 이 깨우침마저 항복 받는 '이것'을 '침묵'으로 드러낸 자복이라네.

波羅蜜 說: 그러하네요. 그래서 설두가 '진조 상서는 다만 한쪽 눈만 있을 뿐이라네.'라고 말한 것이군요.

앙산오노봉仰山五老峰

第三十四則 仰山五老峰
제 3 4 칙 앙 산 오 노 봉

[本則] 擧 仰山이 問僧하되 近離甚處오 僧이 云 廬山 山云
본 칙 거 앙 산   문 승   근 리 심 처 오   승 이 운 려 산 산 운

曾遊五老峰麼아 僧云 不曾到니다 山이 云 闍黎不曾遊山이로다
증 유 오 노 봉 마   승 운 부 증 도   산   운 도 려 부 증 유 산

雲門이 云 此語皆爲慈悲之故로 有落草之談이로다
운 문   운 차 어 개 위 자 비 지 고 로   유 락 초 지 담

본칙 앙산이 승에 묻기를 '어디서 오시는가?'라고 하니, 승이 '여산에서 오는 길입니다.'라고 말했다. 앙산이 말하기를 '오노봉을 가보았는가?'라고 하니, 승이 이르길 '가보지 않았습니다.'라고 하였다. 앙산이 이르기를 '산을 가보지 않아 사람을 가르칠 만한 덕을 갖추지 못했구나.'라고 하였다. 운문이 말하기를 '앙산의 이 말은 자비심으로 인해 평범한 말을 한 것이라네.'라고 하였다.

▶ 설해説解

波羅蜜 問: 앙산이 승에게 묻기를 '어디서 오시는가?'라고 하였으니, 어찌 보아야 하는 것인가요.

一智 曰: '나는 이와 같이 묻는다如是我問.'는 것이니, 일상으로 하는 점검 차원의 물음이라네.

波羅蜜 問: 승이 '여산에서 오는 길입니다.'라고 답한 것은 다른 의도意図가 있는지요.

一智 日:　뒤의 말을 들여다보면 다른 의도는 없다네.

波羅蜜 問:　그런데 어찌해서 앙산이 다시 승에게 여산에 있는 오노봉
　　　　　　五老峰을 빗대어 '그 산을 가보았는가.'라고 물었는지요. 오
　　　　　　노봉五老峰을 빗댄 일은 무슨 연유인지 자세하게 설명해
　　　　　　줄 수 있는지요.

一智 日:　오노봉五老峰은 오불지五仏智를 이르는 것이니, 선禅 수행修
　　　　　　行에 앞서 갖추어야 할 다섯의 지혜를 이르네. 첫째 일불
　　　　　　지는一仏智 수행에 반드시 필요한 근본으로서 십신十信, 십
　　　　　　주十住, 십행十行, 십회향을十廻向 이르며, 둘째 이불지는二
　　　　　　仏智 십신十信, 십주十住, 십행十行,십회향十廻向의 행行함을
　　　　　　거듭 더하는 일로서 사가행을四加行 이르고 셋째 삼불지
　　　　　　는三仏智 막힘이나 걸림이 없이 삼천대천세계三千大天世界
　　　　　　과거 현재 미래에 응하는 일로서 처음의 마음자리初地를
　　　　　　이르는 것이니, 십지의十地 처음 마음자리인 환희지歡喜地
　　　　　　를 이른다네. 넷째 사불지四仏地는 닦고 익히는 일로서 십
　　　　　　지十地의 선혜지善慧地를 이르는 것이니, 사려분별思慮分別
　　　　　　을 더하지 않은 있는 그대로의 모양이나 상태로서 쓰임새
　　　　　　를 일으키는 자리를 이르고 다섯째 오불지五仏智는 십지의
　　　　　　十地 선혜지善慧地를 뛰어넘어 지혜와 자비가 두루 원만하
　　　　　　게 이루어진 것中中妙圓을 이르고 또 십지十地의 인연因緣
　　　　　　을 매듭지어 밝힌 것을 이른다네. 앙산이 승에 대해 설마
　　　　　　하는 기대감期待感이 있는 것이지.

波羅蜜 問:　그렇군요. 승이 오노봉五老峰에 가보지 않았다 답했고 곧
　　　　　　바로 앙산이 산을 가보지 않아 곧 오노봉을 가보지 않아
　　　　　　'제자를 가르칠 만한 덕을 갖추지 못했구나.'라고 말한 것

이군요. 그렇다면 운문이 '앙산의 이 말은 자비심慈悲心으로 인해 평범한 말을 한 것이라네.'라고 한 것은 다른 의미가 있는지요.

一智 曰: 오노봉五老峰의 차례나 순서를 따라 올라보지 못한 자는 곧 오노봉의 정수리大仏頂如来密因.上求菩提를 가보지 못한 자라면 어찌 다시 뒤돌아 거슬러 흐르면서下化衆生 불생불멸不生不滅 불구부정不垢不浄 부증불감不増不減의 바다를 가득 덮을 수 있겠는가. 자세히 이르자면 이와 같다네. 위없는 최상의 도道를 얻은 이는 거슬러 흐르면서 만물万物과 함께 나아가는 것이며, 십지十地의 깨우침을 얻은 이는 불생불멸不生不滅의 바다를 따라 순하게 응하고 흐르면서 미묘한 깨달음妙覚으로 들어가는 것이니, 오온五蘊이 청정清浄해지는 것을 이르는 것이네.

波羅蜜 説: 네. 드러내서 미칠 수 있는 것도 스스로 능히 뛰어넘지를 못하는데 어찌 누가 이를五老峰 뛰어 넘을 수 있겠습니까.

252

第三十五則 前三三後三三
제 3 5 칙 전 삼 삼 후 삼 삼

[本則] 擧 文殊問無着호대 近離什麼處오 無着이 云 南方 殊云
본칙 거 문수문무착 근리십마처 무착 운 남방 수운

南方佛法은 如何住持오 着이 云 末法比丘少奉戒律이니다 殊云
남방불법 여하주지 착 운 말법비구소봉계율 수운

多少衆고 着云 或三百 或五百이니다 無着이 問文殊하되 此間은
다소중 착운 혹삼백 혹오백 무착 문문수 차간

如何住持오 殊云 凡聖이 同居하고 龍蛇混雜이라 着이 云 多少衆고
여하주지 수운 범성 동거 용사혼잡 착 운 다소중

殊云 前三三後三三이니라
수운 전삼삼후삼삼

본칙 문수가 무착에게 묻기를 '어디에서 오는가?' 하니, 무착이 말하기를 '남방에서 왔습니다.'라고 하였다. 문수가 묻기를 '안주하며 법을 보존하는 일에 있어서 남방의 불법은 어떠한가?'라고 하니, 무착이 말하기를 '소수의 말법 비구들이 계율을 받들어 지키는 정도입니다.'라고 하였다. 문수가 말하기를 '대중은 어느 정도 되는가?'라고 하니, 무착이 말하기를 '300명, 혹은 500명 정도입니다.'라고 하였다. 무착이 문수에게 묻기를 '법을 보존하고 받드는 일에 있어서 이곳의 불법은 어떠합니까?'라고 하니, 문수가 말하기를 '범인과 성인이 함께 살고 용과 뱀이 뒤섞여 있느니라.'고 하였다. 무착이 말하길 '여기의 대중은 어느 정도입니까?'라고 하니, 문수가 이르기를 '전삼삼후삼삼이니라.'고 하였다.

▶ **설해** 説解

波羅蜜 問: 문수가 무착에게 '어디에서 오는가?'라고 한 것은 일상적日

常的인 물음인가요.

一智 曰: 마음그릇을 보기도 하는 일이겠지만 '나는 이와 같이 항상 한데如是我常'라며 되묻는 것이지. 도발挑発이 아니고 무엇이겠는가.

波羅蜜 問: 문수의 물음에 무착이 '남방에서 왔습니다.'라고 한 것은 결국 일상적日常的인 대답은 아니라는 것이군요. 그렇다면 문수가 '안주安住하며 법法을 보존하는 일에 있어서 남방의 불법仏法은 어떠한가?'라고 물었으니, 안주하며 법을 보존保存한다는 것은 어떠한 일을 이르는지요.

一智 曰: 일체 모든 법法과 일체 모든 불보살仏菩薩을 깨우침의 본질인 내가 없음不立五蘊을 깨달아 증득한不離証得 일로서 행주좌와行住坐臥 하는 일을 이르는 것이네.

波羅蜜 問: 아! 그렇군요. 그렇다면 무착이 문수의 물음에 '소수의 말법末法 비구들이 계율戒律을 받들어 지키는 정도입니다.'라고 하였으니, 소수의 말법 비구란 어떠한 의미를 담고 있나요.

一智 曰: 소수의 말법末法 비구란 석가釈迦의 입멸入滅 후 정법正法을 지키는 자가 매우 적다는 것이지. 남방은 불법仏法이 다하고 어지럽다고 한 것末法이네.

波羅蜜 問: 문수가 또 무착에게 묻기를 '대중은 어느 정도 되는가?'라고 물으니, 시시콜콜한 이 물음은 무슨 까닭인지요.

一智 曰: 무착이 소수의 말법末法 비구라 하였으니, 헤아리고 가려내는 수數와 량量의 허물을 벗어나지 못한 까닭으로 갈피를 잡지 못하고 헤매는 일과 깨우침의 본질本質, 이 두 가지를 드러내어 주는 것이라네. 문수의 물음에 곧바로 무

254

착이 답하기를 '300명, 혹은 500명 정도입니다.'라고 하였
으니, 도대체 소수의 말법末法 비구란 무슨 일이며 수와
양을 헤아리는 일에 있어서 혼잡한 것인가. 또 어느 시절
을 가리키고 있는 것인가.

波羅蜜 問: 그렇군요. 문수의 물음에 무착이 되받아 묻되 '법法을 보
존하고 받드는 일에 있어서 이곳의 불법佛法은 어떠합니
까?'라고 한 것이고 이에 문수가 답하기를 '범인凡人과 성
인聖人이 함께 살고 용龍과 뱀巳이 뒤섞여 있다.'라고 하였
으니, 이는 어떠한 일을 이르는 것인지요.

一智 曰: 깨우침의 본질로서 내가 없음을 깨달아 증득한 불생불멸
不生不滅의 중중묘원中中妙圓으로서 삼천대천세계 과거 현
재 미래에 응하는 일, 곧 상구보리하화중생上求菩提下化衆
生하는 일에 있어서 막힘이나 걸림이 없는 일을 이르는 것
이지.

波羅蜜 問: 이와 같은 것을 알아채지 못하고 무착이 다시 '여기의 대
중은 어느 정도입니까?'라고 묻고 있군요. 그렇다면 무착
이 되받아친 이 물음에 문수가 '전삼삼후삼삼이다.'라고
답한 전삼삼후삼삼前三三後三三은 어떠한 일을 이르는 것
이며, 자세하게 설명해줄 수 있는지요.

一智 曰: 전삼삼후삼삼이前三三後三三란 스스로의 마음자리 터一
竅.正定.禪定를 근본根本으로 지금 현재를 시점으로 한 3계
와 과거過去의 3계三界와 다가올 미래未来의 3계三界인 9계
九界, 스스로가 태어나기 이전以前 과거, 현재, 미래의 3계
三界와 각각의 인연因緣을 따른 9계九界, 스스로가 멸멸滅한
후 과거, 현재, 미래의 3계三界와 각각의 인연을 따른 9계

九界, 곧 무수無数 무량無量함을 벗어난 27계二十七界란 오직 반야바라밀般若波羅密의 지혜를智慧 근본으로 이룩된 것으로서 생각과 생각 아닌 것으로도 이를 수도 없고 미칠 수도 없는 유일有一하게 실재實在하는 것本性으로서 '이것'을 전삼삼후삼삼前三三後三三이라 이르네.

波羅蜜 説: 생각으로도 또 생각 아닌 것으로도 또 이렇게 생각할 수 없는 일로서도 이르거나 미칠 수가 없는 것이로군요.

장사춘의 長沙春意

第三十六則 長沙春意
제 3 6 칙 장 사 춘 의

[本則] 擧 長沙一日에 遊山하고 歸至門首하니 首座問호 대
본 칙 거 장 사 일 일 유 산 귀 지 문 수 수 좌 문

和尙什麼處去來니고 沙云 遊山來로다 首座云 到什麼處來오 沙云
화 상 십 마 처 거 래 사 운 유 산 래 수 좌 운 도 십 마 처 래 사 운

始隨芳草去하고 又逐落花回로다 座云 大似春意니다 沙云
시 수 방 초 거 우 축 낙 화 회 좌 운 대 사 춘 의 사 운

也勝秋露滴芙蕖이로다 雪竇着語云 謝答話
야 승 추 로 적 부 거 설 두 착 어 운 사 답 화

본칙 장사가 하루는 산을 유람하고 돌아와 산문 앞에 이르니, 수좌가 묻기를 '화상께서는 어디를 갔다 오시는 길입니까?'라고 하니, 장사가 말하기를 '산을 거닐다 오는 길이라네.'라고 하였다. 수좌가 이르길 '어느 곳까지 갔다가 오시는지요?'라고 하니, 장사가 말하기를 '향기로운 풀을 따라갔다가 떨어지는 꽃을 쫓아 돌아왔다네.'라고 하였다. 수좌가 말하기를 '봄의 화창한 기운이 완연합니다.'라고 하니, 장사가 '가을 이슬에 연꽃이 젖은 것보다 좋았다네.'라고 하였다. 설두가 짧게 덧붙여 평하기를 '대답해 주어서 감사합니다.'라고 하였다.

▶ **설해**說解

波羅蜜 問: 장사가 산을 유람遊覽하고 돌아와 산문 앞에 이른 의미는
어떠한지요.

一智 曰: 막힘이나 걸림이 없는 행주좌와行住坐臥를 이르네.

波羅蜜 問: 수좌가 장사에게 '화상께서는 어디를 갔다 오시는 길입니까?'라고 하였으니, 이 물음은 어떠한지요.

一智 日: 가는 것이 아니니 오는 것이 아니라네不去不來. 일상적日常的인 행주좌와行住坐臥가 수행修行의 바탕임을 잊지 않았다는 것이지.

波羅蜜 問: 그렇군요. 수좌의 물음에 '산을 거닐다 오는 길이라네.'라고 한 장사의 답이 담담하게 느껴지는 것은 저 만의 느낌인지요. 아니면 다른 의미가 있는지요.

一智 日: 일상적인 행주좌와行住坐臥를 벗어나지 않는 담담한 대답이지. 그러나 들음을 듣는 일에 바탕을 두고 들으면 장사가 말한 바란 '이와 같이 나는 행한다如是我行.'라고 한 것이라네. 즉 깨우침의 본질本質인 내가 없음을 깨달아 얻지 못하면 그저 담담한 문답問答일 뿐이라네.

波羅蜜 問: 그렇다면 수좌가 '어느 곳까지 갔다가 오시는지요?'라고 다시 묻는 일에 대한 답으로 장사가 '향기로운 풀을 따라갔다가 떨어지는 꽃을 쫓아 돌아왔다네.'라고 한 말에서 향기로운 풀을 따라갔다는 것은 어떠한 일이며, 떨어지는 꽃을 따라 돌아왔다는 말은 또 어떠한 일을 이르는지요.

一智 日: 이와 같이 행함如是我行을 근본으로 삼아 삼천대천세계三千大天世界 과거 현재 미래에 막힘이나 걸림이 없이 응하는 위없는 법法의 향기本性를 따라갔다는 것이며, 떨어지는 꽃을 쫓아 돌아왔다는 것은 일체 모든 법法과 일체 모든 불보살仏菩薩의 그림자가 사라지는 길을 따라 돌아왔다는 것을 이르네.

波羅蜜 問: 네. 그렇군요. 그렇다면 수좌가 '봄의 화창한 기운이 완연

합니다.'라고 말한 것은 아는 듯 모르는 듯 은근슬쩍 장사의 말에 묻어가려는 것이 분명하네요. 이 말을 듣고 장사가 말한 '가을 이슬에 연꽃이 젖은 것보다 좋았다네.'라고 한 것은 어떠한 의미가 있는지요.

一智 曰: 가을 이슬이란 초로初老에 접어든 일을 이르는 것이고 연꽃이란 본성本性, 본각本覚, 본래면목本来面目으로서 있는 그대로의 오온청정五蘊清浄.妙覚을 이르는 것이지.

波羅蜜 説: 어찌 되었든 쓸쓸함이 따르네요. 그렇다면 설두가 '대답해주어서 감사합니다.'라고 말한 의미를 알겠습니다.

제37칙

반산구심盤山求心

第三十七則 盤山求心
제 3 7 칙 반 산 구 심

[本則] 擧 盤山이 垂語云 三界無法하니 何處求心이리오
본 칙 거 반 산 수 어 운 삼 계 무 법 하 처 구 심

본칙 반산이 말하기를 '삼계에 법이 없으니, 어느 곳에서 마음을 얻을 수 있겠는가.'라고 하였다.

▶ **설해**説解

波羅蜜 問: 삼계三界에 법法이 없다는 반산의 말은 어떠한가요. 또 어느 곳에서 마음을 얻을 수 있겠는가. 라고 하였는데 이는 어떠한 일인가요.

一智 日: 삼계三界란 마주 대하여 드러나는 언어나 문자文字, 모양이나 상태를 이르는 것일 뿐 반산이 말하고자 하는 것은 삼천대천세계三千大天世界 과거 현재 미래의 25문二十五門, 57과五十七果, 일천칠백공안一千七百公案, 팔만사천법문八万四千法文 등 일체 모든 법法과 일체 모든 불보살仏菩薩은 법法이 아니라는 것을 이르네. 이는 깨우침의 본질本質로서 내가 없음을 깨달아 얻는 일, 즉 오온五蘊을 세우지

260

아니한 깨우침을 드러낸 것이네. '어느 곳에서 마음을 얻을 수 있겠는가?'라고 하였으니, 깨우침의 본질不立五蘊로서 내가 없음을 깨달아 증득한 지혜인 반야바라밀般若波羅密을 근본으로 밝게 깨달아 증득하면不離証得 삼천대천세계三千大天世界 과거 현재 미래의 25문二十五門, 57과五十七果, 일천칠백공안一千七百公案, 팔만사천법문八万四千法文 등 일체 모든 법法과 일체 모든 불보살仏菩薩 하나하나 한분 한분이 본인 스스로 깨달아 증득証得한 일로서 마음이라 이름 붙여 부르는 물건이라는 것이네. 이와 같은 것如是如是을 이 물건을 꽁꽁 부여잡고 '이 뭣인가?'라고 유추만 하면서類推 평생平生 행주좌와行住坐臥 한다는 일은 도대체 '이 무슨 일인고'.

波羅蜜 説: 네. 잘 알겠습니다.

풍혈철우風穴鉄牛

第三十八則 風穴鐵牛
제 3 8 칙 풍 혈 철 우

[本則] 擧 風穴이 在郢州衙內하야 上堂云 祖師心印이
본 칙 거 풍 혈 재 영 주 아 내 상 당 운 조 사 심 인

狀似鐵牛之機하니 去卽印住하고 住卽印破라 只如不去不住하야는
상 사 철 우 지 기 거 즉 인 주 주 즉 인 파 지 여 부 거 부 주

印이 卽是아 不印이 卽是아 時有盧陂長老하야 出問하되 某甲이
인 즉 시 불 인 즉 시 시 유 노 피 장 노 출 문 모 갑

有鐵牛之機하니 請師不搭印하소서 穴이 云 慣釣鯨鯢澄巨浸터니
유 철 우 지 기 청 사 부 탑 인 혈 운 관 조 경 예 징 거 침

却嗟蛙步展泥沙로다 陂가 佇思어늘 穴이 喝云 長老何不進語오 陂
각 차 와 보 전 니 사 피 저 사 혈 갈 운 장 노 하 불 진 어 피

가 擬議하니 穴이 打一拂子하고 穴이 云 還記得話頭麼아 試擧看하
의 의 혈 타 일 불 자 혈 운 환 기 득 화 두 마 시 거 간

라 陂가 擬開口어늘 穴이 又打一拂子하다 牧主云 佛法與王法이
피 의 개 구 혈 우 타 일 불 자 목 주 운 불 법 여 왕 법

一般이니다 穴이 云 見箇什麼道理오 牧主云 當斷을 不斷하면
일 반 혈 운 견 개 십 마 도 리 목 주 운 당 단 부 단

返招其亂이니다 穴이 便下座
반 초 기 난 혈 편 하 좌

본칙 풍혈이 영주의 관사에 들어가 자리에 올라 법을 이르니 '조사가 마음으로 얻는 바 최상의 깨우침은 무쇠 소의 작용과 같은 까닭으로 가면 최상의 깨우침이 살아나고 머물면 즉시 최상의 깨우침이 깨진다네. 그렇다면 가지도 않고 머물지도 않을 때는 최상의 깨우침인가 아니면 최상의 깨우침이 아닌가.'라고 하였다. 이때 노파 장로가 나서서 말하기를 '저에게 무쇠 소의 작용이 있으니, 청하건대 사승께서는 마음으로 얻은 바에 저를 태우지 마소서.'라고 하였다. 풍혈이 '큰 고래를 낚아서 바다를 맑게 하는 일에는 익숙하지만, 아이고! 개구리 한 마리가 진흙탕 속에서 나부대는구나.'라고 말하니, 노파 장로가 우두커니 서서 생각에 잠겨있었다. 풍혈이 할을 하면서 말하기를 '장로는 어찌 아무 말도 하지 않는가?'라고 하니, 노파 장로가 할 듯 말듯 머뭇거리자, 풍혈이 불자로 한 대 때리고서는 이르길 '말의 뜻이나 제대로 알고 있는가. 거듭 드러내어 자세

히 들여다보라.'라고 하였다. 노파가 말을 하려고 우물쩍주물쩍 거리자 풍혈이 또 불자를 들어 한 대를 때렸다. 목주(영주 태수)가 '불법과 왕법이 똑같습니다.'라고 말하니, 풍혈이 이르기를 '어떠한 이치를 보았다는 것인가?'라고 하니, 목주가 '마땅히 끊어 낼 것을 끊어내지 않으면 오히려 혼란스러움만을 불러들이게 될 것입니다.'라고 말하니, 풍혈이 곧바로 법상에서 내려와 버렸다.

▶ **설해**說解

波羅蜜 問: 풍혈이 영주의 관사에 들어가 법을 설한 것으로서 '조사가 마음으로 얻는바 최상의 깨우침은 무쇠 소의 작용作用과 같은 까닭으로 가면 최상의 깨우침이 살아나고 머물면 즉시 최상의 깨우침이 깨진다네. 그렇다면 가지도 않고 머물지도 않을 때는 최상의 깨우침인가 최상의 깨우침이 아닌가.'라고 하였으니, 이는 무엇을 이르는지 자세하게 설명해 줄 수 있는지요.

一智 曰: 조사가 마음으로 얻는 바 최상의 깨우침이란 대불정여래밀인大仏頂如来密因을 이르며, 무쇠 소의 작용作用이라는 것은 깨우침의 본질인 반야바라밀般若波羅密을 근본으로 한 금강혜심金剛慧心을 이르는 것이네. 가면 최상의 깨우침大仏頂如来密因이 살아난다는 것은 곧 오온청정五蘊清浄으로서의 묘각妙覚을 항복 받으면 최상의 깨우침大仏頂如来密因이 살아난다고 한 것이며, 깨우침의 본질本質인 내가 없음을 깨달아 증득한 자리에 머물고자 한다면 최상의 깨우침大仏頂如来密因을 얻지 못할 것이라 이른 것이네. 또 '내가 없음을 깨달아 증득한 자리에서 가지도 않고 머물지도 않을 때는 최상의 깨우침大仏頂如来密因인가 아닌가.'

라고 말한 것은 반야바라밀般若波羅密의 불생불멸不生不滅
로서 일을 마친 것이니, 가지도 머물지도 않는 이 두 가지
마저도 떠난 자리를 무엇이라 이르겠는가.

波羅蜜 問: 네. 그렇다면 노파 장로가 풍혈의 말을 듣고 '저에게 무쇠
소의 작용作用이 있으니, 청하건대 사승께서는 마음으로
얻은 바에 저를 태우지 마소서.'라고 말한 것은 나에게 비
롯됨 없는 마음을 항복 받을 금강혜심金剛慧心이 있으니,
최상의 깨우침大仏頂如来密因을 얻었다고 인가하지 말아
달라고 부탁을 하는 것이네요. 그렇다면 이 말을 듣고 풍
혈이 '큰 고래를 낚아서 바다를 맑게 하는 일에는 익숙하
지만, 개구리 한 마리가 진흙탕 속에서 나부댄다.'라고 말
한 것은 어떠한 의미인지요.

一智 曰: 금강혜심金剛慧心을 제대로 낚아서 25문二十五門, 57과
五十七果, 일천칠백공안一千七百公案, 팔만사천법문八万四千
法文 등 일체 모든 법法과 일체 모든 불보살仏菩薩의 바다
를 맑게 하는 일에는 익숙하지만 곧 듣고 보는 일에는 능
숙하지만 비라도 내릴라 치면 개구리 한 마리가 개굴개굴
대며 스스로 최상의 깨우침大仏頂如来密因을 얻었다 이르
면서 진흙탕 속을 헤집고 다닌다는 것이지.

波羅蜜 問: 그렇군요. 풍혈의 말에 생각에 잠긴 노파가 말을 못하고 우
물쭈물하자 풍혈이 노파 장로를 때리고 '어찌 말을 하지 못
하는가.'라고 묻고는 노파가 머뭇거리자 거듭 때리고 할을
하면서 '말의 뜻이나 제대로 알고 있는가. 거듭 드러내어
자세히 들여다보라.'고 말한 것은 어떠한 일을 이르는지요.

一智 曰: '금강혜심金剛慧心의 자리에서 가지도 않고 머물지도 않을

때는 최상의 깨우침大仏頂如来密因인가 아닌가.'라고 한 풍
혈의 말만을 빗대어 흉내를 내었으니 그럴 만도 하지. 때
문에 거듭해서 '노파 장로여 내가 한 말의 뜻이나 제대로
알고 말하는 것인가. 스스로가 한 말을 드러내서 자세히
들여다보라.'고 한 것이네.

波羅蜜 問: 노파가 또 말을 하려고 하는 까닭에 풍혈의 불자에 또 한
대를 맞은 것이군요. 이를 본 목주가 '불법仏法과 왕법王法
이 똑같습니다.'라고 하였고 풍혈이 목주의 말에 '어떠한
이치를 보았다는 것인가?'라고 물었습니다. 이 물음에 목
주가 '마땅히 끊어 낼 것을 끊어 내지 않으면 오히려 혼란
스러움을 불러들이게 될 것입니다.'라고 답하였고 이 말을
들은 풍혈이 곧바로 법상에서 내려왔습니다. 그렇다면 불
법仏法과 왕법王法이 같다는 것은 무엇이며, 목주가 말한
혼란스러움을 불러들이는 일은 어떠한 것입니까. 그리고
풍혈이 법상에서 내려온 일은 어떠한 일인지요.

一智 日: 불법仏法이란 내가 없음을 본질로 한 것不立五蘊.無為法이
며, 왕법王法이란 철저하게 내가 있음을 근본으로 한 것有
為法이라네. 목주는 풍혈과 노파가 주고받은 모든 일을
보고 일반적一般的이면서 일상적日常的인 유위법有為法으로
서 말한 것이지. 또한 풍혈이 거듭해서 노파를 다그치고
마지막까지 이끄는 것을 보고서는 마땅히 끊어 낼 것을
끊어 내지 못하면 혼란스럽기만 하다고 말한 것이네. 이
를 듣고 풍혈이 깨우침의 본질에서는 분별分別이 없음을
보이고자 법상을 내려간 것이네.

波羅蜜 説: 끝맺음이 아쉬운 자리였음을 알겠습니다.

第三十九則 雲門金毛
제 3 9 칙 운 문 금 모

[本則] 擧 僧이 問雲門호대 如何是淸淨法身이니고 門이 云
본 칙 거 승 문 운 문 여 하 시 청 정 법 신 문 운

花藥欄이니라 僧이 云 便恁?去時如何니고 門云 金毛獅子니라
화 약 란 승 운 편 임 마 거 시 여 하 문 운 금 모 사 자

본칙 승이 운문에게 묻기를 '어떠한 것이 청정한 법신입니까?'라고 하니, 운문이 '작약 꽃 울타리이니라.'고 말했다. 승이 말하기를 '이렇게 갈 때는 어떠합니까?'라고 하니, 운 문이 이르기를 '사자의 털이 금빛이니라.'라고 하였다.

▶ 설해説解

波羅蜜 問: 승이 '어떠한 것이 청정淸淨한 법신法身입니까?'라고 물은
         청정법신淸淨法身이란 무엇을 이르는지요.

一智 曰: 오온청정五蘊淸淨한 묘각妙覺을 항복 받아야 청정법신淸淨
         法身이라 이를 수 있다네.

波羅蜜 問: 그렇다면 운문이 '작약꽃 울타리다.'라고 답한 것은 어떠
         한 일을 의미하는 것인지요.

一智 曰: 법신花藥欄이라 이르는 것은 삼천대천세계三千大天世界 과
         거 현재 미래의 25문二十五門, 57과五十七果, 일천칠백공안

一千七百公案, 팔만사천법문八万四千法文 등 일체 모든 법법法
과 일체 모든 불보살仏菩薩의 울타리일 뿐이라는 것이네.

波羅蜜 問: 승이 '이렇게 갈 때는 어떠합니까?'라고 한 것은 어떤 의미
인지요.

一智 曰: '법신法身이란 일체 모든 법법法과 일체 모든 불보살仏菩薩의
울타리일 뿐이군요. 제가 이렇게 알았을 때는 어떻습니
까?'라고 반문反問한 것이지. 어긋나도 크게 어긋났을 뿐
만 아니라 알아도 잘못 알고 있지 않은가.

波羅蜜 問: 네. 눈앞에 두고도 허공에 삿대질이네요. 그렇다면 '사자의
털이 금빛이다.'라고 한 운문의 말은 무엇을 뜻하는지요.

一智 曰: 사자의 털이란 자네가 아는 일이 대단하다고 이르는 것이
며, 금빛이란 겉으로 드러나는 청정清浄한 법신法身의 빛
이 금빛이라는 것이네. 겉껍데기를 이르는 것이지.

波羅蜜 説: 네. 승이 깨달아 얻었다는 일이 수박 겉핥기식 식견識見이
라는 것을 알겠습니다.

남전정화南泉庭花

第四十則 南泉庭花
제40칙 남천정화

[本則] 擧 陸亘大夫與南泉으로 語話次에 陸이 云 肇法師道하되
본칙 거 육긍대부여남전 어화차 육 운 조법사도

天地도 與我同根이요 萬物도 與我一體라하니 也甚奇怪니다 南泉
천지 여아동근 만물 여아일체 야심기괴 남전

이 指庭前花하며 召大夫云 時人이 見此一株花를 如夢相似니라
지정전화 소대부운 시인 견차일주화 여몽상사

본칙 육긍대부가 남전과 더불어 대화를 하던 차에 육긍이 말하길 '조법사가 이르기를 천지는 나와 더불어 같은 뿌리요 만물 또한 나와 더불어 한 몸이라 말하니, 심히 뛰어나고 기이합니다.'라고 하였다. 남전이 뜰 앞에 핀 꽃을 가리키면서 육긍대부를 부른 후 이르기를 '그 당시의 사람들은 이 한 줄기 꽃을 볼 때 꿈결에서 본 듯 말한다네.'라고 하였다.

▶ 설해說解

波羅蜜 問: 육긍이 남전과 대화를 하던 차에 육긍이 '조법사가 이르기를 천지天地는 나와 더불어 같은 뿌리요 만물萬物 또한 나와 더불어 한 몸이라 말하니, 심히 뛰어나고 기이합니다.'라고 한 이 말은 어떠한지요.

一智 曰: 천지天地와 뿌리가 같다는 것은 정신적精神的인 면의 영원성永遠性을 이르는 것이고 만물萬物과 더불어 한 몸이라는 것은 나고 죽고 또 죽고 나고 하는 일輪廻이 같다는 것이

지. 천지에서 왔다가 천지로 돌아간다는 말일 뿐 달리 뭔 일이 있겠는가. 천지의 영원성永遠性을 들어 시작점始作点이 없는 스스로의 본성本性을 농락하는 일일 뿐이라네.

波羅蜜 問: 네. 그렇다면 남전이 육긍의 말을 듣고 뜰 앞에 핀 꽃을 가리키면서 '그 당시의 사람들은 이 한줄기 꽃을 볼 때 꿈결에서 본 듯 말한다네.'라고 한 것은 어떠한 의미가 있는지요.

一智 曰: 다른 의미는 없고 육긍이 말한 '천지天地와 나는 같은 뿌리이며, 만물万物 또한 나와 한 몸이다.'라고 한 말이 망상妄想이라는 것이지. 내가 태어나기 이전과 넋이 사라진 이후는 무엇이라 이를 것인가. 오로지 현재 지금 본인을 두고 말하는 것은 찰나의 꿈과도 같다는 것이네. 망상妄想 또한 찰나의 망상妄想임을 알겠는가.

波羅蜜 説: 네. 그렇군요.

조주대사각활趙州大死却活

第四十一則 趙州大死却活
제 4 1 칙 조 주 대 사 각 활

[本則] 擧 趙州問投子호되 大死底人이 却活時如何오 投子云
본 칙 거 조 주 문 투 자 대 사 저 인 각 활 시 여 하 투 자 운

不許夜行이라 投明須到니라
불 허 야 행 투 명 수 도

본칙 조주가 투자에게 묻되 '죽은 사람이 다시 살아났을 때는 어떠한가?'라고 하니, 투자가 '밤에 다니는 것은 허락하지 않으니, 날이 밝으면 오시지요.'라고 말했다.

▶ **설해**説解

波羅蜜 問: 조주가 투자에게 '죽은 사람이 다시 살아났을 때는 어떠한가?'라고 한 이 물음은 어떠한 자리를 이르는지요.

一智 曰: 깨우침의 본질本質인 내가 없음을 깨달아 증득証得한 일을 이르는 것이네. 이 깨우침의 근본인 반야바라밀般若波羅密의 불생불멸不生不滅을 바탕으로 25문二十五門, 57과五十七果, 일천칠백공안一千七百公案, 팔만사천법문八万四千法文 등 일체 모든 법법法과 일체 모든 불보살佛菩薩을 있는 그대로 드러내는 일을 이른 것이지.

波羅蜜 問: 그러면 조주의 물음에 투자가 '밤에 다니는 것은 허락하

270

지 않으니, 날이 밝으면 오시지요.'라고 말한 것은 어떠한 일인지요.

一智 曰:　조주의 물음에 대한 이치를 알아챈 투자가 피곤하게 하지 마시고 날이 밝으면 행주좌와行住坐臥 하시라는 것이니, 투자가 '잘 아시면서 왜 그러시는지요.'라고 되받아 말한 것이네. 아마도 때늦은 밤이었겠지. 달리 축객逐客령이겠는가.

波羅蜜 説:　서로가 서로에 대해 너무 잘 알고 있었네요.

제42칙 노방호설 老龐好雪

第四十二則 老龐好雪
제 4 2 칙 노 방 호 설

[本則] 擧 龐居士辭藥山하니 山이 命十人禪客하야 相送至門首어
본 칙 거 방 거 사 사 약 산   산   명 십 인 선 객   상 송 지 문 수

늘 居士指空中雪云 好雪片片이 不落別處로다 時有全禪客하야 云호
거 사 지 공 중 설 운 호 설 편 편   불 락 별 처   시 유 전 선 객   운

대 落在什麼處오 士打一掌하니 全云 居士也不得草草하라 士云
낙 재 십 마 처   사 타 일 장   전 운 거 사 야 부 득 초 초   사 운

汝恁麼稱禪客이라도 閻老子未放汝在하리라 全이 云 居士作麼生고
여 임 마 칭 선 객   염 노 자 미 방 여 재   전 운 거 사 작 마 생

士又打一掌하고 云호대 眼見如盲하고 口說如啞니라 雪竇別云
사 우 타 일 장   운 호 대 안 견 여 맹   구 설 여 아   설 두 별 운

初問處에 但握雪團하야 便打하리라
초 문 처   단 악 설 단   편 타

본칙 방거사가 약산을 떠나려고 하니 약산이 10명의 선객에게 방거사를 전송해 주라 일렀고 함께 산문에 이르렀거늘 방거사가 공중의 눈발을 가리키면서 말하기를 '보기 좋게 내리는 눈은 달리 다른 곳에 떨어지지 않는다.'라고 하니, 그때 선객 모두가 이르기를 '어디에 떨어집니까?'라고 하였다. 방거사가 손바닥으로 선객을 때리니, 선객 모두가 '거사는 거칠게 굴지 마시오.'라고 말하니, 방거사가 '자네들이 이러한 식으로 하면서 선객이라 칭하니 염라대왕은 자네들을 결코 놓아주지 않을 것이라네.'라고 말했다. 선객이 이르기를 '거사라면 어찌하겠는가?'라고 하니, 방거사가 또 손바닥으로 뺨을 때리고는 이르길 '눈으로 보기는 한다지만 장님과 같고 입으로는 말을 한다지만 벙어리와 같구나.'라고 하였다. 설두가 달리 말하기를 '처음 호설편편 불락별처라고 말했을 때 이러니저러니 따지지 말고 곧바로 눈 뭉치로 때렸어야 했다.'라고 하였다.

272

▶ **설해**說解

波羅蜜 問: 약산이 10명의 선객에게 방거사를 전송해 주라 일렀고 산
문에 이르러 방거사가 내리는 눈을 가리키며 '보기 좋게
내리는 눈은 다른 곳에 떨어지지 않는다.'라고 하였으니,
약산이 전송해 주라 이른 일과 방거사가 내리는 눈을 가
리키는 일과 함께 눈은 다른 곳에 떨어지지 않는다고 한
말은 어떠한 일을 이르는지요.

一智 曰: 약산이 군이 선객에게 전송해 주라 이른 것을 보면 방거
사의 공부가 대단함을 알겠고 방거사가 눈을 가리킨다는
것은 허공虛空의 달을 가리키는 것과 같음이니, 일체 모든
법法과 일체 모든 불보살佛菩薩을 밝게 비춰주는 금강혜심
金剛慧心의 주장자와 같음을 이르네. 이와 같이 손가락으
로 가리킨 눈이 다른 곳에 떨어지지 않는다는 것은 반야
바라밀을 근본으로 깨우침의 본질인 내가 없음을 깨달아
不立五蘊 증득한不離証得 중중묘원中中妙圓. 不立五蘊不離証得
을 이르는 것이니, 일체 모든 법法과 일체 모든 불보살佛菩
薩 하나하나 한 분 한 분, 이 깨우침의 자리에 있음을 이
르네. 불상래불하거지不上来不下去地라네. 즉 오르락내리락
하는 마음자리가 아니라네.

波羅蜜 問: 선객 모두가 방거사의 말에 '어디에 떨어집니까?'라고 물으
니, 방거사가 선승을 때리고 선승 모두가 '거사는 거칠게
굴지 마시오.'라고 말했습니다. 그러자 방거사가 '자네들이
이러한 식으로 하면서 선객이라 칭하니 염라대왕은 자네
들을 결코 놓아주지 않을 것이다.'라고 말하였으니, 묻고

때리고 질책하면서 굳이 방거사를 쫓아버리지 못하는 일은 무엇이며, 방거사가 이런 식이라면 염라대왕도 놓아주지 않는다고 말한 것은 어떠한 일입니까.

一智 曰: 선승이 '어디에 떨어집니까?'라고 물은 것은 동서남북 위아래에 들어갈 빈틈도 없이 오온五蘊에 꽉 막혀있다는 것을 이르고 한 대 맞자 '거칠게 굴지 마시오.'라고 한 것은 우리는 열 명이고 방거사 당신은 혼자라 조심하라고 말한 것이지. 방거사를 쫓아버리지 못하는 것은 방거사가 손가락으로 가리킨 일과 때리고 말한 언어나 문자, 모양이나 상태에 집착하기 때문이며, 방거사의 이런 식이라는 것은 선승으로서 불립문자不立文字도 못하면서 허황虛荒된 식견識見을 내세운 것을 이르고 염라대왕이 놓아주지 않는다는 것은 생사生死를 떠나지 못할 것이라는 말이네.

波羅蜜 問: 그러면 선승들이 '거사라면 어찌하겠는가?'라는 물음에 방거사가 또 때리고 '눈으로 보기는 한다지만 장님과 같고 입으로는 말을 한다지만 벙어리와 같다.'라고 말한 것은 어떠한 일을 말하는지요.

一智 曰: 크게 어긋났으니 맞은 것이겠지. 눈으로 보지만 장님과 같다는 것은 색수상행식色受想行識이라는 식견識見에 갇혀 본인 스스로 깨우침의 본질本質인 내가 없음을 알아채지 못하니 장님이라는 것이고 입으로는 말하지만 벙어리와 같다는 말은 말 그대로 불립문자不立文字도 못한 꿀 먹은 벙어리라는 것이네.

波羅蜜 問: 그렇다면 설두가 '처음 호설편편 불락별처라고 말했을 때 이러니저러니 따지지 말고 곧바로 눈 뭉치로 때렸어야 했

274

다.'라고 말한 것은 어떠한 일입니까.

一智 曰: 방거사 또한 언어言語나 문자文字, 모양이나 상태를 벗어나지 못한 것이니, 손가락으로 가리킬 만한 물건이 아닌 것을 가리켰고 언어나 문자, 모양이나 상태로 드러낼 수 없는 것을 언어나 문자, 모양이나 상태를 빌려 드러냈으니, 손가락이 꺾이고 맞아야 한다는 것이네. 중중묘원中中妙圓이란 오르락내리락하는 마음자리가 아니며不上来不下去地, 좌우로 왔다 갔다 하는 마음자리도 아니고不左来不右去地 앞뒤로 왔다 갔다 하는 마음자리도 아니라네不前来不後去地.

波羅蜜 説: 네. 그렇군요.

동산한서 洞山寒暑

第四十三則 洞山寒暑
제 4 3 칙 동 산 한 서

[本則] 擧 僧이 問洞山하되 寒暑到來에 如何廻避니고 山이 云
본칙 거 승 문동산 한서도래 여하회피 산 운

何不向無寒暑處去오 僧이 云 如何是無寒暑處니고 山이 云
하불향무한서처거 승 운 여하시무한서처 산 운

寒時寒殺闍黎하고 熱時熱殺闍黎니라
한시한살도려 열시열살도려

본칙 승이 동산에게 묻되 '추위와 더위가 오면 어떻게 피해야 합니까?'라고 하니, 동산이 말하기를 '어찌해서 추위와 더위가 없는 곳으로 가지 않은 것인가?'라고 하였다. 승이 말하기를 '어떠한 것이 추위와 더위가 없는 곳입니까?'라고 하니, 동산이 말하기를 '추울 때는 죽도록 추워하고 더울 때는 죽도록 더워해야 되느니라.'라고 하였다.

▶ 설해 說解

波羅蜜 問: 승이 '추위와 더위가 오면 어떻게 피해야 합니까?'라고 동산에게 물은 것은 어떠한 일인지요.

一智 曰: 추위와 더위를 피할 수 있는 곳이란? 어디에 있는가. 능히 보고 듣고 맡고 맛보고 느끼면서 능히 구별 짓고 나누어 밝힐 수 있다는 색수상행식色受想行識의 두터운 철문을 여닫는 일이란 바로 눈앞에 있지 않는가. 사지가 멀쩡하면서 여닫지를 못하고 가지도 못하고 있는가.

276

波羅蜜 問: 동산이 승의 물음에 '어찌해서 추위와 더위가 없는 곳으로 가지 않은 것인가?'라고 한 말은 어떤 뜻이 있는지요.

一智 曰: 추위가 더위가 없는 곳? 그렇다면 추위와 더위가 있는 곳은? 바로 이곳, 자네가 아닌가. 곧 오온을 세우지 아니한 자리不立五蘊, 내가 없음을 깨달아 증득한 일과 이와 같이 깨우침을 얻었다는 이 일을 항복 받아 온전하게 드러난 본성本性은 둘이 아니라는 것을 이르네.

波羅蜜 問: 승이 동산의 말을 듣고 '어떠한 것이 추위와 더위가 없는 곳입니까?'라고 물었으니, 이는 어떠한 뜻입니까.

一智 曰: '추위와 더위가 오면 어떻게 피해야 합니까?'라고 물어서 '추위와 더위가 없는 곳으로 왜 가지 않는 것인가.'라고 답해주니, 대뜸 동산의 이 말을 주워듣고는 '어떠한 것이 추위와 더위가 없는 곳입니까?'라고 말한 것은 깨우침의 본질本質인 스스로의 본성本質을 알아채지 못하고 동산의 언어와 문자, 모양이나 상태의 그림자만을 쫓고 있는 일이라네.

波羅蜜 問: 그러면 동산이 '추울 때는 죽도록 추워하고 더울 때는 죽도록 더워해야 한다.'라고 말한 것은 무슨 뜻인지요.

一智 曰: 이와 같이 죽도록 지극함을 다하면 죽도록 지극함을 다한 그 일이 내가 없음을 깨우친 일이며, 이 깨우침을 항복 받고 깨달아 증득証得한 일이 스스로의 본성本性이라는 것이네.

波羅蜜 說: 네. 그렇군요.

第四十四則 禾山打鼓
제 4 4 칙 화 산 타 고

[本則] 擧 禾山이 垂語云 習學을 謂之聞이요 絶學을 謂之?이라
본 칙 거 화 산 이 수 어 운 습 학 을 위 지 문 이 요 절 학 을 위 지 린

過此二者는 是爲眞過니라 僧이 出問호대 如何是眞過니고 山이 云
과 차 이 자 는 시 위 진 과 니 라 승 이 출 문 호 대 여 하 시 진 과 니 고 산 이 운

解打鼓 又問 如何是眞諦니고 山이 云 解打鼓 又問 卽心卽佛은
해 타 고 우 문 여 하 시 진 체 니 고 산 이 운 해 타 고 우 문 즉 심 즉 불 은

卽不問이어니와 如何是非心非佛이니고 山이 云 解打鼓 又問
즉 불 문 이 어 니 와 여 하 시 비 심 비 불 이 니 고 산 이 운 해 타 고 우 문

向上人來時如何接이니고 山云 解打鼓
향 상 인 래 시 여 하 접 이 니 고 산 운 해 타 고

본칙 화산이 말하기를 '거듭 되풀이하여 익혀야 하는 자리를 가리켜 듣고 배우는 위치라 이르고 더 이상 학문이나 지식을 배울 필요 없게 된 위치를 가리켜 도와 이웃한 자리라 이른다. 이 두 가지를 넘어선 위치를 참된 경지라고 할 수 있다.'라고 하니, 승이 나서서 묻기를 '어떠한 것이 이 두 가지를 넘어선 참된 경지입니까?'라고 하였다. 화산이 말하길 '북은 잘 치는구나.'라고 하니, 또 나서서 묻기를 '어떠한 것이 참된 깨우침입니까?'라고 하였다. 화산이 '북 한번 잘 치는구나.'라고 하니, 또 나서서 묻기를 '마음이 곧 부처라는 것은 묻지 않겠습니다. 어떠한 것을 두고 마음도 아니고 부처도 아니라고 합니까?'라고 하였다. 화산이 말하기를 '북은 잘 치는구나.'라고 하니, 또 나서서 묻기를 '부처와 조사를 뛰어넘은 사람이 올 때는 어떻게 맞이하겠습니까?'라고 하였다. 화산이 말하기를 '북은 잘 치는구나.'라고 하였다.

278

▶ 설해説解

波羅蜜 問: 화산이 '거듭 되풀이하여 익혀야 하는 자리를 가리켜 듣
고 배우는 위치라 이르고 더 이상 학문學文이나 지식知識
을 배울 필요 없게 된 위치를 가리켜 도道와 이웃한 자리
라 이른다. 이 두 가지를 넘어선 위치를 참된 자리라고 할
수 있다.'라고 말하니, 어떠한 일을 두고 이르는 것인지요.

一智 曰: 거듭 되풀이하여 익혀야 하는 자리를 가리켜 듣고 배우
는 위치란習学 육근탐六根貪 육진진六塵瞋 육식치 識痴에
따른 수상행식受想行識의 25문과 마주 대하여 드러나는
언어言語나 문자文字, 모양이나 상태를 세우지 않은不立文字
자신의 마음을 보고直指人心 불성仏性을 보는 일로 인하여
깨우침을 이루어 갈 수 있는 일견성성불一見性成仏의 바탕이 되는 방
편을 알아채서 최상의 방편인 여시아문如是我聞을 바탕으
로 듣고 배우는 자리를 이른다네有学. 그리고 더 이상 학
문學文이나 지식知識을 배울 필요 없게 된 위치를 가리켜
도와道 이웃한 자리라 하니, 이 자리는 깨우침의 본질로
서 내가 없음不立五蘊을 깨달아 증득한不離証得 자리를 이
른다네無学. 곧 인연因緣으로서 맺은 마음자리因地는 듣고
배우는 일이 있음을 뜻하며, 나를 세우지 아니한 깨우침
의 본질을 깨달아 증득한 마음자리果地는 닦고 익힐 일이
없음을 뜻한다네. 또한 이 두 가지를 넘어선 참된 경지란
깨우침의 본질本質인 내가 없음을 깨달아 증득한 일로서
막힘이나 걸림이 없는 금강 같은 지혜金剛慧心로 묘각妙覚
을 항복 받은 일을 이른다네. 곧 묘각이란 오온청정五蘊清

淨으로서 오온이 청정하다는 깨우침이니, 이 깨우침마저 항복 받아야 참된 경지라 이를 수 있는 것이네.

波羅蜜 問: 화산의 말을 듣고 승이 '어떠한 것이 이 두 가지를 넘어선 참된 경지입니까?'라고 물으니, 화산이 '북은 잘 치는구나.' 라고 하였고 이 말을 듣고 승이 또 묻기를 '어떠한 것이 참된 깨우침입니까?'라고 하니, 화산이 '북 한번 잘 치는구나.'라고 하였으니, 이러한 일들은 어찌 된 까닭인지요.

一智 曰: 승이 '어떠한 것이 이 두 가지를 넘어선 참된 경지입니까?' 라고 물은 것은 참된 경지란 마주 대하여 드러낼 수 있다는 언어言語와 문자文字, 모양이나 상태에 집착하는 일을 이르고 승의 이 물음에 화산이 '북은 잘 치는구나.'라고 답한 일이란 '여시아문 일시如是我聞 一時'를 가리킨 것이네. 승이 그렇다면 '어떠한 것이 참된 깨우침입니까?'라고 물은 일이란 거듭 북소리에서 멀어짐을 의미하는 것이며, 승의 거듭된 물음에 화산이 '북 한번 잘 치는구나.'라고 답한 것은 스스로 북을 치면서 북소리를 듣지 못하는 승에게 거듭해서 깨우침의 본질을 드러내는 일이라네.

波羅蜜 問: 그렇군요. 승이 또 나서서 '마음이 곧 부처라는 것은 묻지 않겠습니다. 어떠한 것을 두고 마음도 아니고 부처도 아니라고 합니까?'라고 하였으니, 이 또한 깨우침의 본질인 내가 없음을 알지 못하고 마주 대하여 드러나는 언어와 문자, 모양이나 상태를 가지고 철벽鐵壁에 철벽을 치고 또 철벽을 치면서 변죽만 울리고 있는 것임을 알겠습니다. 또한 승이 또 나서서 묻기를 '부처와 조사를 뛰어넘은 사람이 올 때는 어떻게 맞이하겠습니까?' 하였고 화산이 '북은

잘 치는구나.'라고 한 거듭된 의미를 알겠습니다. 승이 또 나서서 '부처와 조사를 뛰어넘은 사람이 올 때는 어떻게 맞이하겠습니까?'라고 물은 일과 화산이 말한 '북은 잘 치는구나.'라고 거듭 답을 한 까닭은 있는지요.

一智 曰: 먼저 수행修行을 하고 후에 깨우침을 얻겠다는 논리論理에 철벽을 치고 있는 수행자修行者가 부처와 조사를 뛰어넘은 사람은 어찌 볼 것이며, 그러한 이가 오더라도 어찌 알아볼 수 있겠는가. 스스로의 본성은 듣지 못하고 거듭거듭 더해서 변죽만 울리고 있지 않은가.

波羅蜜 説: 네. 그렇군요.

청주포삼 靑州布衫

第四十五則 靑州布衫
제 4 5 칙 청주포삼

[本則] 擧 僧이 問趙州호대 萬法은 歸一이어니와 一歸何處니고
본 칙 거 승 문조주 만 법 귀 일 일 귀 하 처

州云 我在靑州하야 作一領布衫하니 重이 七斤이더라
주 운 아 재 청 주 작 일 령 포 삼 중 칠 근

[本則] 擧 僧이 問趙州호대 萬法은 歸一이어니와 一歸何處니고
본 칙 거 승 문조주 만 법 귀 일 일 귀 하 처

州云 我在靑州하야 作一領布衫하니 重이 七斤이더라
주 운 아 재 청 주 작 일 령 포 삼 중 칠 근

본칙 승이 조주에게 묻기를 '만법은 하나로 돌아가지만 그 하나는 어느 곳으로 돌아갑니까.'라고 하니, 조주가 '내가 청주에 있을 때 삼베로 옷을 하나 만들었는데 무게가 일곱 근이었다.'라고 말했다.

▶ 설해 説解

波羅蜜 問: 승이 조주에게 묻기를 '만법은 하나로 돌아가지만 그 하나는 어느 곳으로 돌아갑니까.'라고 한 말은 어떠한 의미가 있는지요.

一智 曰: 삼천대천세계三千大千世界 과거 현재 미래의 25문二十五門, 57과五十七果, 일천칠백공안一千七百公案, 팔만사천법문 八万四千法文 등 일체 모든 법법과 일체 모든 불보살仏菩薩

282

은 오온五蘊을 세우지 아니한, 곧 깨우침의 본질로서 내가
없음을 깨달아 증득不立五蘊不離証得한 자리로 돌아가는
일과 깨달음의 궁극적窮極的 본질로서 오온청정한 묘각은
금강혜심金剛慧心을 바탕으로 깨우쳤다는 마음자리마저
항복 받고 언어와 문자, 모양이나 상태로서는 드러낼 수
없다는 불래불거不来不去의 자리를 묻는 일이지.

波羅蜜 問: 아! 그렇군요. 오온청정함五蘊清浄·妙覚을 두고 스스로가
깨우침을 이루고 끝마쳤다라고 하는 어리석음을 항복 받
아야 함을 알겠습니다.

一智 曰: 승이 묻고자 한 '그 하나는 어느 곳으로 돌아갑니까.'에 대
한 답이라네. 언어나 문자, 모양이나 상태로서 마주 대하
여 드러난 스스로 깨우쳤다는 일마저 항복 받고 나면 곧
바로 무엇이 남겠는가.

波羅蜜 説: 네. 그래서 조주가 '내가 청주에 있을 때 삼베로 옷을 하
나 만들었는데 무게가 일곱 근이었다.'라고 답한 것이군
요. 깨우침의 본질本質을 가감加減 없이 드러낸 일이네요.

경청불미鏡淸不迷

第四十六則 鏡淸不迷
제 4 6 칙 경청불미

[本則] 擧 鏡淸이 問僧하되 門外是什麽聲고 僧이 云 雨滴聲이니
본 칙 거 경청   문승   문외시십마성   승   운우적성
다 淸이 云 衆生이 顚倒하야 迷己逐物이로다 僧이 云 和尙은
   청   운 중생   전도   미기축물   승   운 화상
作麽生이니고 淸이 云 泊不迷己로다 僧이 云 泊不迷己 意旨如何니
작마생   청   운 박불미기   승   운 박불미기 의지여하
고 淸이 云 出身은 猶可易어니와 脫體道는 應難이니라
   청   운 출신   유가이   탈체도   응난

본칙 경청이 승에게 묻되 '문밖에서 무슨 소리가 나지 않는가?'라고 하니, 승이 말하기를 '처마에서 떨어지는 물소리입니다.'라고 하였다. 경청이 '중생이 거꾸로 뒤바뀌어 자신을 미혹하게 만들면서 관계가 없는 물건을 쫓는구나.'라고 이르니, 승이 말하길 '화상은 어떠합니까?'라고 물었다. 경청이 말하기를 '자기 자신에게 미혹되지 않은 자리에 머문다.'고 하니, 승이 '자기 자신에게 미혹되지 않은 자리에 머문다는 말은 어떠한 뜻입니까?'라고 물으니, 경청이 말하기를 '깨달음을 얻기는 쉽지만 깨우침이라 말하기에는 어려우니라.'라고 하였다.

▶ **설해**說解

波羅蜜 問: 경청이 승에게 '문밖에서 무슨 소리가 나지 않는가?'라고
        물은 것은 어떠한 일을 이르는지요.

一智 曰: '문밖이란' 마주 대하여 드러난 언어言語나 문자文字, 모양

284

이나 상태를 벗어난 일을 의미하는 것이며, '무슨 소리란' 일체 모든 법法과 일체 모든 불보살仏菩薩을 이르고자 함 이지. 내가 없음을 깨달아 증득한 일로서 깨우침의 궁극 적 본질마저 항복 받는 자리의 울림을 이르는 것이지.

波羅蜜 問: 경청의 물음에 승이 '처마에서 떨어지는 물소리입니다.'라 고 답하였으니, 이는 어떠한지요.

一智 曰: 문자를 세우지 아니한不立文字 스스로의 듣는 성품을 들 어야 하는 것을 이르는 것이니, 스스로의 듣는 성품을 들 어야 한다는 것은 '이와 같이 나는 들었다如是我聞.'라는 것을 가리키는 것이라네. 25문二十五門에 얽매인 이 몸을 가지고서는 일체 모든 법과 일체 모든 불보살을 일러주어 도 마주 대하여 드러난 언어와 문자, 모양이나 상태로만 듣고 있는 승이라네.

波羅蜜 問: 그렇군요. 그렇다면 경청이 '중생이 거꾸로 뒤바뀌어 자신 을 미혹迷惑하게 만들면서 관계도 없는 물건을 쫓는구나.' 라고 말했으니, 중생이 거꾸로 뒤바뀌었다는 것은 어떠한 일이며, 스스로를 미혹하게 만드는 일이란 무엇이고 관계 도 없는 물건을 쫓는다는 일은 어떠한 것인지요.

一智 曰: 중생이 거꾸로 뒤바뀌었다는 것은 스스로의 마음을 가리 켜 불성仏性을 가지고 있으면서 깨우침을 얻기 위한 방편 의 길直指人心 見性成仏을 도외시度外視한 채 육근탐六根貪 육진진六塵瞋 육식치六識痴의 길로 들어선 것을 의미하며 이것이 자신을 미혹하게 만든다는 것이네. 관계도 없는 물건을 쫓는다는 것이란 스스로의 불성을 쫓지 않고 남 들이 이르는 마주 대하여 드러난 언어言語나 문자文字, 모

양이나 상태로 이루어진 사물만을 쫓는다는 것이네. 어
찌 경청의 언어나 문자만을 쫓고 있는 것인가. 라고 한 것
이지.

波羅蜜 問: 승이 '화상은 어떠합니까?'라는 물음에 경청이 '자기 자신
에게 미혹되지 않은 자리에 머문다.'고 하니, 이 자리는 어
떠한 것인지요.

一智 曰: 깨우침의 본질인 내가 없음不立五蘊을 이르는 것이니, 나
를 세우지 아니한 일도 자신이며, 내가 없음을 깨달아 증
득한 일不離証得도 또한 자신이라는 것이네. 중중묘원中中
妙圓이 이르는 자리를 말한다네. 곧 위로는 최상의 도道를
구하면서 아래로는 중생을 구하는 일上求菩提下化衆生에 있
어서 삼천대천세계 과거 현재 미래에 막힘이나 걸림이 없
는 마음자리에 머문다는 것이네.

波羅蜜 問: 그렇다면 승의 물음에 경청이 '깨달음을 얻기는 쉽지만 깨
우침이라 말하기에는 어렵다.'고 한 것은 어떠한 의미가
있는지요.

一智 曰: 깨달음을 얻기 쉽다는 것은 마주 대하여 드러난 언어言語
나 문자文字, 모양이나 상태를 떠나不立文字見性 내가 없음
을 아는 일이란 생각할 수 있는 능력으로서 유추類推해
내기는 쉽지만 깨우침이란 마주 대하여 드러난 언어나 문
자, 모양이나 상태를 벗어난 일이고 내가 없음이 깨우침의
본질인 만큼 어찌 마주 대하여 드러낼 수 있는 언어나 문
자, 모양이나 상태가 있을 수 있겠으며 또 어찌 전할 수
있겠는가.라고 말한 것이네.

波羅蜜 説: 네. 언어言語나 문자文字, 모양이나 상태로서 깨우침을 드

러내는 일이란 결국 처할 바가 있다는 것이군요. 처할 바 인연因緣이 있다는 것은 내가 있음이니, 내가 없음을 깨달아 증득했다는 그 깨우침마저 또한 항복 받는 자리의 울림이 아님을 알겠습니다.

운문육불수雲門六不收

第四十七則 雲門六不收
제 4 7 칙 운 문 육 불 수

[本則] 擧 僧問雲門호대 如何是法身이니고 門이 云 六不收니라
본 칙 거 승 문 운 문 여 하 시 법 신 문 운 육 불 수

본칙 승이 운문에게 '어떠한 것이 법신입니까?'라고 물으니, 운문이 이르기를 '여섯으로는 거둘 수 있는 것이 아니니라.'라고 하였다.

▶ **설해**説解

波羅蜜 問: 승이 운문에게 '어떠한 것이 법신法身입니까?'라고 물으니 어떠한지요.

一智 曰: 운문이 답해 준 것을 보면 순수하기만 한 초발심初発心을 일으킨 승이 아닌가.

波羅蜜 問: 네. 그렇군요. 그렇다면 운문이 '여섯으로는 거둘 수 있는 것이 아니다.'라고 하였으니, 어떠한 일을 말하는지요.

一智 曰: 법신이란 깨우침을 얻은 일로서 깨달아 증득하고 마친 오온청정五蘊淸淨 함마저 항복 받는 일이니, 육근六根을 바탕으로 한 일로는 얻을 수가 없다는 것을 이르는 것이지. 여기서 여섯이라는 것은 안이비설신眼耳鼻舌身으로 받아들

이는 감각感覺과 생각意으로서 평면적平面的인 지각知覺과

공간적空間的인 지각知覺을 이르는 것이네.

波羅蜜 説: 네. 그렇군요.

제48칙 태부불수太傅拂袖

第四十八則 太傅拂袖
제 4 8 칙 태 부 불 수

[本則] 擧 王太傅入招慶煎茶러니 時에 朗上座與明招把銚라 朗이
본 칙 거 왕태부입초경전 다 시 낭상좌여명초파요 낭

翻却茶銚하니 太傅見하고 問上座하되 茶爐下是什麽오 朗이 云
번 각 다 요 태부견 문상좌 다 로 하 시 십 마 낭 운

捧爐神이니다 太傅云 旣是捧爐神인댄 爲什麽하야 翻却茶銚오 朗
봉 로 신 태 부 운 기 시 봉 로 신 위 십 마 번 각 다 요 낭

이 云 仕官千日에 失在一朝라 太傅拂袖便去하다 明招云
운 사 관 천 일 실 재 일 조 태 부 불 수 편 거 명 초 운

朗上座喫却招慶飯了하고 却去江外打野榸로다 朗이 云 和尙은
낭 상 좌 끽 각 초 경 반 료 각 거 강 외 타 야 채 낭 운 화 상

作麽生고 招云 非人이 得其便이니라 雪竇云 當時에 但踏倒茶爐
작 마 생 초 운 비 인 득 기 편 설 두 운 당 시 단 답 도 다 로
니라

본칙 왕태부가 방문하여 차를 달일 때 낭상좌가 명초화상에게 차를 따르기 위해 찻주전자를 잡았으나 낭상좌가 찻주전자를 엎어버리고 말았다. 왕태부가 이를 보고 상좌에게 '차 화로 밑에 있는 것은 무엇인가?'라고 물으니, 낭상좌가 말하기를 '봉로신입니다.'라고 하였다. 왕태부가 '처음부터 봉로신이 있었다. 그런데 어찌해서 찻주전자가 엎어졌는가?'라고 물으니, 낭상좌가 말하기를 '천 일 동안의 벼슬길도 실수 한 번으로 하루아침에 잃게 됩니다.'라고 하니, 왕태부가 소매를 떨치고는 차도 마시지 않고 곧바로 가버렸다. 이를 보고 명초화상이 '낭상좌는 초경원에서 밥을 먹고는 어찌해서 강 건너로 가서 타작을 하고 있는가.'라고 말하니, 낭상좌가 '화상은 어떻게 하시겠습니까?'라고 물었다. 명초화상이 말하기를 '봉로신이 기회를 엿보고 있었다.'라고 하였다. 설두가 말하기를 '당시에 차 화로를 발로 차서 엎어버려야만 했었다.'라고 하였다.

▶ 설해説解

波羅蜜 問: 낭상좌가 찻주전자를 엎자 왕태부가 이를 보고 낭상좌에게 '차 화로 밑에 있는 것은 무엇인가?'라고 물으니, 이는 어떠한 일인지요.

一智 曰: 낭상좌의 깨우침 정도를 가량仮量하려는 것이니, 낭상좌가 찻주전자를 엎은 실수를 보고 곧바로 나를 세우지 아니한, 곧 깨우침의 본질로서 내가 없음을 깨달아 증득한 깨우침不立五蘊, 이 깨우침의 근본根本을 말해보라는 것이네.

波羅蜜 問: 왕태부의 물음에 낭상좌가 '봉로신捧炉神'이라고 답한 것은 무엇을 가리키는 것인지요.

一智 曰: 봉로신은 말 그대로 '화로를 귀하게 받들어 모시는 것으로서 현묘玄妙하여 헤아릴 수 없으며 만물의 근원根源이 되는 것입니다.'라고 말한 것이네. 이는 마주 대하여 드러난 언어나 문자, 모양이나 상태에 처한 바 늘 있었던 도식적図式的인 답이 아니고 무엇이겠는가. 왕태부의 의도意図와는 어긋나도 너무 어긋나버린 일이지. 또한 낭상좌 스스로의 마음그릇을 드러낸 것이지.

波羅蜜 問: 그렇군요. 그렇다면 왕태부가 '처음부터 봉로신이 있었다. 그런데 어찌해서 찻주전자가 엎어졌는가?'라고 되묻은 일은 또 어떠한 연유인지요.

一智 曰: 그 말은 곧 '낭상좌가 말한 봉로신은 본래부터 있었는데 어찌 찻주전자가 엎어졌는가.'라고 다그친 것이니, 이는 깨우침의 본질을 묻은 일로서 화로 밑에 있는 것이 무엇인지를 거듭 되묻은 일이네. 깨우침의 본질이란 나를 세우

지 아니한 일, 곧 색수상행식色受想行識을 세우지 아니한 일을 본질로 삼는 것을 거듭 물은 것이니, 이러한 연유로 '낭상좌 자네는 어떠한가.'라며 봉로신과 엎어진 찻주전자를 분별分別해서 낭상좌의 면전에 던진 것이네. 봉로신과 엎어진 찻주전자를 들어 깨우침의 본질에서 어긋났음을 일깨운 것이네. 낭상좌가 대답한 '봉로신捧炉神'이란 마주 대하여 드러난 언어나 문자, 모양이나 상태를 바탕으로 이루어진 언어나 문자, 모양이나 상태일 뿐이고 깨우침의 본질인 내가 없음을 깨달아 증득한 일로서의 본질적本質的인 면에서 크게 벗어난 일이라는 것이네.

波羅蜜 問: 그렇다면 낭상좌가 되받아친 '천 일 동안의 벼슬길도 실수 한 번으로 하루아침에 잃게 됩니다.'라고 한 말은 마주 대하여 드러난 언어나 문자, 모양이나 상태를 벗어나지도 못했을 뿐만 아니라 더하여 세속世俗 사사事에 집착한 감정感情에 치우친 말일 뿐이군요.

一智 曰: 낭상좌의 말은 낭패狼狽도 그냥 낭패가 아닌 것이지. 처음 기회를 잡아 법法을 거론擧論한 왕태부나 이에 법을 거론하는 일이라고 주고받은 낭상좌나 '이와 같이 나는 들었다如是我聞, 이와 같이 나는 말했다如是我言.'을 벗어나도 크게 벗어난 일이네. 왕태부는 깨우침의 본질인 나를 세우지 아니한 깨우침, 곧 깨우침의 본질인 불립오온不立五蘊을 말하면서 이에 집착하는 언어나 문자, 모양이나 상태를 드러냈고 낭상좌는 말 그대로 언어言語나 문자文字, 모양이나 상태에 집착하면서 스스로의 말이 깨우침의 본질인 양 호도糊塗하고 있는 것이 아닌가. 이러한 이들이 세

292

상에 많은 것을 어찌하겠는가.

波羅蜜 問: 낭상좌의 이 같은 말을 듣고 왕태부가 곧바로 가버린 일
은 어떠한지요.

一智 曰: 왕태부가 곧바로 가버린 일이란 낭상좌의 위치나 깨우침
의 마음자리를 인정認定하지 않는다는 것이지. 왕태부가
대단하기는 하지만 차도 마시지 않고 갔다면 밴댕이 소갈
딱지지. 먼저 낭상좌의 실수를 기회로 잡아 시작했으면
세속世俗 사事로서의 일은 확실하게 끝을 맺어야 할 것이
아닌가.

波羅蜜 問: 그렇군요. 그렇다면 명초화상이 '낭상좌는 초경원에서 밥
을 먹고는 어찌해서 강 건너로 가서 타작을 하고 있는가.'
라고 말한 것은 어떠한지요.

一智 曰: 초경원에서 밥을 먹었다는 것은 본인 스스로가 행주좌와
行住坐臥 했으면 그만이지 왕태부를 따라 이끌려 다니면서
분주하기만 하구나.라고 낭상좌를 꾸짖은 것이네. 이곳과
저곳이라는 처할 바가 분명한 일이기에 명초화상의 말 또
한 대단한 것 같지만 지극히 한쪽으로 치우친 일로서 깨
우침의 본질本質인 내가 없음을 깨달아 증득한 중중묘원
中中妙圓의 자리에서 크게 어긋나는 일이라네.

波羅蜜 問: 낭상좌가 명초의 말을 듣고 '화상이 만일 이 같은 일을
당해서는 어떻게 하시겠습니까?'라고 물어본 일은 어떠한
지요.

一智 曰: 낭상좌의 이 물음은 능견能見 능지能知를 바탕으로 마주
대하여 드러난 언어와 문자, 모양이나 상태를 앞세워 스
스로를 미혹迷惑하게 만드는 일이라네. 곧 안이비설신眼耳

身으로 받아들이는 감각感覚과 생각意으로서의 지각知覚을 받아들여 스스로의 본성本性, 불성仏性을 흐리게 만드는 물음일 뿐이라네.

波羅蜜 問: 네. 그렇다면 낭상좌의 물음에 명초가 '봉로신이 기회를 엿보고 있었다.'라고 답한 것은 어떠한지요.

一智 曰: 말 그대로 낭상좌의 실수를 봉로신이 기회로 엿보고 있었다는 말이니, 이는 낭상좌가 찻주전자를 엎은 실수를 보고 왕태부가 기회를 잡았다는 의미이네. 명초가 '봉로신'을 말하면서 낭상좌를 위로하고 기회를 엿보고 있었다라고 말하면서 왕태부의 말을 어느 정도 인정認定하는 어정쩡한 태도를 보인 것이지.

波羅蜜 説: 네. 그래서 설두가 '당시에 차 화로를 발로 차서 엎어버려야만 했었다.'라고 말한 것이군요. 야단법석도 그냥 야단법석이 아니었네요.

삼성금린三聖金鱗

제49칙

第四十九則 三聖金鱗
제 4 9 칙 삼 성 금 린

[本則] 擧 三聖이 問雪峰하되 透綱金鱗은 未審커이다 以何爲食이니
본칙 거 삼성 문설봉 투강금린 미심 이하위식

고 峰이 云 待汝出綱來하야 向汝道하리라 聖이 云 一千五百人善知識
봉 운 대여출강래 향여도 성 운 일천오백인선지식

이 話頭也不識이로다 峰이 云 老僧住持事繁이로다
화 두 야 불 식 봉 운 노 승 주 지 사 번

본칙 삼성이 설봉에게 묻되 '그물을 뛰어넘은 금빛 물고기는 도대체 어떠한 것을 먹이로 삼니까?'라고 하니, 설봉이 이르기를 '자네가 그물을 뛰어넘으면 그때 말해주겠네.'라고 하였다. 삼성이 말하기를 '일천오백인 선지식도 묻고자 하는 바를 알지 못하네요.'라고 하니, 설봉이 말하기를 '노승은 절을 책임지고 맡아보는 일로 인하여 번잡하다네.'라고 하였다.

▶ 설해説解

波羅蜜 問: 삼성이 설봉에게 '그물을 뛰어넘는 금빛 물고기는 도대체 어떠한 것을 먹이로 삼습니까?'라고 물은 바 그물을 뛰어넘는 금빛 물고기는 어떠한 것을 이르는지요.

一智 日: 삼천대천세계三千大天世界 과거 현재 미래의 25문二十五門, 57과五十七果, 일천칠백공안一千七百公案, 팔만사천법문八万四千法文 등 일체 모든 법법法과 일체 모든 불보살仏菩薩이라는 그

물을 뛰어넘는다는 것이지. 곧 27계二十七界를 막힘이나 걸림이 없이 종횡縱橫하면서 꿰뚫어 버리는 일을 뜻하네.

波羅蜜 問: 그렇다면 먹이로 삼는다는 것은 어떠한 것을 이르는지요.

一智 曰: 27계二十七界를 막힘이나 걸림이 없이 종횡하면서 꿰뚫은 자리란 마주 대하여 드러나는 언어言語나 문자文字, 모양이나 상태를 가지고 어찌 드러낼 수 있겠는가. 입이 있어도 말을 못 하고 생각과 생각 아닌 것으로도 미칠 수가 없음을 이르는 것이네.

波羅蜜 問: 네. 그래서 설봉이 삼성의 물음에 '자네가 그물을 뛰어넘으면 그때 말해주겠네.'라고 답한 것이군요. 그렇다면 설봉의 말에 삼성이 '일천一千 오백인五百人 선지식善知識도 문고자 하는 바를 알지 못하네요.'라고 한 것은 어떠한 일을 이르는지요.

一智 曰: 27계二十七界를 막힘이나 걸림이 없이 종횡縱橫하면서 꿰뚫은 일이란 언어나 문자, 모양이나 상태를 가지고서는 응應할 수 있거나 답答할 수 있는 이가 없다는 것이지.

波羅蜜 問: 마주 대하여 드러나는 언어言語나 문자文字, 모양이나 상태로는 형용形容할 수가 없네요. 그러면 설봉이 '노승은 절을 책임지고 맡아보는 일로 인하여 번잡煩雜하다네.'라고 답한 일은 어떠한지요.

一智 曰: 알았으면 됐지. 무얼 그렇게 번잡하게 구느냐는 것이지. 삼성을 들어 설봉을 거론擧論치 말고 설봉을 들어 삼성을 거론치 말라는 것이지.

波羅蜜 說: 마주 대하여 드러낼 언어나 문자, 모양이나 상태가 없는 것이로군요.

第五十則 雲門塵塵三昧
제 50 칙 운 문 진 진 삼 매

[本則] 擧 僧이 問雲門호대 如何是塵塵三昧니고 門이 云 鉢裏飯
본 칙 거 승 문 운 문 여 하 시 진 진 삼 매 문 운 발 리 반

桶裏水니라
통 리 수

본칙 승이 운문에게 '어떠한 것이 진진삼매입니까?'라고 물으니, 운문이 말하기를 '바리때 속의 밥이요, 통속의 물이니라.'라고 하였다.

▶ **설해**説解

波羅蜜 問: 승이 운문에게 묻고자 한 '진진삼매'란 어떠한 일인지요.

一智 曰: 태어나기 이전과 태어난 지금의 생과 넋이 흩어진 후의 무수無數 무량無量한 일에 막힘이나 걸림이 없는 일을 이르는 것이네. 이렇다 저렇다 할 언어言語나 문자文字, 모양이나 상태로서는 드러낼 수 없는 일이며, 생각으로 또 생각이 아닌 것으로도 끝낼 수 있는 일이 아닌 머물 바 없는 그 마음마저 항복 받는 '이것'을 이른다네.

波羅蜜 問: 그렇다면 운문이 말한 바리때 속의 밥이란 어떠한 일을 이르나요.

一智 曰:　바리때는 깨우친 일로서 안과 밖이 없는 이렇다 저렇다
할 언어나 문자, 모양이나 상태로서는 드러낼 수 없는 일
을 이르며, 생각으로도 또 생각 아닌 것으로도 미칠 수
없는 깨우침의 본질本質을 이르고 밥이란 삼천대천세계
과거 현재 미래의 25문二十五門, 57과五十七果, 일천칠백공
안一千七百公案, 팔만사천법문八万四千法文 등 일체 모든 법
法과 일체 모든 불보살仏菩薩 하나하나 한 분 한 분을 가리
키는 것이네.

波羅蜜 問:　네. 그렇다면 통속의 물은 어떠함을 이르는 것인지요.

一智 曰:　안과 밖이 없는 이렇다 저렇다 할 마주 대하여 드러난 언
어나 문자, 모양이나 상태로서는 드러낼 수 없는 깨우침
속에 모든 것이 이지러지거나 어긋남 없이 두루 원만하게
한 가지로 통하는 일을 이른다네. 불생불멸不生不滅의 바
다를 이르는 것이지.

波羅蜜 說:　아! 네. 그렇군요.

암두말후구 巖頭末後句

第五十一則 巖頭末後句
제 5 1 칙 암 두 말 후 구

[本則] 擧 雪峰이 住庵時에 有兩僧이 來禮拜라 峰이 見來하고
본 칙 거 설 봉 주 암 시 유 양 승 내 예 배 봉 견 래

以手로 托庵門하고 放身出云 是什麼오 僧이 亦云 是什麼오 峰이
이 수 탁 암 문 방 신 출 운 시 십 마 승 역 운 시 십 마 봉

低頭歸庵하다 僧이 後到巖頭하니 頭問 什麼處來오 僧云 嶺南來니
저 두 귀 암 승 후 도 암 두 두 문 십 마 처 래 승 운 영 남 래

라 頭云 曾到雪峰?아 僧云 曾到니다 頭云 有何言句오 僧擧前話하
두 운 증 도 설 봉 마 승 운 증 도 두 운 유 하 언 구 승 거 전 화

니 頭云 他道什麼오
두 운 타 도 십 마

僧云 他無語하고 低頭歸庵하더이다 頭云 噫 我當初에
승 운 타 무 어 저 두 귀 암 두 운 희 아 당 초

悔不向他道末後句로다 若向伊道런들 天下人이 不奈雪老何하리라
회 불 향 타 도 말 후 구 약 향 이 도 런 천 하 인 불 내 설 노 하

僧이 至夏末하야 再擧前話請益하니 頭云 何不早問하고 僧云
승 지 하 말 재 거 전 화 청 익 두 운 하 부 조 문 승 운

未敢容易니다 頭云 雪峯이 雖與我同條生이나 不與我同條死니라
미 감 용 역 두 운 설 봉 수 여 아 동 조 생 불 여 아 동 조 사

要識末後句댄 只這是라
요 식 말 후 구 지 저 시

본칙 설봉이 암자에 머물 때 두 명의 승이 찾아와 공손하게 예를 갖추려 하였다. 설봉이 이들이 오는 것을 보고 손으로 암자의 문을 열고는 몸을 내밀면서 말하기를 '이것이 무엇인가?'라고 하니, 승들이 또한 '이것이 무엇인가?'라고 하였다. 설봉이 머리를 숙이고 암자로 들어가 버렸다. 승들이 후에 암두를 찾아가니, 암두가 '어디에서 오는 길인가?'라고 물으니, 승들이 '영남에서 오는 길입니다.'라고 말했다. 암두가 '일찍이 설봉에게 이른 적이 있는가?'라고 물으니, 승들이 말하기를 '뵌 적이 있습니다.'라고 하였다. 암두가 말하기를 '무슨 말을 하던가?'라고 하였다. 승들이 이전에 설봉과 나눈 대화를 말하니, 암두가 '설봉이 무어라 하던가?'라고 물었다. 승들이 말하기를 '설봉이 말없이 고개를 숙이고 암자로 들어갔습니다.'라고 하니, 암두가 말하기를 '아! 내가 애초에 설봉에

게 말후구를 말해주지 않은 것이 후회스럽구나. 만일 설봉에게 말해주었다면 천하 사람들이 설봉을 어찌하지 못했으리라.'라고 하였다. 승들이 하안거가 마지막에 지난번 이야기를 들어 가르침을 청하니, 암두가 말하기를 '어찌해서 일찍이 물어보지 않았는가?'라고 하였다. 승들이 말하기를 '감히 여쭙기가 어려웠습니다.'라고 하니, 암두가 말하기를 '설봉이 비록 나와 같은 가지에서 태어났으나 나와 같은 가지에서는 죽지 않을 것이니라.'라고 하였다. 말후구를 알고자 하는가. 바로 이것이라네.

▶ 설해説解

波羅蜜 問: 설봉이 승이 오는 것을 보고 암자의 문을 열고는 몸을 내밀면서 '이것이 무엇인가?'라고 말한 것은 어떠한 일인지요.

一智 曰: 문을 연 일이란 안과 밖이 없음을 가리키는 것이고 몸을 내밀은 일이란 깨우침의 본질本質로서 내가 없음不立五蘊을 깨달아 증득한 일不離証得로서 깨우침의 궁극적 본질究竟覚.妙覚마저 항복 받는 법신法身을 내민 것이지.

波羅蜜 問: 그렇다면 승들이 설봉의 물음에 '이것이 무엇인가?'라고 답한 일은 어떠한지요.

一智 曰: 설봉의 의도意図를 알아채지 못한 일로서 나를 세우지 아니한 깨우침의 본질本質이나 실제 드러난 일과는 동떨어지게 일정한 형식形式이나 틀에 의식적意識的으로 맞춘 말이라네.

波羅蜜 問: 그러면 승들의 말을 듣고 설봉이 머리를 숙이고 암자로 들어가 버린 일은 어떠한지요.

一智 曰: 거론擧論할 필요조차 없음을 보인 것이지.

300

波羅蜜 問: 후에 승들이 암두를 찾아가니 암두가 '어디에서 오는 길인가?'라고 물으니, 승들이 '영남에서 오는 길입니다.'라고 말한 것은 어떠한지요.

一智 曰: 일상적이면서 마주 대한 일에 의식적意識的으로 맞춘 말이라네. 늘 그러하지 않던가. 암두는 거론擧論차 말을 던졌지만 승들은 틀에 박힌 도식적図式的인 답을 하지 않는가.

波羅蜜 問: 그렇다면 암두가 승들에게 '일찍이 설봉에게 이른 적이 있는가?'라고 물은 일은 어떠한지요.

一智 曰: 설봉을 만나 얻는 바가 있는지 거듭 알아보는 일이라네.

波羅蜜 問: 그렇다면 승들이 설봉을 뵌 적이 있다 말하니, 암두가 설봉이 '무슨 말을 하던가?'라고 한 일은 어떠한 일인지요.

一智 曰: 설봉을 본 적이 있다 하니, 설봉과의 일을 들어 거듭해서 법法을 거론擧論한 것이지.

波羅蜜 問: 암두의 물음에 그 당시 설봉과 나눈 대화를 말하니 암두가 '설봉이 무어라 하던가?'라고 물은 일은 어떠한지요.

一智 曰: 설봉이 문을 열고 몸을 내밀며 '이것이 무엇인가?'라고 거론한 깨우침의 본질인 내가 없음을 거듭해서 묻고 있는 것이네.

波羅蜜 問: 승들이 말하기를 '설봉이 말없이 고개를 숙이고 암자로 들어갔습니다.'라고 말하니, 암두가 '어허! 내가 애초에 설봉에게 말후구末後句를 말해주지 않은 것이 후회스럽구나. 만일 설봉에게 말해주었다면 천하 사람들이 설봉을 어찌하지 못했으리라.'라고 말한 것은 어떠한 일인지요.

一智 曰: 말후구를 곧바로 알아채야 하는 일이니, 법을 들어 마지막까지 이끌고 가기 위한 암두의 전략적戰略的인 말이지.

波羅蜜 問: 말후구란 어떤 의미인지요.

一智 曰: 설봉이 문을 열고 몸을 내밀면서 '이것이 무엇인가?'라는 물음에 승들이 '이것이 무엇인가?'라고 답했고 곧바로 설봉이 고개를 숙이고 암자로 들어간 다음의 일을 이르는 것이지. 이는 언어나 문자, 모양이나 상태로서 드러낼 수 있는 모든 것을 항복 받는 일이 말후구라네.

波羅蜜 問: 네. 알겠습니다. 승들이 하안거夏安居가 끝날 때쯤 지난번의 일을 거론하면서 암두에게 다시 가르침을 청하니, 암두가 '어찌해서 일찍이 물어보지 않았는가?'라고 하였고 승들이 '감히 여쭙기가 어려웠다.'라고 말한 일은 어떠한지요.

一智 曰: 그때는 가르침을 청하지 않고 지금은 가르침을 청하네. 그때는 여쭙기가 어려웠고 지금은 여쭙기가 편안하다는 것인가. 그때나 지금이나 여시여시如是如是인 것을 아직도 분별심分別心으로 가득한 마주 대하여 드러난 언어나 문자, 모양이나 상태에 집착執着하고 있는 것이 아닌가.

波羅蜜 問: 그렇군요. 암두가 '설봉이 비록 나와 같은 가지에서 태어났으나 나와 같은 가지에서는 죽지 않을 것이니라.'라고 말하였으니, 같은 가지에서 태어났다는 일은 어떠한 일인지요.

一智 曰: 설봉은 나와 같은 스승의 제자였다는 말이네. 스승은 덕산을 이르지.

波羅蜜 問: 설봉은 나와 같은 가지에서는 죽지 않을 것이라고 말한 뜻은 어떠한지요.

一智 曰: 스승은 같지만 나는 나대로 설봉은 설봉대로의 가풍家風이 있다는 것이네. 설봉은 암자로 들어갔으나 나는 다를

것이라는 말이지.

波羅蜜 問: '말후구가 바로 이것이라네.'라고 하니, 이 말후구末後句란 일은 어떠한지요.

一智 曰: 깨우침의 본질本質로서 내가 없음을 깨달아 증득証得한 일로 삼천대천세계 과거 현재 미래에 상구보리하와중생上求菩提下化衆生하는 일이 막힘이나 걸림이 없이 통하고 일체 모든 법法과 일체 모든 불보살佛菩薩과 어긋나거나 이지러짐 없이 응하는 일을 이른다네. 곧 설봉이 승들의 말을 듣고 암자로 들어간 일을 들어 암두가 중중묘원中中妙圓을 드러낸 것이 말후구末後句라네.

波羅蜜 説: 네. 문 여닫는 일을 알겠습니다.

제52칙 **조주석교** 趙州石橋

第五十二則 趙州石橋
제 5 2 칙 조 주 석 교

[本則] 擧 僧이 問 趙州호대 久響趙州石橋러니 倒來에 只見略彴
본 칙 거 승 문 조 주　　구 향 조 주 석 교　　　도 래　　지 견 약 작

호이다 事라 州云 汝只見略彴하고 且不見石橋로다 僧云
사　주 운 여 지 견 약 박　　　차 불 견 석 교　　　승 운

如何是石橋니고 州云 渡驢渡馬니라
여 하 시 석 교　　주 운 도 려 도 마

본칙 승이 조주에게 묻기를 '오래전부터 조주의 돌다리에 대해 명성이 자자하여 보고
싶었습니다. 그런데 지금 보아하니 외나무다리만 보입니다.'라고 하니, 조주가 말하기를
'자네는 오로지 외나무다리만 보고 돌다리는 보지 못하는구나.'라고 하였다. 승이 '어떠
한 것이 돌다리입니까?'라고 물으니, 조주가 말하기를 '나귀도 건너고 말도 건넌다.'라고
하였다.

▶ **설해** 説解

波羅蜜 問:　승이 조주에게 '오래전부터 조주의 돌다리에 대해 명성이
　　　　　　자자하여 보고 싶었습니다. 그런데 지금 보아하니 외나무
　　　　　　다리만 보입니다.'라고 물은 것은 어떠한 일을 이르는지요.

一智 日:　　돌다리는 조주가 머무는 조주성의 오래된 돌다리를 이르
　　　　　　는 것이네. 이 돌다리를 조주에게 빗대어 스님의 명성名声
　　　　　　을 듣고 보고 싶어 왔지만 조주 스님을 직접 뵈니, 외나무
　　　　　　다리처럼 볼품이 없다고 던진 말이라네.

波羅蜜 問: 네. 그렇군요. 그렇다면 조주가 '자네는 오로지 외나무다리만 보이고 돌다리는 보지를 못하는구나.'라고 하였으니, 어떠한 일을 이르는지요.

一智 曰: 외나무다리만 보인다는 일은 생사生死의 외나무다리를 건너는 볼품없는 몸, 곧 색수상행식五蘊에 얽매인 몸만 보인다는 것이고 돌다리를 보지 못한다는 일은 일승一乘의 도道를 뛰어넘은 깨우침의 본질本質로서 내가 없음을 깨달아 증득한 일中中妙圓은 어찌 보지 못하느냐는 것이지. 곧 삼천대천세계 과거 현재 미래에 상구보리하화중생上求菩提下化衆生하는 일에 있어서 25문二十五門, 57과五十七果, 일천칠백공안一千七百公案, 팔만사천법문八万四千法文 등 일체 모든 법과法 일체 모든 불보살仏菩薩과 막힘이나 걸림이 없이 두루 원만하게 응하고 또 서로 어울리고 있는 지금의 이 일中中妙圓은 보지 못하느냐는 것이지.

波羅蜜 問: 승이 '어떠한 것이 돌다리입니까?'라고 물은 일은 어떠한지요.

一智 曰: 조주의 전략戰略에 생각의 질긴 끈이 끊어진 것이지. 곧 모든 생각이 조주의 돌다리라는 마주 대하여 드러난 언어言語와 문자文字, 모양이나 상태에서 멈춰버린 것이지.

波羅蜜 問: 네. 끊기 힘든 질긴 인연因緣이네요. 그렇다면 승의 물음에 '나귀도 건너고 말도 건넌다.'라고 한 조주의 답은 어떠한지요.

一智 曰: 중중묘원中中妙圓의 여여如如함을 그대로 드러낸 일이니, 이 중중묘원의 여여함마저 초월超越한 일을 온전하게 드러낸 일이라네.

波羅蜜 説: 아! 네. 그렇군요.

마조야압 馬祖野鴨

第五十三則 馬祖野鴨
제 5 3 칙 마 조 야 압

[本則] 擧 馬大師與百丈行次에 見野鴨子飛過하고 大師云 是什麼
본 칙 거 마 대 사 여 백 장 행 차   견 야 압 자 비 과   대 사 운 시 십 마

오 丈云 野鴨子니다 大師云 什麼處去也오 丈云 飛過去也니다
장 운 야 압 자   대 사 운 십 마 처 거 야   장 운 비 과 거 야

大師遂扭百丈鼻頭하니 丈이 作忍痛聲이어늘 大師云 何曾飛去오
대 사 수 뉴 백 장 비 두   장   작 인 통 성   대 사 운 하 증 비 거

본칙 마 대사가 백장과 더불어 길을 가다가 들오리가 날아가는 것을 보고 마 대사가 '이것이 무엇인가?'라고 말하니, 백장이 '들오리입니다.'라고 말했다. 마 대사가 말하기를 '처할 바 어디로 갔는가?'라고 하니, 백장이 '날아가 버렸습니다.'라고 말했다. 마 대사가 백장의 콧대를 손으로 붙잡아 쥐니 백장이 참지 못하고 고통스러운 소리를 질렀다. 마 대사가 '어디로 날아갔는가?'라고 말했다.

▶ **설해** 説解

波羅蜜 問: 들오리가 날아가는 것을 보고 마 대사가 백장에게 '이것이
　　　　　무엇인가?'라고 물은 것은 어떠한 일인지요.

一智 曰:　깨우침의 본질本質을 찍어내어 백장에게 던져준 일이라네.

波羅蜜 問: 마 대사의 물음에 백장이 '들오리입니다.'라고 답한 의미는
　　　　　무엇인지요.

一智 曰:　깨우침의 본질本質인 나를 세우지 아니한 깨우침을 깨달

아 증득証得했다면 언어나 문자, 모양이나 상태를 벗어난 일이 있겠지만 백장의 대답은 깨달음의 본질本質로서 내가 없음을 깨우친 일과는 달리 일상적日常的인 대화로 순수하게 받아들인 대답이지.

波羅蜜 問: 그러자 다시 마 대사가 백장에게 '처할 바 어디로 갔는가?'라고 한 물음은 어떠한 일인지요.

一智 曰: 들오리라고 답한 일이 마주 대하여 드러난 언어言語와 문자文字, 모양이나 상태가 처할 바 일상적日常的인 식견識見을 벗어나지 못한 까닭으로 백장이 거듭 깨달음의 본질本質로서 내가 없음을 드러내어 백장의 면전面前에 내던진 일이라네.

波羅蜜 問: 마 대사의 물음에 백장이 '날아가 버렸습니다.'라고 한 말은 어떠한 일을 이르는지요.

一智 曰: 들오리가 날아가는 것을 보고 마 대사가 '이것이 무엇인가?'에 대한 물음에 일상적日常的이면서 도식적図式的인 언어나 문자, 모양이나 상태를 벗어나지 못한 것을 이르는 것이네. 곧 '처할 바 어디로 갔는가?'라는 마 대사의 물음은 깨우침의 본질本質을 깨달아 증득証得했다는 이 깨우침마저 항복 받는 자리를 거듭 드러내어 보인 일이네. 이 물음에 백장이 '날아가 버렸습니다.'라고 언어言語나 문자文字, 모양이나 상태로서 답한 일이네.

波羅蜜 問: 네. 그래서 마 대사가 백장의 코를 쥐어 잡고 백장이 고통에 소리를 지르니 마 대사가 '어디로 날아갔는가?'라고 거듭 물으면서 깨우침의 본질本質로서 내가 없음不立五蘊을 깨달아 증득한 일不離証得이란 언어言語나 문자文字뿐만 아

니라 모양이나 상태로서의 흔적이 없음을 일깨워 준 것이로군요.

一智 曰: 마 대사의 '이것이 무엇인가?'라는 물음과 '처할 바 어디로 갔는가?'라는 물음에 대해 말해보자면, '이것이 무엇인가?'라고 한 말은 깨우침의 본질本質로서 내가 없음을 깨달아 증득한 깨우침의 궁극적窮極的 본질本質을 이르는 것이고 '처할 바 어디로 갔는가?'라는 물음은 내가 없음을 깨달아 증득했다는 이 깨우침마저 항복 받는 자리를 가리키는 것이네. 마 대사의 말을 풀어보면 '아까는 날아가 버렸다.라고 말하지 않았는가. 그런데 코를 쥐어 잡자 아픔에 소리를 지르고 있지 않은가.'라는 의미이니, 이 두 가지가 처할 바 '어디로 날아갔는가?'라고 물은 것이네. 내가 없음을 깨달아 증득했다는 이 깨우침마저 항복 받는 자리를 백장의 면전面前에 내던져 준 것이라네.

波羅蜜 說: 네. 그래서 세 번째 물음이 거듭해서 '어디로 날아갔는가?'라고 한 것이군요. 이 물음에 대한 백장의 답이 궁금하네요.

308

운문전수雲門展手

第五十四則 雲門展手
제 5 4 칙 운 문 전 수

[本則] 擧 雲門이 問僧하되 近離甚處오 僧云 西禪 門云 西禪이
본 칙 거 운 문 문 승 근 리 심 처 승 운 서 선 문 운 서 선

近日有何言句오 僧이 展兩手하니 門이 打一掌이라 僧云 某甲이
근 일 유 하 언 구 승 전 양 수 문 타 일 장 승 운 모 갑

話在니다 門이 却展兩手하니 僧이 無語라 門이 便打하다
화 재 문 각 전 양 수 승 무 어 문 편 타

본칙 운문이 승에게 묻기를 '처한바 어디서 왔는가?'라고 하니, 승이 '서선에게서 왔습니다.'라고 말했다. 운문이 '서선은 근래에 무슨 말을 하던가?'라고 물으니, 승이 양손을 펴 보였고 운문이 손바닥으로 한 대 때렸다. 승이 '제가 할 말이 있습니다.'라고 말하자, 운문이 두 손을 펴 보이니, 승이 아무 말이 없었다. 운문이 곧바로 때려 버렸다.

▶ **설해**說解

波羅蜜 問: 운문이 승에게 '처한바 어디서 왔는가?'라고 한 물음은 어떠한지요.

一智 曰: 동서남북이東西南北라 말하는 것은 옳지 않으며, 또한 서선이라고 말하는 것도 옳지 않다네. 운문이 '처處한바 어디서 왔는가?'라는 물음은 나를 세우지 아니한 깨우침의 본질本質을 깨달아 증득했다는 이 깨우침마저 항복 받는 자리를 묻는 일이네.

波羅蜜 問: 승이 '서선에서 왔습니다.'라고 한 것은 어떠한지요.

一智 曰: 깨우침의 본질本質에서 보면 공간적空間的인 식견識見인 동서남북東西南北 위아래上下를 벗어나지도 못했고 평면적平面的인 식견識見인 마주 대하여 드러난 서선이라는 언어言語와 문자文字, 모양이나 상태에서 벗어나지도 못한 것이네.

波羅蜜 問: 네. 그렇군요. 운문이 '서선은 근래에 무슨 말을 하던가?'라고 물어본 일은 어떠한지요.

一智 曰: 승의 공부를 알아보고자 하는 일이지. 승의 눈높이에 맞춘 물음이지.

波羅蜜 問: 운문의 이 말에 승이 양손을 펴 보인 일은 어떠한지요.

一智 曰: 서선의 문하였다니 반드시 어떠한 뜻이 있을 것이 아닌가. 그러나 지금은 궁금증만 일으키는 승의 양손이라네. 운문이 '서선은 근래에 무슨 말을 하던가?'라는 물음에 궁지에 몰려서 언어言語나 문자文字, 모양이나 상태로서 어정쩡한 행태行態를 내세운 것이지.

波羅蜜 問: 그렇군요. 곧바로 운문이 승의 손바닥을 때린 것은 어떠한 일인지요.

一智 曰: 언어言語나 문자文字, 모양이나 상태로서 운문의 물음에 답은 할 수 없고 하지만 대답을 해야만 하는 궁지窮地에 몰리니, 식견識見을 바탕으로 불립문자不立文字를 내세워 견성성불見性成仏 했다고 마주 대하여 드러난 모양이나 상태를 드러내고 있는 것이네. 운문이 승을 때린 것은 오온五蘊을 세우지 아니한 깨우침의 본질本質을 일깨워주는 일이라네.

波羅蜜 問: 승이 '제가 할 말이 있습니다.'라고 말하자 곧바로 운문이

두 손을 펴 보인 일은 어떠한 일을 이르는지요.

一智 曰: 깨우침의 본질인 내가 없음不立五蘊을 깨달아 증득不離証得한 이 깨우침마저 항복 받는 자리란 언어나 문자뿐만 아니라 모양이나 상태로서 흔적이 없다는 미묘한 이치를 승의 면전面前에서 드러내는 일이지. 앞서 운문이 '서선은 근래에 무슨 말을 하던가?'라고 물은 일에 승이 양손을 펴 보인 일과 승이 '제가 할 말이 있습니다.'라고 말하자 운문이 두 손을 펴 보인 일을 이르는 것이네. '뜻도 의미도 없는 손을 들어 깨달아 얻었다고 이르지는 말게나.'라고 한 것이지.

波羅蜜 説: 네. 그래서 운문이 두 손을 펴 보였고 이를 본 승이 말이 없자 곧바로 또 때렸군요.

도오부도 道吾不道

第五十五則 道吾不道
제55칙 도오부도

[本則] 擧 道吾與漸源으로 至一家弔慰러니 源이 拍棺云 生耶아
본칙 거 도오여점원 지일가조위 원 박관운 생야

死耶아 吾云 生也不道死也不道하리라 源云 爲什麼하야 不道니고
사야 오운 생야부도사야부도 원운 위십마 부도

吾云 不道不道 回至中路하야 源云 和尙은 快與某甲道하소서
오운 부도부도 회지중로 원운 화상 쾌여모갑도

若不道댄 打和尙去也리다 吾云 打卽任打어니와 道卽不道하리라
약부도 타화상거야 오운 타즉임타 도즉부도

源이 便打하다 後에 道吾遷化라 源이 到石霜하야 擧似前話하니 霜
원 편타 후 도오천화 원 도석상 거사전화 상

이 云 生也不道死也不道하리라 源이 云 爲什麼하야 不道니고 霜이
운 생야부도사야부도 원 운 위십마 부도 상

云 不道不道라하니 源이 於言下에 有省하다 源이 一日에 將鍬子하
운 부도부도 원 어언하 유성 원 일일 장초자

고 於法堂上에 從東過西하며 從西過東이어늘 霜이 云 作什麼오
어법당상 종동과서 종서과동 상 운 작십마

源云 覓先師靈骨이니다 霜云 洪波浩渺하고 白浪이 滔天이어늘
원운 멱선사영골 상운 홍파호묘 백랑 도천

覓什麼先師靈骨고 雪竇着語云 蒼天蒼天 源云 正好着力이니라
멱십마선사영골 설두착어운 창천창천 원운 정호착력

太原孚云 先師靈骨이 猶在니라
태원부운 선사영골 유재

본칙 도오가 제자인 점원과 더불어 어느 집에 조문을 갔다. 점원이 관을 치면서 '살았습니까. 죽었습니까.'라고 물으니, 도오가 말하기를 '살았다고도 말하지 말고 죽었다고도 말하지 마라.'고 하였다. 점원이 '어찌해서 말하지 말라 하십니까?'라고 하니, 도오가 '말하지 마라. 말하지 마라.'고 일렀다. 돌아오는 길 가운데서 점원이 말하기를 '화상은 저에게 속 시원하게 말해주십시오. 만일 말해주지 않으면 화상을 때릴 것입니다.'라고 하니, 도오가 말하기를 '때리려거든 마음대로 때려라. 그렇지만 말하라는 것은 말하지 않으리라.'라고 하였다. 점원이 곧바로 도오를 때렸다. 후에 도오가 입적하고 점원이 도오의 제자 석상을 만나 이전의 일을 들어 의론하니, 석상이 '살았다고도 말하지 말고 죽

었다고도 말하지 마라.'고 말했다. 점원이 '어찌해서 말하지 말라 하십니까?'라고 말하니, 석상이 '말하지 마라. 말하지 마라.'라고 말했다. 점원이 이 말을 듣고 깨닫는 바가 있었다. 점원이 어느 날 긴 가래를 들고 법당 위로 올라가 동쪽에서 서쪽으로 서쪽에서 동쪽으로 왔다 갔다 하고 있으니, 석상이 '무엇을 하시는가?'라고 물었다. 점원이 '도오의 영골을 찾는 중입니다.'라고 하니, 석상이 말하기를 '큰 파도는 아득하고 흰 물결은 하늘로 넘치거늘 무엇 때문에 선사의 영골을 찾고 있는가?'라고 하였다. 설두가 짧게 덧붙여 평하기를 '창천. 창천'이라 하였다. 점원이 말하기를 '있는 힘을 다하셨네요.'라고 하였다. 태원부가 말하기를 '선사의 영골이 여기 있다.'고 하였다.

▶ 설해説解

波羅蜜 問: 도오가 제자 점원과 함께 조문을 갔을 때 점원이 관을 치면서 '살았습니까. 죽었습니까.'라고 물은 일이란 어떠한 의미인지요.

一智 曰: 다들 그러할 것이기에 삶과 죽음에 대한 일상적日常的인 면을 가감加減 없이 드러내면서 스승인 도오에게 던진 물음이며, 점원이 지금 상대적相対的 관념観念에 있다고 말하고 있는 것이지.

波羅蜜 問: 점원의 물음에 도오가 답하기를 '살았다고도 말하지 말고 죽었다고도 말하지 마라.'고 한 것은 어떠한 일을 이르는 지요.

一智 曰: 도오가 답한 일은 깨우침의 본질인 내가 없음不立五蘊을 깨달아 증득한 자리不離証得를 이르는 것이네.

波羅蜜 問: 점원이 '어찌해서 말하지 말라 하십니까?'라고 한 것은 무슨 연유인지요.

一智 曰: 도오가 말한 의도意図를 전혀 알지 못하고 묻는 말이네.

波羅蜜 問: 그렇다면 도오가 다시 점원에게 '말하지 마라. 말하지 마라.'고 거듭 이른 것은 어떠한 일인지요.

一智 曰: 도오가 처음에 대답한 '살았다고도 말하지 말고 죽었다고도 말하지 마라.'고 한 것은 그리 어렵지 않으나, 이 두 번째 대답은 무엇을 말하지 말라는 것인지 알기가 어려운 것이라네. 이는 곧 마주 대하여 드러난 언어나 문자, 모양이나 상태로서는 깨우침의 본질本質인 내가 없음을 깨달아 증득한 바를 드러낼 수 없다는 것을 이르는 것이네. 언어言語나 문자文字, 모양이나 상태로 드러낼 수 있다는 것은 처할 바가 있다는 것을 이른 말이네.

波羅蜜 問: 돌아오는 길에 점원이 스승인 도오에게 '화상은 저에게 속 시원하게 말해주십시오. 만일 말해주지 않으면 화상을 때릴 것입니다.'라고 한 것은 어떠한 일을 이르는 것인지요.

一智 曰: 도오가 말한 '말하지 마라. 말하지 마라.'고 한 깨우침의 본질本質을 점원이 어찌 알 수가 있겠는가. 점원이 마주 대하여 드러난 언어나 문자, 모양이나 상태의 한계限界를 넘지 못하고 말꼬리를 이어가고 있는 일을 이르네.

波羅蜜 問: 그렇다면 도오가 '때리려거든 마음대로 때려라. 그렇지만 말하라는 것은 말하지 않으리라.'라고 하였으니, 어떠한 일을 이르는 것인지요.

一智 曰: 마주 대하여 드러낼 수 있는 언어나 문자, 모양이나 상태로서는 깨우침의 본질本質인 내가 없음을 깨달아 증득한 바를 나타낼 수 없을 뿐만 아니라 또한 내가 없음을 증득証得했다는 이 깨달음마저 항복 받는 일은 더욱더 언어나 문자, 모양이나 상태뿐만이 아니라 생각과 생각 아닌 것으

로도 또 이렇게 생각할 수 없는 것으로도 이를 수 없다는 것이네.

波羅蜜 問: 도오의 이 말을 듣고 점원이 스승인 도오를 때린 것은 어찌 보아야 할 것인지요.

一智 曰: 치사하고 고약한 놈으로 봐야 하겠지. 그러나 깨우침의 본질本質로 가고자 하는 강한 의지만큼은 알아주어야겠지. 도오의 간절한 마음은 그렇다 치고 점원이 전혀 알아듣지를 못하는 일이네. 있는 말 그대로 받아들이고 도오를 때린 것이지. 분별심分別心에 따른 지독함이지 무엇이겠는가.

波羅蜜 問: 스승인 도오가 입적하고 점원이 도오의 제자 석상을 만나 이전의 일을 거론한 일과 점원이 스승인 도오에게 했던 같은 물음에 석상이 '살았다고도 말하지 말고 죽었다고도 말하지 마라.'고 한 것은 어떠한 일을 이르는지요.

一智 曰: 석상이 깨우침의 본질을 들어 '살았다고도 말하지 말고 죽었다고도 말하지 마라.'고 한 것이네.

波羅蜜 問: 점원이 '어찌해서 말하지 말라 하십니까?'라고 한 것은 어떠한 의도意図로 보아야 하나요.

一智 曰: 스승인 도오의 입적入寂을 보고 석상을 통해 깨우침의 본질本質을 점검点検받기 위한 의도가 있기도 하지만 석상의 안목眼目 또한 알고 싶은 것이겠지.

波羅蜜 問: 점원의 물음에 석상이 '말하지 마라. 말하지 마라.'라고 말했고 곧바로 점원이 깨닫는 바가 있다는 것은 어떠한 일인지요.

一智 曰: 스승인 도오와 조문을 갔던 이전의 일과 도오가 입적한

후의 일을 보고서 또 스스로의 의문疑問과 듣는 일을 통해 얻는 바가 있다는 것이지. 그때나 지금이나 마주 대하여 드러난 언어와 문자, 모양이나 상태를 벗어나지 못하고 있다는 것을 문득 얻은 것이지. 곧 스승인 도오의 '말하라는 것은 말하지 않겠다.'라고 한 깨우침의 본질로서 내가 없음을 깨달아 얻는 자리를 본 것을 이르는 것이네.

波羅蜜 問: 그러면 점원이 긴 가래를 들고 법당 위로 올라가 동쪽에서 서쪽으로 서쪽에서 동쪽으로 왔다 갔다 하는 것은 어떠한 일인지요.

一智 曰: 도오와 석상의 말을 듣고 깨우침의 본질本質로서 나를 세우지 아니한 자리를 깨달아 얻고서는 이를 드러내고자 행주좌와行住座臥하는 일이지.

波羅蜜 問: 그러면 석상이 점원의 행을 보고 '무엇을 하시는가?'라고 한 것은 어찌 보아야 하나요.

一智 曰: 맞장구이면서 안쓰러움이겠지. 왜냐하면 도오가 입적한 후에 찾아와 저렇듯 행주좌와行住坐臥 하면서 깨우침의 본질本質을 드러내고자 애쓰고 있기 때문이지. 스승인 도오에 대한 고마움과 애틋한 그리움이지.

波羅蜜 問: 그렇군요. 그러면 점원이 석상의 물음에 '도오의 영골을 찾는 중입니다.'라고 한 것은 어떠한 일을 이르는지요.

一智 曰: 도오의 흔적이 없는 깨우침의 본질, 그 증득한証得 바를 찾는 중이라는 것이지. 말이야 그렇지만 도오에 대한 우러나오는 진실한 마음으로 보아야 하겠지.

波羅蜜 問: 네. 그렇군요. 그러면 석상이 '큰 파도는 아득하고 흰 물결은 하늘로 넘치거늘 무엇 때문에 선사의 영골을 찾고 있

는가?'라고 한 말은 무엇을 이르는지요.

一智 曰: 나를 세우지 아니한 깨우침을 깨달아 증득했다는 이마저
도 벗어난 자리로서 도오의 영골이 큰 파도와 흰 물결로
하늘에 가득 넘친다는 말이네.

波羅蜜 問: 그러면 설두가 '창천창천'한 것은 어떠한 의미인지요.

一智 曰: 도오를 두고 이르는 말이지. 찬탄인지 아니면 슬퍼하는
것인지 아니면 있는 그대로 도오가 삼천대천세계 과거 현
재 미래를 꿰뚫었다는 것인지 아마도 모든 의미를 담고
있다고 봐야겠지.

波羅蜜 問: 점원이 '있는 힘을 다하셨네요.'라고 한 것은 어떠한 일을
가리키는지요.

一智 曰: 점원이 석상을 두고 이르는 말이니, 깨우침의 본질本質을
증득証得한 바를 이르는 것이고 또한 점원이 도오의 영골
로서 깨우침의 본질本質을 분명하게 보고 그 흔적마저 없
는 자리임을 드러내 보이는 일이네.

波羅蜜 問: 이를 다 보고 난 후 태원부가 '선사의 영골이 여기 있다.'
고 말한 것은 어떻게 보아야 하는지요.

一智 曰: 도오의 영골, 곧 깨우침의 본질本質을 깨달아 증득証得한
바를 온전하게 벗어난 일, 이 일을 거듭 더해서 분명하게
드러내는 일이라네.

波羅蜜 説: 네. 흔적이 없는 자리에서 단 하나라도 벗어나거나 어긋
남이 없네요.

흠산일족欽山一鏃

第五十六則 欽山一鏃
제 5 6 칙 흠 산 일 족

[本則] 擧 良禪客이 問欽山하되 一鏃이 破三關時如何니고 山이
본칙 거 양선객 문흠산 일족 파삼관시여하 산

云 放出關中主看하라 良云 恁麼則知過必改니다 山云 更待何時오
운 방출관중주간 양운 임마즉지과필개 산운 갱대하시

良云 好箭放이나 不着所在로다하고 便出이어늘 山云 且來?黎 良이
양운 호전방 불착소재 편출 산운 차래도려 양

回首어늘 山이 把住云 一鏃破三關은 卽且止하고 試與欽山發箭看
회수 산 파주운 일족파삼관 즉차지 시여흠산발전간

하라 良이 擬議어늘 山이 打七棒云 且聽這漢疑三十年하라
양 의의 산 타칠봉운 차청저한의삼십년

본칙 양선객이 흠산에게 묻되 '한 개의 화살로 세 개의 관문을 깨트렸을 때는 어떠합니까?'라고 하니, 흠산이 '관문 안의 주인장을 내보여 봐라.'라고 말했다. 양선객이 '그렇다면 잘못 쏜 것 같으니 다시 한번 확실하게 쏘겠습니다.'라고 말하니, 흠산이 '다시 언제까지 기다려야 하겠는가?'라고 말했다. 양선객이 '화살은 잘 쐈지만 정확하게 맞추지는 못했습니다.'라고 말하고는 곧바로 나가버렸다. 흠산이 말하기를 '잠깐만 이리 오시게나.'라고 하니, 양선객이 고개를 돌리거늘 흠산이 양선객을 잡아 세우고는 '한 개의 화살로 세 개의 관문을 깨트리는 것은 제쳐두고 시험 삼아 흠산에게 화살을 쏴보라.'고 말했다. 양선객이 우물쭈물 머뭇거리자 흠산이 7방을 때리면서 말하기를 '자세히 듣거라. 네놈은 30년은 더 의심해야 되겠다.'라고 하였다.

▶ **설해**説解

波羅蜜 問: 양선객이 흠산에게 '한 개의 화살로 세 개의 관문을 깨트

렸을 때는 어떠합니까?'라고 한 말에서 한 개의 화살은 어떠한 것을 이르는지요.

一智 曰: 양선객에게만 있는 깨우침의 본질本質을 이르는 것이지.

波羅蜜 問: 그렇다면 세 개의 관문關門이란 어떠한 것을 이르는지요.

一智 曰: 깨우침의 본질本質인 오온五蘊을 세우지 아니한 깨우침을 깨달아 증득証得하는 일에 불리不利하게 작용하는 세 개의 관문이라는 것이니, 좁게는 눈, 귀, 입을 말하는 것이고 넓게는 육근六根의 탐貪, 육진六塵의 진瞋, 육식六識의 치를痴 이르는 것이네.

波羅蜜 問: 그렇다면 흠산이 양선객의 말에 '관문 안의 주인장을 내놔봐라.'라고 말한 것은 어떠한 일인지요.

一智 曰: 이러니저러니 마주 대하여 드러난 언어와 문자, 모양이나 상태 등 모든 걸 떠나서 깨우침의 본질本質인 내가 없음을 깨달아 얻는 바의 주인장을 내놓으라는 말이지.

波羅蜜 問: 흠산의 물음에 양선객이 '그렇다면 잘못 쏜 것 같으니 다시 한번 확실하게 쏘겠습니다.'라고 말하니, 이는 어떠한 일을 말하고자 하는 것인지요.

一智 曰: 한 개의 화살로 세 관문을 깨트렸는데 그 관문 안의 주인장이라니? 양선객이 말문이 막힌 것이지. 오로지 세 개의 관문을 깨트린다는 한 개의 화살만을 지니고 있었거늘, 주인장이라니? 스스로의 허물을 인정認定하지 못하고 그래도 다시 한번 힘을 내보는 양선객이 아닌가.

波羅蜜 問: 네. 그렇군요. 양선객의 말에 흠산이 묻기를 '다시 언제까지 기다려야 하겠는가?'라고 하였으니, 이는 어떠한 일을 이르는 것인지요.

一智 曰: 마지막까지 스스로를 꿰뚫지 못하고 마주 대하여 드러난 언어나 문자, 모양이나 상태만을 내세우는 양선객을 두고 지금 당장 관문 안의 주인장으로서 양선객 본인本人의 본질本質을 내놓으라고 다그치는 일이지.

波羅蜜 問: 흠산의 말에 양선객이 '화살은 잘 쐈지만 정확하게 맞추지는 못했습니다.'라고 말하면서 나가버린 양선객의 일이란 어떠한지요.

一智 曰: 관문 안의 주인장은 모르지만 제대로 쏘기는 했다는 것이지. 아직도 자신을 놓지 못하고 스스로의 식견識見만을 집착하면서 이를 지키고자 나가버린 것이지. 한번 해 보려면 해 봐라 이거지.

波羅蜜 問: 그러면 흠산이 양선객에게 '잠깐만 이리 오시게나.'라고 말하니, 양선객이 뒤를 돌아본 일은 어떠한 일인지요.

一智 曰: 흠산이 어리석은 자여 잠깐만 기다려 보게.라고 말한 것이고 양선객은 어찌 되었든 '화살은 잘 쐈지만 정확하게 맞추지는 못했습니다.'라고 한 내 말을 인정 안 할 수는 없겠지. 한번 반박해 보라 하면서 내심 미소를 지는 것이지.

波羅蜜 問: 흠산이 양선객을 잡아둔 후 '한 개의 화살로 세 개의 관문을 깨트리는 것은 제쳐두고 곧 양산 본인은 제쳐두고 시험 삼아 흠산에게 화살을 쏴보라.'고 말했으니, 이 일은 어떠한지요.

一智 曰: 한 개의 화살이든 세 개의 관문이든 이렇든 저렇든 어떻게든 나를 세우지 아니한 깨우침의 본질本質, 그 길을 알지 못하겠다면 내가 의도하고자 하는 바를 정확正確하게 짚어 보라는 것이지.

波羅蜜 問: 양선객이 머뭇거리자 흠산이 7방을 때리고 '자세히 듣거라. 네놈은 30년은 더 의심해야 되겠다.'라고 말한 것은 어떠한 일인지요.

一智 曰: 자세히 듣거라 하였으니, 이는 이와 같이 나는 들었다는 일로서 들음을 듣는 여시아문如是我聞을 가리키는 것이라네. 흠산이 양선객은 30년을 행주좌와行住坐臥 하면서 문자를 세우지 아니한 성품을 바탕不立文字見性으로 또 이를 바탕으로 한 무수 무량한 방편一切法·一切仏菩薩으로 나를 세우지 아니한 깨우침의 본질을本質 깨달아 증득하기 위해 지극히 평면적平面的인 생각으로서 육근六根 탐貪, 육진六塵 진瞋, 육식六識 치痴의 18계를 벗어나고 공간적空間的인 식견識見인 동서남북東西南北 위아래上下를 벗어나서 지극히 구조적으로構造的 세워 온 지수화풍견식공地水火風見識空이라는 7대七大를 깨트리고 깨우침의 본질로서 내가 없음을 깨달아 증득해야 한다는 것을 이른 것이네. 이것이 관문 안의關門 주인임을 분명하게 하는 일이면서 끝마쳐야 할 일임을 경책警責하면서 거듭 공들여 이른 것이지.

波羅蜜 説: 네. 그렇군요.

조주불간택趙州不揀択

第五十七則 趙州不揀擇
제 5 7 칙 조주불간택

[本則] 擧 僧이 問 趙州호대 至道無難이나 唯嫌揀擇이라하니
본 칙 거 승 문 조주 지 도 무 난 유 혐 간 택

如何是不揀擇이니고 州云 天上天下猶我獨存이니라 僧云
여 하 시 불 간 택 주 운 천 상 천 하 유 아 독 존 승 운

此猶是揀擇이니다 州云 田庫奴야 什麽處가 是揀擇고 僧이 無語라
차 유 시 간 택 주 운 전 고 노 십 마 처 시 간 택 승 무 어

본칙 승이 조주에게 묻기를 '지극한 도는 어렵지 않지만 오직 간택만을 싫어한다 했습니다. 그렇다면 어떠한 것이 간택하지 않은 것입니까?'라고 하니, 조주가 말하기를 '하늘과 땅 사이에 오로지 나 홀로 존재한다.'고 하였다. 승이 '이 또한 간택입니다.'라고 말하니, 조주가 '이런 꽉 막힌 놈아, 어느 곳을 간택이라 하는 것인가.'라고 말하니, 승이 말을 하지 못했다.

▶ **설해**説解

波羅蜜 問: 승이 조주에게 묻고자 한 '지극한 도道'란 어떠한 일을 이르는지요.

一智 曰: 깨우침의 본질本質로서 내가 없음을 깨달아 증득証得한 이 깨우침마저 벗어난 천지창조天地創造 이전以前의 시작점 없는 '이것'을 가리키네.

波羅蜜 問: 네. 내가 없음이 깨우침의 본질이니, 간택揀択이라 이르는

322

일이 있을 리가 없겠지요. 그렇다면 승이 조주에게 묻고
자 한 '어떠한 것이 간택하지 않은 것이냐'고 물은 것은 물
음 그대로 은산철벽銀山鉄壁이로군요. 그러면 조주가 답한
'하늘과 땅 사이에 오로지 나 홀로 존재한다天上天下唯我独
存.'라고 한 말은 어떠한 일을 두고 이르는지요.

一智 曰: 나를 세우지 아니한 깨우침의 본질本質을 깨달아 증득했
다는 이 깨달음마저 항복 받는 자리로서 본성本性을 이르
는 것이지.

波羅蜜 説: 네. 그렇군요. '하늘과 땅 사이에 오로지 나 홀로 존재한
다.'라는 일 또한 간택揀択이라는 승의 말에 조주가 '이런
꽉 막힌 놈아, 어느 곳을 간택이라 하는 것인가.'라고 말한
것이고 어느 곳이란 마땅히 비롯됨 없는 그 마음을 일으
킨 일마저 항복 받아야 함을 이르는 것이군요. 승이 꿀
먹은 벙어리가 될 수밖에 없네요.

조주과굴 趙州窠窟

第五十八則 趙州窠窟
제 5 8 칙 조 주 과 굴

[本則] 擧 僧이 問 趙州호대 至道無難이나 唯嫌揀擇이라함은
본 칙 거 승 문 조주 지 도 무 난 유 혐 간 택

是時人의 窠窟否니가 州云 曾有人이 問我어늘 直得五年分疎不下
시 시 인 과 굴 부 주 운 증 유 인 문 아 직 득 오 년 분 소 불 하

로다

본칙 승이 조주에게 묻기를 '지극한 도는 어렵지 않으나 오로지 간택만을 싫어한다고
했습니다. 요즘 사람들이 이 말을 소중한 보금자리로 삼고 있는 것은 아닙니까?'라고
하니, 조주가 말하기를 '일찍이 사람들이 이에 대해 나에게 물었지만 오 년 동안 변명
한마디도 하지 못했다.'라고 하였다.

▶ 설해說解

波羅蜜 問: 승이 '지극한 도道는 어렵지 않으나 오로지 간택揀擇만을
싫어한다고 했습니다. 요즘 사람들이 이 말을 소중한 보
금자리로 삼고 있는 것은 아닙니까?'라고 조주에게 물은
일은 어떠한지요.

一智 日: 57칙의 물음을 이어 승이 식견識見에 집착執着하면서 요
즘 사람들을 끌어들인 것이지. 3자를 끌어들여 승이 나
름 조주와 키 재기를 하는 일이라네.

波羅蜜 問: '요즘 사람들이 지도무난至道無難이란 조주의 말을 소중한
보금자리로 삼고 있는 것은 아닙니까?'라는 승의 물음에
조주가 '일찍이 사람들이 이에 대해 나에게 물었지만 오
년 동안 변명 한마디도 하지 못했다.'라고 말한 일은 어떠
한지요.

一智 曰: '지극한 도至道'란 언어言語나 문자文字, 모양이나 상태로서
이를 수 있거나 드러낼 수 없음을 이른 일이네.

波羅蜜 說: 네. 그렇군요.

조주지도趙州至道

第五十九則 趙州至道
제 5 9 칙 조 주 지 도

[本則] 擧 僧이 問趙州로대 至道無難이나 唯嫌揀擇이라하니
본 칙 거 승 문 조 주 지 도 무 난 유 혐 간 택

纔有語言하면 是揀擇이라 和尙은 如何爲人이니고 州云
재 유 어 언 시 간 택 화 상 여 하 위 인 주 운

何不引盡這語오 僧云 某甲이 只念到這裏니다 州云
하 불 인 진 저 어 승 운 모 갑 지 념 도 저 리 주 운

只這至道無難唯嫌揀擇이니라
지 저 지 도 무 난 유 혐 간 택

본칙 승이 조주에게 묻기를 '지극한 도는 어렵지 않으나 오로지 간택을 싫어한다고 했으니, 이 말을 하는 즉시 이것이 간택이 아니겠습니까. 화상은 사람들을 어떻게 위하시겠습니까?'라고 하니, 조주가 말하기를 '어찌해서 이 구절을 다 인용하지 않는가?'라고 하였다. 승이 이르기를 '저는 다만 여기까지만 생각했습니다.'라고 하니, 조주가 '이것이 바로 지극한 도는 어렵지 않으나 오로지 간택을 싫어하는 것이다.'라고 말했다.

▶ **설해**說解

波羅蜜 問: 승이 조주에게 거듭 지도무난至道無難 유혐간택唯嫌揀擇을 물으면서 57, 58칙 '이 말을 하는 즉시 이것이 간택揀擇이 아니겠습니까. 화상은 사람들을 어떻게 위하시겠습니까?'라고 했으니 '사람들을 어떻게 위하겠습니까.'라고 한 말은 어떠한 일을 이르는지요.

一智 曰: 나를 세우지 아니한 깨우침의 본질本質을 깨달아 증득한 일로서 삼천대천세계三千大千世界 과거 현재 미래에 걸림이

326

나 막힘이 없이 중생을 위한다는 일을 이르는 것이지.

波羅蜜 問: 네. 그렇다면 조주가 '어찌해서 이 구절을 다 인용引用하지 않는가?'라고 한 말은 어떠한 일인지요.

一智 曰: 나를 세우지 아니한 깨우침의 본질本質을 깨달아 증득証得하는 일은 제쳐두더라도 언어言語나 문자文字, 모양이나 상태를 가지고 하화중생下化衆生하는 일에 있어서 25문二十五門, 57과五十七果, 일천칠백공안一千七百公案, 팔만사천법문八万四千法文 등 일체 모든 법법法과 일체 모든 불보살仏菩薩은 왜 끌어다 쓰지 않느냐는 것이지. 곧 부처가 49년간 법法을 설설說한 일이 한 구절이라는 것이네. 승을 일깨워 주려는 조주의 고된 노고勞苦라네.

波羅蜜 問: 조주의 물음에 승이 '저는 다만 여기까지만 생각했습니다.'라고 말한 일은 어떠한지요.

一智 曰: 조주께서는 '간택揀択, 분별分別하는 일만을 최고의 가치로 두면서 어찌 사람들을 위할 수 있을까?'라는 다만 이 생각뿐이었다는 것이지. 조주의 자리가 분별과 간택이 아닌가라는 한쪽으로 치우친 생각에 머물고 있는 승이라네.

波羅蜜 問: 네. 그렇군요. 그러면 조주가 '이것이 바로 지극한 도至道는 어렵지 않으나 오로지 간택을揀択 싫어하는 것이다.'라고 말한 일은 어떠한지요.

一智 曰: 승 본인이 사람들을 어떻게 위할 수 있을까.라는 오로지 이 하나의 생각처럼 지극한 도道 또한 이와 같이 어렵지 않다고 한 것이며, 어찌해야 또 어떻게 해야 만이 사람들을 위하는 것일까. 라는 생각들이 간택揀択이라는 것이네.

波羅蜜 説: 아! 네. 그렇군요.

운문주장雲門拄杖

第六十則 雲門拄杖
제 60 칙 운 문 주 장

[本則] 擧 雲門이 以拄杖으로 示衆云 拄杖子化爲龍하야
본 칙 거 운 문 이 주 장 시 중 운 주 장 자 화 위 룡

吞却乾坤了也라 山河大地甚處得來오
탄 각 건 곤 료 야 산 하 대 지 심 처 득 래

본칙 운문이 주장자를 대중에게 들어 보이며 이르기를 '주장자가 변하여 용이 되어
하늘과 땅을 모두 삼켜버렸다. 산하대지를 그 어느 곳에서 가져올 수 있겠는가.'라고 하
였다.

▶ **설해**説解

波羅蜜 問: 운문이 주장자를 들어 보이며 대중에게 '주장자가 변하여
　　　　　용이 되어 하늘과 땅을 모두 삼켜버렸다. 산하대지山河大
　　　　　地를 그 어느 곳에서 가져올 수 있겠는가.'라고 일렀으니,
　　　　　어떠한 일을 이르는지요.

一智 日: 금강혜심金剛慧心으로서 나를 세우지 아니한 깨우침을 깨
　　　　　달아 증득했다는 이 깨우침의 마음마저 항복 받아 버린
　　　　　일이니 '가져오고 말 것이 어디 있겠으며, 어느 곳이라 달
　　　　　리 이를 수 있는 자리가 있겠느냐.'라는 말이네.

波羅蜜 説: 네. 그렇군요.

第六十一則 風穴一塵
제 6 1 칙 풍 혈 일 진

[本則] 擧 風穴이 垂語云 若立一塵인댄 家國이 興盛하고
본 칙 거 풍 혈 수 어 운 약 립 일 진 가 국 흥 성

不立一塵인댄 家國이 喪亡하나니라 雪竇拈拄杖云
불 립 일 진 가 국 상 망 설 두 염 주 장 운

還有同生同死底衲僧麽아
환 유 동 생 동 사 저 납 승 마

본칙 풍혈이 스스로 이르기를 '만일 하나의 티끌이 서게 되면 나라가 흥성하고 하나의 티끌이 서지 않으면 나라가 망하느니라.'라고 하였다. 설두가 주장자를 잡고 말하기를 '생사를 함께할 수 있는 수행자가 있는가.'라고 하였다.

▶ 설해說解

波羅蜜 問: 풍혈이 이른 하나의 티끌이 서면 나라가 흥성興盛하고 하나의 티끌이 서지 않으면 나라가 망한다는 말은 어떠한 일을 이르는지요.

一智 曰: 하나의 티끌이란 나를 세우지 아니한 깨우침을 깨달아 증득証得했다는 마음마저 항복 받은 자리에서 처음으로 일으킨 생각을 이르고 나라가 흥성한다는 것은 깨달아 증득했다는 마음마저 항복 받은降伏 일을 되돌려 중생으로 향한다는 일이네. 곧 삼천대천세계 과거 현재 미래의

일체 모든 법法과 일체 모든 불보살仏菩薩이 나를 세우지
아니한 깨우침을 깨달아 증득証得했다는 마음마저 항복
받은 자리에서 처음으로 일으킨 생각에 온전하게 눈앞에
드러남을 말하네. 하나의 티끌이 서지 않는다는 것은 깨
달음의 절대적絶対的 본질本質, 곧 불생불멸不生不滅 불구
부정不垢不浄 부증불감한不増不減 물건을 증득証得했다는
마음마저 항복 받는 일을 이르는 것이며, 나라가 망한다
는 것은 깨우침의 절대적絶対的 본질本質로 돌아간다는 일
이네.

波羅蜜 問: 네. 그렇다면 설두가 주장자를 잡고 '생사生死를 함께할 수
있는 수행자修行者가 있는가.'라고 말한 것은 어떠한 일을
이르는지요.

一智 曰: 나를 세우지 아니한 깨우침의 본질을 깨달아 얻었다는 이
자리妙覚.五蘊清浄를 항복 받고 깨우침의 절대적絶対的 본질
本質을 위해 생사生死를 걸 수 있겠는가.라고 한 것이지.

波羅蜜 説: 네. 그렇군요.

운문일보雲門一宝

第六十二則 雲門一寶
제 6 2 칙 운 문 일 보

[本則] 擧 雲門이 示衆云 乾坤之內 宇宙之間에 中有一寶하니
본 칙 거 운 문 시 중 운 건 곤 지 내 우 주 지 간 중 유 일 보

秘在形山이라 拈燈籠向佛殿裏하며 將三門來燈籠上이니라
비 재 형 산 염 등 롱 향 불 전 리 장 삼 문 래 등 롱 상

[본칙] 운문이 대중에게 이르기를 '하늘과 땅 안 우주 사이에 그 가운데 보배가 하나
있는데 형산에 숨겨져 있다. 등불을 들고 불전 안으로 가며, 마땅히 삼문을 가지고 등
불 위로 와야만 한다.'라고 하였다.

▶ 설해說解

波羅蜜 問: 운문이 대중에게 이른 '하늘과 땅 안 우주 사이에 그 가
운데 보배가 하나 있는데 형산形山에 숨겨져 있다.'라고 하
니, 하늘과 땅 안 우주 사이는 무엇을 이르는 것이며, 보
배는 어떠한 물건을 가리키는 것이고 형산形山에 숨겨져
있다고 이른 것은 어떠한 일인지요.

一智 曰: '하늘과 땅 안 우주 사이에'라고 이른 것은 오온五蘊을 갖
추고 태어나기 전의 하늘과 땅 우주 사이와 오온五蘊을 세
운바 현재의 하늘과 땅 우주 사이와 그리고 오온이 멸한
후 하늘과 땅 안 우주 사이를 이르는 것이네. 그 가운데

보배 하나가 있다는 것은 마주 대하여 드러난 언어言語나 문자文字, 모양이나 상태로서는 드러낼 수 없으며, 하늘과 땅 우주가 있기 전을 이르는 깨우침의 절대적絶対的이면서 궁극적窮極的 본질本質을 말한다네. 형산形山이란 스스로의 몸, 육체六体를 이르는 것이니, 나를 세우지 아니한 깨우침不立五蘊을 깨달아 증득証得했다는 이 깨우침마저 항복 받고 항복 받는 그 물건마저 이루어지지 않는 깨우침의 절대적絶対的이면서 궁극적窮極的 본질本質이 스스로의 몸에 있다는 것을 이르는 것이며, 하늘과 땅 안 우주로도 감출 수 없다는 것이네.

波羅蜜 問: 네. 그렇다면 등불을 들고 불전仏殿 안으로 간다는 것은 어떠한 일을 이르는 것이며, 그리고 삼문三門을 가지고 등불 위로 와야만 한다고 한 일은 어떠한 일을 이르는지요.

一智 曰: 깨우침의 절대적絶対的이면서 궁극적窮極的 본질本質을 갖춘 몸으로서 불전仏殿, 곧 하늘과 땅 안 우주 사이로 들어가 산문山門의 법도로서 공문空門 무상문無常門 무작문無作門을 뛰어넘어 깨우침의 궁극적窮極的인 본질本質 위에 서야만 한다고 이른 것이네.

波羅蜜 説: 아하! 그러한 것이군요.

남전참묘南泉斬猫

第六十三則 南泉斬猫
제 6 3 칙 남 전 참 묘

[本則] 擧 南泉이 一日에 東西兩堂이 爭猫兒어늘
본 칙 거 남 전   일 일   동 서 양 당   쟁 묘 아

南泉見逐提起云 道得卽不斬하리라 衆이 無對어늘 泉이 斬猫兒
남 전 견 수 제 기 운 도 득 즉 불 참   중 무 대   전 참 묘 아

爲兩段하다
위 양 단

본칙 남전이 어느 날 동당과 서당 양당의 승들이 고양이를 가지고 논쟁하는 것을 보고서는 고양이를 집어 들고 말하기를 '한마디 말해 보라. 그러면 목을 베지 않을 것이다.'라고 하니, 대중이 아무 말도 하지 않거늘, 남전이 고양이 목을 베어 두 동강을 내버렸다.

▶ **설해**説解

波羅蜜 問: 남전이 두 패로 나뉘어 고양이를 가지고 논쟁論爭하는 승들을 보고 고양이를 집어 들고 '한마디 말해 보라. 그러면 목을 베지 않을 것이다.'라고 하니, 어떠한 일을 이르는지요.

一智 日: 두 패로 나뉘어 논쟁論爭을 벌이니, 마주 대하여 드러난 언어言語나 문자文字, 모양이나 상태로서는 드러내거나 나타낼 수 없는 깨우침의 궁극적窮極的인 본질本質을 말해

보라는 것이지. 그러면 고양이를 있는 그대로 둘 것이라고 엄포를 놓은 일이네.

波羅蜜 問: 그렇다면 승들이 말이 없자 남전이 고양이의 목을 베어버린 일은 어떠한지요.

一智 曰: 고양이의 목을 베어버렸으니 한마디 말해보라는 것이지. 마주 대하여 드러난 언어나 문자, 모양이나 상태를 바탕으로 한 논쟁論爭을 단칼에 베어버리고 깨우침의 궁극적 窮極的 본질本質을 곧바로 드러낸 일이지.

波羅蜜 説: 네. 알겠습니다.

조두대혜趙州戴鞋

第六十四則 趙州戴鞋
제 6 4 칙 조 주 대 혜

[本則] 擧 南泉이 復擧前話하야 問趙州하니 州便脫草鞋하야
본 칙 거 남 전 복 거 전 화 문 조 주 주 편 탈 초 혜

於頭上戴出이라 南泉이 云 子若在런들 恰救得猫兒러니라
어 두 상 대 출 남 전 운 자 약 재 흡 구 득 묘 아

본칙 남전이 다시 고양이 목을 베어버린 이전의 일을 거론하면서 조주에게 물으니, 조주가 곧바로 짚신을 벗어서 머리에 이고 나가버렸다. 남전이 말하기를 '만일 자네가 있었다면 고양이를 구할 수 있었을 것이다.'라고 하였다.

▶ 설해說解

波羅蜜 問: 남전이 63칙의 일을 거론하면서 조주에게 물으니 조주가
짚신을 벗어서 머리에 이고 나간 일은 어떠한지요.

一智 曰: 깨우침의 본질不立五蘊인 내가 없음을 깨달아 증득不離証得
한 일로서 깨우침의 궁극적 본질本質을 초월한 자리, 비롯
됨 없는 그 마음마저 초월超越한 자리를 드러낸 것이네.

波羅蜜 問: 조주의 이러한 행을 보고 남전이 '만일 자네가 있었다면 고
양이를 구할 수 있었을 것이다.'라고 한 말은 어떠한지요.

一智 曰: 조주가 짚신을 이고 나간 일을 인정認定한 것이지. 언어나

문자뿐만 아니라 모양이나 상태까지도 항복 받아야 함을
이른 것이네.

波羅蜜 說: 네. 그렇군요.

세존양구世尊良久

第六十五則 世尊良久
제 6 5 칙 세 존 양 구

[本則] 擧 外道問佛하되 不問有言하고 不問無言하노이다 世尊이
본 칙 거 외 도 문 불 불 문 유 언 불 문 무 언 세 존

良久어시늘 外道讚歎云 世尊이 大慈大悲로 開我迷雲하사
양 구 외 도 찬 탄 운 세 존 대 자 대 비 개 아 미 운

令我得入이로다 外道去後에 阿難이 問佛하되 外道가 有何所證이완
영 아 득 입 외 도 거 후 아 난 문 불 외 도 유 하 소 증

대 而言得入이니고 佛云 如世良馬가 見鞭影而行이니라
이 언 득 입 불 운 여 세 양 마 견 편 영 이 행

본칙 외도가 부처에게 묻되 '말로도 묻지 않고 말 없음으로도 묻지 않습니다.'라고 하
였다. 세존이 오랫동안 말없이 그대로 있으니, 외도가 찬탄하면서 이르기를 '세존이 대
자대비로 저의 미망을 열어주어 저 자신으로 하여금 깨우침을 얻도록 해 주었습니다.'
라고 하였다. 외도가 물러간 후에 아난이 부처에게 '외도가 무엇을 증득한 것이기에 깨
달음을 얻었다고 말하는 것입니까?'라고 물으니, 세존이 '세상의 좋은 말이 채찍 그림자
만 보더라도 내달리는 것과 같은 것이니라.'라고 말하셨다.

▶ **설해**説解

波羅蜜 問: 외도外道가 부처에게 묻기를 '말로도有言 묻지 않고 말 없
음으로도無言 묻지 않습니다.'라고 한 말은 무슨 뜻인지요.

一智 曰: 말로도 또 말 없음으로도 묻지 않겠다. 거론擧論 할 일이
없으니 한번 말해 봐라. 이런 뜻이지.

波羅蜜 問: 세존이 오랫동안 말없이 그대로 있었던 일은 어떠한 일을 이르는지요.

一智 曰: 말로도有言? 말 없음으로도無言? 그래 외도外道여! 마주 대하여 드러나는 언어와 문자, 모양이나 상태로는 깨우침을 드러낼 수 없음이니, 보라! 삼천대천세계 과거 현재 미래가 있는가. 없는가를 보라. 네가 아니더라도 삼천대천세계三千大天世界 과거 현재 미래를 하나로 꿰찬 이들은 가득하다고 이른 것이네.

波羅蜜 問: 그러면 외도가 '세존이 대자대비로 저의 미망迷妄을 열어 주어 저 자신으로 하여금 깨우침을 얻도록 해 주었습니다.'라고 한 말은 어떠한 의미인지요.

一智 曰: 외도 자신이 있음有我으로 인하여 없음無을 이를 수 있는 것이지, 외도 스스로가 없다면無我 있음有과 없음無을 거론擧論치 못한다는 것을 인지認知했다는 말이네. 문득 부처의 침묵沈黙을 보고 듣고 언어나 문자, 모양이나 상태를 세우지 아니한 스스로의 성품本性을 본 것이네.

波羅蜜 問: 그렇군요. 외도가 물러간 후 아난이 세존에게 '외도가 무엇을 증득証得한 것이기에 깨달음을 얻었다고 말하는 것입니까?'라고 물은 일은 어떠한지요.

一智 曰: 일상적日常的인 의문疑問으로서의 물음이지.

波羅蜜 問: 네. 그렇다면 아난의 말을 이어 세존이 '세상의 좋은 말이 채찍 그림자만 보더라도 내달리는 것과 같은 것이니라.'라고 한 말은 어떠한 일을 이르는지요.

一智 曰: 좋은 말이란 외도外道를 가리키고 채찍 그림자란 부처가 오래 동안 묵묵히 앉아 있었던 침묵의 일을 가리킨다네.

이를 보고 있던 외도가 순간 말有言과 말 없음無言을 벗어난 본인의 참한 마음자리를 보게 된 일을 이른다네. 곧 언어나 문자, 모양이나 상태를 세우지 아니한 스스로의 성품本性을 본 일로서 말에도 있지 않으며有我 말 없음에도 있지 않음無我을 비로소 알게 된 일이라네.

波羅蜜 説: 네. 그런 일이었군요.

암두십마처래嚴頭什麼処来

第六十六則 嚴頭什麼處來
제66칙 암두십마처래

[本則] 擧 嚴頭問僧하되 什麼處來오 僧이 云 西京來니다 頭云
본칙 거 암두문승 십마처래 승 운 서경래 두운

黃巢過後에 還收得劍麼아 僧이 云 收得호이다 嚴頭引頸近前云 力
황소과후 환수득검마 승 운 수득 암두인경근전운 역

하니 僧云 師頭落也니다 嚴頭呵呵大笑하다 僧이 後到雪峰하니 峰
승운 사두낙야 암두가가대소 승 후도설봉 봉

이 問 什麼處來오 僧이 云 嚴頭來니다 峰이 云 有何言句오 僧이
문 십마처래 승 운 암두래 봉 운 유하언구 승

擧前話하니 雪峰이 打三十棒趁出하다
거전화 설봉 타삼십봉간출

본칙 암두가 승에게 묻되 '어디에서 왔는가?'라고 하니, 승이 말하기를 '서경에서 왔습니다.'라고 하였다. 암두가 '황소가 간 뒤에 검을 거두어들이고 자네 것으로 했는가?'라고 물으니, 승이 '거두어들이고 제 것으로 하였습니다.'라고 말했다. 그러자 암두가 승 앞으로 머리를 내밀며 놀라운 시늉을 하니, 승이 말하기를 '스님의 머리가 떨어졌습니다.'라고 하였다. 이 말을 듣고 암두가 크게 웃었다. 승이 그 후에 설봉에게 이르렀고 설봉이 승에게 묻기를 '어디서 왔는가?'라고 하니 승이 '암두 스님에게서 오는 길입니다.'라고 말했다. 설봉이 말하기를 '무슨 말을 하던가.'라고 물었고 승이 암두와 있었던 일을 말하자 설봉이 30방을 때려서 쫓아버렸다.

▶ **설해**說解

波羅蜜 問: 암두가 승에게 '어디에서 왔는가?'라고 물은 일은 어떠한
지요.

一智 曰: 일상적日常的인 물음이기도 하지만 수행修行의 정도를 알아보기 위한 낚시용 밑밥으로 보면 타당妥當하다네.

波羅蜜 問: 네. 그러면 승이 '서경에서 왔습니다.'라고 답한 것은 이 또한 일상적日常的인 말이군요.

一智 曰: 승 본인本人에게 있어서는 당연하고 마땅한 말이지.

波羅蜜 問: 그러면 암두가 '황소가 간 뒤에 검을 거두어들이고 자네 것으로 했는가?'라고 물은 일은 무엇을 이르는지요.

一智 曰: 그때는 황소의 난이 어느 정도 평정平定되었고 그에 대한 말이 많던 시기였다네. 당연히 황소가 하늘로부터 얻었다는 검劍 이야기가 화제였고 암두가 황소와 하늘로부터 검劍을 얻었다는 이야기를 빌려 승에게 밑밥을 뿌린 일이라네. 황소가 간 뒤란 번잡煩雜한 오온五蘊에서 벗어난 뒤를 말하고不立五蘊 오온을 세우지 아니한 지혜의 검을 잘 간수看守하고 있는가不離証得라는 의미네.

波羅蜜 問: 그러면 승이 '거두어들이고 제 것으로 하였습니다.'라고 한 말은 나를 세우지 아니한 깨우침을 깨달아 증득証得했다는 것인지요.

一智 曰: 깨우침의 본질本質인 내가 없음을 깨우쳤다면不立五蘊不離証得 거두어 드릴 검이나 제 것으로 했다는 말이 나오기는 할까 묻고 싶네. 언어와 문자뿐만 아니라 모양이나 상태에서도 벗어나지 못한 승이 아닌가.

波羅蜜 問: 아! 그렇군요. 승의 말에 암두가 고개를 쑥 내밀며 놀라는 시늉을 하니 승이 '스님의 머리가 떨어졌습니다.'라고 말하였고 암두가 웃었습니다. 암두가 고개를 내밀고 승이 스님의 머리가 떨어졌다고 하는 말과 암두가 크게 웃은

일은 어떠한지요.

一智 曰: 과연 승이 나를 세우지 아니한 깨우침의 본질을 깨달아 증득했는지 암두가 고개를 내밀어 밑밥을 던진 일이고 승이 제법 흉내를 내면서 스님의 머리가 떨어졌다고 스스로가 언어言語와 문자文字, 모양이나 상태를 벗어나지 못한 것을 분명하게 드러낸 일이며, 암두가 크게 웃은 일이란 '그럼 내 목이 떨어진 곳이 어디인가.'라고 승에게 되받아 물은 일이라네.

波羅蜜 說: 네. 승이 설봉에게 이르러 설봉이 '어디서 왔는가?'라고 하니, 승이 '암두 스님에게서 오는 길입니다.'라고 말했습니다. 설봉의 물음은 수행修行의 정도를 알기 위한 밑밥이고 승의 답은 공부에서 한참이나 멀고 먼 말이겠지요. 그렇다면 승이 암두와 있었던 일을 말하자 설봉이 30방을 때려서 내쫓아버린 연유緣由를 알겠습니다.

부대사휘안傅大士揮案

第六十七則 傅大士揮案
제 6 7 칙 부 대 사 휘 안

[本則] 舉 梁武帝가 請傅大士하야 講金剛經할새 大士便於座上에
본 칙 거 양 무 제   청 부 대 사   강 금 강 경   대 사 편 어 좌 상

揮案一下하고 便下座라 武帝愕然커늘 誌公이 問 陛下還會麼아
휘 안 일 하   편 하 좌   무 제 악 연   지 공   문 폐 하 환 회 마

帝云 不會라 誌公이 云 大士講經竟호이다
제 운 불 회   지 공   운 대 사 강 경 경

본칙 양무제가 부대사를 청하여 금강경을 강의할 때 부대사가 곧바로 법상에 올라가
한번 휘돌아 돌고는 즉시 내려와 버리니, 양무제가 깜짝 놀라고 있거늘, 지공이 무제에
게 '폐하, 아시겠습니까?'라고 물었다. 무제가 '모르겠습니다.'라고 말하니, 지공이 '부대
사의 강의는 끝났습니다.'라고 말했다.

▶ **설해**説解

波羅蜜 問: 양무제가 부대사를 청해 금강경金剛経을 강의할 때 부대
사가 법상法床에 올라가 한번 휘돌아 돌고는 즉시 내려와
버린 일이란 어떠한 일을 이르는지요.

一智 曰: 머무는 바 없이 그 마음을 일으킨応無所住而生其心 그 마
음의 일마저 항복 받아야 한다는 뜻이네. 깨우침의 본질
本質로서 내가 없음不立五蘊을 깨달아 증득한不離証得 중중
묘원中中妙圓의 언어나 문자, 모양이나 상태를 항복 받는

금강혜심金剛慧心을 드러내고자 한 일이네. 곧 상구보리하
화중생上求菩提下化衆生하는 일에 있어서 삼천대천세계 과
거 현재 미래에 응하는 일에 있어 막힘이나 걸림이 없는
바를 이르네.

波羅蜜 問: 그렇군요. 이를 보고 양무제가 놀라니, 지공이 양무제에
게 '폐하, 아시겠습니까?'라고 물은 일과 무제가 '모르겠습
니다.'라고 말한 일은 어떠한지요.

一智 曰: 달마의 확연무성廓然無聖과 불식不識이라는 언어와 문자,
모양이나 상태를 떠난 깨우침의 본질不立五蘊을 전혀 이해
하지 못했었고 지금 또한 부대사의 언어나 문자, 모양이나
상태로서 깨우침의 궁극적窮極的 본질不離証得을 확연廓然
하게 드러내 보인 바를 양무제가 알아채지 못하고 있는
일이라네.

波羅蜜 問: 네. 그렇다면 지공이 '부대사의 강의는 끝났습니다.'라고
말한 일은 어떠한지요.

一智 曰: 부대사가 법상에 올라가 한번 휘돌아 돌고는 즉시 내려와
버린 일이란 마땅히 막힘이나 걸림이 없이 응하는 일로서
마땅히 머무는 바 없는 마음으로 그 마음을 일으킨 그 마
음의 일마저 항복 받아야 함을 드러낸 일이라네. 마주 대
하여 드러난 언어나 문자, 모양이나 상태를 벗어난 일이니,
이를 어찌 처음이 있고 끝이 있다 이를 수 있겠는가. 양무
제의 마음그릇에 맞은 일반적一般的인 답을 준 것이네.

波羅蜜 説: 네. 그렇군요.

혜적혜연惠寂惠然

第六十八則 惠寂惠然
제 6 8 칙 혜 적 혜 연

[本則] 擧 仰山이 問三聖호대 汝名이 什麼오 聖이 云 惠寂이니다
본 칙 거 앙 산 문 삼 성 여 명 십 마 성 운 혜 적

仰山云 惠寂은 是我라 聖云 我名은 惠然이니다 仰山이 呵呵大笑
앙 산 운 혜 적 시 아 성 운 아 명 혜 연 앙 산 가 가 대 소

하다

본칙 앙산이 삼성에게 묻기를 '자네의 이름이 무엇인가?'라고 하니, 삼성이 '혜적입니다.'라고 말했다. 앙산이 이르기를 '혜적은 내 이름이니라.'라고 하니, 삼성이 '저의 이름은 혜연입니다.'라고 말했다. 그러자 앙산이 껄껄껄 크게 웃었다.

▶ 설해説解

波羅蜜 問: 앙산仰山惠寂이 삼성三聖惠然에게 '자네의 이름이 무엇인가?'라고 물은 것은 어떠한 일인지요.

一智 曰: 삼성三聖惠然의 경지, 마음자리를 시험해보기 위한 물음이지.

波羅蜜 問: 그러면 삼성三聖惠然이 '혜적惠寂입니다.'라고 답한 삼성惠然은 어떠한지요.

一智 曰: 앙산仰山惠寂의 물음에 혜적이라 답했으니, 삼성이 앙산仰

山惠寂의 의도를 짚고 있었다는 것이지.

波羅蜜 問: 앙산仰山惠寂이 '혜적惠寂은 내 이름이니라.'"라고 하니, 삼
성三聖惠然이 곧바로 '저의 이름은 혜연惠然입니다.'라고 한
답한 것은 어떠한 일을 이르는지요.

一智 曰: 자신의 의도를 짚어낸 삼성의 답변에 자신의 이름으로 깨
우침의 본질本質인 내가 없음을 깨달아 증득한 자리를 드
러낸 것이며, 삼성도 또한 자신의 이름으로 답변하면서
증득証得한 자리를 드러낸 일이라네.

波羅蜜 問: 그렇다면 삼성이 자신의 이름으로 답변答辯하는 일을 듣
고 앙산이 크게 웃은 일은 어떠한지요.

一智 曰: 앙산의 막힘이나 걸림이 없는 자유자재自由自在함이 돋보
이는 일이지. 깨우침의 궁극적窮極的 본질不離証得인 중중
묘원中中妙圓으로서의 구경각究竟覚마저 초월超越한 가운
데서 해와 달이 서로를 주고받은 일이라네.

波羅蜜 説: 아! 네. 그래서 앙산이 껄껄껄 크게 웃었군요.

남전원상南泉圓相

第六十九則 南泉圓相
제 6 9 칙 남전원상

[本則] 擧 南泉 歸宗.麻谷이 同去禮拜忠國師러니 至中路하야
본칙 거 남전 귀종 마곡 동거예배충국사 지중로

南泉이 於地上에 畵一圓相云 道得卽去하리라 歸宗은 於圓相中坐
남전 어지상 화일원상운 도득즉거 귀종 어원상중좌

하고 麻谷은 便作女人拜하니 泉이 云 恁?則不去也리라 歸宗이 云
마곡 편작여인배 전 운 임마즉불거야 귀종 운

是什麽心行고
시 십 마 심 행

본칙 남전, 귀종, 마곡이 함께 충국사를 뵈러 가던 중에 남전이 땅바닥에 일원상을 그리고는 말하기를 '얻은 바를 말해 보라. 그러면 가겠노라.'라고 하니, 귀종은 일원상 가운데 들어가 앉고 마곡은 곧바로 다소곳하게 절을 했다. 남전이 말하기를 '이렇다면 가지 않겠다.'라고 하니, 귀종이 이르기를 '왜 이렇듯 실없는 짓을 하는가.'라고 말했다.

▶ 설해說解

波羅蜜 問: 남전이 땅바닥에 일원상一圓相을 그린 일은 어떠한지요.

一智 曰: 깨우침의 본질本質로서, 오온五蘊을 세우지 아니한 깨우침
을 깨달아 증득한 중중묘원中中妙圓을 이르는 것이네.

波羅蜜 問: 그렇다면 남전이 일원상을 그리고 '얻은 바를 말해 보라.
그러면 가겠노라.'라고 말한 것은 어떠한 일인지요.

一智 曰: 깨우침의 궁극적窮極的 본질本質을 일원상一圓相으로 드러

내고는 귀종과 마곡의 경지를 알고 싶어 한 일이지. 그러니 일원상一圓相을 보고 깨우친 바를 말해 보라. 그러면 충국사를 뵈러 가겠다고 한 것이지. 여기서 남전이 짚고 넘어가는 일이란 일원상을 얻었다면 '불래불거不来不去가 아닌가.'라는 것이네.

波羅蜜 問: 귀종이 일원상一圓相 가운데 들어가 앉은 것은 어떠한 일인지요.

一智 曰: 곧바로 남전이 이른 중중묘원中中妙圓의 일에 동참하는 것이지.

波羅蜜 問: 그렇다면 마곡이 곧바로 공손하게 절을 하자 남전이 '이렇다면 가지 않겠다.'라고 말한 것은 어떠한 일인지요.

一智 曰: 마곡이 남전의 일원상一圓相을 보고 또 귀종이 일원상 가운데 앉은 일을 보고 오온五蘊을 세우지 아니한 깨우침의 본질本質을 알아채고 절하는 일로서 깨우친 바를 드러낸 일이라네. 남전이 '이렇다면 가지 않는다.'고 말한 것은 이렇다면 불래불거不来不去라는것이지. 깨우침의 본질本質로서 내가 없음을 깨달아 증득証得한 자리를 온전하게 드러내는 말이라네.

波羅蜜 問: 네 그렇군요. 그렇다면 귀종이 '왜 이렇듯 실없는 짓을 하는가.'라고 한 말은 어떠한 일인지요.

一智 曰: 남전이 땅바닥에 일원상을 그린 일을 두고 한 말이네. 굳이 그렇게까지 해야 할 일인가. 번거롭기만 하지 않는가, 라고 말한 것이네. 남전의 쓸데없는 짓에 대한 책망이라네.

波羅蜜 説: 같은 길을 가는 도반이라고 느슨하네요. 언어言語나 문자

文字뿐만 아니라 모양이나 상태마저도 항복 받아야 함을
알겠습니다.

위산병각인후 潙山併却咽喉

第七十則 潙山併却咽喉
제 7 0 칙 위 산 병 각 인 후

[本則] 擧 潙山.五峰.雲巖이 同侍立百丈이러니 百丈이 問潙山호
본 칙 거 위 산 오 봉 운 암 동 시 립 백 장 백 장 문 위 산

대 併却咽喉脣吻하고 作麼生道오 潙山이 云 却請和尙道하소서 丈
병 각 인 후 진 문 작 마 생 도 위 산 운 각 청 화 상 도 장

이 云 我不辭向汝道나 恐已後喪我兒孫이로다
운 아 불 사 향 여 도 공 이 후 상 아 아 손

본칙 위산, 오봉, 운암이 함께 백장을 모시고 서 있었다. 백장이 위산에게 묻기를 '입을 놀리지 않고 말 한마디를 어떻게 이를 수 있겠는가.'라고 하니, 위산이 말하기를 '간청을 드리니 화상이 한마디 해 보소서.'라고 하였다. 백장이 말하기를 '내가 너를 위해 말해 주는 것은 사양하지 않겠지만 이후 나의 후손 끊어질까 걱정스럽다.'라고 하였다.

▶ 설해說解

波羅蜜 問: 위산 오봉 운암이 백장을 모시고 서 있다가 백장이 위산에게 '입을 놀리지 않고 말 한마디를 어떻게 이를 수 있겠는가.'라고 물은 것은 어떠한지요.

一智 曰: 입을 놀리지 않고 어찌 한마디의 말을 이를 수 있겠는가.

波羅蜜 問: 백장의 물음에 위산이 '간청을 드리니 화상이 한마디 해 보소서.'라고 답한 것은 어떠한지요.

一智 曰: 입을 놀리지 않고 말 한마디 이를 수 없다 하셨으니, 그렇

다면 '화상께서 입을 다무시고 한마디 해 보세요.'라고 맞받아친 일이네.

波羅蜜 問: 네. 그렇다면 위산의 답변에 백장이 '내가 너를 위해 말해 주는 것은 사양하지 않겠지만 이후 나의 후손後孫이 끊어질까 걱정스럽다.'라고 말한 의미는 어떠한지요.

一智 曰: 위산 자네를 위해 어떠한 말이라도 가리지 않겠지만 이후로 언어나 문자, 모양이나 상태 이전의 본래 자리, 곧 나를 세우지 아니한 깨우침의 본질本質을 깨달아 증득했다는証得 깨우침의 궁극적 본질인 오온청정五蘊清浄한 묘각妙覚.中中妙圓마저도 항복 받는 본래면목本来面目을 잃을까 염려스럽다는 것이네.

波羅蜜 説: 네. 그렇군요.

오봉병각인후五峰併却咽喉

第七十一則 五峰併却咽喉
제 7 1 칙 오 봉 병 각 인 후

[本則] 擧 百丈復問五峰하대 倂却咽喉唇吻하고 作麼生道오 峰云
본 칙 거 백 장 복 문 오 봉 병 각 인 후 진 문 작 마 생 도 봉 운

和尙도 也須倂却이니다 丈이 云 無人處斫額하고 望汝하리라
화 상 야 수 병 각 징 운 무 인 처 작 액 망 여

본칙 백장이 다시 오봉에게 묻기를 '입을 놀리지 않고 말 한마디를 어떻게 이를 수 있겠는가'라고 하니, 오봉이 말하기를 '화상도 마땅히 입을 다무셔야지요.'라고 하였다. 그러자 백장이 말하기를 '사람이 없는 곳에서 손으로 이마를 가리고 자네를 바라보리라.'라고 하였다.

▶ **설해**説解

波羅蜜 問: (70칙에 이어) 백장이 다시 오봉에게 '입을 놀리지 않고 말 한마디를 어떻게 이를 수 있겠는가.'라고 물은 일은 어떠한지요.

一智 曰: 이미 위산에게 나를 세우지 아니한 깨우침의 본질本質을 깨달아 증득証得했다는 오온청정五蘊清浄의 자리인 묘각妙覺.中中妙圓마저도 항복 받는 본래면목本来面目을 잃을까 염려스럽다고 한 바 이미 다 드러난 일을 두고 오봉에게 거듭 확인確認하는 일이라네.

波羅蜜 問: 그렇다면 오봉이 백장의 물음에 '화상도 마땅히 입을 다 무서야지요.'라고 답한 것은 어떠한 일인지요.

一智 曰: 오온청정五蘊清浄의 자리인 묘각妙覚.中中妙圓마저도 항복 받는 본래면목本来面目이라면 화상께서도 입을 다무시라 는 일이네. 아직도 중중묘원中中妙圓을 벗어나지 못한 대 답이지.

波羅蜜 問: 네. 그러면 백장이 '사람이 없는 곳에서 손으로 이마를 가 리고 자네를 바라보리라.'라고 한 말은 어떠한 의미인지요.

一智 曰: 사람이 없는 곳이란 나를 세우지 아니한 깨우침의 본질本 質을 깨달아 증득証得했다는 오온청정五蘊清浄의 자리인 묘각妙覚.中中妙圓마저도 항복 받는 본래면목本来面目의 자 리를 이르며, 이 자리에서 자세히 보고 있겠다는 것이네. 오봉의 경지境地를 꿰뚫고 있는 백장으로서 본래면목의 자리를 가리키는 일이네.

波羅蜜 説: 네. 그렇군요.

운암병각인후 雲巖倂却咽喉

제72칙

第七十二則 雲巖倂却咽喉
제 7 2 칙 운 암 병 각 인 후

[本則] 擧 百丈이 又問雲巖호대 倂却咽喉脣吻하고 作麼生道오
본 칙 거 백 장 우 문 운 암 병 각 인 후 진 문 작 마 생 도

巖이 云 和尙有也未아 丈云 喪我兒孫하리라
암 운 화 상 유 야 미 장 운 상 아 아 손

본칙 백장이 또 운암에게 묻기를 '입을 놀리지 않고 말 한마디를 어떻게 이를 수 있겠는가'라고 하니, 운암이 말하기를 '화상은 입을 다무시고 말할 수 있겠습니까?'라고 하였다. 이에 백장이 말하기를 '내 후손을 잃고 말았구나.'라고 하였다.

▶ **설해**說解

波羅蜜 問: (71칙에 이어서) 백장이 또다시 운암에게 '입을 놀리지 않고
말 한마디를 어떻게 이를 수 있겠는가'라고 물은 일은 어
떠한지요.

一智 曰: 하나하나 놓치고 싶지 않은 노파심老婆心이지.

波羅蜜 問: 백장의 같은 물음에 운문이 '화상은 입을 다무시고 말할
수 있겠습니까?'라고 답한 일은 어떠한지요.

一智 曰: 백장의 같은 물음에 운문이 '왜 이렇게 말이 많습니까.'라
고 분별심分別心을 일으킨 일이지. 곧 백장이 말한 수數와

354

양量에 귀를 기울이다 분별심을 일으켜서 나를 세우지 아니한 깨우침의 본질本質을 깨달아 증득証得했다는 오온청정五蘊清浄의 자리인 묘각妙覚.中中妙圓마저도 항복 받는 본래면목本来面目의 자리를 잃게 된 일이지.

波羅蜜 問: 네. 그렇군요. 그렇다면 백장이 '내 후손을 잃고 말았구나.'라고 한 말은 어떠한 일인지요.

一智 曰: 스스로에 대한 후회스러움인지 아니면 운문에 대한 아쉬움이랄까 안타까움인지 판단判断하기가 쉽지 않은 구절이네. 곧 내 후손이란 본래면목本来面目을 가리키는 것이고 잃었다는 것은 운문을 잃었다는 것인지 아니면 백장 스스로 본래면목本来面目을 잃었다는 것인지 판단判断하기가 애매하다曖昧는 말이네. 본래면목은 부득부실不得不失이 아닌가.

波羅蜜 説: 네. 그렇겠군요.

제73칙 마조백비 馬祖百非

第七十三則 馬祖百非
제73칙 마조백비

[本則] 擧 僧이 問 馬大師호대 離四句絶百非하고
본칙 거 승 문 마대사 이사구절백비

請師直指某甲西來意하노이다 馬師云 我今日勞倦하야 不能爲汝說
청사직지모갑서래의 마사운 아금일로권 불능위여설

이니 問取智藏去하라 僧이 問智藏하니 藏이 云 何不問和尙고 僧이
문취지장거 승 문지장 장 운 하불문화상 승

云 和尙이 敎來問이니라 藏이 云 我今日頭痛이라 不能爲汝說이니
운 화상 교래문 장 운 아금일두통 불능위여설

問取海兄去하라 僧이 問海兄하니 海云 我到這裏하야 却不會로다
문취해형거 승 문해형 해운 아도저리 각불회

僧이 擧似馬大師하니 馬師云 藏頭白海頭黑이니라
승 거사마대사 마사운 장두백해두흑

본칙 승이 마 대사에게 묻기를 '사구를 떠나고 백비를 끊고서 청하는 바이니, 스님께서는 저에게 서래의를 곧바로 가리켜 주기를 바랍니다.'라고 하니, 마조가 말하기를 '내가 오늘 매우 피곤하여 너를 위해 말해 줄 수 없으니, 지장에게 가서 물어보거나.'라고 하였다. 승이 지장에게 물으니, 지장이 '어찌 마조 화상에게 묻지를 않았는가?'라고 말했다. 승이 '마조 화상이 스님에게 물어보라 하셨습니다.'라고 말하니, 지장이 '내가 오늘 머리가 아파서 너에게 말해 줄 수가 없으니, 해형(백장)에게 가서 물어보거라.'라고 말했다. 승이 해형에게 물으니, 백장이 '나도 이 자리에 이르러서는 잘 모르겠다.'라고 말했다. 승이 마조에게 다시 물으니, 마조가 말하기를 '지장의 머리는 하얗고 백장의 머리는 검다.'라고 하였다.

波羅蜜 問: 승이 마 대사에게 '사구四句를 떠나고 백비百非를 끊고서 청하는 바이니, 스님께서는 저에게 서래의西来意를 곧바로 가리켜 주기를 바랍니다.'라고 물은 일에 대한 설명説明을 자세하게 해 줄 수 있는지요.

一智 曰: 사구四句란 첫째 마주 대하여 드러난 언어나 문자, 모양이나 상태가 있다有. 이는 일체 모든 법과 일체 모든 불살이 있다는 것을 의미하네. 둘째 마주 대하여 드러난 언어나 문자, 모양이나 상태가 없다無. 이는 일체 모든 법과 일체 모든 불보살이 없다는 것을 의미하네. 셋째 마주 대하여 드러난 언어나 문자, 모양이나 상태가 있지도 않고 없지도 않다非有非無. 이는 불립문자견성성불不立文字見性成仏을 의미하네. 넷째 마주 대하여 드러난 언어나 문자, 모양이나 상태가 있지 않음도 아니고 없지 않음도 아님非非有非非無을 이르네. 이는 깨우침의 본질을 이르며 중중묘원中中妙圓을 의미한다네. 이 사구四句를 떠나면 모든 허물이 끊어져 버리는 일을 이르네. 곧 나를 세우지 아니한 깨우침의 본질을不立五蘊 깨달아 증득하는 일不離増得로서 깨우침의 본질本質을 깨달아 증득証得했다는 오온청정五蘊清浄의 자리인 묘각妙覚.中中妙圓마저도 항복 받는 본래면목本来面目의 자리, '이것' 즉 서래의西来意를 곧바로 가리킨 일이지.

波羅蜜 問: 승의 물음에 마조가 '내가 오늘 매우 피곤하여 너를 위해 말해 줄 수 없으니, 지장에게 가서 물어보게나.'라고 답한 것은 어떠한 일인지요.

一智 曰: 마주 대하여 드러난 언어言語나 문자文字, 모양이나 상태를 떠난 서래의西來意를 어떻게 드러낼 수 있겠는가. 생각으로도 미칠 수 없는 일이니, 무엇을 지칭指稱해 달라는 것인가. 그러니 마주 대하여 드러난 언어나 문자, 모양이나 상태를 가지고서는 말해 줄 수 없는 일이기에 너를 위해 말해 줄 수 없다고 말한 것이라네. 피곤하다는 것이지.

波羅蜜 問: 승이 지장에게 가서 '사구를 떠나고 백비를 끊고서 청하는 바이니, 스님께서는 저에게 서래의西來意를 곧바로 가리켜주기를 바랍니다.'라고 물었습니다. 지장이 '어찌 마조 화상에게 묻지를 않았는가?'라고 답하니 승이 '마조 화상이 스님에게 물어보라 하셨습니다.'라고 말했고 지장이 '내가 오늘 머리가 아파서 너에게 말해 줄 수가 없으니, 해형(백장)에게 가서 물어 보거라.'라고 답했습니다. 이 일은 어떠한지요.

一智 曰: 마조와 같은 일이지. 나를 세우지 아니한 깨우침의 본질本質을 깨달아 증득証得했다는 오온청정五蘊清浄의 자리인 묘각妙覺.中中妙圓마저도 항복 받는 본래면목本來面目의 자리, 이 서래의西來意를 어찌 이를 수 있겠는가. 머리가 지끈거리는 일이지. 지장 또한 본래면목의 자리를 가감加減없이 드러내 보인 일이라네.

波羅蜜 問: 네. 승이 백장에게 가서 다시 '사구를 떠나고 백비를 끊고서 청하는 바이니, 스님께서는 저에게 서래의를 곧바로 가리켜주기를 바랍니다.'라고 물으니, 백장이 '나도 이 자리에 이르러서는 잘 모르겠다.'라고 답했습니다. 이 일은 어떠한지요.

一智 曰: 오온청정五蘊清浄의 자리인 묘각妙覚.中中妙圓마저도 항복받는 본래면목本来面目의 자리, 서래의西来意 자리에 이르니, 무어라 일러줄 말이 없다고 이른 것이네. 백장의 이 말 또한 본래면목의 자리를 가감加減 없이 드러내 보인 일이라네.

波羅蜜 問: 승이 마조에게 다시 가서 '사구를 떠나고 백비를 끊고서 청하는 바이니, 스님께서는 저에게 서래의를 곧바로 가리켜 주기를 바랍니다.'라고 물으니, 마조가 '지장의 머리는 하얗고 백장의 머리는 검다.'라고 한 말은 어떠한 일인지요.

一智 曰: 마조가 '지장의 머리는 하얗고 백장의 머리는 검다.'라고 한 말은 마주 대하여 드러난 언어나 문자, 모양이나 상태를 떠난 서래의西来意, 곧 본래면목本来面目을 이른 말이네. 이 자리에서 지장은 누구이고 백장은 누구인가. 머리가 하얗든 검든 승이여! 자네가 지장인가 백장인가. 승이여! 자네 머리가 하얀가 검은가라고 말하면서 승의 본래면목本来面目, 서래의西来意를 가리키는 일이라네.

波羅蜜 説: 네. 그렇군요.

금우작무金牛作舞

第七十四則 金牛作舞
제 7 4 칙 금 우 작 무

[本則] 擧 金牛和尙이 每至齊時에 自將飯桶하야 於僧堂前에
본 칙 거 금 우 화 상 매 지 제 시 자 장 반 통 어 승 당 전

作舞하여 呵呵大笑云 菩薩子야 喫飯來하라 雪寶云 雖然如此나
작 무 가 가 대 소 운 보 살 자 끽 반 래 설 두 운 수 연 여 차

金牛不是好心이로다 僧이 問長慶호대 古人이 道호되 菩薩子야
금 우 불 시 호 심 승 문 장 경 고 인 도 보 살 자

喫飯來하라하니 意旨如何니고 慶이 云 大似因齊慶讚이로다
끽 반 래 의 지 여 하 경 운 대 사 인 제 경 찬

본칙 금우화상이 매일 점심때가 되면 자신의 밥통을 들고 법당 앞에서 춤을 추며 껄
껄껄 웃으면서 말하기를 '보살들아 밥 먹어라.'라고 하였다. 설두가 말하기를 '비록 그렇
다고는 하나 금우가 좋은 마음을 지닌 것은 아니로다.'라고 하였다. 승이 장경에게 묻기
를 '옛사람이 말하기를 보살들아 밥 먹어라 했으니, 이는 무슨 뜻입니까?'라고 하니, 장
경이 말하기를 '밥을 먹을 때 '감사히 먹겠습니다.' 라고 말하는 것과 같다.'라고 하였다.

▶ **설해**説解

波羅蜜 問: 금우화상이 자신의 밥통을 들고 법당 앞에서 춤을 추며
크게 웃으면서 '보살들아 밥 먹어라.'고 말하는 까닭은 어
떠한 일인지요.

一智 曰: 일상적日常的인 행주좌와行住坐臥를 통해서 그 일상日常을
뛰어넘어 언어나 문자, 모양이나 상태를 떠난 깨우침의 궁

360

극적窮極的인 본질本質로서의 행行인 중중묘원中中妙圓을 온전하게 드러내는 일이라네.

波羅蜜 問: 설두가 '비록 그렇다고는 하나 금우가 좋은 마음을 지닌 것은 아니로다.'라고 말한 것은 어떠한지요.

一智 曰: 일상日常을 뛰어넘어 깨우침의 궁극적窮極的인 본질을 온 전하게 드러내기는 하지만 수행자修行者들에게 있어서는 이 일상의 행위가 방해가 되지 않을까 라는 것이네. 눈 밝 은 납자가 아니라면 오류誤謬를 범하기 쉽다는 말이지.

波羅蜜 問: 네. 그렇군요. 승이 장경에게 '옛사람이 말하기를 보살들 아 밥 먹어라 했으니, 이는 무슨 뜻입니까?'라고 물은 연 유는 어떠한지요.

一智 曰: 승 스스로가 일상적日常的인 행주좌와行住坐臥를 하면서도 금우화상이 일상日常을 통해 깨우침의 궁극적窮極的 본질 本質을 드러내는 행위行為, 이 행위를 전혀 인지認知를 못 하고 있다는 것이네.

波羅蜜 問: 네. 그렇다면 승의 물음에 장경이 '밥을 먹을 때 '감사히 먹겠습니다.'라고 말하는 것과 같다.'라는 대답은 어떠한지 요.

一智 曰: 금우화상이 일상적日常的인 행주좌와行住坐臥를 통해서 그 일상을 뛰어넘은 깨우침의 궁극적窮極的 본질本質을 드러 내는 일과 같이 더하거나 모자람도 없이 있는 그대로 드러 낸 말이네. 이와 같이如是하니 이와 같이如是하는 일이지.

波羅蜜 説: 네. 그렇군요.

제75칙 정주법도定州法道

第七十五則 定州法道
제75칙 정주법도

[本則] 擧 僧이 從定州和尙會裏하야 來到烏臼하니 烏臼問
본칙 거 승 종정주화상회리 내도조구 조구문
定州法道이 何似這裏오 僧이 云 不別이니다 臼云 若不別인댄
정주법도 하사저리 승 운 불별 구운 약불별
更轉彼中去하라하고 便打하니 僧云 棒頭有眼하니 不得草草打人이
갱전피중거 편타 승운 봉두유안 부득초초타인
어다 臼云 今日打着一箇로다 也又打三下하니 僧이 便出去어늘
구운 금일타착일개 야우타삼하 승 편출거
臼云 屈棒은 元來有人喫在니라 僧이 轉身云 爭奈杓柄이
구운 굴봉 원래유인끽재 승 전신운 쟁내표병
在和尙手裏리오 臼云 汝若要댄 山僧이 回與汝하리라 僧이 近前하
재화상수리 구운 여약요 산승 회여여 승 근전
야 奪臼手中棒하야 打臼三下하니 臼云 屈棒屈棒이로다 僧云 有人
탈구수중봉 타구삼하 구운 굴봉굴봉 승운 유인
이 喫在니다 臼云 草草打着箇漢이로다 僧이 便禮拜하니 臼云 和尙
끽재 구운 초초타착개한 승 편예배 구운 화상
이 却恁麽去也 僧이 大笑而出하니 臼云 消得恁麽로다 消得恁麽
각임마거야 승 대소이출 구운 소득임마 소득임마
로다

본칙 승이 정주화상의 문하를 쫓다가 오구를 찾아오니, 오구가 묻기를 '정주의 법도가 이곳과 어떻게 다른가?'라고 하니, 승이 말하기를 '그다지 다르지 않습니다.'라고 하였다. 오구가 말하기를 '만일 별반 다르지 않다면 거기로 다시 가거라.'고 말하고는 때리니, 승이 말하기를 '봉에도 눈이 있으니 사람을 함부로 때리지는 마십시오.'라고 하였다. 그러자 오구가 말하기를 '오늘 한 놈을 때렸다.'라고 하면서 또다시 세 대를 때리니, 승이 곧바로 나가버렸다. 오구가 말하기를 '불공평하게 매를 맞은 사람은 밥 먹듯이 있느니라.'라고 하니, 승이 몸을 돌리면서 말하기를 '주도권이 화상의 손아귀에 있는 것을 어찌합니까.'라고 하니, 오구가 이르기를 '자네가 만약 필요하다면 산승이 자네에게 주겠네.'라고 하였다. 그러자 승이 가깝게 다가와 오구의 손안에 있는 몽둥이를 빼앗아 세 대를

362

때리니, 오구가 말하기를 '불공평한 매로다. 불공평한 매로다.'라고 하였다. 승이 말하기를 '밥 먹듯이 맞은 사람이 있습니다.'라고 하니, 오구가 이르기를 '분명하고 뚜렷하게 드러난 자를 거칠게 때리지 마라.'고 하였다. 승이 곧바로 절을 하니, 오구가 이르기를 '화상은 늘 이런 식인가.'라고 하니, 승이 크게 웃으면서 나갔다. 오구가 '사라지고 손에 잡은 일이란 이와 같을 뿐이로다. 사라지고 손에 잡은 일이란 이와 같을 뿐이로다.'라고 말했다.

▶ 설해說解

波羅蜜 問: 정주화상의 문하를 쫓던 승이 오구를 찾아오니 오구가 '정주의 법도法道가 이곳과 어떻게 다른가?'라고 물은 일은 어떠한지요.

一智 曰: 수행修行의 깊이를 재는 일이지.

波羅蜜 問: 승이 오구의 물음에 '그다지 다르지 않습니다.'라고 말한 바는 어떠한지요.

一智 曰: 이래저래 수행修行을 위해 부대낀 일이 많다는 말이며, 나름 식견識見을 떠나 이해理解하는 바가 있다는 것이지.

波羅蜜 問: 승의 말에 오구가 '만일 별반 다르지 않다면 거기로 다시 가거라.'고 말하고는 때린 일은 어떠한지요.

一智 曰: 제법 수행修行이 됐나 싶었는데 곧바로 분별分別하는 마음이라니, 맞아도 마땅한 일이지 않은가. 별반 다르지 않다는 일이란 무엇을 이르겠는가. 분별심分別心만 가득한 것이지.

波羅蜜 問: 네. 그렇군요. 오구에게 맞은 승이 '봉에도 눈이 있으니 사람을 함부로 때리지는 마십시오.'라고 말하니, 이는 어떠

한지요.

一智 曰: 제법 들은 풍월은 있는지 언사言事로서 흉내를 내는 것이
며, 자기 딴에는 안목眼目이 있는 수행자修行者라는 것을
강하게 요구하는 일이라네.

波羅蜜 問: 승이 하는 말을 듣고 오구가 '오늘 한 놈을 때렸다.'고 말
하면서 다시 승을 세 대 때린 일은 어떠한 일이며, 승이
곧바로 나가버린 일은 어떠한지요.

一智 曰: 오늘 한 놈을 때렸다면서 세 대를 더 때리는 일이란 사정
을 두지 않고 승을 밀어붙이고 또 밀어붙이는 일이지. 승
이 나가버린 일은 오구가 강하게 밀어붙이는 일로 인하여
승이 다음을 위해 잠시 숨 고르기에 들어간 것으로 보아
야 하겠지.

波羅蜜 問: 네. 그렇군요. 그렇다면 승이 나가자 곧바로 오구가 '불공
평하게 매를 맞은 사람은 밥 먹듯이 있느니라.'고 말한 것
은 어떠한 일인지요.

一智 曰: 승이 물러나는 것을 보자 오구가 자신의 사정권으로 끌
어들이기 위해 낚싯밥을 뿌리는 일이지.

波羅蜜 問: 그렇다면 오구의 말에 승이 고개를 돌리고 '주도권主導權
이 화상의 손아귀에 있는 것을 어찌합니까.'라고 말한 것
은 어떠한 일인지요.

一智 曰: 승이 시간을 두고 오구를 탐색探索하려는 일이지. 일이 돌
아가는 상황이나 형편 등을 주시하고 있는 것이지. 솔직
한 심정으로는 다툼의 주도권主導權이 제게 있다면 곧 몽
둥이가 만일 내 손에 있다면 오구 스님을 사정 두지 않고
때렸을 거라는 뜻이네.

波羅蜜 問: 네. 그렇군요. 그렇다면 승의 이 말에 오구가 '자네가 만약 필요하다면 산승이 자네에게 주겠네.'라고 말한 일은 어떠한지요.

一智 曰: 승은 제법 안목眼目을 갖춘 수행자修行者였으며, 오구는 이 말로 인하여 주도권主導權을 승에게 빼앗기고 승은 주도권主導權을 가지게 된 일이라네.

波羅蜜 問: 승이 다가와 오구의 손에서 봉을 빼앗아 세 대를 때리니, 오구가 '불공평한 매로다. 불공평한 매로다.'라고 말한 일은 어떠한지요.

一智 曰: 주도권主導權을 승에게 주었으니 맞은 일이 당연한 것이지.

波羅蜜 問: 승이 오구의 말을 듣고 '밥 먹듯이 맞은 사람이 있습니다.' 라고 말하니, 오구가 '분명하고 뚜렷하게 드러난 자를 거칠게 때리지 마라.'라고 한 것은 어떠한 일인지요.

一智 曰: 본래면목本来面目을 드러낸 자를 때리지 말라는 것이지.

波羅蜜 問: 이 말을 듣고 곧바로 승이 절을 하니 오구가 '화상은 늘 이런 식인가.'라고 말한 것은 어떠한 일인지요.

一智 曰: 오구가 다시 한번 낚싯밥을 푸는 일이지. 승이 절을 한 것은 이미 오구의 의도를 파악把握하고 있음을 이르는 것이네.

波羅蜜 問: 오구의 말을 듣고 승이 크게 웃으며 나간 일은 어떠한지요.

一智 曰: 승은 이미 오구의 의도를 모두 파악把握하고 있음을 이르는 것이네. 곧 마주 대하여 드러난 언어나 문자, 모양이나 상태로는 미칠 수 없는 자리에서 중중묘원中中妙圓의 이치에 따라 상황狀況에 맞게 대응한 일이라네.

波羅蜜 問: 그러면 오구가 '사라지고 손에 잡은 일이란 이와 같을 뿐

이로다.'라고 말한 것은 어떠한 의미인지요.

一智 曰:　깨우침의 본질本質로서 내가 없음을 깨달아 증득한 일이
나 이 깨우침마저 항복 받는 일 또한 이와 같을 뿐이라는
것이네. 곧 '이와 같이 나는 그 마음을 항복 받았다如是我
降伏其心.'는 것이네.

波羅蜜 說:　네. 알겠습니다.

끽반구안喫飯具眼

第七十六則 喫飯具眼
제 7 6 칙 끽 반 구 안

[本則] 擧 丹霞問僧호되 甚處來오 僧이 云 山下來니다 霞云
본 칙 거 단 하 문 승 심 처 래 오 승 운 산 하 래 하 운

喫飯了也未아 僧이 云 喫飯了니다 霞云 將飯來與汝喫底人이
끽 반 료 야 미 승 운 끽 반 료 하 운 장 반 래 여 여 끽 저 인

還具眼麽아 僧이 無語라 長慶이 問保福하되 將飯與人喫하니
환 구 안 마 승 무 어 장 경 문 보 복 장 반 여 인 끽

報恩有分이어늘 爲什麽하야 不具眼고 福이 云 施者受者가
보 은 유 분 위 십 마 불 구 안 복 운 시 자 수 자

二俱瞎漢이니라 長慶이 云 盡其機來에 還成瞎否아 福이 云
이 구 할 한 장 경 운 진 기 기 래 환 성 할 부 복 운

道我瞎得麽아
도 아 할 득 마

본칙 단하가 승에게 묻되 '어디서 왔는가?'라고 하니, 승이 말하기를 '산 아래서 왔습니다.'라고 하였다. 단하가 '식사는 마쳤는가?'라고 물으니, 승이 이르기를 '이미 먹었습니다.'라고 말했다. 단하가 '자네가 음식을 차려준 사람이 눈을 갖추고 있던가?'라고 하니, 승이 말을 하지 못했다. 장경이 보복에게 묻되 '사람이 밥을 먹도록 음식을 장만하는 것은 은혜로운 공덕인 것을 무슨 까닭으로 '눈을 갖추었네. 못했네.'라고 했는가?'라고 하니, 보복이 말하기를 '음식을 차려준 사람이나 음식을 받은 사람, 이 두 사람 모두가 눈이 먼 놈들이다.'라고 하였다. 장경이 '온 힘을 다해 말하고 있는 내가 눈이 멀었다는 것인가.'라고 말하니, 보복이 '그렇다면 내가 눈이 멀었다고 하는 것인가.'라고 말했다.

▶ **설해**説解

波羅蜜 問: 단하가 승에게 '어디서 왔는가?'라고 물으니, 승이 '산 아래에서 왔습니다.'라고 답한 일은 어떠한지요.

一智 曰: 행주좌와行住坐臥의 일면을 벗어나지 못한 물음과 답변이
      네. 마음대로 오고 갈 수 있는 일이고 어느 곳에선들 오
      고 갈 수 있는 일이 아니던가.

波羅蜜 問: 네. 단하가 승에게 '식사는 마쳤는가?'라고 물으니, 승이
      '이미 먹었습니다.'라고 답한 일은 어떠합니까.

一智 曰: 배를 채우는 일이야 중요한 일이지. 마주 대하여 드러난
      언어나 문자, 모양이나 상태만을 물어보고 답한 일로서는
      깨우침의 본질本質, 곧 나를 세우지 아니한 깨우침의 요지
      要地를 얻을 수는 없는 일이 아닌가. 승이 눈을 뜬 봉사였
      다네.

波羅蜜 問: 네. 그렇군요. 그렇다면 단하가 승의 답변에 '자네에게 음
      식을 차려준 사람은 눈을 갖추고 있던가?'라고 물은 일과
      승이 아무런 말도 못한 것은 어떠한 일인지요.

一智 曰: 자네에게 음식을 차려준 사람이 눈眼目을 갖추고 있었느
      냐고 물어 본 단하의 물음은 매우 어긋난 일이며, 승이
      진정한 안목眼目을 갖추었다면 단하를 흠씬 두들겨 팼을
      것이네. 눈 뜨고 코 베인 승이 멀뚱하게 앉아 있는 일을
      이르는 것이며, 단하의 물음에 '도대체 이것이 무슨 말인
      가?'라는 의문에 빠져버린 승이라네.

波羅蜜 問: 그럼 승이 무어라 말했어야 했는지요.

一智 曰: 화상의 눈과 다름이 없다고 말했어야지.

波羅蜜 問: 네. 그렇군요. 그렇다면 장경이 보복에게 '사람이 밥을 먹
      도록 음식을 장만하는 것은 은혜로운 공덕功德인 것을 무
      슨 까닭으로 '눈眼目을 갖추었네. 갖추지 못했네.'라고 했는
      가?'라고 물어본 일은 어떠한지요.

368

一智 曰: 장경이 보복을 끌어들이기 위해 낚싯밥을 푼 것이며, 스스로가 깨우쳐 얻은 바를 온전하게 드러내고 있는 일이라네.

波羅蜜 問: 그러면 보복이 장경의 물음에 '음식을 차려준 사람이나 음식을 받은 사람, 이 두 사람 모두가 눈이 먼 놈들이다.'라고 말한 일은 어떠한지요.

一智 曰: 장경의 물음에 대한 답이라기보다는 보복이 스스로의 깨우친 바를 드러내는 일이지. '눈眼目을 갖추었네. 갖추지 못했네.'가 깨우침의 본질本質은 아니라는 것이지.

波羅蜜 問: 보복의 말에 장경이 '온 힘을 다해 말하고 있는 내가 눈이 멀었다는 것인가.'라고 한 말은 어떠한지요.

一智 曰: 낚싯밥을 풀었는데 보복이 근처에도 오지 않는 일이네. 때문에 장경이 '내가 눈먼 봉사라는 것인가.'라고 시비是非를 거는 일이며, 보복의 경지境地를 알만하면서도 되받아 물은 일이라네.

波羅蜜 問: 네. 그렇다면 장경의 물음에 보복이 '그렇다면 내가 눈이 멀었다고 하는 것인가.'라고 한 말은 어떠한 일인지요.

一智 曰: 이는 분명히 시비조네. 곧 깨우침의 본질本質로서 내가 없음을 깨달아 증득했다는 이 깨우침의 그 마음마저 초월超越한 자리, 이 자리에서 중중묘원中中妙圓의 이치로 시비是非 아닌 시비가 벌어진 일이네.

波羅蜜 說: 아! 네 그렇군요.

운문호병雲門餬餅

第七十七則 雲門餬餅
제 7 7 칙 운 문 호 병

[本則] 擧 僧이 問雲門호대 如何是超佛越祖之談이니고 門이 云
본 칙 거 승 문 운 문 여 하 시 초 불 월 조 지 담 문 운

餬餅이니라
호 병

본칙 승이 운문에게 묻기를 '어떠한 것이 부처를 뛰어넘고 조사를 앞선 말입니까?'라
고 하니, 운문이 말하기를 '호떡이니라.'고 하였다.

▶ **설해**說解

波羅蜜 問: 승이 운문에게 '어떠한 것이 부처를 뛰어넘고 조사를 앞
선 말입니까?'라고 물은 일은 어떠한지요.

一智 日: 부처를 뛰어넘고 조사를 앞선 말? 들판을 가량假量없이
내달리는 말을 이르는 것인지, 아니면 마주 대하여 드러
난 언어言語나 문자文字, 모양이나 상태로서 이르는 말인
지. 승의 물음이 대단한 것 같지만 여우의 탈을 쓴 원숭
이라네.

波羅蜜 問: 그렇다면 승의 물음에 운문이 '호떡이니라.'고 답한 일은
어떠한지요.

370

一智 曰: 운문이 승의 눈높이 맞게 답해준 일이지. 깨우침의 본질
本質인 내가 없음을 깨달아 얻지도 못했으면서 깨달은 체
하지 말라는 우회적迂廻的인 말이라네. 승이 무엇을 보았
기에 부처니 조사라 이르는 것이며 또 부처를 뛰어넘고
조사를 앞선다고 말하고 있는 것인가. 그리고 무슨 팔만
사천법문八万四千法門 등 일체 모든 법法이 있어 깨달아야
만 하며, 또 무슨 참다운 마음그릇을 깨달아 얻어야만 한
다는 것인가. 때문에 역대 조사들께서 몸과 마음을 다해
중생구제衆生救済에 나선 것이라네. 나를 세우지 아니한
깨우침의 본질을 깨달아 증득했다는 이 일마저 항복 받
는 경지에 이르더라도 이미 어찌 할 수 없는 지경地境에
처하지 않던가. 이러한 까닭으로 부처의 자비는 무량無量
하다 하지 않던가. 그러니 부처를 뛰어넘고 조사를 앞선
다는 말이란 입에 맞은 달고 단 호떡이라네.

波羅蜜 説: 아! 네. 뜨끔하네요.

개사수인開士水因

第七十八則 開士水因
제 7 8 칙 개 사 수 인

[本則] 擧 古有十六開士하여 於浴僧時에 隨例入浴타가 忽悟水因
본칙 거 고유십육개사 어욕승시 수례입욕 홀오수인

하니 諸禪德은 作麽生會 他道妙觸宣明 成佛子住오 也須七穿八穴
제 선 덕 작 마 생 회 타 도 묘 촉 선 명 성 불 자 주 야 수 칠 천 팔 혈

이라사 始得다
시 득

본칙 옛날에 16명의 수행자修行者들이 있었으니, 수행자들이 목욕을 할 때 차례를
따라 들어가서 목욕을 하다 물과 맞닿은 순간 홀연히 깨달았다. 덕이 높은 수행자들이
여, 이들의 말뜻을 어떻게 알 수 있겠는가. 달리 이르는 것이 아닌 묘촉妙觸을 분명히
밝혀서 이른 깨달음의 자리에 머물렀다. 그러니 마땅히 철두철미하게 수행하여 얻어야
만 한다.

▶ **설해**說解

波羅蜜 問: 무엇을 일러 말하는 것인지요.

一智 曰: 능엄경에 나오는 이야기를 설두가 하나의 공안公案으로
들고 나온 것이네.

波羅蜜 問: 수행자修行者들이 목욕을 하다가 물을 맞닿은 순간 문득
깨달았다는 것은 어떠한 일인지요.

一智 曰: 무엇인가를 가리켜서 깨달았다고 말하는 순간 본인 스스

372

로의 마음자리는 물이 드는 일이 아닌가. 곧 마주 대하여 드러난 언어言語나 문자文字, 모양이나 상태의 구조적構造的이면서 상대적인 관념觀念으로 물이 드는 일이네.

波羅蜜 問: 이들의 말을 어떻게 알 수 있겠는가라고 이른 것은 어떠한지요.

一智 曰: 스스로가 미혹迷惑하다면 알 수가 없는 일이라는 것이지. 깨우침의 본질本質인 나를 세우지 아니한 불립오온不立五蘊 가운데 물과 맞닿는如是我水觸 순간 오온五蘊을 떠나지 아니한不離 깨우침의 본질本質을 증득証得한 일을 이르네. 곧 중중묘원中中妙圓의 묘리妙理를 체득하는 일이지.

波羅蜜 問: 그렇다면 묘촉妙觸을 분명히 밝혀서 이른 깨우침의 자리에 머물렀다고 한 말은 어떠함을 이르는지요.

一智 曰: 묘촉妙觸이란 '내가 없음如是無我'을 말하는 것이니, 나를 세우지 아니한 깨우침의 본질을 깨달아 증득한 깨우침의 궁극적窮極的인 본질을 분명하게 밝혀서 중중묘원中中妙圓의 자리 가운데 머문다는 것이네.

波羅蜜 問: 그러면 '마땅히 철두철미徹頭徹尾하게 수행해서 얻어야만 한다.'고 한 말은 어떠한 일인지요.

一智 曰: 깨우침의 궁극적窮極的 본질本質인 마음자리 가운데 단 하나의 물건도 없음을 깨달아 얻는 일이 묘각妙覺으로서 오온청정五蘊清浄을 이른다네. 곧 철두철미徹頭徹尾하게 수행修行해서 이 묘각妙覺마저도 항복 받는 자리에 마땅히 들어서야 한다는 말이네.

波羅蜜 説: 네. 그렇군요.

투자제일의投子第一義

第七十九則 投子第一義
제79칙 투자제일의

[本則] 擧 僧問 投子호대 一切聲이 是佛聲이라하니 是否니가
본칙 거 승문 투자 일체성 시불성 시부

投子云 是 僧이 云 和尙은 莫屎沸碗鳴聲하야 投子便打하다 又問호
투자운 시 승 운 화상 막시비완명성 투자편타 우문

되 麤言及細語가 皆歸第一義라하니 是否니가 投子云 是 僧이 云
추언급세어 개귀제일의 시부 투자운 시 승 운

喚和尙作一頭驢得麽아 投子便打하다
환화상작일두려득마 투자편타

본칙 승이 투자에게 '모든 소리가 부처의 소리라고 하니, 그렇습니까?'라고 물으니, 투자가 '그렇다.'라고 말했다. 승이 말하기를 '화상은 물이 끓는 소리를 하지 마십시오.'라고 하니, 투자가 그 즉시 때려버렸다. 승이 또 묻기를 '거친 말로부터 작고 세세한 말까지 모두 다 근본바탕으로 되돌아간다 하니, 맞습니까.'라고 하니, 투자가 말하기를 '그렇다.'라고 하였다. 그러자 승이 '화상을 한 마리 나귀라고 불러도 되겠습니까?'라고 말하니, 투자가 그 즉시 후려쳤다.

▶ **설해**説解

波羅蜜 問: 승이 '모든 소리가 부처의 소리라고 하니, 그렇습니까?'라고 투자에게 물으니, 투자가 '그렇다.'고 답한 일은 어떠한지요.

一智 曰: 이 세상의 모든 소리는 있는 그대로 부처의 소리라는 경

전経典의 한 구절을 가지고 이 말이 사실인지를 묻고 있는 일이라네. 투자가 '그렇다.'라고 답한 것은 승을 시험試驗하는 낚싯밥이네.

波羅蜜 問: 승이 '화상은 물이 끓은 소리를 하지 마십시오.'라고 한 말은 무슨 의미인지요.

一智 曰: 얼렁뚱땅 의미意味도 없는 말은 하지도 말라는 것이지.

波羅蜜 問: 승의 말을 듣고 곧바로 투자가 승을 때린 일은 어떠한지요.

一智 曰: 투자의 낚싯밥에 제대로 걸려든 일이란 거지.

波羅蜜 問: 승이 또 '거친 말로부터 작고 세세한 말까지 모두 다 근본 바탕第一義으로 되돌아간다 하니, 맞습니까.'라고 투자에게 물은 일은 어떠한 의미인지요.

一智 曰: 이 세상 모든 언어言語나 문자文字란 빠짐없이 진리의 말이라는 경전의 한 구절을 들어 사실인지를 묻고 있는 일이네. 거듭해서 물은 일로서 승이 언어나 문자, 모양이나 상태만을 공부했을 뿐 이를 뛰어넘는 일, 이를 몸소 체험體驗을 하지 못했다는 것이네. 곧 깨우침의 본질本質인 내가 없음을 몸소 체험體驗하지 못했다는 것이지.

波羅蜜 問: 승의 물음에 투자가 '그렇다.'라고 답한 일은 어떠한지요.

一智 曰: 수고를 아끼지 않고 승을 위해 거듭해서 낚싯밥을 던진 것이지.

波羅蜜 問: 투자의 말을 듣고 승이 '화상을 한 마리 나귀라고 불러도 되겠습니까?'라고 한 말은 어떠한 의미意味이며, 투자가 그 즉시 때린 일은 어떠한 일인지요.

一智 曰: 대단한 구절인 것 같지만 흉내만 내다가 스스로 허물에 빠진 승이라네. 그러니 투자에게 맞기만 할 수밖에 달리

무슨 일이 있겠는가. 어찌 화상이라 부르고 한 마리 나귀를 갖다 붙이는가. 승은 일체 모든 불보살仏菩薩 한분 한분마다 나귀를 갖다 붙일 셈인가. 아니면 일체 모든 법 한 구절 한 구절을 확인하고 의미를 붙이고 다닐 것인가.

波羅蜜 説: 네. 그렇군요. 추우면 문종이는 붙여야지요.

급수상타구急水上打毬

第八十則 急水上打毬
제 8 0 칙 급 수 상 타 구

[本則] 擧 僧이 問趙州호되 初生孩子가 還具六識也無니가
본 칙 거 승 문 조 주 초 생 해 자 환 구 육 식 야 무

趙州云 急水上에 打毬子니라 僧이 復問投子호대 急水上打毬子
조 주 운 급 수 상 타 구 자 승 복 문 투 자 급 수 상 타 구 자

意旨如何니고 子云 念念不停流니라
의 지 여 하 자 운 염 념 부 정 류

본칙 승이 조주에게 묻되 '갓난아기에게도 육식으로 분별하는 일이 있습니까?'라고
하니, 조주가 말하기를 '급하게 흐르는 물 위에서 공을 치는 것이니라.'라고 하였다. 승이
다시 투자에게 묻기를 '급하게 흐르는 물 위에서 공을 친다는 것은 무슨 뜻입니까.'라고
하니, 투자가 이르기를 '생각 생각이 머물지 않고 흐른다.'라고 하였다.

▶ 설해説解

波羅蜜 問: 승이 조주에게 '갓난아기에게도 육식六識으로 분별分別하는
일이 있습니까?'라고 물은 것은 어떠한 일을 이르는지요.

一智 曰: 갓난아기란 오온五蘊을 세우지 아니한 깨우침의 본질本質
곧 분별심이 없는 모양이나 상태를 비유를 들어 이른 것
이네. 곧 내가 없음不立五蘊을 깨달아 아는 일不離証得의
자리를 갓 태어난 아기에 비유하면서 깊은 수행修行의 자
리에 이르게 되면 분별分別하는 마음이 남아 작용作用하

는가를 묻은 일이라네. 달리 이르자면 오온五蘊을 세우지 아니한 깨우침의 본질本質을 깨달아 증득하는 일로서 처음에 이르게 되면 분별심分別心이 남아있느냐는 것이지.

波羅蜜 問: 네. 그러면 조주가 승의 물음에 '급하게 흐르는 물 위에서 공을 치는 것이다.'라고 말한 일은 어떠한지요.

一智 曰: 급하게 흐르는 물 위에서 공을 치면 곧 사라지지 않던가. 급하게 흐르는 물이란 세차게 흐르는 세속世俗의 일을 이르고 이 세속世俗의 일과 마주 대하여 드러나는 스스로의 마음, 생각을 이른 것이네. 공을 친다는 것은 깨우침의 본질本質인 내가 없음을 깨달아 아는 일을 증득証得하기 위해 급하게 서두르는 일을 이르는 것이며, 오온五蘊.我相을 세우지 아니한 깨우침의 본질本質이나 이를 깨달아 증득 証得하는 일이란 나 자신自身과 타인他人이 아닌 나我와 나 我임을 드러내는 일을 이른 것이라네.

波羅蜜 問: 네. 승이 다시 투자에게 '급하게 흐르는 물 위에서 공을 친다는 것은 무슨 뜻입니까?'라고 물으니 투자가 '생각 생각이 머물지 않고 흐른다.'라고 말한 것은 어떠한 일을 이르는지요.

一智 曰: '생각 생각이 머물지 않고 흐른다.'라고 한 투자의 답변은 '급하게 흐르는 물 위에서 공을 치는 것이니라.'고 한 조주의 말을 일상적日常的인 이치로 풀어낸 일이네. 곧 갓난아기에게도 생각의 흐름은 멈추지 않고 흐르고 있다는 것이며, 그 흐름의 속도가 생각으로서는 따라가기 어렵기 때문에 분별分別의 흔적이 머물 겨를도 없다는 것이네. 곧 이쪽이니 저쪽이니 분별하는 일分別作用에 머물지 않고 번

개같이 흐른다는 일이네. 오온五蘊을 세우지 않은 일로서 깨우침의 본질本質과 이를 깨달아 증득証得한 일이란 둘이 아니며 나와 내가 하나임을 이르는 것이고 오온五蘊을 따라 머물지 않는 하나의 흐름自由自在으로서 막힘이나 걸림 없이 내가 없음을 깨달아 증득한 깨우침不離証得을 따른다는 것이네. 이러한 일을 깨달음의 궁극적窮極的 본질本質인 중중묘원中中妙圓으로서 일원상一圓相, 해와 달을 지칭指称하는 것이라네.

波羅蜜 説: 네. 그렇군요.

第八十一則 藥山射?
제 8 1 칙 약산사주

[本則] 擧 僧이 問藥山호대 平田淺草에 塵鹿이 成群하니
본 칙 거 승 문약산 평전천초 주 록 성군

如何射得塵中塵니고 山이 云 看箭하라 僧이 放身便倒어늘 山이 云
여하사득주중주 산 운 간전 승 방신편도 산 운

侍者야 拖出這死漢하라 僧이 便走하니 山이 云 弄泥團漢이
시 자 타 출 저 사 한 승 편주 산 운 롱니단한

有什麽限이리오 雪竇拈云 三步雖活이나 五步須死니라
유 십 마 한 설 두 념 운 삼 보 수 활 오 보 수 사

본칙 승이 약산에게 묻기를 '넓고 푸른 들판에 큰 사슴이 무리를 이루고 있으니, 어떻게 해야 큰 사슴 가운데 더 큰 사슴을 쏴서 맞힐 수 있습니까?'라고 하니, 약산이 말하기를 '화살을 보라.'고 하였다. 그러자 승이 화살을 맞은 듯 쓰러지는 흉내를 내며 몸을 쓰러트리니, 약산이 '시자야! 이 죽은 놈을 끌어내거라.'고 말하니, 승이 그 즉시 달아났다. 약산이 말하기를 '흙장난만 일삼는 놈이라면 어찌 깨달을 날을 기약할 수 있겠는가.'라고 하였다. 설두가 평하기를 '세 걸음에서는 비록 살았으나 다섯 걸음에서는 반드시 죽을 것이니라.'라고 하였다.

▶ **설해**説解

波羅蜜 問: 승이 약산에게 '넓고 푸른 들판에 큰 사슴이 무리를 이루
고 있으니, 어떻게 해야 큰 사슴 가운데 더 큰 사슴을 쏴
서 맞힐 수가 있습니까?'라고 물은 것은 어떠한 일을 이르

는지요.

一智 曰: 승이 약산의 공부 정도를 시험해보려는 물음이지. 큰 사슴 가운데 더 큰 사슴이란 깨우침의 궁극적窮極的 본질本質을 이르는 것이니, 승의 물음은 곧 어떻게 하면 깨우침의 궁극적窮極的 본질本質을 꿰뚫을 수가 있느냐는 것이지. 큰 사슴 가운데 더 큰 사슴이란 사슴 중에 왕이라는 뜻이 아닌가.

波羅蜜 問: 승의 물음에 약산이 '화살을 보라.'고 답한 것은 어떠한 일을 이르는지요.

一智 曰: 화살이 향하는 길을 보라는 말이니, 빠르기란 손으로도 잡을 수 없고 생각으로도 따라갈 수 없는 자리임을 이르는 것이네.

波羅蜜 問: 약산의 '화살을 보라.'고 한 말을 듣고 승이 화살을 맞은 듯 쓰러지는 흉내를 내며 몸을 쓰러트린 일은 어떠한 일을 이르는지요.

一智 曰: 승 자신이 큰 사슴이라는 것이지. 자기 딴에는 깨우침의 본질本質을 깨달아 얻었다는 것을 마주 대하여 드러난 언어나 문자를 떠나 모양이나 상태로 드러낸 일이지.

波羅蜜 問: 네. 그렇군요. 승이 쓰러지는 것을 보고 약산이 '시자야! 이 죽은 놈을 끌어내거라.'고 말한 것과 승이 달아난 일을 알겠습니다. 그리고 약산이 '흙장난만 일삼은 놈이라면 어찌 깨달을 날을 기약할 수 있겠는가.'라고 한 말 또한 알겠습니다. 그렇다면 설두가 이를 두고 짧게 평한 '세 걸음에서는 비록 살았으나 다섯 걸음에서는 반드시 죽을 것이다.'라고 한 말은 어떠한 일을 이르는지요.

一智 曰: 화살이 가는 자리를 보라는 것이지. 세 걸음 정도야 따로 갈 수 있다지만 그 이후로는 되돌릴 수도 나아갈 수도 없는 일임을 이르네. 세 걸음이란 수행修行의 차례를 이르는 것으로 선신해후수先信解後修를 바탕으로 한 십신十信, 십주十住, 십행十行을 이르는 것이며, 다섯 걸음이란 선오후수先悟後修를 바탕으로 한 십회향十迴向, 십지十地를 이르는 것이네. 승이 '넓고 푸른 들판에 큰 사슴이 무리를 이루고 있으니, 어떻게 해야 큰 사슴 가운데 더 큰 사슴을 쏴서 맞힐 수가 있습니까?'라고 물은 일이란 육식六識을 바탕으로 한 분별심分別心 때문에 믿음과 이해가 없다는 것을 이르고十信 약산이 화살을 보라고 한 말은 수행하는 일로서 스스로의 마음이 머물 바十住 믿음과 이해를 바탕으로 해야 한다는 말이며, 승이 화살 맞은 흉내를 내는 것이란 믿음과 이해를 바탕으로 행하지 못한 것을十行 이른 것이네. 이것이 세 걸음을 이르는 것이며, 약산이 죽은 놈을 끌어 내라는 말十迴向과 어찌 깨달을 수 있겠는가.라고 말한 것이十地 다섯 걸음으로서 죽은 놈이란 나를 세우지 아니한 깨우침의 본질本質을 바탕으로 머무는 바 없이 중생으로 향하는 일十迴向을 이르며, 깨달을 수 있겠는가라는 말은 깨우침의 본질인 내가 없음不立五蘊을 깨달아 증득한 자리不離証得로서 중중묘원을中中妙圓.十地 이른다네.

波羅蜜 説: 네 그렇군요.

대룡법신大竜法身

第八十二則 大龍法身
제 8 2 칙 대 룡 법 신

[本則] 擧 僧이 問大龍호대 色身은 敗壞어니와 如何是堅固法身이
본 칙 거 승 문 대 룡 색 신 패 괴 여 하 시 견 고 법 신

니고 龍이 云 山花開似錦이요 澗水湛如藍이로다
용 운 산 화 개 사 금 간 수 담 여 람

본칙 승이 대룡에게 '육신은 깨지고 무너지는 것이니 어떠한 것이 견고한 법신입니까?'라고 물으니, 대룡이 말하기를 '산에 활짝 핀 꽃이 비단과 같고 계곡물은 깊어서 쪽빛이라네.'라고 하였다.

▶ 설해說解

波羅蜜 問: 승이 '육신色身은 깨지고 무너지는 것이니 어떠한 것이 견고堅固한 법신입니까?'라고 대룡에게 물은 것은 어떠한 일을 이르는지요.

一智 曰: 육신은 육근탐六根貪, 육진진六塵瞋, 육식치六識痴의 18계十八界, 색신色身을 이르는 것이고 법신法身은 깨우침의 궁극적窮極的 본질을 이르는 것이네. 색신色身과 법신法身이 둘이 아닌 하나인 것을 분별심分別心으로 인하여 둘로 나눈 일이라네.

波羅蜜 問: 승의 물음에 대룡이 '산에 활짝 핀 꽃이 비단과 같고 계곡 물은 깊어서 쪽빛이라네.'라고 한 답은 어떠한 일인지요.

一智 曰: 법신法身을 있는 그대로 드러낸 일이라네. 깨우침의 본질 本質로서 내가 없음不立五蘊을 깨달아 증득한 깨달음의 궁 극적窮極的 본질不離証得인 오온청정五蘊清浄한 묘각妙覚을 이른다네. 이 오온청정五蘊清浄한 묘각, 이 미묘한 깨우침 마저 항복 받는 자리란 무수無数 무량無量한 법계法界에 가득한 일로 인하여 인연因縁이라 이를 것도 없고 마음이 라 이를 것도 없는 것을 이른 것이지. 그렇지만 저 깊고도 넓은 삼천대천세계三千大天世界라는 인연因縁의 바다에 응 하며, 이롭고 윤택한 일을 베풀되 본래 고요하면서 바라 는 바 없고 또 인위적人為的인 꾸밈도 없다네. 곧 불생불 멸不生不滅 불구부정不垢不浄 부증불감不增不減의 바다를 덮은 일을 이른 것이지.

波羅蜜 説: 네. 그렇군요.

384

노두고불露柱古仏

第八十三則 露柱古佛
제 8 3 칙 노 주 고 불

[本則] 擧 雲門이 示衆云 古佛與露柱相交하니 是第幾機오
본 칙 거 운 문 시 중 운 고 불 여 노 주 상 교 시 제 기 기

自代云 南山에 起雲터니 北山에 下雨
자 대 운 남 산 기 운 북 산 하 우

본칙 운문이 나서서 대중에게 이르기를 '오래된 불상과 법당 앞 이슬 맞은 기둥이 서로 주거니 받거니 통한다. 이것은 몇 번째 자리인가?'라고 하니, 아무 말이 없자 스스로 대신하여 말하기를 '남쪽 산에서 구름이 일어나니 북쪽 산에 비가 내리는 구나.'라고 하였다.

▶ 설해說解

波羅蜜 問: 운문이 대중에게 '오래 된 불상古仏과 법당 앞 이슬 맞은 기둥露柱이 서로 주거니 받거니 통한다. 이것은 몇 번째 자리인가?'라고 한 말은 어떠한 일을 이르는지요.

一智 日: 오래 된 불상古仏이란 오온五蘊을 세우지 아니한 깨우침의 본질本質을 드러낸 것이고 이슬 맞은 기둥이란 깨우침의 본질을 깨달아 증득不離証得한 깨달음의 궁극적窮極的 본질本質을 드러낸 중중묘원中中妙圓의 자리를 드러낸 것이네.

波羅蜜 問: 네. 대중이 말이 없다는 것은 여시아문如是我聞 할 수 있

는 이가 없다는 것이군요. 그렇다면 운문이 스스로 '남쪽 산에서 구름이 일어나니 북쪽 산에 비가 내리는 구나.'라 고 한 말은 어떠한 일을 이르는지요.

一智 曰: 운문이 깨우친 자리를 온전하게 드러낸 것이니, 삼천대천 세계三千大天世界 과거 현재 미래에 막힘이나 걸림 없는 깨 달음의 궁극적窮極的 본질本質마저 벗어난 일을 이르네.

波羅蜜 説: 네. 그렇군요.

유마묵연 維摩默然

第八十四則 維摩默然
제 8 4 칙 유마묵연

[本則] 擧 維摩詰이 問文殊師利호대 何等이 是菩薩入不二法門이
본칙 거 유마힐   문문수사리   하등   시보살입불이법문

니고 文殊曰 如我意者는 於一切法에 無言無說하며 無示無識하야
    문수왈 여아의자   어일체법 무언무설   무시무식

離諸問答이 是爲入不二法門이니라 於是에 文殊師利問維摩詰호대
이 제 문 답 시위입불이법문   어 시   문 수 사 리 문 유 마 힐

我等이 各自說已하니 仁者當說하라 何等이 是菩薩入不二法門이니
아 등 각 자 설 이   인 자 당 설   하 등   시 보 살 입 불 이 법 문

고 雪竇云 維摩道什麼오 復云 勘破了也라
  설 두 운 유 마 도 십 마   복 운 감 파 료 야

본칙 유마힐이 문수보살에게 묻기를 '어떠한 자리를 두고 보살이 둘이 아닌 법의 문에 들어가는 것이라고 합니까?'라고 하니, 문수가 가로되 '내 생각으로는 일체 모든 법에 있어서 언어나 문자로 서술할 것도 없으며, 모양이나 상태로서 보이는 것도 없고 앎도 없으니, 모든 문답을 떠난 것이 둘이 아닌 법의 문에 들어가는 것이니라.'라고 하였다. 이어 문수사리가 유마힐에게 묻기를 '나와 함께 자리한 자네도, 둘이 아닌 법의 문을 이미 모두 말한 것이니, 어진 자는 마땅히 말해보라. 어떠한 자리를 두고 둘이 아닌 법의 문에 들어가는 것이라 하는가?'라고 하였다. 설두가 '유마힐이 무엇이라 말했는가?'라고 하고는 다시 이르기를 '유마힐이 이미 헤아려서 꿰뚫어 보고 마친 일이다.'라고 하였다.

▶ **설해**説解

波羅蜜 問: 유마힐이 문수보살에게 '어떠한 자리를 두고 보살이 둘이
          아닌 법의 문不二法門에 들어가는 일이라고 합니까?'라고

물은 것은 어떠한 일인지요.

一智 曰: 둘이 아닌 법의 문不二法門이란 마주 대하여 드러난 언어
나 문자, 모양이나 상태로서는 구분 짓고 나누어 밝힐 수
없는 경지를 이르는 것이니, 모든 불보살이 서로 어긋나거
나 막힘이나 걸림이 되는 일 없이 어울리는 자리를 이르
네. 유마힐은 언어나 문자, 모양이나 상태를 초월超越한 경
지를 언어言語로서 묻고 있는 일이라네.

波羅蜜 問: 유마힐의 물음에 문수보살이 '내 생각으로는 일체 모든
법一切法에 있어서 언어나 문자로 서술敍述할 것도 없으며,
모양이나 상태로서 보이는 것도 없고 앎도 없으니, 모든
문답問答을 떠난 것이 둘이 아닌 법의 문不二法門에 들어
가는 것이니라.'라고 한 말은 어떠한지요.

一智 曰: '내 생각으로'라고 말하는 순간 이미 언어와 문자, 모양이
나 상태를 벗어나지 못하지 않는가. 일체 모든 법一切法이
란 상대적相對的 개념槪念으로서의 세간법世間法과 나를
세우지 아니한 깨우침의 본질本質을 깨달아 증득한 궁극
적窮極的 본질本質을 이르네出世間法. 그러므로 언어나 문
자를 떠났으며, 모양이나 상태로 구분 지을 일도 없고 나
누어 분별分別할 일도 없는 것이라 이른 것이네. 때문에
모든 문답問答을 떠난 것이 곧 둘이 아닌 법의 문不二法門
에 들어가는 일이라고 문수가 끝맺음을 한 것이네. 안타
깝지만 언어나 문자, 모양이나 상태로서 흔적을 남기면서
어긋나도 한참이나 어긋나버린 일이지만 이는 모든 수행
자修行者들을 위해 수고를 아끼지 않은 문수보살의 노고
라네.

波羅蜜 問: 그렇다면 문수가 유마힐에게 '나와 함께 자리한 자네와, 둘이 아닌 법의 문不二法門을 이미 모두 말한 것이니, 어진 자는 마땅히 말해보라. 어떠한 자리를 두고 둘이 아닌 법의 문에 들어가는 것이라 하는가?'라고 물은 일은 어떠한지요.

一智 曰: 어진 자란 깨우침의 그림자, 부처의 옷자락을 믿고 따르는 이를 이르며, 곧 유마힐에게 물음을 던짐으로서 답을 유도하는 일이네. 유마힐은 그저 묵묵히 앉아 있다 했으니, 둘이 아닌 법의 문으로 들어간 경지를 이르네. 곧 불이법 문不二法門이라는 이것마저도 초월超越한 일을 이르는 것이지.

波羅蜜 問: 설두가 '유마힐이 무엇이라 말했는가?'라고 스스로에게 묻고는 다시 말하기를 '이미 헤아려서 꿰뚫어 보고 마친 일이다.'라고 한 것은 어떠한 일인지요.

一智 曰: 설두가 '유마힐이 무엇이라 말했는가?'라고 스스로에게 물은 일은 유마경에서 이른 '일묵一黙'을 통해 설두가 둘이 아닌 법의 문不二法門을 꿰뚫고 있었음을 이르네. '이미 헤아려서 꿰뚫어 보고 마친 일이다.'라고 한 것은 나를 세우지 아니한 깨우침의 본질本質을 깨달아 증득한 깨우침의 궁극적窮極的 본질本質, 이 깨우침의 궁극적 본질마저 항복 받는 자리에 이르렀다는 일이네. 헌데 설두 또한 꿰뚫어 보고 마친 일이 혼적으로 남아 있는 일이니 또 이를 어찌할 것인가. 모든 언어言語와 문자文字, 모양이나 상태란 어진 자들을 위한 일이라는 것이네.

波羅蜜 說: 네 그렇군요. 어떻게든 어찌할 수 없는 지경에 처하는군요.

동봉호성桐峯虎声

第八十五則 桐峯虎聲
제 8 5 칙 동봉호성

[本則] 擧 僧이 到桐峰庵主處하야 便問호대 這裏에 忽逢大蟲時
본칙 거 승 도동봉암주처 편문 저리 홀봉대충시

又作麽生고 庵主便作虎聲하니 僧이 便作怕勢어늘 庵主呵呵大笑라
우작마생 암주편작호성 승 편작파세 암주가가대소

僧이 云 這老賊하니 庵主云 爭奈老僧何오 僧이 休去하다 雪竇云
승 운 저노적 암주운 쟁나노승하 승 휴거 설두운

是則是나 兩箇惡賊이라 只解掩耳偸鈴이로다
시즉시 양개악적 지해엄이투령

본칙 승이 동봉 암주가 사는 곳에 이르러 '이곳에서 갑자기 호랑이를 만나면 어떻게 하시렵니까?'라고 물으니, 암주가 그 즉시 호랑이 소리를 내었다. 승이 갑자기 두려워하는 모습을 보이니, 암주가 껄껄껄 웃어 젖혔다. 그러자 승이 말하기를 '이 늙은 도둑놈!'이라고 하니, 암주가 이르기를 '그런다고 노승을 어찌할 것인고.'라고 하니, 승이 그만두었다. 설두가 말하기를 '옳기는 옳지만 두 사람이 다 악한 도둑이었으나 단지 귀를 막고 방울만 훔칠 줄 알았을 뿐이다.'라고 하였다.

▶ **설해**説解

波羅蜜 問: 승이 동봉 암주에게 '이곳에서 갑자기 호랑이를 만나면 어찌 하시렵니까?'라고 물은 일은 어떠한지요.

一智 曰: 호랑이가 의미하는 것은 마주 대하여 드러난 언어나 문자, 모양이나 상태로서는 미칠 수 없는 깨달음의 궁극적窮

極的 본질本質을 이르네. 곧 '깨우침의 궁극적窮極的 본질本質을 맞닥트리면 어찌 하시겠습니까?'라고 물은 일이라네. 그러나 승이 깨우침의 궁극적窮極的 본질인 내가 없음本質을 알고 묻은 일은 아니라네.

波羅蜜 問: 암주가 승의 물음에 즉시 호랑이 소리를 내고 승이 갑자기 두려워하는 모습을 보이니, 암주가 껄껄껄 웃은 일은 어떠한지요.

一智 曰: 승의 물음에 암주 본인이 호랑이라는 것이며, 승이 두려워하는 모습을 보인 것은 식견識見에 따른 일상적日常的 습의習儀로서 흉내를 내는 일이고 암주가 크게 웃은 일은 승이 두려워하는 흉내를 보고 호랑이를 본 적이 없음을 알았다는 것이네.

波羅蜜 問: 승이 곧바로 '이 늙은 도둑놈!'이라고 말하니, 암주가 '그런다고 노승을 어찌할 것인가.'라고 말한 일은 어떠한지요.

一智 曰: 암주가 한 번 두 번 세 번을 봐주는 일이지. 승이 암주를 꿰뚫어 보지를 못했기에 암주에게 도둑놈이라 한 것이고 '그런다고 노승을 어찌할 것인가.'라는 암주의 말은 승을 위해 한 번 더 밑밥을 뿌리는 것이지.

波羅蜜 問: 그렇군요. 그렇다면 설두가 '옳기는 옳지만 두 사람이 다 악한 도둑이었다. 단지 귀를 막고 방울만 훔칠 줄 알았을 뿐이다.'라고 말한 것은 어떠한 일인지요.

一智 曰: 암주와 승이 주고받은 일이야 그런대로 그렇다고 할 수는 있지만 승이 '늙은 도둑놈'이라 말한 것이나 암주의 '노승은 어찌할 것인가.'라는 등 언어의 흔적이 많이 남기에 설두가 둘 다 악한 도둑이라 한 것이네. '귀를 막고 방울만'

설해説解 벽암록碧巖錄   **391**

이라고 한 말은 방울을 훔친 도둑이 달아나면서 방울 소리가 나는 까닭에 자신의 귀만 막고 도망가다 결국 잡혔다는 일이네. 흔적을 남기지 않으려고 서로 주거니 받거니 하다가 이도 저도 아닌 말장난이 된 일일 뿐이라는 것이지.

波羅蜜 説: 네. 그렇군요.

운문주고삼문雲門廚庫三門

第八十六則 雲門廚庫三門
제 8 6 칙 운 문 주 고 삼 문

[本則] 擧 雲門이 垂語云 人人이 盡有光明在나 看時不見暗昏昏
본 칙 거 운 문   수 어 운 인 인   진 유 광 명 재   간 시 불 견 암 혼 혼

이니라 作麼生이 是諸人光明고 自代云 廚庫三門이니라 又云 好事
작 마 생   시 제 인 광 명   자 대 운 주 고 삼 문   우 운 호 사

도 不如無니라
불 여 무

본칙 운문이 제자들에게 이르기를 '사람마다 누구든 광명은 있으나, 보고자 할 때는 보이지 않고 어둡고 어둡다. 어떠한 것이 모든 사람에게 있는 광명인가?'라고 하였다. 답하는 사람이 없자 운문 스스로 이르기를 '부엌과 삼문이니라.'고 하였다. 또 말하기를 '좋은 일도 없는 것만 못하다네.'라고 하였다.

▶ 설해說解

波羅蜜 問: 운문이 말하기를 '사람마다 누구든 광명光明은 있으나, 보고자 할 때는 보이지 않고 어둡고 어둡다. 어떠한 것이 모든 사람에게 있는 광명인가?'라고 하였으니, 사람마다 있는 광명은 무엇을 이르는 것이며, 보고자 할 때는 보이지 않고 어둡고 어둡다고 한 것은 어떠한 일을 이르는 것이며 어떠한 것이 모든 사람에게 있는 광명인가?라고 한 말은 어떠한 의미인지요.

一智 日: 사람마다 있는 광명이란 나를 세우지 아니한 깨우침의 본
질不立五蘊을 깨달아 증득한不離証得 깨달음의 궁극적窮極
的 본질인 오온청정五蘊清浄, 곧 묘각妙覚의 자리에 머문다
는 것을 이르며, 보고자 할 때는 보이지 않고 어둡고 어둡
다는 것은 오온청정五蘊清浄의 자리에서 한 생각이라도 일
어나 움직이게 되면 곧 이 광명光明과 이 광명을 보는 자
가 있게 되면 곧바로 깨달음의 궁극적窮極的 본질本質에서
멀어진다는 말이네. 어떠한 것이 모든 사람에게 있는 광
명인가?라고 한 말은 '오온청정五蘊清浄한 묘각妙覚의 자리
가 광명光明인 것을 어찌 광명을 찾고 있는 것인가'라고 운
문이 스스로에게 반문한 것이라네.

波羅蜜 問: 네. 그렇군요. 운문 스스로가 이른 '부엌과 삼문三門이니
라.'고 한 말은 어떠한 일을 이르며, 또 '좋은 일도 없는 것
만 못하다.'고 이른 말은 어떠한 의미가 있는지요.

一智 日: 부엌과 삼문三門이란 부엌과 삼해탈문三解脱門을 이르는
것이며, 이는 운문 스스로가 언어와言語 문자文字 모양이
나 상태의 자취를 남기게 된 일이 아닌가. 때문에 이 자
취, 언어나 문자, 모양이나 상태의 흔적痕迹을 없애기 위해
'좋은 일도 없는 것만 못하다.'라고 이르게 된 것이라네.

波羅蜜 説: 네. 그렇게 된 일이군요.

第八十七則 雲門自己
제 8 7 칙 운 문 자 기
[本則] 擧 雲門이 示衆云 藥病이 相治하니 盡大地是藥이라
본 칙 거 운 문 시 중 운 약 병 상 치 진 대 지 시 약
那箇是自己오
나 개 시 자 기

본칙 운문이 대중에게 이르기를 '약과 병은 서로를 다스리니, 온 대지가 약이다. 어떤 것이 자기인가.'라고 하였다.

▶ **설해**説解

波羅蜜 問: 운문이 대중에게 말한 '약藥과 병病은 서로를 다스린다.'라 고 하였으니, 약과 병은 무엇을 이르는 것이며, 서로를 다 스린다는 일은 어떠함을 이르는지요.

一智 曰: 약藥이란 깨우침의 궁극적窮極的 본질本質인 오온청정五蘊 清浄한 자리로서의 묘각妙覚.中中妙圓, 이 자리마저 항복 받 는 본래면목本来面目을 이르는 것이고 병病이란 오온五蘊이 청정清浄하다는 깨우침, 묘각妙覚.中中妙圓이라는 이 한 생 각을 이르는 것이라네. 오온을 세우지 아니한 깨우침의 본질을 깨달아 증득한 일로서 불생불멸不生不滅 불구부정

不垢不浄 부증불감不增不減의 금강혜심金剛慧心을 세워 오온 五蘊이 청정清浄하다는 깨우침, 묘각妙覚.中中妙圓이라는 이 한 생각을 항복 받는 일이 본래면목本来面目이라는 것이 네. 때문에 서로를 다스린다고 한 것이네.

波羅蜜 問: '온 대지가 약藥이다.'라고 한 말은 어떠한 일이며, '어떤 것이 자기인가.'라고 한 말은 무엇을 가리키는지요.

一智 曰: '온 대지大地가 약이다.'라는 말은 온 대지가 본래면목이라 本来面目는 말이 아닌가, 또한 '어떤 것이 자기自己인가.'라는 말은 온 대지大地가 운문의 본래면목本来面目이라고 하는 것이 아닌가.

波羅蜜 説: 네. 그렇군요.

현사삼병玄沙三病

第八十八則 玄沙三病
제 8 8 칙 현 사 삼 병

[本則] 擧 玄沙示衆云 諸方老宿이 盡道接物利生이라하니
본 칙 거 현사시중운 제방노숙 진도접물이생

忽遇三種病人來하면 作麼生接고 患盲者는 拈鎚竪拂하야도
홀 우 삼 종 병 인 래 작 마 생 접 환 맹 자 염 추 수 불

他又不見하며 患聾者는 語言三昧라도 他又不聞하며 患啞者는
타 우 불 견 환 롱 자 어 언 삼 매 타 우 불 문 환 아 자

敎伊說이라도 又說不得하니 且作?生接고 若接此人不得인댄 佛法
교 이 설 우 설 부 득 차 작 마 생 접 약 접 차 인 부 득 불 법

이 無靈驗이니라 僧이 請益雲門하니 雲門이 云 汝禮拜着하라 僧이
무 영 험 승 청 익 운 문 운 문 운 여 예 배 착 승

禮拜起하니 雲門이 以拄杖挃이라 僧이 退後어늘 門이 云
예 배 기 운 문 이 주 장 질 승 퇴 후 문 운

汝不是患盲이로다 復喚近前來하라하니 僧이 近前커늘 門이 云
여 부 시 환 맹 복 환 근 전 래 승 근 전 문 운

汝不是患聾이로다 門이 乃云 還會麼아 僧이 云 不會니다 門이 云
여 부 시 환 롱 문 내 운 환 회 마 승 운 불 회 문 운

汝不是患啞로다 僧이 於此有省하다
여 부 시 환 아 승 어 차 유 성

본칙 현사가 대중에게 이르기를 '모든 선원의 고승들이 온갖 중생들을 제도한다고 말하니, 갑자기 세 종류의 병든 사람이 찾아오면 어떻게 맞이할 것인가? 눈이 먼 장님은 저울을 잡고 불자를 세우더라도 스스로가 보지 못할 것이며, 귀먹은 환자는 아무리 많은 말을 해주더라도 스스로가 듣지 못할 것이며, 벙어리는 말을 시키더라도 또한 말을 하지 못할 것이니, 그러면 어떻게 맞이해야 할 것인가. 만일 이 사람들을 가르치지 못한다면 불법은 영험함이 없는 것이리라.'라고 하였다. 승이 현사의 이 말을 가지고 운문에게 재차 가르침을 청하니, 운문이 말하기를 '자네는 마땅히 절을 하라.'고 하니, 승이 절을 하고 일어나자 운문이 주장자로 매질을 하였다. 승이 매질을 피해 물러나자 운문이 말하기를 '자네는 장님이 아니라네.'라고 하고는 다시 가까이 오라고 승을 부르니, 승이 가까이 오자 운문이 말하기를 '자네는 귀머거리가 아니라네.'라고 하였다. 운문이 덧붙여 이르기를 '알겠는가?'라고 하니, 승이 말하기를 '모르겠습니다.'라고 하였다. 운문이 말하기를 '자네는 벙어리가 아니라네.'라고 하니, 승이 여기에서 깨닫는 바가 있었다.

▶ 설해說解

波羅蜜 問: 현사가 대중에게 '모든 선원의 고승들이 온갖 중생衆生들을 제도濟度한다고 말하니, 갑자기 세 종류의 병든 사람이 찾아오면 어떻게 맞이할 것인가?'라고 한 말은 어떠한 일인지요.

一智 曰: 중생을 제도한다는 일이란 마땅히 머무는 바 없이 그 마음을 일으킨 그 자리에서 중생들을 이끌어야 한다는 의미이니, 이는 나를 세우지 아니한 깨우침의 본질不立五蘊을 깨달아 증득証得한 깨달음의 궁극적窮極的 본질不離証得에서 이끌어야 한다는 말이네. 그러나 깨달음의 본질本質的적인 입장에서 보면 중생을 제도한다는 것은 합당合當하지 않는 일이니, 중생이 곧 깨우친 이들이기 때문이네. 그러므로 세 종류의 병든 사람이란 밥상 위에 놓인 밥그릇, 국그릇, 반찬 그릇을 이르는 것으로서 인연因緣에 따른 밥상 위에 드러난 모든 것을 이르는 것이네.

波羅蜜 問: 네. '눈이 먼 장님은 저울을 잡고 불자를 세우더라도 스스로가 보지 못할 것이다.'라고 한 말은 어떠한 일을 이르는지요.

一智 曰: 눈이 먼 장님이란 본다는 분별심分別心이 전혀 없는 일로서 오온五蘊을 세우지 아니한 깨우침의 본질本質인 불립오온不立五蘊을 이르는 것이네. 내가 없음이니, 무엇을 본다고 할 수 있겠는가. 그러나 불립오온不立五蘊이란 오온五蘊을 세우지 않은 일일 뿐 깨우침의 본질本質로서 '이와 같이 나는 보았다如是我見.'를 알지 못하겠는가. 그러므로 반

드시 보지 못한다는 것이 아니라네.

波羅蜜 問: 네. '귀먹은 환자는 아무리 많은 말을 해주더라도 스스로가 듣지 못할 것이다.'라고 한 말은 어떠한 일을 이르는지요.

一智 曰: 귀먹은 환자란 듣는다는 분별심分別心이 전혀 없는 일로서 오온五蘊을 세우지 아니한 깨우침의 본질本質인 불립오온不立五蘊을 이르는 것이네. 내가 없음이니, 무엇을 듣는다고 할 수 있겠는가. 그러나 불립오온不立五蘊이란 오온五蘊을 세우지 않은 일일 뿐 깨우침의 본질로서 '이와 같이 나는 들었다如是我聞.'를 알지 못하겠는가. 그러므로 반드시 듣지 못한다는 것이 아니라네.

波羅蜜 問: 네. '벙어리는 말을 시키더라도 또한 말을 하지 못할 것이다.'라고 한 말은 어떠한 일을 이르는지요.

一智 曰: 벙어리란 말하지 못하는 일로 분별심分別心을 언어言語로서 드러냄이 전혀 없는 일을 이르네. 곧 오온五蘊을 세우지 아니한 깨우침의 본질인 불립오온不立五蘊을 이르는 것이네. 내가 없음이니, 무엇을 말한다고 할 수 있겠는가. 그러나 불립오온不立五蘊이란 오온五蘊을 세우지 않은 일일 뿐 깨우침의 본질本質로서 '이와 같이 나는 말했다如是我言.'를 알지 못하겠는가. 그러므로 반드시 말하지 못한다는 것이 아니라네.

波羅蜜 問: 네. 그렇다면 '그러면 어떻게 맞이해야 할 것인가. 만일 이 사람들을 가르치지 못한다면 불법仏法은 영험靈驗함이 없는 것이다.'라고 말한 의미는 어떠한지요.

一智 曰: 어떻게 맞이해야 한다는 일이란 나를 세우지 아니한 깨우

침의 본질本質을 이르고 이 불립오온에不立五蘊 이르지 못
한다면 불법仏法이란 그저 언어言語나 문자文字일 뿐이라
는 의미라네. 어찌 '이와 같이 나는 보았다如是我見.', '이와
같이 나는 들었다如是我聞.', '이와 같이 나는 깨우쳤다如是
我覚.', '이와 같이 나는 알았다如是我知.'라고 하는 깨달아
증득한 깨우침의 궁극적窮極的 본질本質을 알지 못하는가.

波羅蜜 問: 네. 그렇다면 승이 현사의 이 말을 가지고 운문에게 재차
가르침을 청하는 일에 있어서 운문이 '자네는 마땅히 절
을 하라.'고 말한 일은 어떠한 일이며, 승이 절을 하자 곧
바로 운문이 주장자로 매질을 한 까닭은 무엇인지요.

一智 曰: '이와 같이 나는 보고 듣고 깨우쳤다면 마땅히 절을 해야
할 것이 아닌가如是我見聞覚知.'라고 하면서 승이 이룬 정도
를 알기 위해 운문이 밑밥을 뿌린 것이네. 때문에 승이 절
을 하자 곧바로 주장자로 매질을 한 일이라네. 곧 승이 식
견識見이나마 어렴풋 인지認知하고 있던 나를 세우지 아니
한 깨우침의 본질本質인 금강혜심金剛慧心이 부러진 일이
기 때문이라네. 승 본인의 몸뚱이가 나를 세우지 아니한
깨우침의 본질本質을 깨달아 증득한 금강혜심金剛慧心이라
는 주장자가 아닌가. '너는 마땅히 절을 하라.'는 말에 절
을 냅다 해버렸으니, 맞아도 꽤 맞아야 하는 일이라네.

波羅蜜 問: 그렇다면 승이 매질을 피해 물러나자 운문이 말하기를
'자네는 장님이 아니라네.'라고 한 말은 어떠한 일인지요.

一智 曰: 승이 운문이 매질하려는 일은 어찌 알고 피했는가. 당연
히 장님이 아니라고 이르는 것이지. 안타까운 일이란 나
를 세우지 아니한 깨우침의 본질本質인 금강혜심金剛慧心

400

이라는 주장자, 곧 승의 몸뚱이가 부러진 일일 뿐이라네.

波羅蜜 問: 다시 가까이 오라고 승을 운문이 부르니, 승이 가까이 오자 운문이 '자네는 귀머거리가 아니다.'라고 말한 일은 어떠한지요.

一智 曰: 운문이 오라고 부르니 승이 왔지 않는가. 어찌 귀머거리라고 말을 할 수 있겠는가. 이렇듯 오라니 오고 가라니 가는 일이란 나를 세우지 아니한 깨우침의 본질本質인 금강혜심金剛慧心이라는 주장자, 곧 승의 몸뚱이가 부러진 일일 뿐이라네.

波羅蜜 說: 네. 그렇군요. 운문이 덧붙여 '알겠는가?'라고 이른 물건은 어떠한 것이며, 승이 '모르겠습니다.'라고 말한 물건이 어떠한 것인지를 알겠습니다. 또다시 운문이 덧붙여 '자네는 벙어리가 아니다.'라고 한 말을 듣고 승이 여기에서 깨달아 얻은 바, 그 물건이 어떠한 것인지를 밝게 알겠습니다.

대비구안大悲九眼

第八十九則 大悲九眼
제 8 9 칙 대 비 구 안

[本則] 擧 雲巖이 問道吾하되 大悲菩薩이 用許多手眼하야
본 칙 거 운 암 문 도 오 대 비 보 살 용 허 다 수 안

作什麼오 吾云 如人이 夜半에 背手摸枕子니라 巖이 云 我會也니다
작 십 마 오 운 여 인 야 반 배 수 모 침 자 암 운 아 회 야

吾云 汝作麼生會오 巖이 云 遍身이 是手眼이니다 吾云 道卽太殺道
오 운 여 작 마 생 회 암 운 편 신 시 수 안 오 운 도 즉 태 살 도

나 只道得八成이로다 巖이 云 師兄은 作麼生고 吾云 通身是手眼이
지 도 득 팔 성 암 운 사 형 작 마 생 오 운 통 신 시 수 안

니라

본칙 운암이 도오에게 묻되 '관세음보살은 그 많은 손과 눈을 사용해서 무엇을 하려는
것입니까?'라고 하니, 도오가 말하기를 '사람이 야밤에 손을 뒤로하고 베개를 더듬어 찾
는 것과 같다네.'라고 하였다. 운암이 이르기를 '나는 알았습니다.'라고 하니, 도오가 말
하기를 '자네는 어떻게 이해를 했다는 것인가?'라고 하였다. 운암이 '몸의 한 부분이 손
과 눈입니다.'라고 말하니, 도오가 '식견으로서 이치에 맞는 말이었으나 다만 온전한 대
답은 아니라네.'라고 하였다. 운암이 '사형은 어떻게 생각하십니까?'라고 물으니, 도오가
'온몸을 꿰뚫어 두루 통하는 것이 손과 눈이라네.'라고 말했다.

▶ 설해説解

波羅蜜 問: 운암이 도오에게 '관세음보살観世音菩薩은 그 많은 손과
눈을 사용해서 무엇을 하려는 것입니까?'라고 물은 일은

어떠한지요.

一智 曰:　삼천대천세계三千大天世界 과거 현재 미래의 모든 중생衆生
　　　　들을 제도濟度하기 위한 방편으로서 무수無數 무량無量한
　　　　손과 눈이 필요하다는 것이지.

波羅蜜 問: 운암의 물음에 도오가 '사람이 야밤에 손을 뒤로하고 베
　　　　개를 더듬어 찾는 것과 같다네.'라고 말한 것은 어떠한 일
　　　　인지요.

一智 曰:　운암의 공부 정도에 맞게 말한 일이네. 곧 야밤이란 나를
　　　　세우지 아니한 깨우침의 본질本質로서 불립오온不立五蘊을
　　　　이르는 것이니, 운암 자네는 손과 눈, 온 몸뚱이를 도외시
　　　　度外視한 채 내가 없음만을 세운다는 것이네. 베개란 깨우
　　　　침의 본질을 깨달아 증득한 깨달음의 궁극적窮極的 본질
　　　　本質인 오온청정五蘊淸淨을 이르는 것이니, 운암이 중중묘
　　　　원中中妙圓의 도리道理를 알지 못한다는 말이지.

波羅蜜 問: 운암이 도오의 말을 듣고 '나는 알았습니다. 라고 말하니,
　　　　도오가 '자네는 어떻게 이해를 했다는 것인가?'라고 물었
　　　　고 운암이 '몸의 한 부분이 손과 눈입니다.'라고 말한 일은
　　　　어떠한지요.

一智 曰:　운암이 '나는 알았다.'고 하는 순간 이 분별심分別心으로
　　　　인하여 도오의 말만을 쫓아가는 일을 이르며, 도오의 물
　　　　음에는 운암을 검증檢証하려는 밑밥이기도 하지만 운암의
　　　　눈높이에 맞추려다 오히려 운암에게 도오 스스로가 '자네
　　　　는 어떻게 이해를 했다.'는 것인가 라며 언어言語와 문자文
　　　　字의 문답問答으로 떨어진 일이라네. 결국 도오의 밑밥에
　　　　운암이 '몸의 한 부분이 손과 눈입니다.'라고 답하게 된 일

이라네. 이는 운암이 식견識見으로서 일상적日常的인 대답을 한 것이며, 도오의 말을 꿰뚫지 못한 일이네.

波羅蜜 問: 운암의 말을 듣고 도오가 '식견識見으로서는 이치에 맞는 말이었으나 다만 온전한 대답은 아니라네.'라고 말한 일은 어떠한지요.

一智 曰: 운암이 '몸의 한 부분이 손과 눈입니다.'라고 말한 식견으로서의 일상적日常的인 답을 인정認定한 것이네. 그러나 온전한 답은 아니라는 것이지. 때문에 운암이 '사형은 어떻게 생각하십니까?'라고 묻게 된 일이라네.

波羅蜜 問: 운암의 물음에 도오가 '온몸을 꿰뚫어 두루 통하는 것이 손과 눈이라네.'라고 한 말은 어떠한 일인지요.

一智 曰: 마주 대하여 드러난 언어나 문자, 모양이나 상태를 떠나지 않는 일이며 또 나를 세우지 아니한 깨우침의 본질本質을 깨달아 증득証得한 묘각으로서妙覚 중중묘원中中妙圓의 궁극적窮極的 본질本質을 운암을 위해 간절한 마음으로 마지막까지 이끌어준 일이라네.

波羅蜜 説: 아! 그렇군요.

第九十則 智門般若體
제 9 0 칙 지 문 반 야 체

[本則] 擧 僧이 問智門호대 如何是般若体니고 門이 云 蚌含明月
본 칙 거 승 문 지 문 여 하 시 반 야 체 문 운 방 함 명 월
이니라 僧이 云 如何是般若用이니고 門云 兎子懷胎니라
승 운 여 하 시 반 야 용 문 운 토 자 회 태

본칙 승이 지문에게 '어떠한 것이 반야의 본질입니까?'라고 물으니, 지문이 말하기를 '조개가 밝은 달빛을 품은 것이다.'라고 하였다. 승이 '어떠한 것이 반야의 작용입니까?' 라고 물으니, 지문이 말하기를 '토끼가 밝은 달빛을 받아 잉태하는 것이다.'라고 하였다.

▶ **설해**說解

波羅蜜 問: 승이 지문에게 '어떠한 것이 반야의 본질입니까?'라고 물
은 것은 어떠한 일을 이르는지요.

一智 曰: 반야般若의 본질本質이란 불생불멸不生不滅 불구부정不垢不
淨 부증불감不增不減을 이르는 것이니, 나를 세우지 아니
한 깨우침의 본질不立五蘊을 깨달아 증득한 일不離証得로
서 깨우침의 궁극적 본질인 오온청정五蘊淸淨한 묘각妙覚
을 이르는 것이며, 오온五蘊이 청정淸淨하다는 이 묘각妙覚
마저도 항복 받는 일이 반야般若의 본질本質이라네.

波羅蜜 問: 네. 그렇다면 승의 물음에 지문이 '조개가 밝은 달빛을 품은 것이다.'라고 말한 것은 어떠한 일을 이르는지요.

一智 曰: 본인 스스로의 몸뚱이가 오온五蘊이 청정清淨하다는 묘각妙覚으로서 중중묘원中中妙圓한 반야般若의 본질本質을 품었다는 일이네.

波羅蜜 問: 그러면 승이 지문에게 '어떠한 것이 반야의 작용입니까?'라고 물은 것은 어떠한지요.

一智 曰: 반야般若의 본질本質과 반야般若의 작용作用은 둘이 아닌 것을 승이 이를 둘로 나누어보는 일이 있기에 묻는 일이 일어난 것이라네. 언어나 문자, 모양이나 상태의 분별심分別心으로는 미칠 수가 없는 자리가 아닌가. 깨우침의 본질인 내가 없음을 깨달아 증득하는 일에 있어 반야般若의 본질本質이 인因이면서 동시에 반야의 작용作用으로서 과과果이며 반야般若의 작용作用이 인因이면서 동시에 반야의 본질로서 과果인 것을 바탕으로 삼는 것이 가장 중요한 일이라네.

波羅蜜 問: 네. 그렇다면 승의 물음에 지문이 '토끼가 밝은 달빛을 받아 잉태하는 것이다.'라고 한 말은 어떠한 일을 이르는지요.

一智 曰: 본인 스스로의 몸뚱이가 오온이 청정하다는 깨우침의 궁극적窮極的 본질인 묘각마저도 항복 받는 반야般若의 본질本質을 근본으로 삼천대천세계 과거 현재 미래의 25문二十五門, 57과五十七果, 일천칠백공안一千七百公案, 팔만사천법문八万四千法文 등 일체 모든 법法과 일체 모든 불보살仏菩薩을 잉태하는 일을 이르는 것이라네. 반야般若의 본질

本質이란 곧 나를 세우지 아니한 깨우침의 본질本質을 깨달아 증득하는 일로서 깨우침의 궁극적窮極的 본질인 오온청정五蘊淸淨한 묘각, 이 깨달음마저 항복 받는 일을 이르네. 반야般若의 작용作用이란 이러한 항복 받는 일뿐만 아니라 이로 인하여 마주 대하여 드러나는 언어나 문자, 모양이나 상태에 막힘이나 걸림이 없이 두루 원만해지는 것을 이르는 것이네.

波羅蜜 說: 아하! 그렇군요.

第九十一則 鹽官犀扇
제 9 1 칙 염 관 서 선

[本則] 擧 鹽官이 一日에 喚侍者하야 與我將犀牛扇子來하라
본 칙 거 염 관 일 일 환 시 자 여 아 장 서 우 선 자 래

侍者云 扇子破也니다 官云 扇子旣破댄 還我犀牛兒來하라
시 자 운 선 자 파 야 관 운 선 자 기 파 환 아 서 우 아 래

侍者無對라 投子云 不辭將出이나 恐頭角不全이라 雪竇拈云
시 자 무 대 투 자 운 불 사 장 출 공 두 각 부 전 설 두 념 운

我要不全底頭角하노라 石霜이 云 若還和尙인댄 卽無也리다
아 요 부 전 저 두 각 석 상 운 약 환 화 상 즉 무 야

雪竇拈云 犀牛兒猶在니라 資福은 畵一圓相하고 於中에 書一牛字
설 두 념 운 서 우 아 유 재 자 복 화 일 원 상 어 중 서 일 우 자

하다 雪竇拈云 適來爲什麼하야 不將去고 保福이 云 和尙年尊하니
설 두 념 운 적 래 위 십 마 부 장 거 보 복 운 화 상 년 존

別請人이 好니다 雪竇拈云 可惜勞而無功이로다
별 청 인 호 설 두 념 운 가 석 노 이 무 공

본칙 염관이 하루는 시자를 불러서 '나를 위해 무소뿔로 만든 부채를 가져오라.'고 하니, 시자가 말하기를 '부채가 부서졌습니다.'라고 하였다. 염관이 말하기를 '부채가 부서졌다면 무소를 가져오너라.'라고 하니, 시자가 아무 대답이 없었다. 투자가 시자 대신 말하기를 '가지고 올 수는 있지만 뿔이 온전하지 않을까 염려스럽다.'라고 하였다. 설두가 이 말을 두고 평하길 '나는 온전하지 않은 뿔이 필요하다.'라고 하였다. 시자를 대신해 염관에게 석상이 말하기를 '만일 화상에게 가져오면 없을 것입니다.'라고 하였다. 설두가 이 말을 두고 평하길 '무소가 아직 여기에 있구나.'라고 하였다. 또 자복은 일원상을 그리고 그 가운데 우자를 썼다. 설두가 이를 두고 평하길 '진작 가져오지 어찌 된 까닭으로 가져오지 않았는가.'라고 하였다. 시자 대신 보복이 염관에게 말하기를 '화상께서는 나이가 많으니 다른 좋은 사람을 청하여 시자로 삼으시지요.'라고 하였다. 설두가 이를 두고 평하길 '애석하다. 노력을 했다지만 그 공이 없다.'라고 하였다.

▶ **설해**說解

波羅蜜 問: 염관이 시자에게 '나를 위해 무소뿔로 만든 부채를 가져 오라.'고 말한 것은 어떠한 일인가요.

一智 曰: 일상日常에서 사용하는 부채를 빌려 나를 세우지 아니한 깨우침의 본질本質을 깨달아 증득証得한 깨우침의 궁극적 窮極的 본질로서의 자리인 오온청정五蘊清浄을 묻고 있는 일이네.

波羅蜜 問: 그러면 시자가 '부채가 부서졌습니다.'라고 말한 것은 어떻 게 보아야 하나요.

一智 曰: 염관의 말을 알아듣지 못하고 일상적日常的인 부채를 말 한 것이지.

波羅蜜 問: 시자의 말을 듣고 염관이 '부채가 부서졌다면 무소를 가져 오너라.'라고 말한 것은 어떠한 일을 이르는지요. 그리고 시자가 아무 대답을 하지 못한 것은 어떠한지요.

一智 曰: 깨우침의 궁극적窮極的 본질로서 오온청정五蘊清浄한 묘각 妙覚의 자리란 말 그대로 청정清浄하기에 너 나라고 할 물 건, 또 이렇다 저렇다 할 물건 하나 없지만 삼천대천세계 과거 현재 미래에 막힘이나 걸림이 없이 두루 원만한 물건 이니, 이를 중중묘원中中妙圓이라 이른다네. 만일 시자가 이 물건을 가져올 수만 있다면 공부를 온전하게 마칠 수 있는 일이 아닌가.

波羅蜜 問: 이 일을 두고 투자가 염관에게 '가지고 올 수는 있지만 뿔 이 온전하지 않을까 염려스럽다.'라고 말한 것은 어떠한 일을 이르는지요.

一智 曰:　무소를 가지고 올 순 있지만 뿔이 온전하지 않을까 염려스럽다는 것은 무소라 말하는 순간 언어유희言語遊戲에 곧바로 떨어지기 때문에 뿔이라 이른 것이네. 물론 식견識見의 구조적構造的인 이치理致에 따른 말이기는 하지만 투자에게 있어서는 본래 자리를 온전하게 드러내는 일을 이른 것이지.

波羅蜜 問:　설두가 투자의 말을 두고 '나는 온전하지 않은 뿔이 필요하다.'라고 말한 일은 어떠한지요.

一智 曰:　설두가 투자의 말을 빌려 쓴 일로서 곧 투자가 '가져올 순 있지만 뿔이 온전하지 않을까 염려스럽다.'는 말을 따른 일, 이 일을 이른 것이지.

波羅蜜 問:　시자를 대신해 염관에게 석상이 '만일 화상에게 가져오면 없을 것입니다.'라고 말한 것은 어떠한 일을 이르는지요.

一智 曰:　석상의 말은 마주 대하여 드러난 언어言語나 문자文字, 모양이나 상태를 초월超越한 물건을 이른 것이니, 깨우침의 궁극적窮極的 본질本質인 오온청정五蘊淸淨으로서의 중중묘원中中妙圓, 묘각妙覺을 가리키는 것이네.

波羅蜜 問:　설두가 석상의 말을 두고 평한 '무소가 아직 여기에 있구나.'라고 한 것은 어떠한지요.

一智 曰:　오온五蘊을 세우지 아니한 깨우침의 본질本質을 깨달아 증득한 깨우침의 궁극적窮極的 본질이 아직 이 자리에 있다는 것을 이르는 말이네.

波羅蜜 問:　그렇다면 자복이 일원상一圓相을 그리고 그 가운데 우자牛字를 썼고 설두가 이를 두고 평하길 '진작 가져오지 어찌 된 까닭으로 가져오지 않았는가.'라고 말한 것은 어찌

된 일인지요.

一智 曰: 일원상一圓相은 자복 이전에 위앙종 계통에서 이미 사용
했던 본래면목本来面目의 상징이네. 자복이 이를 빌려 일원
상一圓相을 그리고 그 가운데 우자牛字를 쓴 일을 이른 것
이네. 곧 진작 가져오지 왜 지금에서야 이전 것을 들먹이
고 있는가라는 질책 아닌 질책이라네.

波羅蜜 問: 시자를 대신해 보복이 염관에게 '화상께서는 나이가 많으
니 다른 좋은 사람을 청하여 시자로 삼으시지요.'라고 한
말은 어떠한 일을 두고 이르는 것인지요.

一智 曰: 염관이 처음엔 무소 뿔 부채를 찾더니 지금은 무소를 찾
는다는 일이네. 나이가 드셔서 오락가락 하시는 까닭으로
지금의 시자가 시봉侍奉할 수 없으니 다른 시자侍者를 찾
아보라고 한 일이라네. 이는 깨우침의 궁극적窮極的 본질
인 오온청정五蘊清浄으로서의 묘각妙覚, 중중묘원中中妙圓
을 온전하게 드러낸 보복의 일이네.

波羅蜜 問: 설두가 보복의 말을 두고 '애석하다. 노력을 했다지만 애써
온 공이 없다.'라고 말한 것은 어떠한지요.

一智 曰: 설두가 보복이 말한 '화상께서는 나이가 많으니 다른 좋
은 사람을 청하여 시자로 삼으시지요.'라고 한 말에 대하
여 지금까지 애써서 시자侍者 노릇을 했는데 가라고 하니
시자로서는 지금까지의 공功이 헛것이 되었다는 것이네.
곧 설두가 보복의 자리를 꿰뚫고 있음을 이른 말이지.

波羅蜜 説: 아! 네. 그렇군요.

세존승좌世尊陞座

第九十二則 世尊陞座
제 9 2 칙 세 존 승 좌

[本則] 擧 世尊이 一日에 陞座러니 文殊白槌云 諦觀法王法호니
본 칙 거 세 존 일 일 승 좌 문 수 백 퇴 운 체 관 법 왕 법

法王法이 如是니다 世尊이 便下座하시다
법 왕 법 여 시 세 존 편 하 좌

본칙 세존이 하루는 설법을 위해 자리에 오르니, 문수가 백추를 치면서 말하기를 '법
왕의 법을 자세히 보라. 법왕의 법은 이와 같다.'라고 하니, 세존이 곧바로 자리에서 내
려가 버렸다.

▶ **설해**說解

波羅蜜 問: 세존이 설법說法을 위해 자리에 오른 것은 어떠한 일을 이
       르는지요.

一智 曰: 깨우침의 궁극적窮極的 본질本質, 본래 이 자리는 설법하
       는 자와 이를 듣는 청중이 없는 자리가 아닌가. 그런데 어
       찌 설법하는 자와 듣는 청중, 대중이 있는 일은 어찌 된
       일인가. 그렇다고 크게 잘못된 일이 아니라는 것이지. 부
       처가 평생 동안 360여회 설법을 하였으니, 설법을 위해
       자리에 오른 일도 360회라는 것이지. 이는 깨우침의 궁극

적窮極的 본질本質마저 항복 받는 자리에서 되돌린 일이며 중중묘원함中中妙圓을 이르는 일이라네.

波羅蜜 問: 문수가 '법왕의 법을 자세히 보라. 법왕의 법은 이와 같다.'라고 말한 것은 어떠한 일인지요. 그리고 세존이 곧바로 자리에서 내려간 일이란 어떠한지요.

一智 曰: 세존이 곧바로 자리에서 내려간 일이란 깨우침의 궁극적 본질마저 항복 받는 자리를 가리키는 일로서 마주 대하여 드러나는 언어나 문자, 모양이나 상태를 초월한 일이 이와 같음如是을 이르는 일이네. 이와 같이 부처의 설법説法은 침묵沈黙으로 시작해서 침묵으로 끝내니 깨우침의 궁극적窮極的 본질本質마저, 곧 스스로가 깨우쳤다고 하는 일마저 항복 받는 자리를 있는 그대로 드러내는 일이라네. 문수보살은 부처가 침묵으로서 법을 설한다는 것을 정확하게 꿰뚫고 있다는 것이지.

波羅蜜 説: 아! 네 그렇군요.

대광작무 大光作舞

第九十三則 大光作舞
제 9 3 칙 대 광 작 무

[本則] 擧 僧이 問大光하되 長慶이 道호대 因齊慶讚이라하니
본 칙 거 승 문대광 장경 도 인제경찬

意旨如何니고 大光이 作舞라 僧이 禮拜하니 光이 云 見箇什麽완대
의 지 여 하 대 광 작 무 승 예 배 광 운 견 개 십 마

便禮拜오 僧이 作舞어늘 光이 云 這野狐精아
편 예 배 승 작 무 광 운 저 야 호 정

본칙 승이 대광에게 묻되 '장경이 말하기를 밥 먹을 때 감사히 먹겠습니다.'라고 하였
으니, 그 뜻이 무엇입니까?'라고 하였다. 대광이 춤을 추니까 승이 절을 했다. 대광이 말
하기를 '무엇을 보았기에 갑자기 절을 하는가?'라고 하니, 승이 춤을 추거늘 대광이 '이
여우 같은 놈'이라고 말했다.

▶ **설해**說解

波羅蜜 問: 승이 대광에게 '장경이 말하기를 밥 먹을 때 감사히 먹겠
습니다.'라고 하였으니, 그 뜻이 무엇입니까?'라고 물은 것
은 어떠한 일을 이르는지요.

一智 曰: 제74칙을 다시 거론擧論한 공안이니, 금우화상이 자신의
밥통을 들고 법당 앞에서 춤을 추며 크게 웃으면서 '보살
들아 밥 먹어라.'고 말한 일이며, 이 일을 두고 어떤 승이
장경에게 '옛사람이 말하기를 보살들아 밥 먹어라 했으니,

414

이는 무슨 뜻입니까?'라고 물으니, 장경이 '밥을 먹을 때'감사히 먹겠습니다.'라고 말하는 것과 같다.'라고 대답한 일을 이르는 것이네. 장경의 대답은 금우화상이 일상적日常的인 행주좌와行住坐臥를 통해서 그 일상日常을 뛰어넘어 깨우침의 궁극적窮極的 본질本質을 드러내는 일과 같이 더하거나 모자람 없이 깨우침의 궁극적窮極的 본질本質을 있는 그대로 드러낸 말이라네. 이와 같이 행하고如是行 이와 같이 말하는如是言 일을 이르네. 바로 여여如如한 '이것'을 이르는 것이네.

波羅蜜 問: 승의 물음에 대광이 춤을 춘 까닭은 무엇이며, 승이 절을 한 일은 어떠한지요.

一智 曰: 대광이 춤을 춘 까닭은 장경이 밥을 먹을 때 '감사히 먹겠습니다.'라고 말한 일에 대해 맞받아 답한 일을 이르고 승이 절을 한 일이란 대광의 의도意図를 꿰뚫었는지 아니면 식견識見에 따른 흉내만을 내는지 의심스럽다네.

波羅蜜 問: 대광이 승에게 '무엇을 보았기에 갑자기 절을 하는가?'라고 물었고 승이 춤을 추니 대광이 '이 여우 같은 놈'이라고 말했습니다. 그러면 대광의 물음은 무슨 일이며, 대광의 물음에 승이 춤을 춘 일은 어떠한 일이고 대광이 '이 여우 같은 놈'이라고 말한 것은 어떠한 일을 이르는지요.

一智 曰: 대광의 물음은 승을 검증檢証하기 위한 일이고 승이 대광의 흉내를 내며 춤을 추니 일상적日常的인 식견識見의 범주範疇로서 언어나 문자는 세우지 않았으나 모양이나 상태는 벗어나지 못한 일이라네. 모양이나 상태란 모양은 드러난 몸뚱이를 이르고 상태란 생각이나 뜻을 이르는 것이

네. 대광이 승에게 '여우 같은 놈'이라고 한 것은 허물을 들어 꾸짖는 일이기도 하지만 오온五蘊을 세우지 아니한 깨우침의 본질을 깨달아 증득証得한 깨우침의 궁극적窮極的 본질本質을 있는 그대로 드러낸 일이네. 곧 불립오온중불리증득중不立五蘊中不離証得中의 중중묘원中中妙圓으로서 오온청정五蘊清浄한 자리를 드러낸 대광의 춤이라네.

波羅蜜 説: 네. 그렇군요.

능엄불견처 楞嚴不見處

第九十四則 楞嚴不見處
제 9 4 칙 능 엄 불 견 처

[本則] 擧 楞嚴經에 云하사대 吾不見時에 何不見吾不見之處오
본 칙 거 능 엄 경 운 오 불 견 시 하 불 견 오 불 견 지 처

若見不見인댄 自然非彼不見之相이요 若不見吾不見之地댄
약 견 불 견 자 연 비 피 불 견 지 상 약 불 견 오 불 견 지 지

自然非物이니 云何非汝리오
자 연 비 물 운 하 비 여

본칙 능엄경에서 이르기를 '내仏가 보지 않을 때 어찌 자네는 나의 보이지 않은 곳을 보지 못하는가? 만일 나의 보이지 않은 곳을 볼 수 있다면 자연히 그것은 나의 보이지 않은 곳이 아닐 것이다. 만일 나의 보이지 않은 자리를 볼 수 없다면 자연히 눈으로 볼 수 있는 물건이 아니니, 어찌 자네가 아니겠는가.'라고 하였다.

▶ **설해**説解

波羅蜜 問: 능엄경에서 '내仏가 보지 않을 때 어찌 자네는 나의 보이
지 않은 곳을 보지 못하는가?'라는 물음은 어떠한 일을
이르는지요.

一智 曰: '내가 보지 않을 때'란 오온五蘊을 세우지 않은 깨우침의 본
질을 깨달아 증득한 깨우침의 궁극적窮極的 본질로서의 오
온청정五蘊清浄한 묘각妙覺을 이르고 '나의 보이지 않은 곳'
이란 깨우침의 궁극적 본질本質로서의 오온청정한 묘각을

항복 받는 곳不見之處을 이르는 일이네. '보지 못하는가?'라는 말은 오온청정五蘊淸淨한 묘각妙覺이라는 깨우침에 취해서 이를 항복 받지 못하는가.라고 이른 것이라네. 곧 깨우침의 궁극적 본질本質로서의 오온청정한 묘각妙覺을 항복 받는 자리에 처할 바 본인本人이라는 것이네.

波羅蜜 問: 그렇다면 '만일 나의 보이지 않은 곳을 볼 수 있다면 자연히 그것은 나의 보이지 않은 곳이 아닐 것이다.'라고 말한 것은 어떠한 일을 이르는지요.

一智 曰: '만일 나의 보이지 않는 곳을 볼 수 있다면'이란 깨우침의 궁극적 본질로서의 오온청정한 묘각妙覺을 항복 받는 곳不見之處을 볼 수 있다는 것이고 '자연히 그것은 나의 보이지 않은 곳不見之相이 아닐 것이다.'라고 한 것은 오온청정五蘊淸淨한 묘각妙覺을 항복 받는 곳이 아니라는 것不見之相을 이르지.

波羅蜜 問: '만일 나의 보이지 않은 자리를 볼 수 없다면 자연히 눈으로 볼 수 있는 물건이 아니니, 어찌 자네가 아니겠는가.'라고 말한 것은 어떠한 일을 이르는지요.

一智 曰: '만일 나의 보이지 않은 자리를 볼 수 없다면'이란 깨우침의 궁극적窮極的 본질로서 오온청정五蘊淸淨한 묘각妙覺을 항복 받는 자리라는 것을 이르고不見之地 '자연히 눈으로 볼 수 있는 물건이 아니'란 말은 오온청정五蘊淸淨한 묘각妙覺을 항복 받는 자리란 볼 수 있는 자리가 아니란 것을 이른 일이네. '어찌 자네가 아니겠는가.'라고 한 것은 깨우침의 궁극적窮極的 본질로서의 오온청정五蘊淸淨한 묘각妙覺을 항복 받는 자리가 스스로의 본성本性이라는 것이네.

波羅蜜 説: 네. 그렇군요.

보복끽다거 保福喫茶去

第九十五則 保福喫茶去
제95칙 보복끽다거

[本則] 擧 長慶이 有時에 云호대 寧說阿羅漢이 有三毒이언정
본칙 거 장경 유시 운 영설아라한 유삼독

不說如來有二種語니라 不道如來無語라 只是無二種語니라 保福이
부설여래유이종어 부도여래무어 지시무이종어 보복

云 作麼生이 是如來語오 慶이 云 聾人이 爭得聞이리오 保福이 云
운 작마생 시여래어 경 운 농인 쟁득문 보복 운

情知 儞向第二頭道라 慶이 云 作麼生이 是如來語오 保福이 云
정지 이향제이두도 경 운 작마생 시여래어 보복 운

喫茶去하라
끽다거

본칙 장경이 어느 때 말하기를 '차라리 아라한이 삼독은 있다고 말할지언정 부처에게 두 가지 말이 있다고는 말하지 마라. 이는 부처가 말씀이 없었다는 말이 아니다. 다만 두 가지 말이 없었다는 것일 뿐이다.'고 하였다. 보복이 '어떤 것이 부처의 말씀인가?'라고 하니, 장경이 말하기를 '귀머거리가 어찌 들을 수 있겠는가.'라고 하였다. 보복이 이르기를 '자네가 두 번째 말머리를 따라 말한 것을 알겠다.'라고 하니, 장경이 말하기를 '어떤 것이 부처의 말인가?'라고 하니, 보복이 '차나 마시고 가게나.'라고 말했다.

▶ **설해**說解

波羅蜜 問: 장경이 '차라리 아라한이 삼독三毒은 있다고 말할지언정 부처에게 두 가지 말이 있다고는 말하지 마라. 이는 부처가 말씀이 없었다는 말이 아니다. 다만 두 가지 말이 없

었다는 것일 뿐이다.'라고 말한 것은 어떠한지요.

一智 曰: '차라리 아라한이 삼독三毒은 있다고 말할지언정'이란 모
든 번뇌의 근원根源이 되는 삼독三毒, 곧 탐진치貪瞋痴가
아라한에게 있다는 말은 어불성설語不成説이라는 것이네.
'부처에게 두 가지 말이 있다고는 말하지 마라.'고 한 말은
부처의 말은 모두 진실眞實이라 이르는 것이네. 그리고 '이
는 부처가 말씀이 없었다는 말이 아니다.'라고 한 말은 깨
우침의 궁극적窮極的 본질인 묘각을中中妙圓 항복 받는 자
리에서 들여다보면 부처가 36년을 설법説法했음에도 불구
하고 단 한마디도 하지 않았다는 것이니, 그 까닭은 부처
는 말을 한다는 생각, 이 생각마저 없었기 때문이라네.
'다만 두 가지 말이 없었다는 것일 뿐이다.'라고 말한 것은
부처가 말한 것은 모두 진실뿐이라고 말하는 것이네. 이
일을 어찌하리. 이는 장경이 부처의 말이 진실뿐이라고
말하는 순간 상대적相対的 관념観念으로 거짓이 뒤따르면
서 부처의 36년간 설법説法을 은산철벽銀山鉄壁으로 떡하
니 막아버리는 일이라네.

波羅蜜 問: 장경의 말을 듣고 보복이 '어떤 것이 부처의 말씀인가?'라
고 물은 것은 어떠한 일인지요.

一智 曰: 부처의 말이 모두 진실眞實 그 자체라면 도대체 부처의 말
은 어떤 것이냐는 것이지. 곧 부처의 36년이 언어言語와
문자文字로만 이루어진 허무맹랑한 일이었느냐고 보복이
장경을 질책한 일이지.

波羅蜜 問: 보복의 물음에 장경이 '귀머거리가 어찌 들을 수 있겠는
가.'라고 말한 것은 어떠한 의미인지요.

420

一智 曰:　보복의 경지를 우습게 본다는 것이지. 또한 장경이 이 말을 통해 부처의 36년간 설법説法 전체全体를 있는 그대로 드러낸 일이기도 하다네.

波羅蜜 問:　보복이 말하기를 '자네가 두 번째 말머리를 따라 말한 것임을 알겠다.'라고 한 것은 어떠한 의미인지요.

一智 曰:　자네가 하는 모든 말이 결국 부처의 말을 빌려서 네가 하는 말이 아닌가二頭道. 곧 부처는 36년간 설법을 함에 있어서 마주 대하여 드러나는 언어言語나 문자文字, 모양이나 상태로도 세운 바 없는데 자네의 말은 '부처의 모든 말이 진실이라고 하지 않았는가.'라고 되받아친 일이라네.

波羅蜜 問:　보복의 말에 장경이 '어떤 것이 부처의 말인가?'라고 물은 것은 어떠한 일인지요.

一智 曰:　일은 일인데 그리 시답지 않은 질문이었고 빗나가도 한참이나 빗나간 물음이었네. 깨우침의 궁극적窮極的 본질로서 오온청정五蘊清浄한 자리인 묘각妙覚마저도 항복 받는 자리에서 벗어나도 한참이나 벗어난 일이라는 것이네. 부처의 말이 바로 '이것'이 아닌가.

波羅蜜 問:　장경의 물음에 보복이 '차나 마시고 가게나.'라고 말한 의미는 어떠한지요.

一智 曰:　거듭해서 헛돌지 말고 깨우침의 궁극적窮極的 본질로서 오온청정五蘊清浄한 자리인 묘각妙覚, 중중묘원中中妙圓을 항복 받으라는 것이지. 다른 무슨 의미意味가 있겠는가. 또한 '차나 마시고 가게나.'라는 보복의 말은 부처의 36년 설법을 단 한마디도 잃지 않고 드러낸 일이라네.

波羅蜜 説:　네. 그렇군요.

조주삼전어 趙州三轉語

第九十六則 趙州三轉語
제 9 6 칙 조 주 삼 전 어

[本則] 擧 趙州示衆三轉語하다
본 칙   거   조 주 시 중 삼 전 어

본칙 조주는 대중에게 깨우침을 이룰 수 있는 세 마디의 말을 드러내 보였다.

▶ 설해說解

波羅蜜 問: 조주가 말한 깨우침을 이룰 수 있는 세 마디의 말은 어떠
한 것인지요.

一智 曰: 첫 마디의 말은 문자를 세우지 아니한 스스로의 성품을
보고不立文字見性 깨달음을 얻기 위한 방편을 얻어야 하는
일이니不離文字成仏, 이를 근본으로 25문二十五門, 57과
五十七 果, 일천칠백공안一千七百公案, 팔만사천법문八万四千
法文 등 일체 모든 법法과 일체 모든 불보살仏菩薩을 방편
으로 삼아 막힘이나 걸림이 없이 두루 원만하게 수행修行
할 수 있는 일을 이른다네. 둘째 마디의 말은 오온五蘊을
세우지 아니한 깨우침의 본질本質.不立五蘊을 깨달아 증득
証得한 깨우침의 궁극적窮極的 본질本質.不離証得을 있는 그

422

대로 얻어야 하는 일이니, 이는 곧 오온五蘊이 청정清浄한 자리인 묘각妙覚, 즉 중중묘원中中妙圓의 마땅한 자리를 증득해야 한다는 말이네. 이를 근본으로 삼천대천세계 과거 현재 미래에 상구보리 하화중생上求菩提 下化衆生하는 일에 있어서 막힘이나 걸림이 없이 두루 원만하게 응할 수 있는 일을 이르네. 셋째 마디의 말은 오온五蘊이 청정清浄한 자리인 묘각妙覚의 마땅한 자리를 증득한 이 일마저 항복받아야 한다는 것이니, 이것이 곧 언어言語나 문자文字, 모양이나 상태로서는 전혀 드러낼 수 없는 본래면목本来面目으로서 '이것'을 이르네. '이것', 곧 '이것이 무엇인고是甚麼'의 '이것'이라네.

波羅蜜 説: 네. 그렇군요.

제97칙 금강경천金剛輕賤

第九十七則 金剛輕賤
제 9 7 칙 금 강 경 천

[本則] 擧 金剛經에 云하사대 若爲人輕賤이면 是人은 先世罪業이
본칙 거 금강경 운 약위인경천 시인 선세죄업

應墮惡道어든 以今世人이 輕賤故로 先世罪業이 卽爲消滅이니라
응타악도 이금세인 경천고 선세죄업 즉위소멸

본칙 금강경에서 이르기를 '만일 사람들에게 업신여김과 천함을 당하면 이 사람은 전생의 죄업으로 응당 악도에 떨어지지만, 현재의 사람들로부터 업신여김과 천함을 당하는 까닭으로 전생의 죄업이 소멸해 버린다.'라고 하였다.

▶ **설해**説解

波羅蜜 問: 사람들에게 천함과 업신여김을 당한다는 말은 무엇을 의미하는 것이고 전생의 죄업罪業으로 응당 악도惡道에 떨어진다는 의미는 무엇이며, 현재 업신여김과 천함을 당하는 까닭으로 전생前生의 죄업이 소멸消滅된다는 일은 어떠한 일인지요.

一智 曰: 오온五蘊이 청정清浄한 묘각中中妙圓의 마땅한 자리를 증득한 이 일마저 항복 받는 자리에서는 업신여김과 천함을 당할 자도 업신여기고 천하게 여기는 자도 없는 자리가

아닌가. 때문에 만일이라는 염려스러운 말이 따르는 것이라네. 오온五蘊이 청정淸淨한 묘각中中妙圓의 마땅한 자리를 중득한 이 일마저 항복 받기 위해 수행修行하는 일에 있어서 업신여김과 천함을 받는다 하더라도 반드시 가야 할 길임은 분명하지 않은가. 마땅한 '이것'을 위해 수행修行하지 않는다면 응당 바르지 않는 길에 떨어짐을 의미한다네. 현재의 사람들로부터 업신여김과 천함을 받는 까닭으로 전생前生의 죄업罪業이 소멸消滅해 버린다는 말의 의미란 현재, 곧 생하여 멸하는 날까지는 어찌할 수 없는 지경, 곧 생사生死에 처한 몸뚱이로서 업신여김과 천함을 당한다는 말이고 오온五蘊이 청정淸淨한 묘각中中妙圓의 마땅한 자리를 중득한 이 일마저 항복 받으면 전생前生과 현생現生은 무엇이며 또 죄업罪業이라는 것이 있겠느냐는 것이네.

波羅蜜 説: 네. 그렇군요.

제98칙 서원양착西院兩錯

第九十八則 西院兩錯
제 9 8 칙 서 원 양 착

[本則] 擧 天平和尙行脚時에 參西院하니 常云 莫道會佛法하라
본 칙   거 천평화상행각시   참서원   상운 막도회불법

覓箇擧話人也無로다 一日에 西院이 遙見하고 召云 從漪하니 平이
멱 개 거 화 인 야 무   일 일   서 원   요 견   소 운 종 의   평

擧頭어늘 西院이 云 錯하니 平이 行三兩步라 西院이 又云 錯하니
거 두   서 원   운 착   평   행 삼 양 보   서 원   우 운 착

平이 近前거늘 西院이 云 適來這兩錯은 是西院錯가 是上座錯가 平
평 근 전   서 원   운 적 래 저 양 착   시 서 원 착   시 상 좌 착   평

이 云 從漪錯이니다 西院이 云 錯하니 平이 休去하다 西院이 云
운 종 의 착   서 원   운 착   평 휴 거   서 원   운

且在這裏過夏하고 待共上座商量這兩錯하라 平이 當時에 便行하다
차 재 저 리 과 하   대 공 상 좌 상 량 저 양 착   평   당 시   편 행

後에 住院謂衆云 我當初行脚時에 被業風吹하야 到思明長老處하
후   주 원 위 중 운 아 당 초 행 각 시   피 업 풍 취   도 사 명 장 노 처

니 連下兩錯하고 更留我過夏하고 待共我商量하라 하니
연 하 양 착   갱 유 아 과 하   대 공 아 상 량

我不道恁?時錯이나 我發足向南方去時에 早知道錯了也라
아 부 도 임 마 시 착   아 발 족 향 남 방 거 시   조 지 도 착 료 야

본칙 천평 화상이 행각할 때 서원을 방문하게 되었다. 그리고 늘 입버릇처럼 말하기를 '불법을 안다고 말하지 마라. 불법을 논제로 삼아 말할 사람을 찾아도 없다.'라고 하였다. 하루는 서원이 멀리서 오는 천평을 보고 '종의(천평종의)'하고 부르니, 천평이 고개를 들거늘 서원이 말하기를 '잘못되었다.'라고 하였다. 천평이 이 말을 무시하고 두세 걸음 앞으로 나서니, 서원이 또 말하기를 '잘못되었다.'라고 하였다. 천평이 가까이 오거늘 서원이 말하기를 '앞서 두 개의 착은 서원의 착인가 아니면 천평의 착인가?'라고 물으니, 이에 천평이 말하기를 '천평의 착입니다.'라고 하였다. 서원이 이르길 '착'이라고 하였다. 천평이 더 이상 응하지 않았다. 서원이 천평을 붙잡고 말하길 '이곳에서 하안거를 보내며 상좌와 함께 앞서 두 가지의 착에 대해 말해보자.'라고 하자 천평이 그 당시 곧바로 떠났다. 그 후 천평원에 머물며 대중에게 말하기를 '내가 처음 행각할 때 업식業識의 바

426

람에 이끌려 사명 장로가 계신 곳에 이르러 연이어 두 번 틀렸다는 말을 들었고 다시 나를 머물게 하고는 하안거를 지내면서 나와 함께 두 가지 착에 대해 이야기 하고자 하였다. 내가 그때 틀렸다고는 말하지 않겠지만 내가 발길을 돌려 남쪽으로 행할 때 이미 잘못됐다는 것을 알게 되었다.'라고 하였다.

▶ **설해**説解

波羅蜜 問: 천평 화상이 늘 입버릇처럼 '불법仏法을 안다고 말하지 마라. 불법仏法을 논제論題로 삼아 말할 사람을 찾아도 없다.'고 말한 것은 어떠한지요.

一智 曰: 깨우침을 얻었다는 생각이 가득 차 있다는 말이지. 깨달았다는 생각으로 가득 차 있다면 깨우치지 못한 일이지 않은가. 오온五蘊이 청정清浄한 묘각中中妙圓의 마땅한 자리妙覚를 증득証得했다는 이 일마저 항복 받는 일이란 생각도 생각이 아닌 것으로도 미칠 수 없는 자리이며 이를 수 없는 자리가 아니던가.

波羅蜜 問: 서원西院思明이 다가오고 있는 천평을 보고 종의天平従漪하고 부르니 천평이 고개를 들고 바라보았다. 곧바로 서원이 '잘못錯되었다.'고 말한 일은 어떠한지요.

一智 曰: 서원는 천평을 익히 알고 있었고 수행修行 정도를 검증検証하기 위해 천평에게 밑밥을 뿌린 일이며 곧바로 미끼를 물어버린 천평이지. 더하여 서원 스스로가 '잘못錯되었다.'고 분별심分別心을 낸 일에 대한 스스로를 경책警責하는 일이기도 하다네.

波羅蜜 問: 서원이 두세 걸음 앞으로 나서는 천평을 보고 또 '잘못錯

되었다.'고 말한 일은 어떠한지요.

一智 曰:　서원이 의도意図한 바를 전혀 알지 못하는 천평이고 오온
　　　　　五蘊이 청정清浄한 중중묘원中中妙圓의 마땅한 자리를 증득
　　　　　한 묘각妙覚, 이 깨우침의 자리마저 항복 받는 본래 자리
　　　　　를 드러낸 서원의 말이라네.

波羅蜜 問:　천평이 가까이 오니 서원이 천평에게 '앞서 두 개의 착착錯
　　　　　은 서원의 착착錯인가 아니면 천평의 착착錯인가?'라고 물으니
　　　　　천평이 말하기를 '천평의 착착錯입니다.'라고 하였으니, 이 일
　　　　　은 어떠한지요.

一智 曰:　서원의 간절함이지. 거듭하여 천평에게 되묻고 있는 일이
　　　　　지. 그리고 이러한 서원의 말꼬리를 따라가다가 천평이 자
　　　　　신의 착착錯이라고 말한 지극히 어긋난 일이지.

波羅蜜 問:　천평의 착착錯이라는 말을 듣고 서원이 또 '착착錯'이라고 한
　　　　　것은 어떠한 일인지요.

一智 曰:　천평이 잘못되었다는 말이지. 서원이 본래 자리를 드러내
　　　　　는 착착錯이 아니라 일상적日常的인 언어나 문자로서 잘못되
　　　　　었다는 것이네.

波羅蜜 問:　천평이 더 이상 응하지 않는 일을 어떠한지요.

一智 曰:　서원이 의도한 바를 전혀 알지 못할 뿐만 아니라 달리 다
　　　　　른 방법方法이 없는 천평이라네.

波羅蜜 問:　서원이 천평을 붙잡고 '이곳에서 하안거夏安居를 보내며 상
　　　　　좌와 함께 앞서 두 가지 착착錯에 대해 말해보자.'라고 말하
　　　　　자 천평이 그 당시 곧바로 떠난 일은 어떠한 일인지요.

一智 曰:　서원의 간절懇切함이지. 어떻게든 천평에게 기회機会를 주
　　　　　고자 정성을 기울인 일이지. 천평이 곧바로 떠난 일이란

428

서원의 간절한 마음보다는 스스로의 자존심自尊心이 상한 일로 떠난 것이 아닌가.

波羅蜜 問: 천평이 그 후 천평원에 머물며 대중에게 '내가 처음 행각 行脚할 때 업식業識의 바람에 이끌려 사명 장로가 계신 곳에 이르러 연이어 두 번 잘못되었다는 말을 들었고 다시 나를 머물게 하고는 하안거를 지내면서 나와 함께 두 가지 착錯에 대해 이야기하고자 하였다. 내가 그때 잘못되었다고는 말하지 않겠지만 내가 발길을 돌려 남쪽으로 행각行脚할 때 이미 잘못됐다는 것을 알게 되었다.'라고 말한 것은 어떠한 일을 이르는지요.

一智 曰: 서원이 두 번이나 잘못錯되었다는 말에도 천평은 자신이 잘못되었다고는 생각하지도 않았을 뿐만 아니라 단지 자신의 잘못이란 남쪽으로, 곧 서원으로 행각行脚할 때 이미 잘못됐다는 것을 이른 일이네. 이 말은 곧 끝내 서원의 거듭된 착을 꿰뚫지 못한 일을 이르는 것이네. 마지막까지 눈뜬 봉사가 아닌가.

波羅蜜 説: 네. 그렇군요.

第九十九則 慧忠十身調御
제 9 9 칙 혜 충 십 신 조 어

[本則] 擧 肅宗帝問忠國師호대 如何是十身調御니고 國師云
본 칙 거 숙 종 제 문 충 국 사 여 하 시 십 신 조 어 국 사 운

檀越踏毘盧頂上行하소서 帝云 寡人이 不會니다 國師云
단 월 답 비 로 정 상 행 제 운 과 인 불 회 국 사 운

莫認自己淸淨法身하소서
막 인 자 기 청 정 법 신

본칙 숙종 황제가 충국사에게 묻기를 '어떠한 것이 십신조어(부처)입니까?'라고 하니, 국사가 말하기를 '비로자나불(법신불)의 정수리를 밟고 행하소서.'라고 하였다. 숙종 황제가 말하기를 '과인은 모르겠습니다.'라고 하니, 충국사가 말하기를 '자신의 청정한 법신을 잘못 알지 마소서.'라고 하였다.

▶ **설해**說解

波羅蜜 問: 숙종 황제가 충국사에게 '어떠한 것이 십신조어(부처)입니까十身調御?'라고 물으니, 국사가 '비로자나불法身仏의 정수리를 밟고 행하소서.'라고 말한 일은 어떠한지요.

一智 曰: 십신조어十身調御란 부처의 다른 이름이며, 비로자나불의 정수리를 밟고 행하라는 것은 곧 법신불法身仏의 정수리를 밟고 행하라는 일이네. 나를 세우지 아니한 깨우침의 본질本質을 깨달아 증득証得한 일로서 오온五蘊이 청정淸淨

한 묘각妙覚.中中妙圓의 깨우침마저 항복 받는 일이 법신불法身仏을 초월超越한 진정한 의미로서의 부처임을 알아야 한다는 말이네. 곧 언어나 문자, 모양이나 상태로서는 미칠 수 없는 '이것'을 이르는 것이네. 그런데 밟고 행하라 하였으니 무엇을 밟고 행하라는 것인지, 이는 모양이나 상태가 남은 있는 일이 아닌가. 이는 숙종을 위한 배려라네.

波羅蜜 問: 숙종 황제가 '과인은 잘 모르겠습니다.'라고 말한 것은 어떠한지요.

一智 曰: 솔직히 모르기 때문에 진실真実한 마음으로 스스로를 낮춘 일이라네.

波羅蜜 問: 충국사가 숙종 황제의 말을 듣고 '자신의 청정清浄한 법신法身을 잘못 알지 마소서.'라고 한 말은 어떠한 일을 이르는지요.

一智 曰: '비로자나불의法身仏 정수리를 밟고 행하소서.'라고 한 말을 분명分明하고도 확실確実하게 꿰뚫어야 한다는 일이네. '잘 모르겠다.'고 말한 이는 누구였는가. 숙종 자신이 아니었던가. 법신불法身仏의 정수리를 밟던 아니든, 자신의 청정清浄한 법신法身이든 아니든, 나를 세우지 아니한 깨우침의 본질不立五蘊을 깨달아 증득不離証得한 오온청정五蘊清浄한 묘각妙覚의 자리란 '잘 모르겠다.'고 말한 숙종 황제 자신 스스로에게 있다는 것을 이르는 일이네.

波羅蜜 説: 네 그렇군요.

파릉취모巴陵吹毛

第百則 巴陵吹毛
제100칙 파 릉 취 모

[本則] 擧 僧이 問巴陵하되 如何是吹毛劒이니고 陵이 云
본 칙 거 승 문 파 릉 여 하 시 취 모 검 능 운

珊瑚枝枝撑著月이니라
산 호 지 지 탱 저 월

본칙 승이 파릉에게 '어떠한 것이 취모검입니까?'라고 물으니, 파릉이 '산호의 가지가 지마다 버팀목이 되는 밝고 뚜렷한 둥근달이라네.'라고 하였다.

▶ 설해説解

波羅蜜 問: 승이 '어떠한 것이 취모검吹毛劒입니까?'라고 파릉에게 물으니, 파릉이 '산호의 가지가지마다 일일이 버팀목이 되는 밝고 뚜렷한 둥근달이다.'라고 하였으니, 취모검吹毛劒은 무엇을 이르는 것이며, 산호의 가지가지마다 일일이 버팀목이 되는 밝고 뚜렷한 둥근달이란 어떠한 일을 이르는지요.

一智 曰: 취모검이란 명검名劒을 이르는 것이니, 마주 대하여 드러나는 언어나 문자, 모양이나 상태의 일체 사사로움, 분별사량分別思量을 단칼에 베어버리는 일을 의미하네. 곧 오온五蘊을 세우지 아니한 깨우침의 본질本質을 깨달아 증득케 하는 지혜인 반야바라밀般若波羅蜜을 취모검이라고 이

432

른 것이지. 산호의 가지가지마다 일일이 버팀목이 되는 일이란 삼천대천세계 과거 현재 미래의 25문二十五五門, 57과 五十七果, 일천칠백공안一千七百公案, 팔만사천법문八万四千法文 등 일체 모든 법法과 일체 모든 불보살仏菩薩 하나하나 한 분 한 분이 바르게 또 밝게 빛날 수 있도록 힘쓰는 일을 이르며, 밝고 뚜렷한 둥근달이란 깨달음의 궁극적窮極的 본질로서 오온五蘊이 청정清浄한 묘각中中妙圓을 가리키는 것이라네. 이렇듯 분별사량分別思量을 단칼에 베어버리고 깨우침의 궁극적窮極的 본질本質을 증득証得케 하는 반야바라밀般若波羅密을 근본으로 한 지혜가智慧.吹毛劍 일체 모든 법法과 일체 모든 불보살仏菩薩을 받쳐주고 비춰주는 일을 이르는 것이라네.

波羅蜜 説: 네. 그렇군요.

후기

은사 일휴一休 스님 다시 한번 고마운 마음을 전해드립니다.